U0856273

2024

中国农村统计年鉴

CHINA RURAL STATISTICAL YEARBOOK

国家统计局农村社会经济调查司　编

图书在版编目（CIP）数据
中国农村统计年鉴 . 2024 = China Rural Statistical Yearbook 2024 / 国家统计局农村社会经济调查司编 . -- 北京 : 中国统计出版社 , 2024. 11.
ISBN 978-7-5230-0576-7
Ⅰ . C832-54
中国国家版本馆 CIP 数据核字第 2024W2E920 号

中国农村统计年鉴 2024

编　　者 / 国家统计局农村社会经济调查司
责任编辑 / 周小睿
封面设计 / 李雪燕
出版发行 / 中国统计出版社有限公司
通信地址 / 北京市丰台区西三环南路甲 6 号　邮政编码 /100073
电　　话 / 邮购（010）63376909　书店（010）68783171
网　　址 / http://www.zgtjcbs.com/
印　　刷 / 河北鑫兆源印刷有限公司
经　　销 / 新华书店
开　　本 / 880×1230mm　1/16
字　　数 / 585 千字
印　　张 / 24.5
版　　别 / 2024 年 11 月第 1 版
版　　次 / 2024 年 11 月第 1 次印刷
定　　价 / 268.00 元

如有印装差错，由本社发行部调换。

《中国农村统计年鉴 2024》编辑委员会

编 者 说 明

一、《中国农村统计年鉴2024》系统收录了全国和各省（自治区、直辖市）2023年农村社会经济统计数据，以及新中国成立以后各关键历史年份和近年全国农村主要统计数据，是一部全面反映中华人民共和国农村社会经济情况的资料性年刊。

二、本年鉴正文内容由17部分组成：1. 发展综述；2. 综合与概要；3. 农村基本情况与农业生产条件；4. 农业生态与环境；5. 农村投资；6. 农林牧渔业总产值及增加值；7. 主要农产品种植（养殖）面积与产量；8. 农村市场与物价；9. 农产品进出口；10. 农产品成本与收益；11. 收入与消费；12. 农村文化、教育、卫生及社会服务；13. 国有农场；14. 西部大开发12省（区、市）农村经济情况；15. 各地区主要农村经济指标排序；16. 国外主要农业指标；17. 如何使用《中国农村统计年鉴》。

三、本年鉴中所涉及的全国性数据均未包括台湾省及港澳地区。

四、本年鉴执行新国民经济行业分类标准，自2003年起，农林牧渔业包括农林牧渔专业及辅助性活动。

五、本年鉴第16部分的资料，因国际组织数据库进行了调整，所以往年部分数据也随之做了修正，指标设置也有调整。

六、本年鉴中的符号："..."表示数据不足本表最小单位；"空格"表示缺或无该项数据；"#"表示其中项，未标年份的数据均为当年数据；本年鉴中部分数据合计数或相对数由于单位取舍不同而产生的计算误差，未作机械调整。

在本年鉴的编辑过程中，得到了国务院有关部门、国家统计局相关司、各省（自治区、直辖市）统计局和国家统计局各调查总队的大力支持，在此谨致谢意。

目录

第一部分　发展综述

第二部分　综合与概要

第三部分　农村基本情况与农业生产条件

第四部分　农业生态与环境

第五部分　农村投资

第六部分　农林牧渔业总产值及增加值

第七部分　主要农产品种植（养殖）面积与产量

第八部分　农村市场与物价

第九部分　农产品进出口

第十部分　农产品成本与收益

第十一部分　收入与消费

第十二部分　农村文化、教育、卫生及社会服务

第十三部分　国有农场

第十四部分 西部大开发 12 省(区、市)农村经济情况

第十五部分 各地区主要农村经济指标排序

第十六部分 国外主要农业指标

第十七部分　如何使用《中国农村统计年鉴》

1

发展综述

2023 年农业生产与价格运行状况分析

摘要： 2023 年，中国农业生产有力有效克服灾情影响，总体平稳运行。全国粮食生产实现“二十连丰”，产量连续 9 年稳定在 1.3 万亿斤以上；生猪市场供应充足，牛羊生产持续发展，肉禽蛋奶产量稳定增长；主要农产品价格基本稳定，玉米、小麦、大豆等主要粮食品种价格高位运行，畜禽产品价格以降为主。

关键词： 农业生产　粮食产量　生猪生产　农产品价格

2023 年，在党中央坚强领导下，各地区各部门持续加大农业生产支持力度，有力有效应对黄淮罕见“烂场雨”、华北东北局地严重洪涝、西北局部干旱等不利天气影响，全力保障农业生产，全年粮食产量再创历史新高，畜牧业生产平稳发展，农产品市场供给充裕，价格总体平稳运行，农业经济保持良好发展态势，为应对各种风险挑战和确保社会大局稳定提供了有力支撑。

一、2023 年粮食生产与价格运行状况分析

（一）粮食产量再创历史新高，价格高位波动

1. 粮食生产情况及其特点

2023 年，全国粮食总产量 13908.2 亿斤，比上年增加 177.6 亿斤，增长 1.3%，全年粮食产量再创历史新高，连续 9 年稳定在 1.3 万亿斤以上。全年粮食生产呈现以下特点：

一是分季看，夏粮产量略减，早稻、秋粮产量增加。夏粮占全年粮食产量的 21%左右。2023 年，受河南等地严重“烂场雨”天气影响，夏粮单产小幅下降，导致夏粮产量略有下降。全国夏粮产量 2923.0 亿斤，比上年减少 25.0 亿斤，下降 0.8%，但仍居历史第二高位，实现了丰收。早稻产量占全年粮食产量的 4%左右。2023 年，气象条件总体有利于早稻生长发育和产量形成，早稻单产小幅增长，带动产量稳中略增。全国早稻产量 566.7 亿斤，比上年增加 4.3 亿斤，增长 0.8%。秋粮产量占全年粮食产量的 75%左右。2023 年，全国秋粮播种面积稳中有增，气象条件总体有利，除局部受灾偏重外，大部分地区灾情较轻，秋粮单产增加。特别是北方旱地雨水多墒情好，秋粮产量增加；上年长江流域部分地区高温干旱导致秋粮减产，今年农业气象年景正常，实现恢复性增产。全国秋粮产量 10418.4 亿斤，比上年增加 198.4 亿斤，增长 1.9%。

二是分品种看，玉米、大豆、薯类产量增加，小麦、稻谷产量下降。2023 年，全国谷物产量 12828.6 亿斤，比上年增加 163.7 亿斤，增长 1.3%。其中，稻谷产量 4132.1 亿斤，比上年减少 37.8 亿斤，下降 0.9%；小麦产量 2731.8 亿斤，比上年减少 22.7 亿斤，下降 0.8%；玉米产量 5776.8 亿斤，比上年增加 232.8 亿斤，增长 4.2%。全国豆类产量 476.8 亿斤，比上年增加 6.6 亿斤，增长 1.4%。其中，大豆产量 416.8 亿斤，比上年增加 11.2 亿斤，增长 2.8%。全国薯类产量 602.8 亿斤，比上年增加 7.3 亿斤，增长 1.2%。

三是分区域看，全国多数省份粮食增产。2023 年，全国 31 个省（区、市）中，有 27 个粮食增产。其中，新疆通过调整种植结构，优化水资源配置，新增耕作面积，播种面积大幅增加，带动增产 61.1 亿斤；山东、吉林、四川、辽宁、内蒙古、安徽粮食增产均超过 10 亿斤。

2. 粮食丰收因素分析

2023 年，全国粮食产量再创历史新高，实现“二十连丰”，成绩的取得实属不易，主要得益于粮食播种面积继续增加，单产水平稳步提升。

一是粮食播种面积继续增加。2023 年，中央实施新一轮千亿斤粮食产能提升行动，全方位夯实粮食安全根基，继续提高小麦、稻谷最低收购价，完善玉米大豆生产者补贴，增加产粮大县奖励资金规模，扩大三大粮食作物完全成本保险和种植收入保险实施范围，向实际种粮农民发放一次性补贴 100 亿元，

多措并举提高农民种粮积极性。各地贯彻落实粮食安全党政同责，调整优化种植结构，积极推进间套复种、整改复耕，挖掘面积潜力。2023年，全国粮食播种面积17.85亿亩，比上年增加954.6万亩，增长0.5%，连续四年增长，这是我国粮食生产能够连年取得丰收的根本保障。

二是粮食单产稳定提升。2023年，尽管华北东北部分地区发生洪涝灾害，但全国大部农区光温水匹配较好，气象条件总体有利于粮食作物生长发育和产量形成。同时，今年开展粮油等主要作物大面积单产提升行动，重点推广耐密品种，集成配套栽培技术，实施效果明显。全国粮食单产389.7公斤/亩，比上年增加2.9公斤/亩，增长0.8%。近年来，国家大力实施“藏粮于地、藏粮于技”战略，集成推广良田良种良机良法，持续增强农业防灾减灾能力，我国粮食亩产在2013年、2015年和2019年先后迈上360公斤、370公斤和380公斤台阶，单产稳步提升，这是我国粮食生产能够连年取得丰收的关键所在。

3. 粮食价格变动情况

2023年，粮食价格总体高位运行，稻谷、玉米、大豆多个品种创历史新高。从生产者价格来看，2023年，谷物生产者价格比上年上涨0.6%，连续七年同比上涨。其中，稻谷生产者价格平稳上行，上涨1.7%；玉米生产者价格上涨1.6%，连续六年；同比上涨小麦生产者价格下跌2.7%，但仍处于相对高位。豆类生产者价格比上年下跌1.2%，其中，大豆下跌1.9%。薯类生产者价格比上年上涨7.4%，其中，马铃薯上涨12.4%。从集贸市场价格来看，2023年1-12月玉米集贸市场平均价格为2.88元/公斤，比上年上涨0.7%；籼稻平均价格为2.97元/公斤，上涨2.1%；粳稻平均价格为3.30元/公斤，上涨3.2%；大豆平均价格为7.81元/公斤，上涨0.1%；小麦平均价格为3.19元/公斤，与上年持平。

（二）小麦产量有所下降，价格仍处高位

1. 小麦生产情况及其特点

2023年，受河南等地严重“烂场雨”天气影响，全国小麦产量2731.8亿斤，比上年减少22.7亿斤，下降0.8%，虽产量有所下降，但仍处于较高水平，实现了丰收。

小麦播种面积增加。2023年，全国小麦播种面积3.54亿亩，比上年增加163.2万亩，增长0.5%。小麦播种面积增加主要得益于：一是压实生产责任。各地严格落实粮食安全责任制考核，层层压实生产责任，加强耕地保护和用途管控，积极推进整改复耕，新建和改造提升高标准农田，提高农业防灾减灾能力。二是强化政策支持。国家继续提高小麦最低收购价，增加产粮大县奖励资金规模，逐步扩大小麦完全成本保险和种植收入保险实施范围，在春季田管关键期中央财政下达资金100亿元，向实际种粮农民发放一次性补贴，保障农民种粮收益。三是实现适期播种。2022年秋冬播期间产区大部天气正常，土壤墒情较好，冬小麦基本实现适期播种，2021年秋冬播受严重秋汛影响地区冬小麦播种面积恢复性增长。四是优化种植结构。尤其是新疆通过调整种植结构，优化水资源配置，新增小麦播种面积83.4万亩，比上年增长4.8%。同时，受上年全国夏收小麦价格上涨带动，农户种麦积极性较高。

小麦单产小幅下降。2023年，全国小麦单产385.4公斤/亩，比上年减少5.0公斤/亩，下降1.3%。小麦播种以来，主产区光热充足，大部时段农田墒情良好，农业气象灾害影响偏轻，病虫害防控及时有效，前期条件总体有利于作物生长发育和产量形成。但5月下旬北方麦区出现大范围降雨，持续时间长、过程雨量大、影响范围广，导致灌浆期小麦光照不足，千粒重下降。特别是河南持续降雨时间与小麦成熟收获期叠加重合，严重“烂场雨”天气造成部分地区小麦萌动发芽，小麦单产下降明显。此外，西南地区冬春连旱，云南、贵州等地小麦单产有所下降。

2. 小麦价格变动情况

小麦价格仍处高位。2022年小麦价格在历史高位上持续攀升，2023年小麦价格整体低于2022年，但仍处于较高水平。从生产者价格来看，2023年小麦生产者价格比上年下跌2.7%，其中，第一季度上涨7.1%，第二至四季度分别下降7.6%、3.9%和3.0%。从集贸市场月度价格变动情况来看，小麦价格从2022年11月的历史高位3.39元/公斤，一路走低至2023年7月份的3.09元/公斤，下半年小幅回升趋稳，2023年1-12月小麦集贸市场平均价格3.19元/公斤，与上年持平。

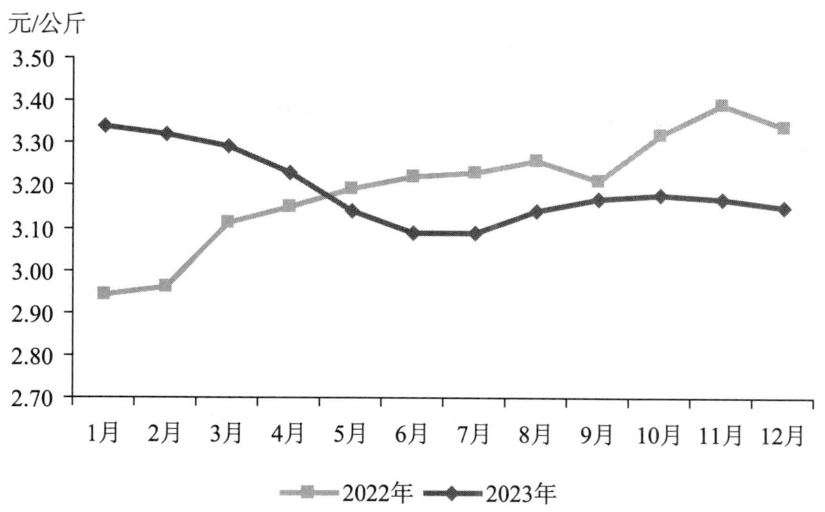

图 1　2022—2023 年小麦集贸市场价格

资料来源：《中国农产品价格调查年鉴 2024》。

（三）稻谷产量有所下降，价格温和上涨

1. 稻谷生产情况及其特点

2023 年，国家继续提高早籼稻最低收购价，稳定稻谷补贴政策，促进稻谷生产。但受内部种植结构调整影响，稻谷播种面积有所减少。2023 年，全国稻谷产量 4132.1 亿斤，比上年减少 37.8 亿斤，下降 0.9%。其中，早稻产量 566.7 亿斤，增加 4.3 亿斤，增长 0.8%；中稻和一季晚稻产量 2951.5 亿斤，减少 41.3 亿斤，下降 1.4%；双季晚稻产量 613.8 亿斤，减少 0.8 亿斤，下降 0.1%。

稻谷播种面积有所减少。2023 年，全国稻谷播种面积 4.34 亿亩，比上年减少 751.6 万亩，下降 1.7%。其中，全国早稻播种面积 7099.7 万亩，减少 32.9 万亩，下降 0.5%，主要是由于 2022 年南方地区秋冬连旱，部分“稻稻油”产区油菜生育期推迟，影响早稻适时移栽，农户改种其他作物。中稻和一季晚稻播种面积 2.87 亿亩，减少 679.7 万亩，下降 2.3%，主要是由于主产区黑龙江近年稻谷价格偏低，农户“水改旱、稻改豆”增多，中稻和一季晚稻播种面积减少 499.2 万亩，占全国减少量的 73.5%。双季晚稻播种面积 7620.5 万亩，减少 39.0 万亩，下降 0.5%。

稻谷单产稳中略增。2023 年，稻谷主产区水热匹配良好，气象条件总体有利于生长发育和产量形成，大部产区灾害较轻发生，全国稻谷单产 475.8 公斤/亩，比上年增加 3.8 公斤/亩，增长 0.8%。其中，早稻单产 399.1 公斤/亩，增加 4.8 公斤/亩，增长 1.2%；中稻和一季晚稻单产 514.1 公斤/亩，增加 4.9 公斤/亩，增长 1.0%；双季晚稻单产 402.7 公斤/亩，增加 1.5 公斤/亩，增长 0.4%。

2. 稻谷价格变动情况

2023 年国际市场稻谷价格强势上行，但对国内稻谷价格的传导作用有限，国内稻谷价格总体呈现温和上涨趋势。从生产者价格来看，2023 年，稻谷生产者价格平稳上行，比上年上涨 1.7%。分季度看，第一至四季度分别上涨 2.8%、0.1%、0.8%和 4.2%。从集贸市场月度价格变动情况来看，籼稻价格在 2023 年 1-6 月平稳运行，7 月份小幅下降至 2.95 元/公斤，后持续上涨 5 个月连创历史新高，12 月份达到 3.02 元/公斤，2023 年 1-12 月份籼稻集贸市场平均价格为 2.97 元/公斤，比上年上涨 2.1%。粳稻集贸市场价格在 2023 年 1-6 月基本平稳，6 月份后逐月攀升，至 11 月份的年内高点 3.40 元/公斤，12 月份又有所回落，2023 年 1-12 月份粳稻集贸市场平均价格为 3.30 元/公斤，比上年上涨 3.2%。

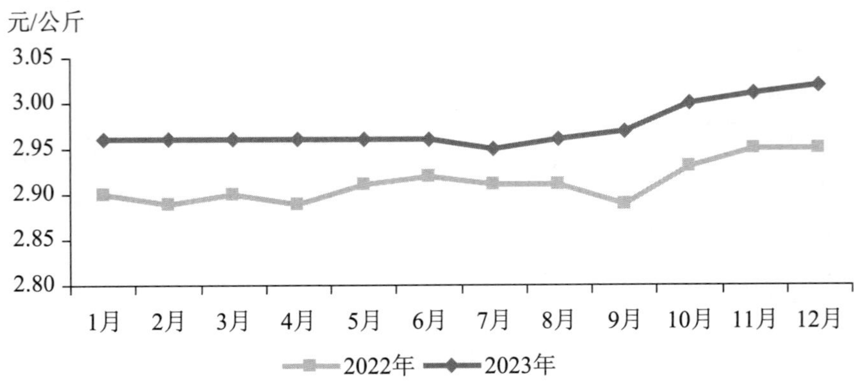

图 2　2022—2023 年籼稻集贸市场价格

资料来源：《中国农产品价格调查年鉴 2024》。

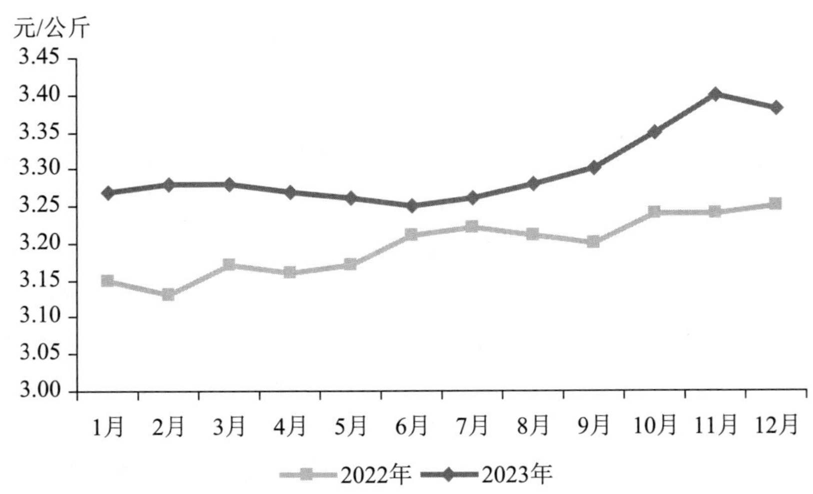

图 3　2022—2023 年粳稻集贸市场价格

资料来源：《中国农产品价格调查年鉴 2024》。

（四）玉米产量增加，价格先涨后降

1．玉米生产情况及其特点

2023 年，受面积和单产双提升带动，全国玉米产量5776.8亿斤，比上年增加232.8亿斤，增长4.2%。其中，黑龙江、新疆播种面积增加较多，产量分别增加 68.1 亿斤和 48.2 亿斤，吉林、辽宁、河南、内蒙古、山东、四川、贵州增产均在 8 亿斤以上。河北受台风“杜苏芮”带来的洪涝灾害影响，产量减少 16.1 亿斤。

玉米播种面积小幅提升。2023 年，因上年玉米价格持续上涨，玉米种植比较效益增加，农户种植玉米积极性提升。全国玉米播种面积 6.63 亿亩，比上年增加 1723.2 万亩，增长 2.7%。其中，黑龙江玉米播种面积 9677.6 万亩，比上年增加 722.3 万亩，增长 8.1%；新疆玉米播种面积 2156.5 万亩，比上年增加 438.1 万亩，增长 25.5%。

玉米单产小幅增加。2023 年，玉米生长期内气象条件总体有利，尤其是北方旱地雨水多墒情好，玉米单产增加。全国玉米单产 435.5 公斤/亩，比上年增加 6.4 公斤/亩，增长 1.5%。

2．玉米价格变动情况

玉米价格先涨后降，整体高于上年水平。从生产者价格来看，2023 年，玉米生产者价格比上年上涨 1.6%，连续六年同比上涨。其中，第一至三季度分别上涨 6.1%、0.7%和 3.6%，第四季度下降 3.1%，为 2017 年四季度以来的首次同比下降。从集贸市场月度价格变动情况来看，玉米价格 1-7 月高位震荡，8 月份创历史新高达 2.96 元/公斤，之后连续 4 个月下降，12 月份降至 2.76 元/公斤，累计降幅为 6.8%。2023 年 1-12 月玉米集贸市场平均价格为 2.88 元/公斤，比上年上涨 0.7%。

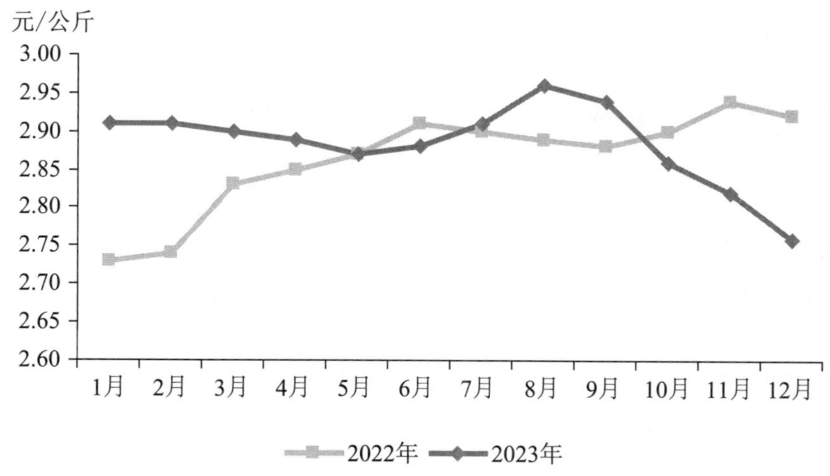

图 4 2022—2023 年玉米集贸市场价格

资料来源：《中国农产品价格调查年鉴 2024》。

（五）大豆产量再创历史新高，价格仍处较高水平

1. 大豆生产情况及其特点

2019 年实施大豆振兴计划以来，各地压实生产责任，加大补贴力度，扩大种植规模，大豆产量较快增长。2022 年，大豆产量首次突破 400 亿斤，达到 406 亿斤，创历史新高。2023 年，大豆播种面积、单产双增，推动大豆产量再创历史新高。全国大豆产量 416.8 亿斤，比上年增加 11.2 亿斤，增长 2.8%。

播种面积继续增加。2023 年是实施大豆和油料产能提升工程的第二年，国家出台稳定大豆生产一揽子支持政策，提高大豆生产者补贴，扩大保险覆盖范围，同时推广大豆玉米带状复合种植，引导新型农业经营主体种植大豆。2023 年，全国大豆播种面积 1.57 亿亩，比上年增加 345.1 万亩，增长 2.2%，连续两年稳定在 1.5 亿亩以上。

单产稳中有升。2023 年除局部地区受灾较重外，全国大部农区光温水匹配良好，有利于大豆生长发育和产量形成。同时聚焦 100 个大豆主产县，重点推广耐密品种、高性能播种机，集成配套高产栽培技术，整建制推进单产提升。全国大豆单产 132.7 公斤/亩，比上年提高 0.7 公斤/亩，增长 0.5%。

2. 大豆价格变动情况

大豆价格总体仍处高位。2020 年以来，大豆价格上涨较快，2023 年涨幅较前两年收窄，但价格总体仍处于较高水平。从生产者价格来看，2023 年，大豆生产者价格比上年下降 1.9%。其中，第一季度上涨 1.6%，第二至四季度分别下降 2.0%、0.4%和 6.5%。从集贸市场月度价格变动来看，大豆价格在 2023 年 1 月创历史新高，为 7.94 元/公斤，上半年一路小幅下行，第三季度连续 3 个月弱势反弹，第四季度又持续下行，12 月份大豆价格 7.69 元/公斤，为年度低点，比 1 月份下跌 3.1%。总体来看，2023 年 1-12 月份大豆集贸市场平均价格 7.81 元/公斤，比上年上涨 0.1%。

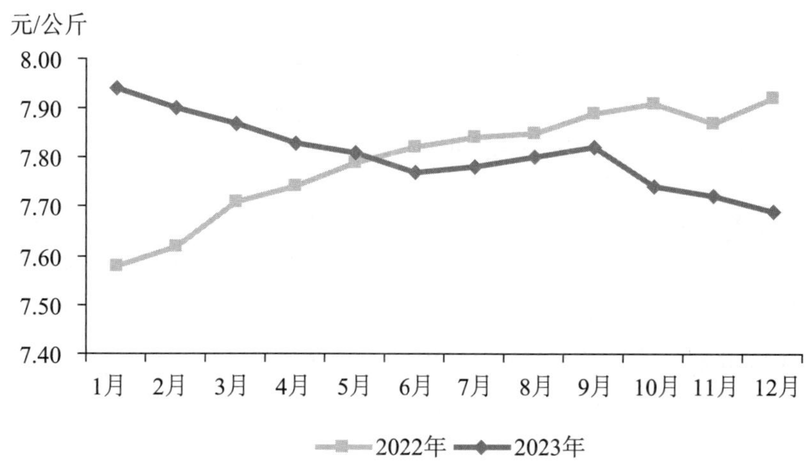

图 5 2022—2023 年大豆集贸市场价格

资料来源：《中国农产品价格调查年鉴 2024》。

二、2023 年经济作物生产与价格运行状况分析

（一）棉花产量下降，价格小幅震荡

1. 棉花生产情况及其特点

2023 年，由于播种面积减少，棉花产量下降。全国棉花产量 561.8 万吨，比上年减少 36.2 万吨，下降 6.1%。其中，新疆棉花产量 511.2 万吨，比上年减少 28.1 万吨，下降 5.2%，新疆棉花产量占全国总量的 91.0%，提高 0.8 个百分点；长江流域棉区①产量 21.9 万吨，减少 1.9 万吨，下降 8.1%；黄河流域棉区②产量 23.9 万吨，减少 6.2 万吨，下降 20.7%。

全国棉花播种面积下降。2022 年以来，棉花价格有所下降，同时各地调整种植结构，2023 年棉花播种面积减少较多。2023 年，全国棉花播种面积 4182.2 万亩，比上年减少 318.3 万亩，下降 7.1%，降幅比上年扩大 6.2 个百分点。其中，新疆引导次宜棉区退减棉花种植，播种面积 3554.0 万亩，比上年减少 191.4 万亩，下降 5.1%；长江流域棉区播种面积 307.0 万亩，减少 44.9 万亩，下降 12.8%；黄河流域棉区播种面积 285.0 万亩，减少 79.9 万亩，下降 21.9%。

全国棉花单产略增。2023 年，全国棉花单产 134.3 公斤/亩，比上年增加 1.5 公斤/亩，增长 1.1%。分地区看，新疆春季大部棉区低温多雨，棉花生育进程比上年推迟，夏季持续高温对棉花生长不利，单产略有下降，新疆棉花单产 143.9 公斤/亩，比上年减少 0.2 公斤/亩，下降 0.1%。长江流域棉区上年持续高温干旱造成棉花减产，今年农业气象年景正常，实现恢复性增产，长江流域棉花单产 71.4 公斤/亩，增加 3.6 公斤/亩，增长 5.3%。黄河流域棉区总体天气条件与常年相当，植棉管理水平有所提升，推动单产稳中有增，黄河流域棉花单产 83.8 公斤/亩，增加 1.3 公斤/亩，增长 1.5%。

2. 棉花价格变动情况

棉花价格小幅震荡。从生产者价格来看，2023 年，棉花（籽棉）生产者价格③比上年上涨 1.0%。分季度看，一季度下跌 12.7%，四季度上涨 4.9%。从集贸市场月度价格变动来看，1-7 月棉花价格运行总体平稳，在 7.51 元/公斤-7.75 元/公斤之间略有波动，8 月份后逐步抬升，至 10 月份达年内高点 7.92 元/公斤，11-12 月又小幅下降。2023 年 1-12 月棉花（籽棉）集贸市场平均价格为 7.67 元/公斤，比上年下跌 6.4%。

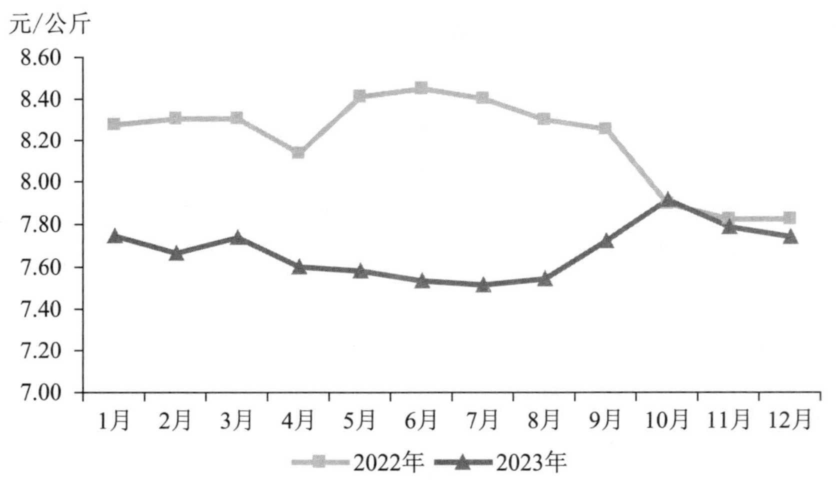

图 6　2022—2023 年棉花集贸市场价格

资料来源：《中国农产品价格调查年鉴 2024》。

（二）油料扩种成效显著，价格处于高位

1. 油料生产情况及其特点

党中央、国务院高度重视大豆油料生产，着力提高大豆油料产能和自给率。各地区各部门压实生产责任，加大扶持力度，油料扩种取得显著成效。2023 年，全国油料产量 3863.7 万吨，比上年增加 209.4 万吨，增长 5.7%，连续五年增长，再创历史新高。油菜籽、花生产量占油料总产量的 92.0%，均实现增长。

① 长江流域棉区包括 5 省：江苏、安徽、江西、湖北和湖南。

② 黄河流域棉区包括 6 省（市）：天津、河北、山西、山东、河南和陕西。

③ 棉花（籽棉）生产者价格受生产季节性影响，二、三季度无数据。

油菜籽产量持续增长。受面积增加带动，2023年，全国油菜籽产量1631.7万吨，比上年增加78.6万吨，增长5.1%，连续七年保持增长。2023年，各地高度重视油料生产，将油料扩种纳入粮食安全责任制考核，压实油菜生产责任。统筹利用产油大县奖励资金、粮油绿色高质高效行动资金等扶持油菜生产，挖掘冬闲田扩种油菜。全国油菜籽播种面积1.17亿亩，比上年增加826.6万亩，增长7.6%。受天气条件影响，西南地区冬春连旱，江南中北部开花结荚期出现阴雨寡照和强降水，影响油菜适时播栽和产量形成，油菜籽单产有所下降。2023年，全国油菜籽单产139.4公斤/亩，比上年减少3.4公斤/亩，下降2.4%。

花生产量实现增加。受面积、单产“双增”拉动，2023年，全国花生产量1923.1万吨，比上年增加90.1万吨，增长4.9%。2023年初，花生价格有所上涨，种植效益可观，部分地区调整种植结构，扩大花生播种面积。全国花生播种面积7196.8万亩，比上年增加171.1万亩，增长2.4%。花生主产区光照充足，连阴天较少，适宜花生生长。同时，各地积极推广高产优质花生品种，不断提高种植管理水平，推动花生单产稳中有升。全国花生单产267.2公斤/亩，比上年增加6.3公斤/亩，增长2.4%。

2. 油料价格变动情况

油料价格处于高位。从生产者价格来看，2023年，油料生产者价格比上年上涨4.4%。分季看，第一、二、三季度分别上涨11.2%、4.3%和4.5%，第四季度下降1.4%。分类看，油菜籽上涨0.6%，花生上涨6.8%。从集贸市场价格看，2023年油料价格处于历史高位。其中，油菜籽价格全年处于历史高位平稳上行，12月份再创历史新高达6.51元/公斤，1-12月份油菜籽平均价格6.44元/公斤，比上年均价上涨3.9%；花生仁价格连续8个月上涨，8月份达到15.71元/公斤，创历史新高，又持续4个月下跌至12月份的14.94元/公斤。1-12月花生仁平均价格为15.01元/公斤，比上年均价上涨9.2%。

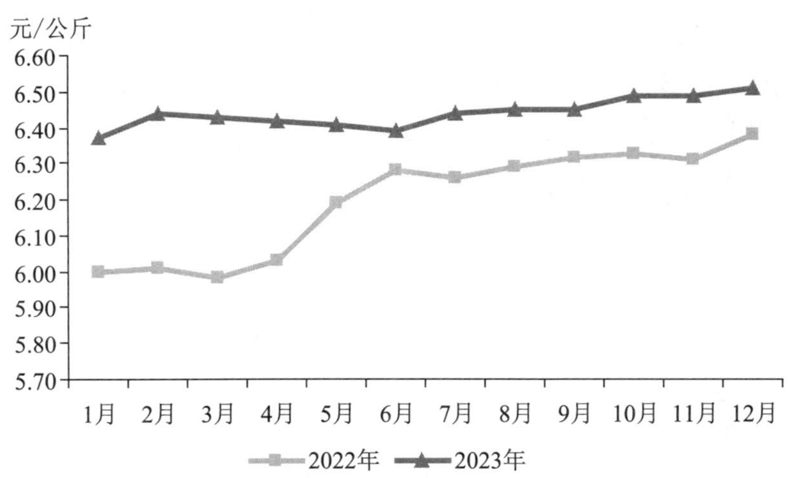

图7　2022—2023年油菜籽集贸市场价格

资料来源：《中国农产品价格调查年鉴2024》。

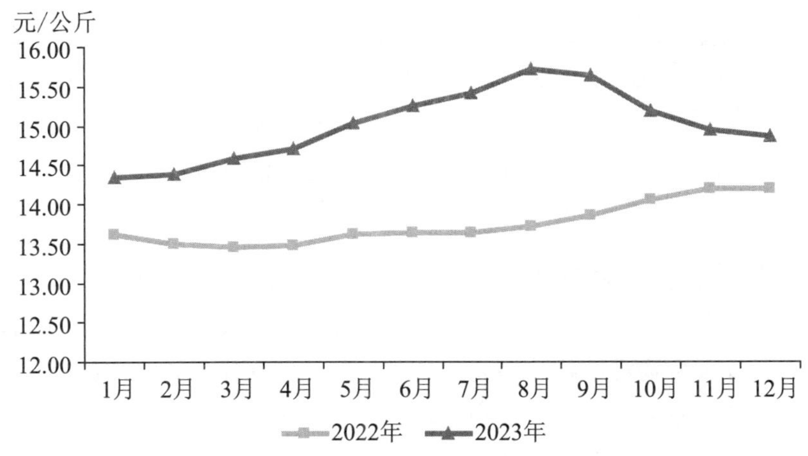

图8　2022—2023年花生仁集贸市场价格

资料来源：《中国农产品价格调查年鉴2024》。

（三）糖料产量增加，价格小幅上涨

1．糖料生产情况及其特点

2023 年，全国糖料产量为 11376.3 万吨，比上年增加 139.8 万吨，增长 1.2%。糖料播种面积有所下降，2023 年，全国糖料播种面积为 2122.7 万亩，比上年减少 57.5 万亩，下降 2.6%。糖料单产小幅提升，2023 年，糖料单产为 5359.3 公斤/亩，比上年增加 205.5 公斤/亩，增长 4.0%。

2．糖料价格变动情况

2023 年，糖料生产者价格 比上年上涨 3.5%。分季度看，第一、二、四季度分别上涨 1.2%、5.7%和 4.4%。分类看，甘蔗生产者价格上涨 2.8%，甜菜生产者价格上涨 7.1%。

三、2023 年畜禽生产与价格运行状况分析

（一）生猪市场供应充足，价格持续低迷

1．生猪生产情况及其特点

生猪出栏保持增长。2023 年，全国生猪出栏 72662 万头，比上年增加 2668 万头，增长 3.8%，为仅次于 2013、2014 年的历史第三高位；猪肉产量 5794 万吨，增加 253 万吨，增长 4.6%。分季度看，第一、二、三、四季度生猪出栏分别为 19899 万头、17649 万头、16175 万头、18939 万头，分别比上年增长 1.7%、3.7%、4.7%、5.4%，增幅逐季扩大。分区域看，东部地区增长最快，比上年增长 6.0%，中部、西部和东北地区分别增长 3.0%、3.1%和 3.7%。

能繁母猪存栏下降。2023 年末，全国生猪存栏 43422 万头，比上年减少 1833 万头，下降 4.1%，环比减少 806 万头，下降 1.8%。其中，能繁母猪存栏 4142 万头，比上年减少 248 万头，下降 5.7%，环比减少 98 万头，下降 2.3%，仍高于正常保有量标准。

2．生猪价格变动情况

2023 年，生猪市场供应充足，市场价格持续下跌。从生产者价格来看，2023 年，生猪生产者价格比上年下跌 14.0%，跌幅比上年扩大 4.2 个百分点，分季度看，第一季度上涨 8.3%，第二季度同比持平，第三、四季度分别下跌 21.5%和 31.0%。从集贸市场月度价格变动情况来看，生猪价格从 2023 年初持续下跌半年，7、8 月份虽小幅反弹回升，但未能改变下跌走势，9 月份开始又连续 4 个月走低。2023 年 1-12 月生猪集贸市场平均价格为 15.81 元/公斤，比上年均价低 16.8%。

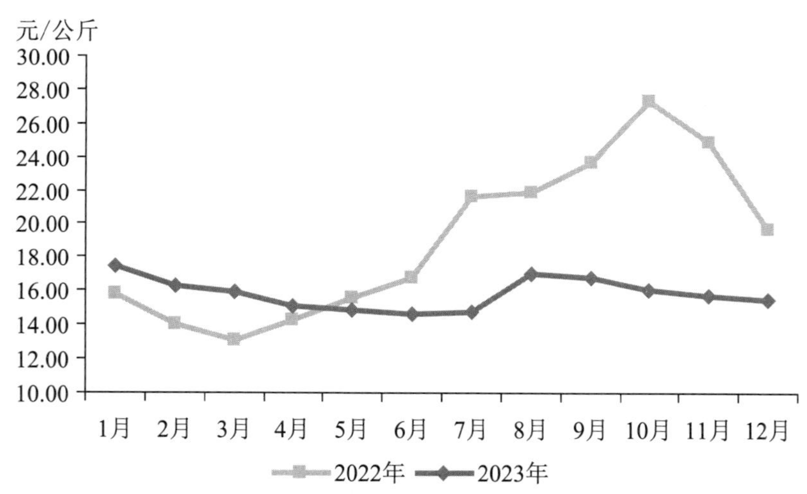

图 9　2022—2023 年生猪集贸市场价格

资料来源：《中国农产品价格调查年鉴 2024》。

（二）牛羊生产稳定发展，价格整体下降

1．牛羊生产情况及其特点

当前，各地深入践行大食物观，构建多元化食物供给体系，牛羊生产持续发展，肉奶产量稳定增加。2023 年，全国肉牛出栏 5023 万头，比上年增加 184 万头，增长 3.8%；牛肉产量 753 万吨，增加 34 万吨，增长 4.8%；牛奶产量 4197 万吨，增加 265 万吨，增长 6.7%。2023 年末，全国牛存栏 10509 万头，比上年增长 2.9%，环比下降 0.2%。2023 年，全国羊出栏 33864 万只，比上年增加 240 万只，增长 0.7%；羊肉产量 531 万吨，增加 7 万吨，增长 1.3%。2023 年末，全国羊存栏 32233 万只，比上年下降

1.2%，环比下降 2.2%。

2. 牛羊价格变动情况

牛羊价格整体下降。生猪和牛羊消费具有一定替代效应，2023 年，生猪市场价格低迷，叠加进口牛、羊肉价格较低，国内牛羊价格持续下降。从生产者价格来看，2023 年，活牛生产者价格比上年下跌 7.8%，其中，第一至四季度分别下降 1.2%、8.1%、14.0%和 7.9%；活羊生产者价格比上年下降 4.9%，其中，第一至四季度分别下降 4.3%、2.9%、3.6%和 8.0%。从集贸市场价格看，活牛、活羊价格均处于下跌态势。活牛价格从 1 月份的 37.27 元/公斤下降至 12 月份的 32.55 元/公斤，2023 年 1-12 月份活牛集贸市场平均价格为 34.46 元/公斤，比上年下跌 7.2%；活羊价格从 1 月份的 38.23 元/公斤下降至 12 月份的 35.28 元/公斤，2023 年 1-12 月份活羊集贸市场平均价格 36.16 元/公斤，下跌 5.1%。

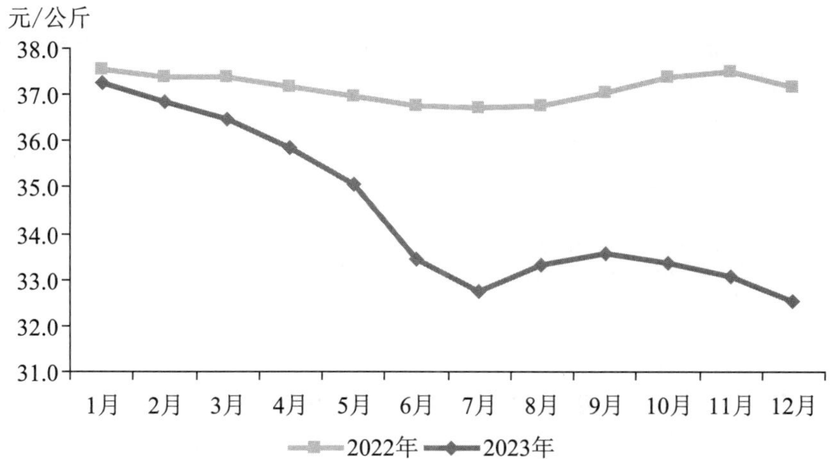

图 10　2022—2023 年活牛集贸市场价格

资料来源：《中国农产品价格调查年鉴 2024》。

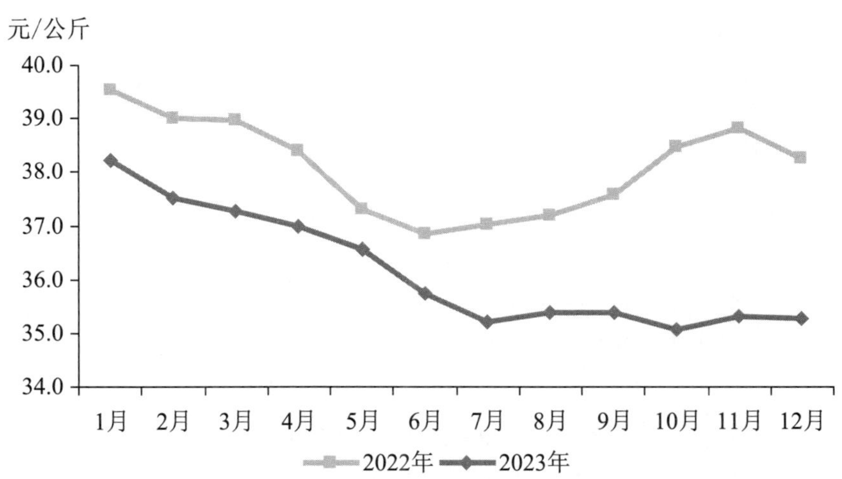

图 11　2022—2023 年活羊集贸市场价格

资料来源：《中国农产品价格调查年鉴 2024》。

（三）家禽生产基本稳定，价格小幅波动

1. 家禽生产情况及其特点

家禽生产加快发展，禽肉禽蛋产量增加。2023 年，全国家禽出栏 168.2 亿只，比上年增加 6.9 亿只，增长 4.2%；禽肉产量 2563 万吨，增加 120 万吨，增长 4.9%；禽蛋产量 3563 万吨，增加 107 万吨，增长 3.1%。2023 年末，全国家禽存栏 67.8 亿只，比上年增长 0.2%，环比增长 4.3%。

2. 家禽、禽蛋价格变动情况

家禽、禽蛋价格年内小幅波动。从生产者价格来看，2023 年，活家禽价格比上年上涨 0.1%，其中，第一、二季度分别上涨 3.7%和 3.1%，第三、四季度分别下降 1.6%和 3.9%；禽蛋价格比上年下降 0.6%，分季度看，年内波动较为明显，第一季度上涨 7.5%，第二季度下降 0.8%，第三季度持平略涨 0.4%，第四季度下降 8.2%。从集贸市场月度价格变动情况来看，

2023 年 1-7 月活鸡集贸市场价格呈现稳中略降的态势，从 1 月份的 22.78 元/公斤下降至 7 月份的 21.71 元/公斤，8-9 月小幅上涨至 22.44 元/公斤，10 月后又连续 3 个月下降。2023 年 1-12 月份活鸡集贸市场平均价格为 22.08 元/公斤，比上年上涨 1.2%。鸡蛋集贸市场价格 1-6 月份从 12.64 元/公斤波动下降至 10.93 元/公斤，后连续 3 个月上涨至年内高点 12.70 元/公斤，10 月份开始又连续 3 个月下降。2023 年 1-12 月份鸡蛋集贸市场均价为 11.74 元/公斤，比上年下跌 1.4%。

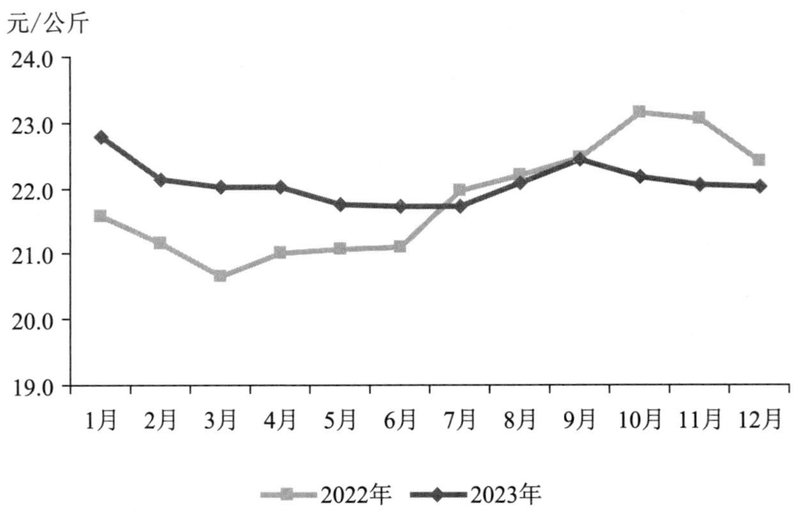

图 12　2022—2023 年活鸡集贸市场价格

资料来源：《中国农产品价格调查年鉴 2024》。

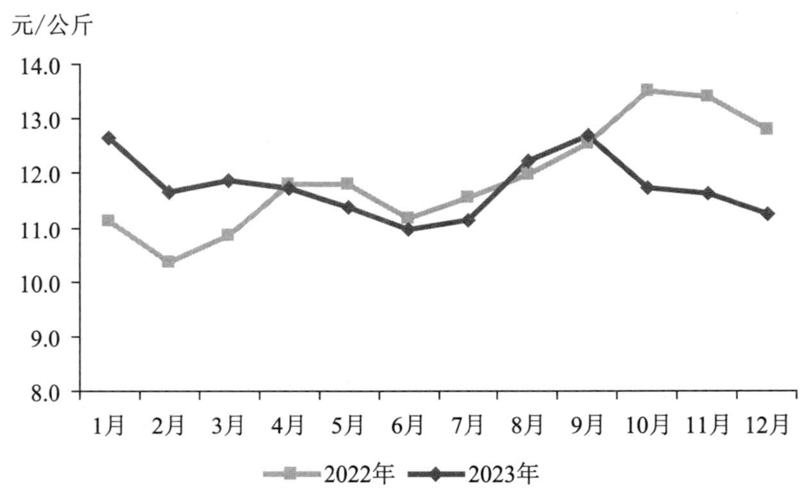

图 13　2022—2023 年鸡蛋集贸市场价格

资料来源：《中国农产品价格调查年鉴 2024》。

（四）水产品产量略增，价格总体平稳

1．水产品生产情况

2023 年，全国水产品总产量 7099.9 万吨，比上年增长 3.4%。其中，养殖水产品产量 5812.3 万吨，增长 4.4%；捕捞水产品产量 1287.6 万吨，下降 1.0%。2023 年渔业绿色发展深入推进，渔业产业结构不断优化升级，养殖水产品产量持续增加，养殖比例稳步提高至 81.9%，比上年提高 0.8 个百分点。

2．水产品价格变动情况

2023 年，水产品市场价格总体平稳，渔业产品生产者价格比上年下降 0.6%。分季度看，第一、二季度分别上涨 0.4%和 1.0%，第三、四季度分别下降 2.5%和 2.1%。分类别看，海水养殖产品下降 0.4%，海水捕捞产品上涨 2.6%，淡水养殖产品下降 2.4%。

2

综合与概要

2-1 农村经济主要指标

指　　标	单位	1990年	1995年	2000年	2005年	2010年	2012年
一、农业机械总动力	**亿瓦特**	**2870.8**	**3611.8**	**5257.4**	**6839.8**	**9278.0**	**10255.9**
二、农林牧渔业总产值	**亿元**	**7662.1**	**20340.9**	**24915.8**	**39450.9**	**67763.1**	**86342.2**
三、农林牧渔业增加值	**亿元**	**5061.8**	**12135.1**	**14943.6**	**22416.2**	**39619.0**	**50581.2**
四、主要农产品产量							
粮食	万吨	44624.3	46661.8	46217.5	48402.2	55911.3	61222.6
棉花	万吨	450.8	476.8	441.7	571.4	577.0	660.8
油料	万吨	1613.2	2250.3	2954.8	3077.1	3156.8	3285.6
糖料	万吨	7214.5	7940.1	7635.3	9451.9	11303.4	12451.8
黄红麻	万吨	72.6	37.1	12.6	8.3	6.5	6.3
烤烟	万吨	225.9	207.2	223.8	243.5	261.2	302.3
猪牛羊肉	万吨	2513.5	4265.3	4743.2	5473.5	6173.5	6462.8
牛奶	万吨	415.7	576.4	827.4	2753.4	3038.9	3174.9
禽蛋	万吨	794.6	1676.7	2182.0	2438.1	2776.9	2885.4
水产品	万吨	1427.3	2953.0	3706.2	4419.9	5373.0	5502.1
水果	万吨	1874.4	4214.6	6225.1	16120.1	20095.4	22091.5
五、农村物价总指数(上年=100)							
农村居民消费价格指数	%	104.5	117.5	99.9	102.2	103.6	102.5
农产品生产价格总指数	%	97.4	119.9	96.4	101.4	110.9	102.7
六、农村居民人均可支配收入	**元**	**686**	**1578**	**2282**	**3370**	**6272**	**8389**
农村居民人均消费支出	元	585	1310	1714	2749	4945	6667
七、农村教育、卫生							
在校生数							
#普通高中	万人		113.2	157.8	233.7	162.9	83.4
初中阶段	万人		2659.8	3428.5	2784.7	1784.5	974.1
小学阶段	万人	9595.6	9306.2	8503.7	6947.8	5350.2	3652.5
乡镇卫生院床位数	万张	72.3	73.3	73.5	67.8	99.4	109.9
乡镇卫生院人员数	万人		105.2	117.0	101.2	115.1	120.5

注：1.2000年以前农产品生产价格总指数为农副产品收购价格指数。
2.按照新国民经济行业分类标准,农林牧渔业总产值(增加值)包括农、林、牧、渔专业及辅助性活动产值(增加值)。
3.从2003年起，水果产量含果用瓜。
4.从2016年开始，农业机械总动力不包括三轮汽车和低速载货汽车动力。
5.从2013年起,国家统计局开展了住户收支与生活状况抽样调查,本表中的农村居民收入与支出数据来源于此调查，与2012年及以前的农村住户抽样调查的调查范围、调查方法、指标口径有所不同。
6.2012-2016年水产品数据由农业农村部根据第三次全国农业普查结果进行了修订。

2-1 续表

指　　标	单位	2015年	2019年	2020年	2021年	2022年	2023年
一、农业机械总动力	**亿瓦特**	**11172.8**	**10275.8**	**10562.2**	**10776.4**	**11040.9**	**11374.2**
二、农林牧渔业总产值	**亿元**	**101893.5**	**123967.9**	**137782.2**	**147013.4**	**156065.9**	**158507.2**
三、农林牧渔业增加值	**亿元**	**59852.6**	**73576.9**	**81396.5**	**86994.8**	**92576.8**	**94462.6**
四、主要农产品产量							
粮食	万吨	66060.3	66384.3	66949.2	68284.7	68652.8	69541.0
棉花	万吨	590.7	588.9	591.0	573.1	598.0	561.8
油料	万吨	3390.5	3493.0	3586.4	3613.2	3654.2	3863.7
糖料	万吨	11215.2	12169.1	12014.0	11454.4	11236.5	11376.3
黄红麻	万吨	4.8	2.9	1.9	1.6	1.5	1.2
烤烟	万吨	249.5	202.1	202.2	202.1	208.0	219.1
猪牛羊肉	万吨	6702.2	5410.1	5278.1	6507.5	6784.2	7078.3
牛奶	万吨	3179.8	3201.2	3440.1	3682.7	3931.6	4196.7
禽蛋	万吨	3046.1	3309.0	3467.8	3408.8	3456.4	3563.0
水产品	万吨	6211.0	6480.4	6549.0	6690.3	6865.9	7116.2
水果	万吨	24524.6	27400.8	28692.4	29970.2	31296.2	32744.3
五、农村物价总指数(上年=100)							
农村居民消费价格指数	%	101.3	103.2	103.0	100.7	102.0	100.1
农产品生产价格总指数	%	101.7	114.5	115.0	97.8	100.4	97.7
六、农村居民人均可支配收入	**元**	**11422**	**16021**	**17131**	**18931**	**20133**	**21691**
农村居民人均消费支出	元	9223	13328	13713	15916	16632	18175
七、农村教育、卫生							
在校生数							
#普通高中	万人	77.0	82.9	90.5	98.9	109.3	119.5
初中阶段	万人	702.5	650.4	637.8	609.9	590.7	575.0
小学阶段	万人	2965.9	2557.5	2450.5	2247.4	2029.7	1838.6
乡镇卫生院床位数	万张	119.6	137.1	139.1	141.7	145.6	150.5
乡镇卫生院人员数	万人	127.8	144.5	148.1	149.2	153.1	160.5

2-2 按人口平均的主要农产品产量

单位：千克

年 份	粮食	棉花	油料	糖料	猪牛羊肉	水产品
1949	208.9	0.8	4.7	5.2		0.8
1952	288.1	2.3	7.4	13.3		2.9
1957	306.0	2.6	6.6	18.7		4.9
1962	231.9	1.1	3.0	5.7		3.4
1965	272.0	2.9	5.1	21.5		4.2
1970	293.2	2.8	4.6	19.0		3.9
1975	310.5	2.6	4.9	20.9		4.8
1978	318.7	2.3	5.5	24.9		4.9
1980	326.7	2.8	7.8	29.7		4.6
1985	360.7	3.9	15.0	57.5		6.7
1990	393.1	4.0	14.2	63.6		10.9
1991	378.3	4.9	14.2	73.2		11.7
1992	380.0	3.9	14.1	75.6		13.4
1993	387.4	3.2	15.3	64.7		15.5
1994	373.5	3.6	16.7	61.6		17.9
1995	387.3	4.0	18.7	65.9		20.9
1996	414.4	3.5	18.2	68.7	30.3	27.0
1997	401.7	3.7	17.5	76.3	34.6	25.4
1998	412.5	3.6	18.6	78.8	37.0	27.2
1999	405.8	3.1	20.8	66.5	38.0	28.5
2000	366.0	3.5	23.4	60.5	37.6	29.4
2001	355.9	4.2	22.5	68.1	38.0	29.8
2002	357.0	3.8	22.6	80.4	38.5	30.9
2003	334.3	3.8	21.8	74.8	39.5	31.6
2004	362.2	4.9	23.7	73.8	40.4	32.8
2005	371.3	4.4	23.6	72.5	42.0	33.9
2006	379.9	5.7	20.1	79.8	42.8	35.0
2007	382.5	5.8	21.1	91.7	40.4	36.0
2008	403.4	5.5	22.9	98.2	43.0	37.0
2009	405.2	4.7	23.6	88.2	44.8	38.4
2010	418.0	4.3	23.6	84.5	46.2	40.2
2011	437.5	4.8	23.9	86.7	45.5	41.5
2012	452.1	4.9	24.3	92.0	47.5	40.5
2013	462.5	4.6	24.6	92.1	48.6	42.0
2014	466.3	4.6	24.6	88.1	49.9	43.6
2015	478.7	4.3	24.6	81.3	48.5	44.9
2016	475.9	3.8	24.5	80.5	46.7	45.8
2017	473.9	4.0	24.9	81.5	46.8	46.0
2018	469.0	4.4	24.5	85.1	46.4	45.9
2019	471.6	4.2	24.8	86.4	38.4	46.0
2020	474.4	4.2	25.4	85.1	37.4	46.4
2021	483.5	4.1	25.6	81.1	46.1	47.4
2022	486.1	4.2	25.9	79.6	48.0	48.6
2023	493.0	4.0	27.4	80.6	50.2	50.5

注：按年平均人口计算。

2-2 续表 单位：千克

年 份	水果	牛奶	禽蛋	茶叶
1952	4.3			0.1
1957	5.1			0.2
1962	4.1			0.1
1965	4.5			0.1
1970	4.6			0.2
1975	5.9	1.0		0.2
1978	6.9	0.9		0.3
1980	6.9	1.2		0.3
1985	11.1	2.4	5.1	0.4
1990	16.5	3.7	7.0	0.5
1991	18.9	4.0	8.0	0.5
1992	20.9	4.3	8.8	0.5
1993	25.6	4.2	10.0	0.5
1994	29.4	4.4	12.4	0.5
1995	35.0	4.8	13.9	0.5
1996	38.2	5.2	16.1	0.5
1997	41.4	4.9	15.4	0.5
1998	43.9	5.3	16.3	0.5
1999	49.8	5.7	17.0	0.5
2000	49.3	6.6	17.3	0.5
2001	52.3	8.1	17.4	0.6
2002	54.3	10.2	17.7	0.6
2003	112.7	13.6	18.1	0.6
2004	118.4	17.4	18.3	0.6
2005	123.6	21.1	18.7	0.7
2006	130.4	22.5	18.5	0.8
2007	134.0	22.4	19.3	0.8
2008	138.0	22.7	20.4	0.9
2009	143.4	22.5	20.7	1.0
2010	150.2	22.7	20.8	1.1
2011	156.3	23.1	21.0	1.2
2012	163.1	23.4	21.2	1.3
2013	166.9	21.9	21.3	1.4
2014	169.9	23.0	21.3	1.5
2015	177.7	23.0	22.0	1.6
2016	175.9	22.0	22.7	1.7
2017	180.8	21.7	22.1	1.8
2018	183.1	21.9	22.3	1.9
2019	194.6	22.7	23.5	2.0
2020	203.3	24.4	24.6	2.1
2021	212.2	26.1	24.1	2.2
2022	221.6	27.8	24.5	2.4
2023	232.1	29.7	25.3	2.5

注：从2003年起，水果产量含果用瓜。

2-3　农村经济在国民经济中的地位

单位：亿元、%

年　份	国内生产总　　值	#第一产业	所占比重
1952	679.1	342.9	50.5
1957	1071.4	430.0	40.1
1962	1162.2	453.1	39.0
1965	1734.0	651.1	37.5
1970	2279.7	793.3	34.8
1975	3039.5	971.2	32.0
1978	3678.7	1018.5	27.7
1980	4587.6	1359.5	29.6
1981	4935.8	1545.7	31.3
1982	5373.4	1761.7	32.8
1983	6020.9	1960.9	32.6
1984	7278.5	2295.6	31.5
1985	9098.9	2541.7	27.9
1986	10376.2	2764.1	26.6
1987	12174.6	3204.5	26.3
1988	15180.4	3831.2	25.2
1989	17179.7	4228.2	24.6
1990	18872.9	5017.2	26.6
1991	22005.6	5288.8	24.0
1992	27194.5	5800.3	21.3
1993	35673.2	6887.6	19.3
1994	48637.5	9471.8	19.5
1995	61339.9	12020.5	19.6
1996	71813.6	13878.3	19.3
1997	79715.0	14265.2	17.9
1998	85195.5	14618.7	17.2
1999	90564.4	14549.0	16.1
2000	100280.1	14717.4	14.7
2001	110863.1	15502.5	14.0
2002	121717.4	16190.2	13.3
2003	137422.0	16970.2	12.3
2004	161840.2	20904.3	12.9
2005	187318.9	21806.7	11.6
2006	219438.5	23317.0	10.6
2007	270092.3	27674.1	10.2
2008	319244.6	32464.1	10.2
2009	348517.7	33583.8	9.6
2010	412119.3	38430.8	9.3
2011	487940.2	44781.5	9.2
2012	538580.0	49084.6	9.1
2013	592963.2	53028.1	8.9
2014	643563.1	55626.3	8.6
2015	688858.2	57774.6	8.4
2016	746395.1	60139.2	8.1
2017	832035.9	62099.5	7.5
2018	919281.1	64745.2	7.0
2019	986515.2	70473.6	7.1
2020	1013567.0	78030.9	7.7
2021	1149237.0	83216.5	7.2
2022	1204724.0	88207.0	7.3
2023	1260582.1	89755.2	7.1

注：根据《三次产业划分规定》，第一产业是指农、林、牧、渔业(不含农、林、牧、渔专业及辅助性活动)。

2-3 续表 1

单位：亿元、%

年 份	全国一般公共预算收入			全国一般公共预算支出		
	合 计	#烟叶税	耕地占用税	合 计	#农林水	所占比重
1970	662.9			649.4		
1975	815.6			820.9		
1978	1132.3			1122.1		
1980	1159.9			1228.8		
1981	1175.8			1138.4		
1982	1212.3			1230.0		
1983	1367.0			1409.5		
1984	1642.9			1701.0		
1985	2004.8			2004.3		
1986	2122.0			2204.9		
1987	2199.4		1.4	2262.2		
1988	2357.2		21.2	2491.2		
1989	2664.9		16.9	2823.8		
1990	2937.1		14.6	3083.6		
1991	3149.5		17.9	3386.6		
1992	3483.4		29.2	3742.2		
1993	4349.0		29.4	4642.3		
1994	5218.1		36.5	5792.6		
1995	6242.2		34.5	6823.7		
1996	7408.0		31.2	7937.6		
1997	8651.1		32.5	9233.6		
1998	9876.0		33.4	10798.2		
1999	11444.1		33.0	13187.7		
2000	13395.2		35.3	15886.5		
2001	16386.0		38.3	18902.6		
2002	18903.6		57.3	22053.2		
2003	21715.3		39.9	24650.0		
2004	26396.5		120.1	28486.9		
2005	31649.3		141.9	33930.3		
2006	38760.2	41.6	171.1	40422.7		
2007	51321.8	47.8	185.0	49781.4	3404.7	6.8
2008	61330.4	67.5	314.4	62592.7	4544.0	7.3
2009	68518.3	80.8	633.1	76299.9	6720.4	8.8
2010	83101.5	78.4	888.6	89874.2	8129.6	9.0
2011	103874.4	91.4	1075.5	109247.8	9937.6	9.1
2012	117253.5	131.8	1620.7	125953.0	11973.9	9.5
2013	129209.6	150.3	1808.2	140212.1	13349.6	9.5
2014	140370.0	141.1	2059.1	151785.6	14173.8	9.3
2015	152269.2	142.8	2097.2	175877.8	17380.5	9.9
2016	159605.0	130.5	2028.9	187755.2	18587.4	9.9
2017	172592.8	115.7	1651.9	203085.5	19089.0	9.4
2018	183359.8	111.4	1318.9	220904.1	21085.6	9.5
2019	190390.1	111.0	1389.8	238858.4	22862.8	9.6
2020	182913.9	108.7	1257.6	245679.0	23948.5	9.7
2021	202554.6	119.4	1065.4	245673.0	22034.5	9.0
2022	203649.3	133.1	1256.8	260552.1	22499.8	8.6
2023	216795.4	151.4	1126.5	274622.9	23989.9	8.7

注：各年数据为财政决算数。

2-3 续表 2

单位：元/人

年 份	全国居民消费水平			指数(1978年=100)		城乡消费水平对比(农村居民=1)
		城镇居民	农村居民	城镇居民	农村居民	
1978	184.0	393.2	138.9	100.0	100.0	2.8
1979	207.8	424.9	158.8	106.0	105.9	2.7
1980	238.2	490.0	178.4	113.8	115.0	2.7
1981	264.4	517.5	202.0	117.3	126.5	2.6
1982	284.3	504.1	227.1	111.9	139.8	2.2
1983	314.8	546.9	251.6	119.1	153.1	2.2
1984	355.9	621.4	279.5	131.9	167.2	2.2
1985	440.3	749.6	346.0	141.6	191.3	2.2
1986	496.2	847.5	384.6	150.2	199.6	2.2
1987	557.9	953.4	426.6	156.8	211.3	2.2
1988	683.7	1200.1	506.3	164.7	218.5	2.4
1989	784.7	1344.7	587.8	166.3	231.0	2.3
1990	831.1	1404.3	626.5	168.6	238.8	2.2
1991	916.3	1619.3	660.5	186.7	244.4	2.5
1992	1056.9	2008.8	701.2	218.7	248.9	2.9
1993	1331.8	2660.9	822.0	251.3	260.0	3.2
1994	1799.2	3644.3	1072.6	268.6	273.1	3.4
1995	2329.4	4767.0	1344.5	294.2	286.9	3.5
1996	2763.3	5377.9	1655.2	305.9	326.6	3.2
1997	2974.3	5634.9	1767.8	311.2	339.7	3.2
1998	3121.6	5895.5	1777.9	328.6	344.3	3.3
1999	3340.4	6334.7	1793.1	358.6	352.0	3.5
2000	3711.5	6971.6	1917.0	393.0	375.2	3.6
2001	3967.8	7271.9	2032.1	406.5	392.7	3.6
2002	4269.5	7662.2	2156.7	430.6	418.5	3.6
2003	4555.3	7976.6	2292.2	443.4	437.7	3.5
2004	5071.1	8717.9	2521.4	466.6	454.9	3.5
2005	5687.9	9637.0	2783.6	505.4	485.8	3.5
2006	6318.9	10515.8	3065.5	535.4	521.4	3.4
2007	7453.7	12217.0	3537.8	595.5	566.8	3.5
2008	8504.5	13721.8	3980.5	632.2	593.8	3.4
2009	9248.5	14686.6	4295.2	686.6	654.0	3.4
2010	10575.2	16569.8	4781.6	726.9	689.2	3.5
2011	12668.1	19218.5	5879.6	776.3	764.0	3.3
2012	14073.7	20868.6	6573.4	831.0	826.1	3.2
2013	15586.2	22619.7	7396.6	878.2	903.9	3.1
2014	17220.3	24429.9	8365.0	930.3	1002.3	2.9
2015	18857.2	26118.7	9409.2	994.3	1129.1	2.8
2016	20800.6	28154.1	10609.0	1050.4	1251.4	2.7
2017	22968.5	30322.7	12145.3	1092.0	1386.6	2.5
2018	25244.8	32482.9	13984.7	1143.0	1558.8	2.3
2019	27504.1	34900.2	15382.4	1195.9	1668.2	2.3
2020	27438.6	34043.4	16046.4	1140.7	1697.9	2.1
2021	31013.0	37995.5	18433.7	1254.0	1927.1	2.1
2022	31898.9	38573.7	19519.5	1248.9	2002.1	2.0
2023	34964.5	42050.4	21397.8	1353.3	2181.6	2.0

注：1.绝对数按当年价格计算，指数按可比价格计算。
2.本表数据来源于国民经济核算资料，与城乡住户抽样调查数据的指标口径不同。

2-3 续表 3

单位：元

年 份	农村居民		城镇居民	
	人均可支配收入	指数(1978=100)	人均可支配收入	指数(1978=100)
1978	134	100.0	343	100.0
1979	160	119.2	405	115.7
1980	191	139.0	478	127.0
1981	223	160.4	500	129.9
1982	270	192.3	535	136.3
1983	310	219.6	565	141.5
1984	355	249.5	652	158.7
1985	398	268.9	739	160.4
1986	424	277.6	901	182.7
1987	463	292.0	1002	186.8
1988	545	310.7	1180	182.3
1989	602	305.7	1374	182.5
1990	686	311.2	1510	198.1
1991	709	317.4	1701	212.4
1992	784	336.2	2027	232.9
1993	922	346.9	2577	255.1
1994	1221	364.3	3496	276.8
1995	1578	383.6	4283	290.3
1996	1926	418.1	4839	301.6
1997	2090	437.3	5160	311.9
1998	2171	458.1	5418	329.4
1999	2229	477.5	5839	359.7
2000	2282	489.6	6256	382.3
2001	2407	512.3	6824	414.1
2002	2529	539.2	7652	469.1
2003	2690	564.9	8406	510.6
2004	3027	606.1	9335	549.0
2005	3370	646.6	10382	600.9
2006	3731	697.6	11620	662.5
2007	4327	767.7	13603	742.2
2008	4999	833.1	15549	803.5
2009	5435	908.3	16901	881.0
2010	6272	1012.1	18779	948.5
2011	7394	1127.4	21427	1028.1
2012	8389	1248.1	24127	1126.8
2013	9430	1364.5	26467	1205.4
2014	10489	1490.5	28844	1287.1
2015	11422	1602.3	31195	1371.5
2016	12363	1702.1	33616	1448.0
2017	13432	1825.5	36396	1541.6
2018	14617	1945.3	39251	1627.6
2019	16021	2066.0	42359	1708.4
2020	17131	2144.2	43834	1728.4
2021	18931	2352.9	47412	1851.6
2022	20133	2452.1	49283	1886.1
2023	21691	2638.2	51821	1976.4

注：1.表中2013年及以后人均可支配收入来源于住户收支与生活状况调查，1978-2012年数据根据历史数据按照新口径推算获得。
2.可支配收入绝对数按当年价格计算，指数按可比价计算。

2-4 各地区农村经济在国民经济中的地位(2023年)

单位：%

地区	第一产业增加值占地区生产总值比重	镇区及乡村消费品零售额占全社会消费品零售额的比重
北京	0.2	19.2
天津	1.6	22.0
河北	10.2	56.4
山西	5.4	42.4
内蒙古	11.1	37.3
辽宁	8.8	37.6
吉林	12.2	41.3
黑龙江	22.2	36.8
上海	0.2	6.7
江苏	4.0	39.0
浙江	2.8	38.5
安徽	7.4	46.2
福建	5.9	39.2
江西	7.6	51.5
山东	7.1	40.8
河南	9.1	48.4
湖北	9.1	40.9
湖南	9.2	40.3
广东	4.1	27.2
广西	16.4	40.2
海南	20	42.1
重庆	6.9	39.6
四川	10.1	44.2
贵州	13.8	41.1
云南	14.0	42.9
西藏	9.0	41.3
陕西	7.8	39.9
甘肃	13.8	40.8
青海	10.2	47.3
宁夏	8.1	39.8
新疆	14.3	43.1

2-5 各地区消费品零售额(2023年)

(按当年价计算) 单位：亿元、%

地　　区	社会消费品零售总额	#镇区零售额	乡村零售额	镇区及乡村零售额占社会消费品零售总额的比重
全　　国	**471495.2**	**117188.1**	**64004.9**	**38.4**
北　　京	14462.7	2101.7	670.4	19.2
天　　津	3820.7	698.9	141.2	22.0
河　　北	15040.5	6103.6	2382.7	56.4
山　　西	7981.8	1993.0	1393.8	42.4
内 蒙 古	5374.3	1371.5	634.7	37.3
辽　　宁	10362.1	2317.5	1575.0	37.6
吉　　林	4150.4	1271.2	444.3	41.3
黑 龙 江	5634.2	1382.9	690.1	36.8
上　　海	18515.5	956.5	283.6	6.7
江　　苏	45547.5	11863.5	5909.8	39.0
浙　　江	32550.2	7748.8	4789.3	38.5
安　　徽	23008.3	6950.2	3669.2	46.2
福　　建	22109.6	5747.0	2926.2	39.2
江　　西	13659.8	4855.9	2179.4	51.5
山　　东	36141.8	8961.8	5779.9	40.8
河　　南	26004.4	8219.5	4370.9	48.4
湖　　北	24041.9	6415.0	3410.4	40.9
湖　　南	20203.3	5383.7	2757.7	40.3
广　　东	47494.9	6952.7	5959.0	27.2
广　　西	8651.6	2279.6	1196.8	40.2
海　　南	2511.3	644.1	412.1	42.1
重　　庆	15130.3	3786.1	2199.1	39.6
四　　川	26313.4	7299.2	4319.4	44.2
贵　　州	9011.2	2511.9	1189.5	41.1
云　　南	11560.7	3451.4	1507.5	42.9
西　　藏	879.8	200.1	163.1	41.3
陕　　西	10759.0	2943.7	1347.4	39.9
甘　　肃	4329.7	979.4	785.5	40.8
青　　海	987.7	283.6	183.8	47.3
宁　　夏	1354.9	364.2	175.3	39.8
新　　疆	3849.7	1135.6	524.5	43.1

2-6 各地区城乡居民收入水平(2023年)

单位：元

地　　区	农村居民 人均可支配收入	城镇居民 人均可支配收入	城乡居民收入水平对比 (农村居民=1)
全　国	**21691**	**51821**	**2.39**
北　京	37358	88650	2.37
天　津	30851	55355	1.79
河　北	20688	43631	2.11
山　西	17677	41327	2.34
内蒙古	21221	48676	2.29
辽　宁	21483	45896	2.14
吉　林	19472	37503	1.93
黑龙江	19756	36492	1.85
上　海	42988	89477	2.08
江　苏	30488	63211	2.07
浙　江	40311	74997	1.86
安　徽	21144	47446	2.24
福　建	26722	56153	2.10
江　西	21358	45554	2.13
山　东	23776	51571	2.17
河　南	20053	40234	2.01
湖　北	21293	44990	2.11
湖　南	20921	49243	2.35
广　东	25142	59307	2.36
广　西	18656	41287	2.21
海　南	20708	42661	2.06
重　庆	20820	47435	2.28
四　川	19978	45227	2.26
贵　州	14817	42772	2.89
云　南	16361	43563	2.66
西　藏	19924	51900	2.60
陕　西	16992	44713	2.63
甘　肃	13131	39833	3.03
青　海	15614	40408	2.59
宁　夏	17772	42395	2.39
新　疆	17948	40578	2.26

注：本表数据来源于国家统计局开展的全国住户收支与生活状况调查。

2-7 主要农产品供需情况

一、粮食

年 份	生产量（万吨）	进口量（万吨）	出口量（万吨）	城镇居民人均消费（千克）	农村居民人均消费（千克）
1980	32056	1343	162		257.2
1981	32502	1481	126	145.4	256.1
1982	35450	1612	125	144.6	260.0
1983	38728	1344	196	144.5	259.9
1984	40731	1045	357	142.1	266.5
1985	37911	600	932	134.8	257.5
1986	39151	773	942	137.9	259.3
1987	40473	1628	737	133.9	259.4
1988	39408	1533	717	137.2	259.5
1989	40755	1658	656	133.9	262.3
1990	44624	1372	583	130.7	262.1
1991	43529	1345	1086	127.9	255.6
1992	44266	1175	1364	111.5	250.5
1993	45649	752	1535	97.8	251.8
1994	44510	920	1346	101.7	257.6
1995	46662	2081	214	97.0	256.1
1996	50454	1200	144	94.7	256.2
1997	49417	705	859	88.6	250.7
1998	51230	708	906	86.7	248.9
1999	50839	772	758	84.9	247.5
2000	46218	1357	1400	82.3	250.2
2001	45264	1738	903	79.7	238.6
2002	45706	1417	1514	78.5	236.5
2003	43070	2283	2230	79.5	222.4
2004	46947	2298	514	78.2	218.3
2005	48402	3286	1141	77.0	208.9
2006	49804	3186	723	75.9	205.6
2007	50414	3237	1118	77.6	199.5
2008	53434	4131	379	58.5	199.1
2009	53941	5223	329	81.3	189.3
2010	55911	6695	275	81.5	181.4
2011	58849	6390	288	80.7	170.7
2012	61223	8025	277	78.8	164.3
2013	63048	8645	243	121.3	178.5
2014	63965	10042	211	117.2	167.6
2015	66060	12477	164	112.6	159.5
2016	66044	11468	190	111.9	157.2
2017	66161	13062	280	109.7	154.6
2018	65789	11555	366	110.0	148.5
2019	66384	11144	434	110.6	154.8
2020	66949	14255	355	120.2	168.4
2021	68285	16454	331	124.8	170.8
2022	68653	14687	322	116.2	164.6
2023	69541	16196	262	115.6	159.8

注：1.从2013年起,国家统计局开展了住户收支与生活状况抽样调查,本年鉴中的2013年及之后年份的城乡居民消费粮油糖数据来源于此调查，与2012年及以前的农村住户抽样调查的调查范围、调查方法、指标口径有所不同，下表同。
2.城乡居民人均粮食消费量为原粮，但城镇居民1980-2012年人均粮食消费量为加工粮。

2-7 续表 1　　二、食用植物油

年 份	生产量 (万吨)	进口量 (万吨)	出口量 (万吨)	城镇居民人均消费(千克)	农村居民人均消费(千克)
1980	222		3.1		1.4
1981	292	4.4	6.3	4.8	1.9
1982	345	5.6	10.2	5.8	2.1
1983	360	3.5	15.6	6.5	2.2
1984	382	1.4	13.1	7.1	2.5
1985	401	3.5	16.2	5.8	2.6
1986	441	19.8	16.6	6.2	2.6
1987	478	51.1	5.6	6.5	3.1
1988	480	21.4	2.6	7.0	3.3
1989	494	105.6	6.2	6.2	3.3
1990	544	112.0	14.0	6.4	3.5
1991	644	61.0	9.9	6.9	3.9
1992	661	42.0	6.8	6.7	4.1
1993	965	24.0	13.6	7.1	4.1
1994	724	163.0	27.0	7.5	4.1
1995	1144	353.0	49.6	7.1	4.3
1996	947	264.0	47.3	7.1	4.5
1997	894	285.8	86.1	7.2	4.7
1998	603	205.5	30.9	7.6	4.6
1999	734	208.0	9.7	7.8	4.6
2000	835	179.0	11.2	8.2	5.5
2001	1383	165.0	13.4	8.1	7.0
2002	1531	319.0	9.8	8.5	7.5
2003	1584	541.0	6.0	9.2	6.3
2004	1683	676.0	6.5	9.3	5.3
2005	2071	621.0	22.5	9.3	6.0
2006	2335	671.0	39.9	9.4	5.8
2007	2637	838.0	16.6	9.6	6.0
2008	2805	817.1	24.9	10.3	6.2
2009	3433	816.0	11.4	9.7	5.4
2010	3879	687.0	9.2	8.8	5.5
2011	4332	657.0	12.2	9.3	6.6
2012	5173	845.0	10.0	9.1	6.9
2013	5591	810.0	11.5	10.5	9.3
2014	6534	650.0	13.4	10.6	9.0
2015	6734	676.0	13.5	10.7	9.2
2016	6908	553.0	11.4	10.6	9.3
2017	6072	577.0	20.0	10.3	9.2
2018	4940	629.0	29.5	8.9	9.0
2019	5422	953.0	26.7	8.7	9.0
2020	5476	983.0		9.5	10.2
2021	4973	1039.0		9.6	10.8
2022	4882	648.1	17.0	9.0	10.0
2023	4897	978.2	20.0	8.9	10.2

注：本表生产量为规模以上工业企业的产量数据。

2-7 续表 2

三、棉花

年 份	生产量（万吨）	进口量（万吨）	出口量（万吨）	全国人均产量（千克）
1980	270.7	88.5	0.9	2.8
1981	296.8	80.1	0.1	3.0
1982	359.8	47.3	0.4	3.6
1983	463.7	23.0	5.8	4.5
1984	625.8	4.0	18.9	6.0
1985	414.7	…	34.7	3.9
1986	354.0	…	55.8	3.3
1987	424.5	0.6	75.5	3.9
1988	414.9	3.5	46.8	3.8
1989	378.8	51.9	27.2	3.4
1990	450.8	42.0	16.7	4.0
1991	567.5	37.0	20.0	4.9
1992	450.8	28.0	14.5	3.9
1993	373.9	1.0	15.0	3.2
1994	434.1	52.6	11.1	3.6
1995	476.8	74.0	2.2	4.0
1996	420.3	6.5	0.4	3.5
1997	460.3	78.3	0.1	3.7
1998	450.1	20.9	4.5	3.6
1999	382.9	5.0	23.6	3.1
2000	441.7	4.7	29.2	3.5
2001	532.4	6.0	5.2	4.2
2002	491.6	18.0	15.0	3.8
2003	486.0	87.0	11.2	3.8
2004	632.4	191.0	0.9	4.9
2005	571.4	257.0	0.5	4.4
2006	753.3	364.0	1.3	5.7
2007	759.7	246.0	2.1	5.8
2008	723.2	211.0	1.6	5.5
2009	623.6	153.0	0.8	4.7
2010	577.0	284.0	0.6	4.3
2011	651.9	336.0	2.6	4.8
2012	660.8	513.0	1.8	4.9
2013	628.2	415.0	0.7	4.6
2014	629.9	244.0	1.3	4.6
2015	590.7	147.0	2.9	4.3
2016	534.3	90.0	0.8	3.8
2017	565.3	116.0	1.7	4.0
2018	610.3	157.0	4.7	4.4
2019	588.9	185.0	5.2	4.2
2020	591.0	216.0		4.2
2021	573.1	215.0		4.1
2022	598.0	193.6	3.4	4.2
2023	561.8	195.8	0.7	4.0

2-7 续表 3 四、糖料

年 份	糖料生产量(万吨)	食糖进口量(万吨)	食糖出口量(万吨)	城镇居民人均食糖消费(千克)	农村居民人均食糖消费(千克)
1980	2911.3	91.2	30.1		1.1
1981	3602.8	102.9	12.5	2.9	1.1
1982	4359.4	217.7	6.7	2.8	1.2
1983	4032.3	190.0	6.0	2.8	1.3
1984	4780.4	123.0	5.2	2.9	1.3
1985	6046.8	191.0	18.4	2.5	1.5
1986	5852.5	118.0	26.6	2.6	1.6
1987	5550.4	183.0	45.2	2.5	1.7
1988	6187.5	371.0	24.8	2.6	1.4
1989	5803.8	158.0	43.0	2.4	1.5
1990	7214.5	113.0	57.0	2.1	1.5
1991	8418.7	101.0	34.3	1.8	1.4
1992	8808.0	110.0	167.0	1.9	1.5
1993	7624.2	45.0	185.0	1.8	1.4
1994	7345.2	155.2	94.7	1.9	1.3
1995	7940.1	295.0	48.0	1.7	1.3
1996	8360.2	125.0	66.5	1.7	1.4
1997	9386.5	78.3	37.9	1.6	1.4
1998	9790.4	50.8	43.6	1.8	1.4
1999	8334.1	42.0	36.7	1.8	1.5
2000	7635.3	64.1	41.5	1.7	1.3
2001	8655.1	120.0	19.6	1.7	1.4
2002	10292.7	118.3	32.6		1.6
2003	9641.6	78.0	10.3		1.2
2004	9570.7	121.0	8.5		1.1
2005	9451.9	139.0	35.8		1.1
2006	10460.0	137.0	15.4		1.1
2007	12082.4	119.0	11.1		1.1
2008	13006.0	78.0	6.2		1.1
2009	11746.9	106.0	6.4		1.1
2010	11303.4	177.0	9.4		1.0
2011	11663.1	292.0	5.9		1.0
2012	12451.8	375.0	4.7		1.2
2013	12555.0	455.0	4.8	1.3	1.2
2014	12088.7	349.0	4.6	1.3	1.3
2015	11215.2	485.0	7.5	1.3	1.3
2016	11176.0	306.0	14.9	1.3	1.4
2017	11378.8	229.0	15.8	1.3	1.4
2018	11937.4	280.0	19.6	1.3	1.3
2019	12169.1	339.0	18.6	1.2	1.4
2020	12014.0	527.0		1.2	1.4
2021	11454.4	567.0		1.1	1.5
2022	11236.5	527.4	18.0	1.0	1.5
2023	11376.3	397.3	20.5	1.0	1.4

农村基本情况与农业生产条件

3-1　全国乡村人口和乡村就业人员情况

单位：万人、%

年　份	乡村人口		乡村就业人员数(年末)	第一产业就业人员数(年末)
	人口数	占总人口比重		
1978	79014	82.1	30638	28318
1980	79565	80.6	31836	29122
1985	80757	76.3	37065	31130
1990	84138	73.6	47708	38914
1991	84620	73.1	48026	39098
1992	84996	72.5	48291	38699
1993	85344	72.0	48546	37680
1994	85681	71.5	48802	36628
1995	85947	71.0	49025	35530
1996	85085	69.5	49028	34820
1997	84177	68.1	49039	34840
1998	83153	66.7	49021	35177
1999	82038	65.2	48982	35768
2000	80837	63.8	48934	36043
2001	79563	62.3	48674	36399
2002	78241	60.9	48121	36640
2003	76851	59.5	47506	36204
2004	75705	58.2	46971	34830
2005	74544	57.0	46258	33442
2006	73160	55.7	45348	31941
2007	71496	54.1	44368	30731
2008	70399	53.0	43461	29923
2009	68938	51.7	42506	28890
2010	67113	50.1	41418	27931
2011	64989	48.2	40193	26472
2012	63747	46.9	38967	25535
2013	62224	45.5	37774	23838
2014	60908	44.3	36646	22372
2015	59024	42.7	35404	21418
2016	57308	41.2	34194	20908
2017	55668	39.8	32850	20295
2018	54108	38.5	31490	19515
2019	52582	37.3	30198	18652
2020	50992	36.1	28793	17715
2021	49835	35.3	27879	17072
2022	49104	34.8	27420	17663
2023	47700	33.8	27009	16882

注：1.本表人口1981年及以前数据为户籍统计数；1982、1990、2000、2010、2020年数据为当年人口普查数据推算数；其余年份数据为年度人口抽样调查推算数据(下相关表同)。
2.本表全国乡村就业人员小计1990年及以后的数据为根据劳动力调查、全国人口普查的推算数，2011-2019年数据根据第七次全国人口普查重新修订(下表同)。
3.资料来源：《中国统计年鉴》。

3-2 各地区乡村人口和乡村就业人员(2023年)

单位：万人、%

地区	乡村人口		乡村就业	第一产业
	人口数	占总人口比重	人员数(年末)	就业人员数(年末)
全 国	**47700**	**33.8**	**27009**	**16882**
北 京	266	12.2	140	24
天 津	198	14.5	100	32
河 北	2752	37.2	1472	789
山 西	1214	35.0	681	399
内蒙古	729	30.4	427	416
辽 宁	1108	26.5	660	589
吉 林	825	35.3	481	451
黑龙江	1007	32.9	465	472
上 海	262	10.5	167	20
江 苏	2128	25.0	1286	620
浙 江	1708	25.8	1060	197
安 徽	2356	38.5	1364	768
福 建	1211	29.0	665	289
江 西	1665	36.9	879	391
山 东	3489	34.5	2018	1267
河 南	4114	41.9	2190	1224
湖 北	2016	34.5	1324	874
湖 南	2551	38.8	1322	773
广 东	3123	24.6	1484	688
广 西	2173	43.2	1168	829
海 南	392	37.6	214	168
重 庆	904	28.3	553	361
四 川	3390	40.5	2177	1535
贵 州	1703	44.1	879	649
云 南	2200	47.1	1432	1184
西 藏	223	61.1	115	67
陕 西	1377	34.8	817	619
甘 肃	1097	44.5	681	587
青 海	221	37.2	95	70
宁 夏	238	32.7	114	84
新 疆	1059	40.8	579	446

注：本表人口数根据2023年人口变动情况抽样调查数据推算。

3-3 农村居民家庭户主文化程度

指 标	单位	2013年	2015年	2020年	2023年
未上过学	%	4.7	3.8	3.4	3.3
小学程度	%	32.3	30.7	32.3	31.8
初中程度	%	51.0	53.1	51.3	50.0
高中程度	%	10.7	11.1	11.2	11.1
大学专科及以上程度	%	1.4	1.3	1.8	3.8

注：本表数据来源于国家统计局住户收支与生活状况调查。

3-4 主要农业机械年末拥有量

年 份	农业机械总动力(亿瓦)	大中型拖拉机(万台)	小 型拖拉机(万台)	大中型拖拉机配套农具(万部)	谷物联合收割机(万台)
1957	12.1	1.5			0.2
1962	75.7	5.5	0.1	19.2	0.6
1965	109.9	7.3	0.4	25.8	0.7
1970	216.5	12.5	7.8	34.6	0.8
1975	747.9	34.5	59.9	90.8	1.3
1978	1175.0	55.7	137.3	119.2	1.9
1979	1337.9	66.7	167.1	131.3	2.3
1980	1474.6	74.5	187.4	136.9	2.7
1981	1568.0	79.2	203.7	139.0	3.1
1982	1661.4	81.2	228.7	137.4	3.4
1983	1802.2	84.1	275.0	130.8	3.6
1984	1949.7	85.4	329.8	117.0	3.6
1985	2091.3	85.2	382.4	112.8	3.5
1986	2295.0	86.6	452.6	100.6	3.1
1987	2483.6	88.1	530.0	103.5	3.4
1988	2657.5	87.0	595.8	97.1	3.5
1989	2806.7	84.8	654.3	99.1	3.7
1990	2870.8	81.4	698.1	97.4	3.9
1991	2938.9	78.4	730.4	99.1	4.4
1992	3030.8	75.9	750.7	104.4	5.1
1993	3181.7	72.1	788.3	100.1	5.6
1994	3380.3	69.3	823.7	98.0	6.4
1995	3611.8	67.2	864.6	99.1	7.5
1996	3854.7	67.1	918.9	105.0	9.6
1997	4201.6	68.9	1048.5	115.7	14.1
1998	4520.8	72.5	1122.1	120.4	18.3
1999	4899.6	78.4	1200.3	132.0	22.6
2000	5257.4	97.5	1264.4	140.0	26.3
2001	5517.2	83.0	1305.1	146.9	28.3
2002	5793.0	91.2	1339.4	157.9	31.0
2003	6038.7	98.1	1377.7	169.8	36.5
2004	6402.8	111.9	1454.9	188.7	41.1
2005	6839.8	139.6	1526.9	226.2	48.0
2006	7252.2	171.8	1567.9	261.5	56.6
2007	7659.0	206.3	1619.1	308.3	63.4
2008	8219.0	299.5	1722.4	435.4	74.3
2009	8749.6	351.6	1750.9	542.1	85.8
2010	9278.0	392.2	1785.8	612.9	99.2
2011	9773.5	440.6	1811.3	699.0	111.4
2012	10255.9	485.2	1797.2	763.5	127.9
2013	10390.7	527.0	1752.3	826.6	142.1
2014	10805.7	568.0	1729.8	889.6	158.5
2015	11172.8	607.3	1703.0	962.0	173.9
2016	9724.6	645.4	1671.6	1028.1	190.2
2017	9878.3	670.1	1634.2	1070.0	198.5
2018	10037.2	422.0	1818.3	422.6	205.9
2019	10275.8	443.9	1780.4	436.5	212.8
2020	10562.2	477.3	1727.6	459.4	219.5
2021	10776.4	498.1	1675.0	479.7	223.8
2022	11059.7	525.4	1618.7	526.0	173.1
2023	11374.3	551.1	1562.4	551.0	174.5

注：1. 2018年，农业农村部根据工业和信息化部标准对拖拉机的分类重新定义，把大中型拖拉机和小型拖拉机的分类标准由发动机功率14.7千瓦改为22.1千瓦，大中型拖拉机配套农具口径改为“与58.8千瓦及以上拖拉机配套”。同时，取消小型拖拉机配套农具和农用排灌机相关指标(下表同)。
2. 2022年，农业农村部对谷物联合收割机口径进行调整，只包括稻麦联合收割机，不再含玉米联合收割机(下表同)。
3. 自2008年起使用农业农村部统计数据，取消渔用机动船指标(下表同)。

3-5 主要农业机械年末拥有量及增长情况

指 标	单位	1990年	1995年	2000年	2005年	2010年	2012年
一、农业机械总动力	**万千瓦**	**28707.7**	**36118.1**	**52573.6**	**68397.8**	**92780.5**	**102559.0**
柴油发动机动力	万千瓦		24176.3	39140.0	53889.3	74597.1	82365.0
汽油发动机动力	万千瓦		3433.9	3128.9	2603.5	2596.6	3124.1
电动机动力	万千瓦		8443.7	10126.7	11794.1	15518.8	16985.3
其他机械动力	万千瓦		64.2	89.9	111.0	68.0	84.5
二、主要农业机械与设备							
大中型拖拉机	万台	81.4	67.2	97.5	139.6	392.2	485.2
小型拖拉机	万台	698.1	864.6	1264.4	1526.9	1785.8	1797.2
大中型拖拉机配套农具	万部	97.4	99.1	140.0	226.2	612.9	763.5
谷物联合收割机	万台	3.9	7.5	26.3	48.0	99.2	127.9
机动脱粒机	万台	493.3	605.9	876.2	926.2	1016.8	1042.3
机电井	万眼			435.8	476.3	458.2	483.2
节水灌溉类机械	万套	39.3	58.6	91.9	111.3	154.1	182.6
农用水泵	万台	723.9	903.5	1392.5	1719.4	2108.8	2211.5

注：2013年以后机电井包含规模以下机电井，2013年以前不包括。

3-5 续表

指 标	单位	2015年	2020年	2021年	2022年	2023年	2023年为2022年百分比(%)
一、农业机械总动力	**万千瓦**	**111728.1**	**105622.1**	**107764.3**	**110597.2**	**113742.6**	**102.8**
柴油发动机动力	万千瓦	89783.8	81911.0	83564.3	85897.2	88519.7	103.1
汽油发动机动力	万千瓦	3669.8	4614.8	4813.5	4990.9	5224.9	104.7
电动机动力	万千瓦	18189.3	18979.8	19267.1	19584.1	19870.9	101.5
其他机械动力	万千瓦	85.0	116.5	119.5	125.1	127.0	101.6
二、主要农业机械与设备							
大中型拖拉机	万台	607.3	477.3	498.1	525.4	551.1	104.9
小型拖拉机	万台	1703.0	1727.6	1675.0	1618.7	1562.4	96.5
大中型拖拉机配套农具	万部	962.0	459.4	479.7	526.0	551.0	104.8
谷物联合收割机	万台	173.9	219.5	223.8	173.1	174.5	100.8
机动脱粒机	万台	1061.8	1058.2	1057.2	1004.1	986.5	98.2
机电井	万眼	483.2	517.3	522.2	522.0	521.6	99.9
节水灌溉类机械	万套	222.9	254.9	257.6	261.5	262.9	100.6
农用水泵	万台	2249.2	2300.0	2299.7	2312.8	2319.5	100.3

3-6 各地区主要农业机械年末拥有量

地 区	农业机械总动力（万千瓦）		大中型拖拉机（万台）	
	2022年	2023年	2022年	2023年
全 国	**110597.2**	**113742.6**	**525.4**	**551.1**
北 京	121.1	123.9	0.4	0.5
天 津	370.8	368.8	1.0	1.0
河 北	8249.1	8403.8	33.7	35.3
山 西	1714.3	1803.5	12.6	13.5
内蒙古	4596.4	4925.0	47.2	52.1
辽 宁	2657.8	2823.9	22.0	24.5
吉 林	4357.9	4548.6	45.0	47.6
黑龙江	7090.9	7339.6	69.6	72.5
上 海	100.2	105.4	0.7	0.7
江 苏	5264.1	5360.2	17.2	17.5
浙 江	1767.6	1794.0	1.6	1.6
安 徽	7070.1	7194.6	29.1	30.5
福 建	1296.7	1323.7	0.7	0.6
江 西	2838.2	2953.5	6.6	7.2
山 东	11530.5	11988.7	54.2	57.4
河 南	10858.7	11118.4	44.7	47.9
湖 北	4878.6	4975.5	19.9	20.7
湖 南	6756.0	6839.5	10.2	9.9
广 东	2556.3	2586.0	2.9	3.0
广 西	3825.3	3850.9	5.6	5.8
海 南	631.8	633.1	2.1	2.0
重 庆	1565.6	1586.4	0.3	0.3
四 川	4923.3	5027.2	7.8	7.7
贵 州	2805.7	2869.0	1.7	1.8
云 南	2913.6	3014.0	7.2	7.1
西 藏	624.1	654.0	7.3	8.5
陕 西	2473.9	2520.8	12.1	13.0
甘 肃	2516.7	2638.7	14.3	15.7
青 海	503.3	517.8	1.4	1.6
宁 夏	663.4	673.2	5.3	5.7
新 疆	3075.4	3181.1	41.2	37.7

注：2018年，农业农村部根据工业和信息化部标准对拖拉机的分类重新定义，把大中型拖拉机和小型拖拉机的分类标准由发动机功率14.7千瓦改为22.1千瓦，大中型拖拉机配套农具口径改为“与58.8千瓦及以上拖拉机配套”。同时，取消小型拖拉机配套农具和农用排灌机相关指标。

3-6 续表 1

地 区	大中型拖拉机配套农具（万部）		小型拖拉机（万台）	
	2022年	2023年	2022年	2023年
全 国	**526.0**	**551.0**	**1618.7**	**1562.4**
北 京	0.1	0.2	0.2	0.2
天 津	1.9	1.7	0.2	0.1
河 北	45.2	46.2	103.4	99.6
山 西	11.1	11.9	26.6	25.8
内 蒙 古	24.6	26.6	81.5	80.9
辽 宁	18.0	18.4	37.6	35.4
吉 林	11.4	11.9	86.3	85.6
黑 龙 江	73.1	76.9	86.3	83.6
上 海	0.5	0.5	0.2	0.2
江 苏	42.6	36.0	49.9	46.1
浙 江	1.7	1.9	3.3	3.0
安 徽	47.2	49.8	189.0	183.5
福 建	0.5	0.5	7.5	7.1
江 西	5.3	5.9	30.5	29.8
山 东	62.0	65.2	192.2	188.0
河 南	68.3	73.5	282.8	271.2
湖 北	20.8	22.1	106.0	101.3
湖 南	4.6	14.3	18.8	17.8
广 东	3.1	3.2	29.0	28.3
广 西	3.5	3.7	47.3	45.2
海 南	1.5	1.5	5.1	4.3
重 庆	0.2	0.3	0.5	0.4
四 川	2.7	2.8	13.6	12.5
贵 州	0.3	0.3	10.2	9.7
云 南	3.9	4.4	27.5	25.8
西 藏	0.1	0.1	21.4	21.4
陕 西	13.2	13.3	18.9	17.1
甘 肃	9.6	11.0	72.3	71.9
青 海	1.4	1.5	24.5	24.3
宁 夏	3.0	3.3	16.4	15.6
新 疆	44.4	42.1	29.9	26.9

注：2018年起大中型拖拉机配套农具统计口径变更为“与58.8千瓦及以上拖拉机配套”，统计口径与往年不可比。

3-6 续表 2

地区	农用水泵(万台)		谷物联合收割机(万台)	
	2022年	2023年	2022年	2023年
全国	**2312.8**	**2319.5**	**173.1**	**174.5**
北京	2.6	2.6	…	0.0
天津	7.1	7.3	0.2	0.3
河北	151.6	149.4	10.8	11.0
山西	10.3	10.2	1.1	1.2
内蒙古	44.4	44.3	1.2	1.3
辽宁	113.4	111.8	1.4	1.4
吉林	59.7	59.8	3.8	3.9
黑龙江	46.6	45.7	13.9	13.5
上海			0.2	0.2
江苏	68.4	68.9	16.9	17.3
浙江	67.4	66.8	1.3	1.2
安徽	186.3	186.4	20.8	21.0
福建	21.7	21.7	1.2	1.2
江西	51.1	51.8	9.6	9.9
山东	294.9	294.7	20.0	20.7
河南	219.5	219.1	25.0	24.4
湖北	121.5	122.4	11.6	11.9
湖南	239.0	239.2	13.1	12.7
广东	75.9	73.0	2.9	3.0
广西	99.8	108.5	3.8	3.9
海南	17.2	15.3	0.5	0.5
重庆	91.6	93.2	1.1	1.2
四川	138.5	140.6	4.1	4.2
贵州	64.1	65.1	0.5	0.6
云南	62.0	63.2	0.9	0.9
西藏	0.5	0.5	0.5	0.6
陕西	32.4	32.3	2.8	3.1
甘肃	13.3	13.3	0.8	0.8
青海	0.2	0.2	0.4	0.4
宁夏	3.8	3.7	1.0	0.8
新疆	7.8	8.2	1.6	1.5

注：2022年，农业农村部对谷物联合收割机口径进行调整，只包括稻麦联合收割机，不再含玉米联合收割机(下表同)。

3-6 续表 3

地　区	机动脱粒机（万部）		节水灌溉类机械（万套）	
	2022年	2023年	2022年	2023年
全　国	**1004.1**	**986.5**	**261.5**	**262.9**
北　京	0.4	0.3	1.7	1.8
天　津	1.6	1.6	0.5	0.5
河　北	11.8	11.6	5.9	6.0
山　西	5.4	5.5	2.1	2.1
内蒙古	12.0	12.5	8.6	8.4
辽　宁	11.5	11.0	14.2	13.5
吉　林	15.4	15.3	4.9	5.0
黑龙江	14.4	13.0	5.5	5.4
上　海				
江　苏	6.2	5.7	9.3	9.5
浙　江	6.0	5.1	3.6	3.7
安　徽	32.9	32.5	21.6	21.9
福　建	9.6	9.7	2.8	2.8
江　西	20.0	11.3	14.2	14.2
山　东	39.9	39.9	55.2	55.7
河　南	47.2	45.3	22.8	23.0
湖　北	40.0	37.4	13.5	13.4
湖　南	108.7	108.8	9.5	9.7
广　东	50.3	50.4	13.4	13.6
广　西	98.4	98.2	19.1	19.3
海　南	0.5	0.5	1.0	1.0
重　庆	73.8	74.1	0.4	0.4
四　川	170.8	171.8	3.5	3.8
贵　州	77.9	75.0	2.7	2.7
云　南	54.7	55.9	8.1	8.4
西　藏	5.4	5.5	0.1	0.1
陕　西	52.1	51.6	6.3	6.3
甘　肃	28.9	28.9	2.7	2.8
青　海	3.0	3.0	0.2	0.2
宁　夏	1.3	1.3	1.0	1.0
新　疆	4.3	3.8	7.0	6.9

3-6 续表 4

地　　区	机耕面积（千公顷）		机播面积（千公顷）		机收面积（千公顷）	
	2022年	2023年	2022年	2023年	2022年	2023年
全　　国	**129381.0**	**130691.2**	**105237.8**	**109355.7**	**112238.4**	**116067.8**
北　　京	90.8	93.4	95.9	105.9	71.1	82.0
天　　津	329.6	328.2	401.0	403.3	381.5	387.8
河　　北	5303.5	5336.2	6902.9	6999.0	6214.4	6326.5
山　　西	2807.9	2870.8	2759.7	2791.1	2169.0	2247.9
内 蒙 古	6794.9	6839.2	7930.1	8142.4	6867.8	7124.8
辽　　宁	4017.0	4030.6	3809.6	3842.5	3172.8	3228.3
吉　　林	3755.6	3707.1	5794.7	5966.2	5443.5	5671.4
黑 龙 江	13583.5	13041.1	15063.2	15271.0	14931.2	15154.2
上　　海	269.2	273.2	117.4	123.7	119.1	123.7
江　　苏	7101.5	7138.6	5797.7	6142.3	5965.5	6216.9
浙　　江	1407.5	1417.8	615.9	706.7	881.1	929.5
安　　徽	7642.0	7724.5	6551.4	6775.6	7520.8	7620.1
福　　建	995.3	1006.8	306.1	327.3	640.8	655.8
江　　西	4660.4	4781.6	2417.9	2588.1	3977.6	4064.6
山　　东	6340.3	6376.7	9827.2	9935.5	9416.3	9562.8
河　　南	9630.7	9580.9	12113.1	12284.7	11961.4	12138.0
湖　　北	6323.0	6455.3	3599.0	3803.8	4764.5	4918.6
湖　　南	6474.9	6557.7	2558.9	2870.0	5201.5	5349.2
广　　东	3980.8	4091.5	721.9	901.0	2032.6	2088.2
广　　西	5349.2	5411.1	1668.0	1702.6	3381.3	3452.7
海　　南	444.5	449.9	6.1	45.4	285.9	288.1
重　　庆	2821.8	2910.0	553.3	649.7	1282.7	1384.7
四　　川	7493.7	7960.1	2643.7	3173.3	3586.6	4095.9
贵　　州	3656.9	3725.6	234.5	370.6	1031.2	1303.1
云　　南	2998.4	2971.1	467.9	566.0	838.7	899.4
西　　藏	191.0	200.2	156.6	162.9	148.9	163.3
陕　　西	3404.1	3406.5	2394.1	2421.1	2178.7	2274.3
甘　　肃	3689.7	3799.4	2253.5	2419.7	2056.3	2244.7
青　　海	448.8	467.8	365.5	384.0	327.8	343.4
宁　　夏	1098.8	1111.9	936.2	950.8	791.7	835.2
新　　疆	6275.8	6626.2	6174.7	6529.5	4595.8	4892.8

3-7 农村电力、灌溉面积、化肥施用量情况

年 份	小水电站		农村用电量	耕地灌溉面积	农用化肥施用量(折纯)
	个 数(个)	装机容量(万千瓦)	(亿千瓦时)	(千公顷)	(万吨)
1952	98	0.8	0.5	19959.0	7.8
1957	544	2.0	1.4	27339.0	37.3
1962	7436	25.2	16.1	30545.0	63.0
1965			37.1		194.2
1978	82387	228.4	253.1	44965.0	884.0
1979	83224	276.3	282.7	45003.1	1086.3
1980	80319	304.1	320.8	44888.1	1269.4
1981	74017	336.0	369.9	44573.8	1334.9
1982	66256	353.0	396.9	44176.9	1513.4
1983	62328	346.3	435.2	44644.1	1659.8
1984	60062	361.5	464.0	44453.0	1739.8
1985	55754	380.2	508.9	44035.9	1775.8
1986	54136	387.9	586.7	44225.8	1930.6
1987	51978	394.1	658.8	44403.0	1999.3
1988	51558	461.1	712.0	44375.9	2141.5
1989	50862	416.8	790.5	44917.2	2357.1
1990	52387	428.8	844.5	47403.1	2590.3
1991	49644	456.9	963.2	47822.1	2805.1
1992	48082	478.6	1107.1	48590.1	2930.2
1993	45153	481.9	1244.9	48727.9	3151.9
1994	48722	503.7	1473.9	48759.1	3317.9
1995	40699	519.5	1655.7	49281.6	3593.7
1996	37743	533.7	1812.7	50381.6	3827.9
1997	36117	562.5	1980.1	51238.5	3980.7
1998	33185	634.8	2042.2	52295.6	4085.6
1999	31678	664.1	2173.4	53158.4	4124.3
2000	29962	698.5	2421.3	53820.3	4146.4
2001	29183	896.6	2610.8	54249.4	4253.8
2002	27633	812.2	2993.4	54354.9	4339.4
2003	26696	862.3	3432.9	54014.2	4411.6
2004	27115	993.8	3933.0	54478.4	4636.6
2005	26726	1099.2	4375.7	55029.3	4766.2
2006	27493	1243.0	4895.8	55750.5	4927.7
2007	27664	1366.6	5509.9	56518.3	5107.8
2008	44433	5127.4	5713.2	58471.7	5239.0
2009	44804	5512.1	6104.4	59261.4	5404.4
2010	44815	5924.0	6632.3	60347.7	5561.7
2011	45151	6212.3	7139.6	61681.6	5704.2
2012	45799	6568.6	7508.5	62490.5	5838.8
2013	46849	7118.6	8549.5	63473.3	5911.9
2014	47073	7322.1	8884.4	64539.5	5995.9
2015	47340	7583.0	9026.9	65872.6	6022.6
2016	47529	7791.1	9238.3	67140.6	5984.4
2017	47498	7927.0	9524.4	67815.6	5859.4
2018	46515	8043.5	9358.5	68271.6	5653.4
2019	45445	8144.2	9482.9	68678.6	5403.6
2020	43957	8133.8	6211.0	69160.5	5250.7
2021	42785	8290.3	6736.3	69609.5	5191.3
2022	41544	8063.3	7765.6	70358.9	5079.2
2023	41114	8157.0	7991.9	71644.0	5021.7

注：1. 2008年起乡村办水电站统计口径变更为农村水电。农村水电是指装机容量5万千瓦及以下水电站和配套电网。2023年起乡村(农村)办水电站变更为小水电站(下表同)。
2. 2020年起农村用电量口径改为“农林牧渔业用电量+乡村居民生活用电量”，数据来源于中国电力企业联合会(下表同)。

3-8 各地区农村电力和农田水利建设情况

地区	小水电站（个）		装机容量（万千瓦）		发电量（亿千瓦时）		农村用电量（亿千瓦时）	
	2022年	2023年	2022年	2023年	2022年	2023年	2022年	2023年
全国	**41544**	**41114.0**	**8063.3**	**8157.0**	**2360.0**	**2303.0**	**7765.6**	**7991.9**
北京	3	3.0	0.3	0.3	0.1	0.0	69.8	73.0
天津	1	1.0	0.6	0.6	0.1	0.1	67.5	70.9
河北	221	215.0	38.5	37.7	8.7	8.2	539.1	595.9
山西	135	134.0	20.4	20.5	5.8	5.7	179.1	194.0
内蒙古	36	36.0	10.8	10.8	2.4	2.2	143.1	178.1
辽宁	192	186.0	48.0	47.6	12.7	10.2	179.5	191.7
吉林	260	265.0	65.1	63.6	21.7	18.7	78.6	87.0
黑龙江	79	79.0	38.9	39.2	14.3	13.7	115.2	120.2
上海							12.4	12.4
江苏	34	39.0	5.1	5.7	0.6	0.6	615.4	610.5
浙江	2838	2829.0	421.9	418.1	94.3	80.4	604.7	574.2
安徽	748	746.0	114.7	116.6	20.0	20.6	353.0	341.7
福建	5174	5084.0	717.2	690.3	203.1	202.7	327.0	341.2
江西	3673	3667.0	350.1	351.5	88.1	91.5	201.8	200.4
山东	107	61.0	8.9	7.1	0.6	0.5	579.9	607.9
河南	298	310.0	35.7	40.7	6.5	8.6	576.7	568.8
湖北	1580	1579.0	391.7	367.5	85.4	103.0	267.3	277.2
湖南	4230	4228.0	624.5	626.6	176.5	146.9	359.2	317.3
广东	9595	9354.0	784.3	787.9	167.8	202.4	713.3	764.2
广西	2255	2262.0	460.6	466.1	136.2	104.4	254.7	270.6
海南	274	282.0	42.1	44.8	12.6	11.2	66.9	76.2
重庆	1435	1442.0	301.5	308.1	60.9	83.6	95.6	90.5
四川	3355	3368.0	1123.9	1262.2	406.1	435.0	321.9	328.3
贵州	1208	1170.0	363.8	363.6	101.0	71.2	182.5	186.5
云南	1827	1832.0	1248.1	1253.0	422.4	365.8	190.7	204.8
西藏	381	379.0	38.7	27.4	12.3	9.2	6.2	8.1
陕西	387	355.0	142.8	140.6	40.0	48.7	179.4	182.1
甘肃	604	606.0	299.1	295.9	115.0	117.6	124.6	135.9
青海	227	215.0	102.9	98.1	54.2	50.9	15.8	17.4
宁夏	1	1.0	0.4	0.4	…	0.0	45.7	51.8
新疆	382	382.0	250.5	252.3	86.9	85.4	299.0	313.1
水利部属	4	4.0	12.2	12.2	3.8	3.9		

3-8 续表

地 区	耕地灌溉面积(千公顷)					
	2022年	2023年				
			实际耕地灌溉面积	新增耕地灌溉面积	节水灌溉面积	新增节水灌溉面积
全 国	**70358.9**	**71644.0**	**59313.0**	**1551.9**		
北 京	112.1	118.0	90.5	6.2		
天 津	294.0	309.0	244.0	15.5		
河 北	4102.9	4122.0	3628.0	46.7		
山 西	1502.0	1490.9	1335.9	58.5		
内 蒙 古	4379.3	4809.0	3541.4			
辽 宁	1716.6	1721.2	1305.0	8.2		
吉 林	1906.5	1949.3	1548.9	103.5		
黑 龙 江	6152.9	6238.5	4386.6	158.7		
上 海	160.6	161.6	161.6	1.5		
江 苏	3851.7	3856.7	3552.5	11.6		
浙 江	1226.1	1240.7	1079.8	52.8		
安 徽	4576.2	4679.1	3695.1	26.5		
福 建	855.5	858.8	780.3	14.9		
江 西	2166.5	2186.8	1898.9	36.7		
山 东	5209.1	5241.7	4629.5	149.3		
河 南	5623.2	5666.7	4591.7	74.4		
湖 北	3208.8	3220.2	2821.6	51.3		
湖 南	2876.0	2917.6	2340.9	222.1		
广 东	1560.2	1560.2	1388.6	3.3		
广 西	1549.4	1695.6	1442.2	153.3		
海 南	330.2	334.5	229.8	4.3		
重 庆	669.9	681.1	412.7	19.1		
四 川	2975.7	2994.2	2488.3	19.4		
贵 州	1185.2	1229.9	996.1	22.7		
云 南	2035.3	2036.0	1658.4	29.9		
西 藏	304.6	304.6	243.7	2.1		
陕 西	1161.6	1181.2	1001.1	8.2		
甘 肃	1349.5	1423.7	1324.0	101.5		
青 海	222.0	222.1	183.8	0.0		
宁 夏	560.6	564.0	564.0	11.2		
新 疆	6534.7	6629.6	5747.9	138.2		

注：水利部2022年、2023年节水灌溉面积和新增节水灌溉面积暂未发布。

3-9 各地区农用化肥施用量

(按折纯法计算) 单位：万吨

地　　区	农用化肥施用量		1. 氮肥		2. 磷肥	
	2022年	2023年	2022年	2023年	2022年	2023年
全　　国	**5079.2**	**5021.7**	**1654.2**	**1603.3**	**563.2**	**536.3**
北　　京	6.6	6.7	2.0	1.9	0.3	0.3
天　　津	15.5	15.4	4.6	4.5	1.6	1.5
河　　北	271.6	266.4	92.4	87.7	21.5	19.4
山　　西	103.5	103.2	18.5	17.7	8.2	7.8
内 蒙 古	227.4	220.8	75.8	70.6	20.3	15.0
辽　　宁	130.5	129.5	40.6	39.8	7.9	7.8
吉　　林	222.7	222.5	40.9	37.8	4.8	4.8
黑 龙 江	238.5	238.6	76.1	76.4	47.3	47.3
上　　海	6.6	6.4	2.4	2.4	0.3	0.3
江　　苏	270.1	267.0	126.9	124.6	24.3	23.0
浙　　江	67.0	65.8	21.7	20.5	3.5	3.2
安　　徽	280.2	278.0	71.2	65.7	13.4	10.2
福　　建	92.1	89.2	32.4	31.3	12.5	12.2
江　　西	107.7	107.1	27.7	27.4	13.6	13.4
山　　东	362.1	354.8	98.2	94.7	30.7	29.6
河　　南	595.3	584.0	157.6	152.4	71.8	68.5
湖　　北	258.0	254.4	88.9	84.4	34.2	32.9
湖　　南	215.9	213.3	66.5	62.9	17.4	15.6
广　　东	208.7	206.8	78.3	77.2	25.2	24.8
广　　西	249.2	247.6	65.7	64.4	26.8	26.6
海　　南	38.6	37.5	10.2	9.7	2.6	2.4
重　　庆	88.7	88.4	42.1	41.8	15.3	15.2
四　　川	204.4	202.2	76.4	74.5	32.1	31.4
贵　　州	75.4	74.7	30.5	30.0	8.3	8.1
云　　南	183.4	179.3	83.1	80.7	24.2	23.6
西　　藏	2.8	2.8	0.8	0.8	0.5	0.5
陕　　西	194.2	193.7	73.4	71.8	17.2	16.2
甘　　肃	77.1	76.6	29.7	29.8	14.3	13.9
青　　海	4.7	4.5	1.9	1.8	0.5	0.4
宁　　夏	36.9	36.7	13.7	13.5	4.0	3.8
新　　疆	243.7	247.7	103.8	104.4	58.6	56.3

3-9 续表

单位：万吨

	3. 钾肥		4. 复合肥	
	2022年	2023年	2022年	2023年
全　国	**493.2**	**481.1**	**2368.7**	**2401.0**
北　京	0.3	0.3	3.9	4.2
天　津	1.1	1.0	8.2	8.4
河　北	19.3	18.5	138.4	140.7
山　西	7.4	7.1	69.5	70.6
内蒙古	15.8	15.3	115.5	119.9
辽　宁	10.1	9.9	71.9	72.0
吉　林	11.8	11.6	165.2	168.3
黑龙江	32.5	32.7	82.5	82.2
上　海	0.1	0.1	3.7	3.6
江　苏	14.7	14.2	104.3	105.2
浙　江	4.9	4.6	36.8	37.5
安　徽	15.9	13.5	179.7	188.6
福　建	17.8	17.3	29.4	28.3
江　西	14.8	14.7	51.7	51.6
山　东	28.1	27.2	205.1	203.3
河　南	47.6	46.3	318.3	316.8
湖　北	22.7	21.9	112.2	115.2
湖　南	31.4	29.4	100.5	105.4
广　东	40.2	39.9	65.1	64.8
广　西	50.1	49.1	106.7	107.4
海　南	7.1	6.8	18.7	18.5
重　庆	5.2	5.1	26.1	26.3
四　川	14.3	14.0	81.5	82.3
贵　州	6.7	6.7	29.9	29.9
云　南	20.8	20.4	55.3	54.7
西　藏	0.1	0.1	1.4	1.4
陕　西	19.8	19.3	83.8	86.3
甘　肃	7.4	7.4	25.7	25.4
青　海	0.1	0.1	2.2	2.2
宁　夏	2.7	2.8	16.5	16.6
新　疆	22.5	23.7	58.7	63.3

3-10 各地区农用塑料薄膜使用量

地　区	农用塑料薄膜使用量（万吨）		地膜使用量（万吨）		地膜覆盖面积（千公顷）	
	2022年	2023年	2022年	2023年	2022年	2023年
全　国	**237.5**	**241.6**	**134.2**	**137.5**	**17470.9**	**17764.1**
北　京	0.7	0.7	0.2	0.2	9.8	10.1
天　津	0.7	0.6	0.2	0.2	29.4	27.1
河　北	10.1	10.2	4.8	4.7	731.3	717.5
山　西	4.9	5.3	3.2	3.2	636.4	660.0
内蒙古	11.5	12.7	10.2	11.6	1901.1	1997.9
辽　宁	11.3	11.4	3.9	3.9	295.7	299.6
吉　林	4.6	4.6	2.4	2.3	158.2	164.6
黑龙江	5.8	5.6	1.7	1.7	182.6	176.8
上　海	1.2	1.2	0.3	0.3	12.0	11.6
江　苏	10.2	10.0	3.2	3.0	474.5	453.7
浙　江	6.9	6.7	1.9	1.9	119.4	116.5
安　徽	10.2	10.1	4.1	4.0	440.7	433.0
福　建	4.7	4.3	2.5	2.2	126.2	126.1
江　西	5.4	5.4	3.2	3.1	134.2	135.8
山　东	25.4	25.2	8.6	8.3	1519.3	1476.1
河　南	14.0	13.9	5.9	5.8	793.8	766.8
湖　北	5.7	5.5	2.1	2.1	376.6	393.9
湖　南	7.4	6.6	4.2	3.7	519.0	439.6
广　东	4.5	4.4	2.5	2.4	142.3	151.5
广　西	4.6	4.4	3.1	2.9	403.6	399.5
海　南	3.5	3.7	1.8	1.6	62.3	63.5
重　庆	4.1	4.0	2.2	2.2	229.3	228.2
四　川	11.5	11.2	7.5	7.3	825.1	809.3
贵　州	3.9	3.8	2.2	2.1	365.5	362.5
云　南	11.3	11.2	9.0	9.0	1091.6	1101.0
西　藏	0.2	0.2	0.1	0.1	4.8	3.0
陕　西	4.6	5.0	2.1	2.2	410.5	413.7
甘　肃	17.8	18.8	12.6	13.1	1432.1	1483.8
青　海	0.7	0.8	0.6	0.7	67.3	71.6
宁　夏	2.1	2.8	1.7	2.1	230.2	279.7
新　疆	27.9	31.3	26.1	29.5	3746.3	3990.1

3-11 各地区农用柴油和农药使用量

地　区	农用柴油使用量(万吨)		农药使用量(万吨)	
	2022年	2023年	2022年	2023年
全　国	**1769.0**	**1751.4**	**119.0**	**115.5**
北　京	1.7	1.6	0.2	0.2
天　津	1.9	1.7	0.2	0.2
河　北	131.6	129.9	5.1	5.0
山　西	25.2	25.1	2.3	2.2
内蒙古	72.4	71.0	2.5	2.5
辽　宁	58.3	59.0	4.2	4.1
吉　林	61.7	60.6	4.4	4.2
黑龙江	139.6	138.2	5.5	5.5
上　海	3.0	3.0	0.2	0.2
江　苏	101.3	99.3	6.1	6.0
浙　江	171.4	169.0	3.3	3.1
安　徽	73.8	73.7	7.3	7.1
福　建	75.2	74.0	4.0	3.8
江　西	29.8	29.2	5.1	5.0
山　东	117.3	114.2	10.5	10.2
河　南	95.2	94.2	9.2	9.0
湖　北	61.5	60.1	8.5	8.3
湖　南	47.2	47.2	8.2	7.5
广　东	86.0	86.2	7.6	7.4
广　西	48.8	46.6	6.2	6.0
海　南	13.5	13.8	1.8	1.7
重　庆	21.3	21.3	1.6	1.6
四　川	46.9	46.8	4.0	4.0
贵　州	10.4	10.4	0.7	0.7
云　南	28.6	28.3	4.1	3.9
西　藏	3.9	4.0	…	…
陕　西	91.5	90.7	1.1	1.1
甘　肃	36.0	36.3	2.7	2.6
青　海	6.5	6.5	0.1	0.1
宁　夏	20.7	19.5	0.2	0.2
新　疆	87.2	89.6	2.0	1.9

3-12 各地区主要农用地情况(2023年)

单位：千公顷

地 区	耕 地	园 地	林 地	草 地
全 国	**128608.8**	**19610.9**	**283695.7**	**263215.7**
北 京	130.7	105.3	963.2	16.1
天 津	336.7	34.6	145.5	14.2
河 北	6088.4	955.3	6333.9	1916.6
山 西	3893.5	622.9	6099.0	3046.6
内蒙古	11617.4	49.2	24355.6	53939.6
辽 宁	5162.2	525.9	5985.5	475.1
吉 林	7452.6	88.8	8804.8	619.7
黑龙江	17167.7	74.2	21611.3	1169.5
上 海	160.9	14.1	88.5	17.8
江 苏	4139.6	216.0	792.6	105.4
浙 江	1320.8	681.8	6079.0	79.8
安 徽	5563.5	369.3	4047.2	66.1
福 建	926.3	922.0	8769.6	76.7
江 西	2718.3	586.2	10334.3	102.5
山 东	6539.3	1199.4	2443.7	243.7
河 南	7579.6	385.5	4299.9	250.5
湖 北	4752.0	474.4	9292.5	98.2
湖 南	3666.6	906.2	12612.5	141.5
广 东	1914.7	1282.9	10698.5	244.0
广 西	3286.7	1625.3	16025.4	287.0
海 南	494.8	1220.6	1142.3	18.3
重 庆	1869.6	280.2	4671.0	27.5
四 川	5252.6	1185.4	25387.1	9607.1
贵 州	3415.2	563.3	11213.6	195.2
云 南	5484.5	2517.1	24797.6	1311.8
西 藏	445.3	14.0	17885.0	80038.7
陕 西	3040.6	1105.4	12436.5	2188.8
甘 肃	5220.3	413.4	8218.9	14039.3
青 海	570.0	59.2	4604.0	39432.9
宁 夏	1207.3	89.2	981.3	1980.6
新 疆	7191.3	1044.1	12576.0	51465.0

注：数据来源于自然资源部。

3-13 各地区耕地面积构成(2023年)

单位：%

地　　区	耕地	水田	水浇地	旱地
全　　国	**100.0**	**24.2**	**25.6**	**50.2**
北　　京	0.1	...	0.1	...
天　　津	0.3	0.1	0.2	...
河　　北	4.7	0.1	3.0	1.6
山　　西	3.0	...	0.8	2.2
内 蒙 古	9.0	0.1	4.4	4.5
辽　　宁	4.0	0.5	0.2	3.4
吉　　林	5.8	0.8	...	5.0
黑 龙 江	13.3	3.7	0.1	9.6
上　　海	0.1	0.1	...	...
江　　苏	3.2	2.2	0.6	0.4
浙　　江	1.0	0.8		0.2
安　　徽	4.3	2.1	0.2	2.1
福　　建	0.7	0.6	...	0.1
江　　西	2.1	1.8	...	0.4
山　　东	5.1	0.1	3.7	1.3
河　　南	5.9	0.5	3.6	1.8
湖　　北	3.7	2.0	0.3	1.4
湖　　南	2.9	2.3	...	0.5
广　　东	1.5	1.1	0.1	0.3
广　　西	2.6	1.3	...	1.3
海　　南	0.4	0.2	...	0.1
重　　庆	1.5	0.5	...	0.9
四　　川	4.1	1.7	...	2.3
贵　　州	2.7	0.7	...	2.0
云　　南	4.3	0.8	0.1	3.4
西　　藏	0.3	...	0.2	0.1
陕　　西	2.4	0.1	0.7	1.6
甘　　肃	4.1	...	1.2	2.9
青　　海	0.4		0.1	0.3
宁　　夏	0.9	0.1	0.3	0.5
新　　疆	5.6	...	5.4	0.2

3-14 农村电力和农田水利建设情况

指　　标	单 位	1990年	1995年	2000年	2005年	2010年	2012年
一、乡村办水电站	**个**	**52387**	**40699**	**29962**	**26726**	**44815**	**45799**
装机容量	万千瓦	428.8	519.5	698.5	1099.2	5924.0	6568.6
发电量	亿千瓦时		134.1	205.0	1357.2	2044.4	2172.9
二、农村用电量	**亿千瓦时**	**844.5**	**1655.7**	**2421.3**	**4375.7**	**6632.3**	**7508.5**
三、农田水利建设情况							
耕地灌溉面积	千公顷	47403.1	49281.2	53820.3	55029.3	60347.7	62490.5

3-14 续表

指　　标	单 位	2015年	2020年	2021年	2022年	2023年	2023年为2022年百分比(%)
一、小水电站	**个**	**47340**	**43957**	**42785**	**41544**	**41114**	**99.0**
装机容量	万千瓦	7583.0	8133.8	8290.3	8063.3	8157.0	101.2
发电量	亿千瓦时	2351.3	2423.7	2241.1	2360.0	2303.0	97.6
二、农村用电量	**亿千瓦时**	**9026.9**	**6211.0**	**6736.3**	**7765.6**	**7991.9**	**102.9**
三、农田水利建设情况							
耕地灌溉面积	千公顷	65872.6	69160.5	69609.5	70358.9	71644.0	101.8

3-15 农用化肥、农膜、柴油和农药使用量

指　　标	单 位	1990年	1995年	2000年	2005年	2010年	2012年
一、化肥施用量(折纯量)	**万吨**	**2590.3**	**3593.7**	**4146.4**	**4766.2**	**5561.7**	**5838.8**
氮　肥	万吨	1638.4	2021.9	2161.6	2229.3	2353.7	2399.9
磷　肥	万吨	462.4	632.4	690.5	743.8	805.6	828.6
钾　肥	万吨	147.9	268.5	376.5	489.5	586.4	617.7
复合肥	万吨	341.6	670.8	917.9	1303.2	1798.5	1990.0
二、农用塑料薄膜使用量	**万吨**	**48.2**	**91.5**	**133.5**	**176.2**	**217.3**	**238.3**
#地膜使用量	万吨		47.0	72.2	95.9	118.4	131.1
地膜覆盖面积	千公顷		6493.0	10624.8	13518.4	15595.6	17582.5
三、农用柴油使用量	**万吨**		**1087.8**	**1405.0**	**1902.7**	**2023.1**	**2107.6**
四、农药使用量	**万吨**	**73.3**	**108.7**	**128.0**	**146.0**	**175.8**	**180.6**

3-15 续表

指　　标	单 位	2015年	2020年	2021年	2022年	2023年	2023年为2022年百分比(%)
一、化肥施用量(折纯量)	**万吨**	**6022.6**	**5250.7**	**5191.3**	**5079.2**	**5021.7**	**98.9**
氮　肥	万吨	2361.6	1833.9	1745.3	1654.2	1603.3	96.9
磷　肥	万吨	843.1	653.8	627.1	563.2	536.3	95.2
钾　肥	万吨	642.3	541.9	524.8	493.2	481.1	97.6
复合肥	万吨	2175.7	2221.0	2294.0	2368.7	2401.0	101.4
二、农用塑料薄膜使用量	**万吨**	**260.4**	**238.9**	**235.8**	**237.5**	**241.6**	**101.7**
#地膜使用量	万吨	145.5	135.7	132.0	134.2	137.5	102.5
地膜覆盖面积	千公顷	18318.4	17386.8	17282.2	17470.9	17764.1	101.7
三、农用柴油使用量	**万吨**	**2197.7**	**1848.2**	**1802.0**	**1769.0**	**1751.4**	**99.0**
四、农药使用量	**万吨**	**178.3**	**131.3**	**123.9**	**119.0**	**115.5**	**97.0**

农业生态与环境

4-1 全国自然保护区情况

项　目	单 位	1997年	1999年	2000年	2005年	2010年	2012年	2015年	2020年	2021年	2022年	2023年
1.自然保护区数	个	926	1146	1227	2349	2588	2669	2740				
国家级	个	124	155	155	243	319	363	428	474	474		448
省级	个	392	404	433	773	859	876	879				
2.自然保护区总面积	万公顷	7698	8815	9821	14995	14944	14979	14703				
国家级	万公顷	2647	5816	5806	8899	9268	9415	9649	9821	9821		
省级	万公顷	4606	2265	3031	4487	4175	4091	3796				

注：自2018年，自然保护区数据由国家林业和草原局提供，2022年数据暂未公布。

4-2 各地区自然保护区基本情况(2023年)

地　区	国家级自然保护区个数(个)	国家级自然保护区面积(万公顷)
全　国	**448**	
北　京	2	
天　津	3	
河　北	14	
山　西	8	
内蒙古	29	
辽　宁	19	
吉　林	22	
黑龙江	47	
上　海	2	
江　苏	3	
浙　江	11	
安　徽	8	
福　建	16	
江　西	15	
山　东	7	
河　南	13	
湖　北	22	
湖　南	23	
广　东	15	
广　西	23	
海　南	5	
重　庆	7	
四　川	22	
贵　州	11	
云　南	21	
西　藏	11	
陕　西	25	
甘　肃	19	
青　海	5	
宁　夏	9	
新　疆	15	

资料来源：1.国家林业和草原局。
2.个别保护区跨多个省，因此，分省数之和大于全国数。
3.自然保护地整合优化工作尚未完成，国家级自然保护区面积指标暂无相关数据。

4-3 各地区农村可再生资源利用情况(2023年)

地区	户用沼气池数量(个)	沼气工程数量(个)	太阳能热水器(万平方米)	太阳房(万平方米)	太阳灶(台)
全国	**11316411**	**67742**	**7798.5**	**2453.0**	**735704**
北京		17	79.0	46.1	
天津	70	42	21.1	0.03	
河北	172912	456	622.5	291.4	707
山西	4853	168	37.1	2.3	8837
内蒙古	87253	180	83.4	24.3	2419
辽宁	215685	418	61.7	50.9	91
吉林	36	64	54.1	258.8	156
黑龙江	59800	638	22.1	176.1	
上海		30			
江苏	203426	3175	1057.5	0.5	
浙江	11500	3342	541.0		
安徽	356094	1245	564.5	0.7	
福建	179198	2439	33.3		
江西	34900	1617	200.3		
山东	60615	1380	1411.6	11.9	479
河南	336100	1893	333.2		
湖北	1884800	7699	290.6		
湖南	318170	9232	172.6	2.7	
广东	26400	15612	126.6	0.2	
广西	1702749	1314	154.1		
海南	47102	1954	389.2		
重庆	138853	4168	43.3		
四川	3122110	6427	247.7	0.5	1151
贵州	485784	1040	73.2		
云南	672046	1917	671.8		
西藏			123.3	756.5	5869
陕西	43200	519	2.2		205
甘肃	1005018	479	241.2	827.2	624536
青海	59	8			
宁夏	147400	96	130.9	2.9	91254
新疆	278	173	9.3		

4-4 灌区、水库、除涝、治水情况

指　　标	单　位	1990年	1995年	2000年	2010年	2012年	2016年
年底万亩以上灌区数	处	5363	5562	5683	5795	7756	7806
#3.3万公顷以上	处	72	74	101	131	176	177
2.0～3.3万公顷	处	76	99	141	218	280	281
灌区有效灌溉面积	万公顷	2123.1	2249.9	2449.3	2941.5	3008.7	3304.6
#3.3万公顷以上	万公顷	604.7	631.4	788.3	1091.8	624.3	1233.5
2.0～3.3万公顷	万公顷	189.6	244.4	344.0	474.0	501.7	543.0
水库	座	81527	82915	83260	87873	97543	98460
大型水库	座	366	387	420	552	683	720
中型水库	座	2499	2593	2704	3269	3758	3890
小型水库	座	78662	79935	80136	84052	93102	93850
水库库容量	亿立方米	4660	4797	5182	7162	8255	8967
大型水库	亿立方米	3397	3493	3843	5594	6493	7166
中型水库	亿立方米	690	719	746	930	1064	1096
小型水库	亿立方米	573	585	593	638	698	705
节水灌溉面积	万公顷			1638.9	2731.4	3121.7	3284.7
除涝面积	万公顷	1933.7	2006.5	2098.9	2169.2	2185.7	2306.7
水土流失治理面积	万公顷	5300.0	6690.0	8096.0	10680.0	10295.3	12041.2
堤防长度	万公里	22.0	24.7	27.0	29.4	27.7	29.9
堤防保护耕地面积	万公顷	3200.0	3060.9	3960.0	4683.1	4259.7	4108.7

注：1.节水灌溉面积2013年与水利普查数据进行了衔接。
2.万亩以上灌区处数与有效灌溉面积统计口径为按有效灌溉面积达到万亩统计。
3.堤防长度为五级及以上堤防。
4.水利部2022年后节水灌溉面积、灌区数量及灌溉面积相关数据暂未公布。

4-4 续表

指　　标	单　位	2017年	2018年	2019年	2020年	2021年	2022年	2023年
年底万亩以上灌区数	处	7839	7881	7884	7713	7326		
#3.3万公顷以上	处	178	175	176	172	154		
2.0～3.3万公顷	处	281	286	284	282	296		
灌区有效灌溉面积	万公顷	3326.2	3332.4	3350.1	3363.8	3972.7		
#3.3万公顷以上	万公顷	1245.7	1239.9	1260.9	1234.4	1220.9		
2.0～3.3万公顷	万公顷	542.5	540.0	538.6	547.8	565.9		
水库	座	98795	98822	98112	98566	97036	95296	94877
大型水库	座	732	736	744	774	805	814	836
中型水库	座	3934	3954	3978	4098	4174	4192	4230
小型水库	座	94129	94132	93390	93694	92057	90290	89811
水库库容量	亿立方米	9035	8953	8983	9086	9853	9887	9999
大型水库	亿立方米	7210	7117	7150	7231	7944	7979	8077
中型水库	亿立方米	1117	1126	1127	1146	1197	1199	1210
小型水库	亿立方米	708	710	706	708	712	709	712
节水灌溉面积	万公顷	3431.9	3613.5	3705.9	3779.6			
除涝面积	万公顷	2382.4	2426.2	2453.0	2458.6	2461.9	2412.9	2507.8
水土流失治理面积	万公顷	12583.9	13153.2	13732.5	14312.2	14955.2	15603.0	16272.4
堤防长度	万公里	30.6	31.2	32.0	32.8	33.1	33.1	32.5
堤防保护耕地面积	万公顷	4094.6	4140.9	4190.3	4216.8	4219.2	4197.2	4174.8

4-5 各地区水利设施和除涝、治水面积(2023年)

地　区	水库数 (座)	水库库容量 (亿立方米)	除涝面积 (千公顷)	水土流失治理面积 (千公顷)
全　国	**94877**	**9999**	**25078.3**	**162724.3**
北　京	80	52	12.0	1003.8
天　津	21	25	362.1	105.0
河　北	1013	207	1622.5	6573.3
山　西	623	72	89.3	8417.5
内蒙古	472	214	277.0	17289.1
辽　宁	745	374	1220.1	6385.9
吉　林	1245	325	1049.6	3457.2
黑龙江	794	207	3355.2	7219.7
上　海	5	6	50.4	
江　苏	935	35	4034.4	979.9
浙　江	4274	451	580.9	3789.9
安　徽	5362	207	2548.1	2352.2
福　建	3569	204	163.5	4401.3
江　西	10623	357	499.5	6605.5
山　东	5531	185	3268.5	4853.5
河　南	2540	438	2190.6	4399.7
湖　北	6751	1263	1457.6	6894.2
湖　南	13245	547	749.3	4595.5
广　东	7293	453	536.9	2171.8
广　西	4507	761	243.1	3622.1
海　南	1112	121	41.6	167.5
重　庆	3085	130		4322.4
四　川	8281	764	103.6	12557.8
贵　州	2681	508	140.9	8550.4
云　南	7348	1181	335.7	12192.1
西　藏	145	44	5.4	990.6
陕　西	1063	118	103.2	8952.9
甘　肃	355	115	15.5	12201.7
青　海	206	367		2077.1
宁　夏	328	26		2762.8
新　疆	645	242	21.7	2832.0

4-6 全国农作物受灾和成灾面积

单位：千公顷

年 份	受灾面积	#旱灾	洪涝灾	成灾面积	#旱灾	洪涝灾
1952	8190	4240	2790	4430	2590	1840
1957	29150	17210	8080	14980	7400	6030
1962	37180	20810	9810	16670	8690	6320
1965	20800	13630	5590	11220	8110	2810
1970	9970	5720	3130	3300	1930	1230
1975	35380	24830	6820	10240	5320	3470
1978	50807	32641	3109	24457	16564	2012
1979	39367	24646	6757	15790	9316	2868
1980	50025	21901	9687	29777	14174	6070
1981	39786	25693	8625	18743	12134	3973
1982	33133	20697	8361	16117	9972	4397
1983	34713	16089	12162	16209	7586	5747
1984	31887	15819	10632	15607	7015	5395
1985	44365	22989	14197	22705	10063	8949
1986	47135	31042	9155	23656	14765	5601
1987	42086	24920	8686	20393	13033	4104
1988	50874	32904	11949	24503	15303	6128
1989	46991	29358	11328	24449	15262	5917
1990	38474	18175	11804	17819	7805	5605
1991	55472	24914	24596	27814	10559	14614
1992	51333	32980	9423	25895	17049	4464
1993	48829	21098	16387	23133	8657	8611
1994	55046	30423	17328	31382	17050	10744
1995	45824	23455	12734	22268	10402	7604
1996	46991	20152	18147	21234	6247	10855
1997	53427	33516	11415	30307	20012	5839
1998	50145	14236	22292	25181	5060	13785
1999	49980	30156	9020	26734	16614	5071
2000	54688	40541	7323	34374	26784	4321
2001	52215	38472	6042	31793	23698	3614
2002	46946	22124	12288	27160	13174	7388
2003	54506	24852	19208	32516	14470	12289
2004	37106	17253	7314	16297	8482	3747
2005	38818	16028	10932	19966	8479	6047
2006	41091	20738	8003	24632	13411	4569
2007	48992	29386	10463	25064	16170	5105
2008	39990	12137	6477	22283	6798	3656
2009	47214	29259	7613	21234	13197	3162
2010	37426	13259	17525	18538	8987	7024
2011	32471	16304	6863	12441	6599	2840
2012	24962	9340	7730	11475	3509	4145
2013	31350	14100	8757	14303	5852	4859
2014	24891	12272	4718	12678	5677	2704
2015	21770	10610	5620	12380	5863	3327
2016	26221	9873	8531	13670	6131	4338
2017	18478	9875	5415	9201	4444	3022
2018	20814	7712	3950	10569	2621	2551
2019	19257	7838	6680	7913	3332	2612
2020	19958	5081	7190	7993	2507	3036
2021	11739	3426	4760	4682	1407	2065
2022	12072	6090	3414	4373	2037	1459
2023	10539	3804	4633	4797	1489	2321

注：受灾面积数据来自应急管理部，成灾面积数据来自农业农村部(下表同)。

4-7 全国农作物受灾、成灾和绝收面积

单位：千公顷

指 标	1990年	1995年	2000年	2016年	2017年	2018年	2019年	2020年	2021年	2022年	2023年	2023年为2022年百分比(%)
一、受灾面积	**38474**	**45824**	**54688**	**26221**	**18478**	**20814**	**19257**	**19958**	**11739**	**12072**	**10539**	**87.3**
旱 灾	18175	23455	40541	9873	9875	7712	7838	5081	3426	6090	3804	**62.5**
洪涝灾	11804	12734	7323	8531	5415	3950	6680	7190	4760	3414	4633	**135.7**
风雹灾	6354	4479	2307	2908	2268	2407	2228	2765	2712	1528	1175	**76.9**
冷冻灾	2141	3578	2795	2885	525	3413	586	1052	379	871	519	**59.6**
台风灾			1722	2023	394	3333	1924	3863	441	161	348	**216.3**
二、成灾面积	**17819**	**22268**	**34374**	**13670**	**9201**	**10569**	**7913**	**7993**	**4682**	**4373**	**4797**	**109.7**
旱 灾	7805	10402	26784	6131	4444	2621	3332	2507	1407	2037	1489	**73.1**
洪涝灾	5605	7604	4321	4338	3022	2551	2612	3036	2065	1459	2321	**159.1**
风雹灾	3415	2076	1162	1424	1238	1548	976	1238	956	475	580	**122.2**
冷冻灾	994	1791	1032	1179	312	1870	202	372	148	495	265	**53.7**
台风灾			1075	598	185	1979	791	839	106	13	136	**1075.7**
三、绝收面积		**5618**	**10148**	**2902**	**1827**	**2585**	**2802**	**2706**	**1633**	**1352**	**983**	**72.7**
旱 灾		2121	8006	1018	752	922	1114	705	464	612	218	**35.7**
洪涝灾		2627	1324	1297	745	652	1322	1322	872	493	559	**113.5**
风雹灾		561	321	269	225	197	171	291	206	175	98	**55.8**
冷冻灾		194	260	173	83	456	36	213	44	59	82	**138.8**
台风灾			237	145	22	358	159	172	44	12	24	**199.6**

4-8 各地区农作物受灾面积

单位：千公顷

地区	受灾面积合计		#旱灾		洪涝灾	
	2022年	2023年	2022年	2023年	2022年	2023年
全国	**12071.7**	**10539.3**	**6090.2**	**3803.7**	**3413.7**	**4633.3**
北京	9.2	15.1				14.5
天津	4.7	26.3				26.2
河北	135.3	643.8	28.1	225.1	25.3	375.9
山西	372.2	440.4	113.4	175.4	142.4	67.0
内蒙古	1394.9	2223.8	543.4	1526.9	497.8	389.5
辽宁	797.4	328.4		256.1	763.4	32.5
吉林	193.0	260.8			166.6	227.8
黑龙江	97.4	410.1			52.9	396.1
上海	4.2	0.4				
江苏	79.0	29.6	71.8			23.8
浙江	105.1	9.8	54.1	0.7	22.1	2.9
安徽	390.4	28.8	364.8		19.1	27.3
福建	105.9	83.4	26.1		60.4	18.7
江西	1111.9	201.8	703.2		291.9	176.9
山东	45.5	17.4	1.6		22.3	10.7
河南	683.4	1987.6	602.8		36.2	1943.8
湖北	1174.6	359.2	964.6	38.7	117.8	288.3
湖南	1129.7	276.0	691.7	151.2	346.2	103.5
广东	194.4	217.5			112.9	5.6
广西	376.0	219.8	113.4	107.2	210.8	40.8
海南	3.5	1.0			0.2	0.8
重庆	369.5	98.0	332.2	12.6	27.0	81.0
四川	615.9	228.0	522.5	126.6	54.5	96.3
贵州	420.4	242.7	265.7	106.0	69.7	39.2
云南	810.6	672.5	169.3	503.0	117.6	74.8
西藏	7.9	6.8	3.0		1.7	3.9
陕西	553.3	517.8	281.0	310.2	159.3	134.4
甘肃	487.9	375.3	169.6	211.0	59.7	26.2
青海	92.9	41.0	5.3	14.4	13.4	3.2
宁夏	68.6	163.6	26.1	37.9	17.8	
新疆	237.2	413.0	36.6	0.8	4.8	1.7

4-8 续表

单位：千公顷

地区	风雹灾		冷冻灾		台风灾	
	2022年	2023年	2022年	2023年	2022年	2023年
全国	**1527.6**	**1174.5**	**870.8**	**519.2**	**160.7**	**347.6**
北京	9.2	0.6				
天津	4.7			...		
河北	50.2	35.3	31.6	7.5		
山西	101.5	75.1	14.9	122.8		
内蒙古	303.0	302.4	50.7	4.8		
辽宁	32.8	38.3	...	1.5	1.2	
吉林	25.8	33.0	0.5	...		
黑龙江	44.5	14.0				
上海				0.4	4.2	
江苏	4.0	5.8	0.2		3.1	
浙江		0.2			28.9	6.1
安徽			6.5			1.5
福建	5.3	6.2	14.1	0.8		57.7
江西	34.1	17.7	79.1	5.3	3.6	1.9
山东	15.6	6.6		0.1	5.9	
河南	32.8	16.4	11.6	27.5		
湖北	38.4	32.2	53.8			
湖南	18.4	21.3	73.5			
广东	0.1		5.7	...	75.8	211.8
广西	0.4	2.7	16.8	0.8	34.6	68.3
海南					3.3	0.3
重庆	9.4	3.7	0.9	0.6		
四川	25.3	4.4	11.0	...		
贵州	62.9	96.8	22.0	0.8		
云南	221.7	75.2	301.4	19.2		
西藏	2.9	2.5	0.2	0.1		
陕西	104.3	57.9	8.7	15.3		
甘肃	105.2	36.9	153.4	85.7		
青海	64.5	20.7	9.6	2.6		
宁夏	20.1	40.7	4.6	84.5		
新疆	190.8	228.0	0.1	139.0		

4-9 各地区农作物成灾面积

单位：千公顷

地　区	成灾面积合计		#旱灾		洪涝灾	
	2022年	2023年	2022年	2023年	2022年	2023年
全　国	**4373.2**	**4796.7**	**2036.9**	**1488.9**	**1459.0**	**2321.0**
北　京	3.3	9.1				9.1
天　津		19.3				19.3
河　北	58.5	440.6	25.3	146.6	8.9	272.3
山　西	84.0	177.8	15.3	80.9	37.3	33.7
内蒙古	885.3	739.6	344.0	325.1	396.2	256.0
辽　宁	332.6	230.7		210.3	311.3	11.7
吉　林	76.7	91.7			72.8	74.2
黑龙江	32.4	317.9			11.3	307.6
上　海		0.2				
江　苏	43.2	13.9	40.7		…	13.3
浙　江	45.3	2.4	36.9		4.8	0.8
安　徽	71.3	8.4	68.4		2.1	8.1
福　建	22.5	27.8	3.2		15.4	10.1
江　西	525.1	101.9	286.0		196.3	89.4
山　东	13.3	6.2	0.7		6.7	2.1
河　南	67.0	822.7	53.7		8.6	813.0
湖　北	338.9	133.0	275.0	11.8	35.0	105.1
湖　南	344.7	116.6	213.3	55.7	115.8	53.0
广　东	50.7	95.7			42.7	1.2
广　西	58.1	82.3	17.7	41.8	32.5	16.2
海　南	1.5	0.3				0.3
重　庆	128.0	52.6	119.9	7.5	5.9	42.7
四　川	208.5	97.1	176.1	54.7	20.0	38.4
贵　州	193.3	110.0	125.9	42.9	21.0	17.8
云　南	372.2	329.7	52.9	236.0	46.7	44.9
西　藏	3.3	6.3	1.3		0.7	3.7
陕　西	177.3	236.7	88.4	129.7	55.5	64.5
甘　肃	125.2	150.8	75.6	106.2	13.7	9.5
青　海	29.2	27.3	2.0	9.3	4.7	2.0
宁　夏	25.3	116.3	10.0	30.6	4.0	
新　疆	56.4	232.0	4.5		1.7	1.4

4-9 续表　　单位：千公顷

地　区	风雹灾		冷冻灾		台风灾	
	2022年	2023年	2022年	2023年	2022年	2023年
全　国	**474.7**	**580.1**	**494.5**	**265.4**	**12.6**	**135.7**
北　京	3.3					
天　津				...		
河　北	6.7	16.3	17.6	5.3		
山　西	31.3	27.3		35.9		
内蒙古	129.4	154.9	16.0	3.7		
辽　宁	21.3	8.7				
吉　林	4.0	17.6				
黑龙江	21.0	10.3				
上　海				0.2		
江　苏	2.0	0.7			0.4	
浙　江		0.2			3.6	1.4
安　徽			0.9			0.4
福　建	2.7	3.1	1.2	0.1		14.5
江　西	3.3	9.7	37.4	1.7	2.0	1.2
山　东	6.0	4.1		...		
河　南	4.6	2.4	0.1	7.3		
湖　北	7.0	16.1	21.9			
湖　南	4.0	8.0	11.9			
广　东			2.0	...	6.0	94.5
广　西	0.2	0.4	5.3	0.3	2.4	23.7
海　南			0.2		1.3	...
重　庆	2.4	2.1		0.3		
四　川	8.8	3.4	3.6			
贵　州	33.0	49.1	13.4	0.3		
云　南	105.9	37.8	166.7	10.8		
西　藏	1.3	2.2		0.1		
陕　西	28.7	33.4	4.7	9.3		
甘　肃	28.9	14.7	7.0	20.3		
青　海	22.5	14.9		1.0		
宁　夏	9.3	15.2	2.0	70.6		
新　疆	50.2	127.8		98.4		

5

农村投资

5-1 国家财政用于农林水各项支出

单位：亿元

年 份	农 业	林 业	水 利	巩固脱贫攻坚成果衔接乡村振兴	农村综合改革
1990					
1991					
1992					
1993					
1994					
1996					
1997					
1998					
1999					
2000					
2001					
2002					
2003					
2004					
2005					
2006					
2007					
2008	2278.9	424.0	1122.7	320.4	
2009	3826.9	532.1	1519.6	374.8	
2010	3949.4	667.3	1856.5	423.5	607.9
2011	4291.2	876.5	2602.8	545.3	887.6
2012	5077.4	1019.2	3271.2	690.8	987.3
2013	5561.6	1204.3	3338.9	841.0	1148.0
2014	5816.6	1348.8	3478.7	949.0	1265.7
2015	6436.2	1613.4	4807.9	1227.2	1418.8
2016	6458.6	1696.6	4433.7	2285.9	1508.8
2017	6194.6	1724.9	4424.8	3249.6	1486.9
2018	6156.1	1931.3	4523.0	4863.8	1530.3
2019	6554.7	2007.7	4584.4	5561.5	1644.3
2020	7514.4	2035.1	4543.2	5621.6	1822.4
2021	7363.9	1771.1	4371.6	4310.0	1719.6
2022	7983.5	1788.3	4402.3	4431.0	1719.5
2023	8167.1	1813.1	4697.5	4572.7	1842.2

注：1.各年数据为财政决算数。
2.2020年起农业支出中包含农业农村支出。
3.2019年起林业支出中包含林业和草原支出。
4.2020年起南水北调支出包含在水利支出中。
5.2020年起财政用于农林水支出中未单独列示农业综合开发支出。
6.2023年，指标名称“巩固脱贫衔接乡村振兴”改为“巩固脱贫攻坚成果衔接乡村振兴”。

5-2 农村住户固定资产投资情况

单位：亿元

指　　标	2010年	2012年	2015年	2020年	2021年	2022年	2023年
农村住户固定资产投资完成额	**7886.0**	**9840.6**	**10409.8**	**8363.3**	**8337.1**	**7417.3**	**6671.9**
一、按投资构成分							
1.建筑工程	5729.1	6999.5	8426.4	6041.9	5569.4	5282.7	4678.4
#水利	17.0	11.1	41.4	59.3	53.8	66.3	69.4
住宅	5262.2	6568.5	7501.7	4778.8	4451.7	4200.1	3767.2
2.安装工程	31.5	16.9	8.8	7.1	5.9	4.2	
3.设备工器具购置	1426.7	1785.8	1587.4	1327.2	1660.4	1467.1	1339.3
#生产设备	864.3	1255.0	1562.9	1322.5	1658.5	1463.6	1339.3
4.其他	698.7	1038.3	387.2	987.0	1101.4	663.3	654.1
二、按投资方向分							
#农林牧渔业	1368.9	2224.0	1980.3	2577.6	2652.8	2434.8	2090.7
采矿业	8.4	2.1	0.6	1.3	0.9		0.3
制造业	118.4	146.1	137.0	118.1	134.7	105.6	116.4
电力、热力、燃气及水的生产和供应业	3.7	0.7	13.1	6.4	14.8	13.8	11.4
建筑业	209.9	53.6	59.9	62.6	176.1	144.7	104.0
批发和零售业	48.1	47.7	243.5	119.7	351.6	214.1	184.0
交通运输、仓储和邮政业	553.8	563.5	225.2	507.1	281.8	228.5	284.8
住宿和餐饮业	37.7	45.9	42.4	35.3	68.1	37.1	48.0
房地产业	5308.5	6519.9	7578.1	4839.8	4542.1	4120.8	3748.7
租赁和商务服务业	2.8	5.7	12.1	8.5	16.3	16.4	23.1
居民服务、修理和其他服务业	188.7	219.3	102.1	76.0	73.1	89.0	44.2

注：表5-2到5-7数据来源于农村住户固定资产投资抽样调查。

5-3 分地区农村住户固定资产投资完成额

单位：亿元

地区	2010年	2012年	2015年	2020年	2021年	2022年	2023年
全国	**7886.0**	**9840.6**	**10409.8**	**8363.3**	**8337.1**	**7417.3**	**6671.9**
北京	52.1	47.5	50.0	82.6	133.0	97.8	68.6
天津	26.4	21.5	17.4	14.9	15.3	10.2	22.2
河北	460.8	556.7	542.5	267.2	277.3	230.9	219.9
山西	217.9	278.4	329.6	122.4	131.2	102.7	123.0
内蒙古	91.2	126.0	173.1	144.3	146.8	129.5	131.3
辽宁	249.4	300.9	277.5	208.6	230.3	214.3	203.1
吉林	174.8	249.3	196.7	119.8	140.5	116.7	124.9
黑龙江	316.7	319.3	298.7	216.9	262.1	203.1	152.2
上海	2.0	3.0	3.3	6.3	9.0	8.4	14.7
江苏	377.7	380.5	341.7	181.4	184.8	173.4	169.3
浙江	507.8	553.4	658.6	665.3	600.1	665.3	271.6
安徽	439.1	482.0	582.0	398.8	411.8	380.5	400.5
福建	206.1	257.4	327.4	206.6	221.7	181.8	158.8
江西	305.3	395.8	394.2	342.4	344.6	270.2	256.6
山东	697.8	936.2	931.0	863.6	602.8	430.4	247.0
河南	786.6	891.4	709.1	510.8	461.7	408.3	343.3
湖北	302.8	429.6	477.5	274.9	276.5	366.0	339.2
湖南	362.5	557.0	720.9	590.4	636.6	549.2	498.9
广东	353.3	501.3	392.6	379.8	384.7	312.8	246.3
广西	338.3	463.4	572.8	585.6	645.9	587.7	559.2
海南	38.4	80.9	95.8	98.9	49.4	65.4	92.5
重庆	94.6	125.8	145.1	81.1	87.8	82.6	79.7
四川	566.9	509.7	560.3	616.6	633.5	553.3	595.1
贵州	159.1	212.9	268.8	239.3	211.2	133.4	118.2
云南	219.8	277.6	431.2	436.3	560.4	590.8	634.8
西藏							
陕西	220.3	338.7	351.2	267.0	237.9	233.2	244.6
甘肃	103.6	105.0	127.6	116.9	125.2	104.8	106.4
青海	49.4	74.8	66.5	45.1	37.3	39.5	85.4
宁夏	46.6	63.8	79.0	81.6	92.8	63.3	56.5
新疆	118.5	300.8	287.6	197.9	184.8	111.7	107.9

5-4 分地区农村住户固定资产投资结构情况(2023年)

单位：亿元

地　区	投资额	建筑工程	#住宅	设备工器具购置	#生产设备
全　国	**6671.9**	**4678.4**	**3767.2**	**1339.3**	**1339.3**
北　京	68.6	68.3	67.0	0.1	0.1
天　津	22.2	11.9	6.6	6.6	6.6
河　北	219.9	166.4	140.7	35.5	35.5
山　西	123.0	95.7	61.6	22.1	22.1
内蒙古	131.3	48.4	20.3	54.2	54.2
辽　宁	203.1	85.2	21.2	59.5	59.5
吉　林	124.9	23.1	6.3	85.3	85.3
黑龙江	152.2	24.6	12.3	109.6	109.6
上　海	14.7	14.4	13.8	…	…
江　苏	169.3	47.1	26.7	102.3	102.3
浙　江	271.6	219.6	196.3	10.8	10.8
安　徽	400.5	290.1	258.9	73.9	73.9
福　建	158.8	137.8	122.7	13.5	13.5
江　西	256.6	196.0	195.9	60.1	60.1
山　东	247.0	175.0	103.6	71.1	71.1
河　南	343.3	274.0	238.8	53.8	53.8
湖　北	339.2	276.7	258.7	23.5	23.5
湖　南	498.9	412.4	361.7	69.7	69.7
广　东	246.3	217.9	205.1	10.4	10.4
广　西	559.2	319.9	296.6	138.4	138.4
海　南	92.5	89.1	86.0	2.2	2.2
重　庆	79.7	53.0	43.7	14.3	14.3
四　川	595.1	499.7	383.6	62.5	62.5
贵　州	118.2	72.0	68.5	18.1	18.1
云　南	634.8	460.5	373.8	84.6	84.6
西　藏					
陕　西	244.6	207.1	71.1	37.3	37.3
甘　肃	106.4	68.5	57.7	26.9	26.9
青　海	85.4	67.6	50.1	11.1	11.1
宁　夏	56.5	17.1	7.2	34.8	34.8
新　疆	107.9	39.5	10.8	47.0	47.0

5-5 分地区农村住户固定资产投资投向情况(2023年)

单位：亿元

地　区	投资额	农林牧渔业	制造业	建筑业	交通运输、仓储和邮政业	房地产业	居民服务、修理和其他服务业
全　国	**6671.9**	**2090.7**	**116.4**	**104.0**	**284.8**	**3748.7**	**44.2**
北　京	68.6	1.3		0.1		67.0	…
天　津	22.2	5.8	0.7	0.1	2.2	6.6	3.2
河　北	219.9	53.1	4.1	3.8	6.1	140.7	1.1
山　西	123.0	39.8	0.1	0.8	10.5	61.6	2.9
内蒙古	131.3	120.4				8.6	0.2
辽　宁	203.1	153.6	0.5	3.0	16.9	21.2	0.1
吉　林	124.9	107.9			10.1	6.3	0.2
黑龙江	152.2	137.0			1.4	12.3	1.0
上　海	14.7	0.6			0.1	14.0	
江　苏	169.3	64.4	20.6	37.4	7.6	26.7	
浙　江	271.6	22.5	6.7	10.3	8.5	208.9	1.2
安　徽	400.5	102.9	11.7	0.3	4.8	253.4	1.0
福　建	158.8	26.0	1.5	0.3	4.3	122.7	0.3
江　西	256.6	52.9		0.7	3.0	195.9	0.6
山　东	247.0	65.8	16.8	0.7		105.0	8.8
河　南	343.3	84.7	1.5	5.7	1.4	239.0	1.8
湖　北	339.2	49.4		0.2	30.2	258.7	0.5
湖　南	498.9	91.2	5.8	6.4	21.2	361.7	3.0
广　东	246.3	14.0	0.1	4.1		205.1	4.7
广　西	559.2	143.1	14.9	14.4	61.2	296.6	5.7
海　南	92.5	7.9		0.4	0.7	82.3	0.2
重　庆	79.7	19.2	0.5	1.8	7.0	44.6	0.1
四　川	595.1	174.1	1.7	1.6	14.6	386.9	1.1
贵　州	118.2	35.1		1.2	11.6	68.5	0.1
云　南	634.8	188.4	24.5	2.3	26.7	361.4	3.5
西　藏							
陕　西	244.6	155.6	0.2	4.9	2.1	71.1	0.4
甘　肃	106.4	55.0	3.0	0.3	3.4	41.2	0.1
青　海	85.4	8.1		1.0		62.7	2.2
宁　夏	56.5	21.7	1.5	0.1	25.1	7.2	
新　疆	107.9	89.4	…	2.3	4.1	10.8	…

5-6 农村住户固定资产投资和建房情况

年 份	投资总额 (亿元)	#竣工房屋投资	#住宅	房屋施工面积 (万平方米)	房屋竣工面积 (万平方米)	#住宅	竣工房屋造价 (元/平方米)	#住宅
1985	478.4	350.1	313.2		78973.0	69542.0	44.0	45.0
1990	876.5	777.1	649.8	76819.0	71136.0	67812.0	109.0	96.0
1991	1042.6	912.5	759.3	85405.0	79501.0	74193.0	115.0	102.0
1992	1005.5	937.5	678.5	83392.0	65338.0	60442.0	143.0	112.0
1993	1137.7	1015.4	760.3	57432.0	56012.0	46129.0	181.0	165.0
1994	1519.2	1315.9	1002.7	72283.0	65390.0	57646.0	201.0	174.0
1995	2007.9	1709.4	1349.9	78192.0	73522.0	66230.0	233.0	204.0
1996	2544.0	2250.9	1766.4	96115.0	87277.0	79531.0	258.0	222.0
1997	2691.2	2405.8	1890.7	89309.0	85888.0	77287.0	280.0	245.0
1998	2681.5	2402.2	1907.2	89099.0	83864.0	77031.0	286.0	248.0
1999	2779.6	1908.2	1799.1	89050.0	83244.0	76758.0	229.2	234.4
2000	2904.3	1969.3	1846.8	88231.8	81270.2	75515.3	242.3	244.6
2001	2976.6	1908.2	1775.0	81048.2	74517.5	68799.3	256.1	258.0
2002	3123.2	1956.5	1858.1	80345.0	75125.7	69841.0	260.4	266.0
2003	3201.0	2053.2	1926.9	81123.7	75683.6	69741.1	271.3	276.3
2004	3362.7	2031.0	1933.4	71112.1	65801.5	62303.5	308.7	310.3
2005	3940.6	2190.6	2083.1	73109.2	66604.2	62292.4	328.9	334.4
2006	4436.2	2620.1	2490.2	76189.4	69237.9	64563.7	378.4	385.7
2007	5123.3	3228.3	3022.0	86665.6	78321.2	72676.4	412.2	415.8
2008	5951.8	3748.5	3547.1	91911.4	84407.0	78585.7	444.1	451.4
2009	7434.5	5029.9	4743.3	116099.4	105683.0	95570.5	475.9	496.3
2010	7886.0	5247.0	4931.7	106679.8	94114.8	87947.1	557.5	560.8
2011	9089.1	5983.7	5636.0	118455.2	103053.2	94939.1	580.6	593.6
2012	9840.6	6395.3	6051.6	105516.6	94187.8	87775.9	679.0	689.4
2013	10546.7	7249.6	6735.9	109242.0	92661.7	85953.0	782.4	783.7
2014	10755.8	7387.5	6843.0	103672.9	90287.4	83769.6	818.2	816.9
2015	10409.8	7157.1	6709.6	98376.7	85316.8	79380.2	838.9	845.2
2016	9964.9	6812.6	6331.3	92039.7	79649.1	73051.4	855.3	866.7
2017	9554.4	6446.3	5899.3	84395.0	72727.0	66870.0	886.4	882.2
2018	10039.2	6369.0	5885.0	79898.2	67861.3	62189.8	938.5	946.3
2019	9396.2	5732.2	5256.3	69488.9	60049.9	55571.7	954.6	945.9
2020	8363.3	4667.9	4244.5	58072.3	48839.9	43392.5	955.8	978.2
2021	8337.1	4365.2	3900.0	48768.0	41407.0	37248.0	1054.2	1047.0
2022	7417.3	4083.9	3748.5	44478.0	38775.0	35071.0	1053.2	1068.8
2023	6671.9	4119.8	3315.5	47663.0	34394.0	30292.0	1197.8	1094.5

5-7 分地区农村住户固定资产投资和建房情况(2023年)

地区	投资总额(亿元)	#竣工房屋投资	#住宅	房屋施工面积(万平方米)	房屋竣工面积(万平方米)	#住宅	竣工房屋造价(元/平方米)	#住宅
全国	**6671.9**	**4119.8**	**3315.5**	**47663**	**34394**	**30292**	**1197.8**	**1094.5**
北京	68.6	57.5	56.6	470	385	380	1492.8	1488.7
天津	22.2	7.5	6.2	51	47	36	1598.2	1720.1
河北	219.9	140.8	125.7	1235	1028	866	1369.2	1452.0
山西	123.0	58.9	55.4	1079	889	816	662.3	678.5
内蒙古	131.3	17.3	11.7	238	265	141	653.4	830.8
辽宁	203.1	44.9	21.0	386	381	163	1178.5	1287.1
吉林	124.9	4.8	4.0	46	46	33	1038.2	1201.3
黑龙江	152.2	10.5	12.7	127	119	98	884.5	1300.4
上海	14.7	7.3	6.8	86	39	37	1868.2	1825.7
江苏	169.3	25.8	24.1	245	155	136	1662.4	1770.4
浙江	271.6	656.1	162.2	7957	2559	2441	2564.0	664.6
安徽	400.5	167.8	145.3	4105	3366	3176	498.5	457.4
福建	158.8	93.4	91.6	1119	741	719	1260.2	1273.6
江西	256.6	155.0	144.3	1942	1480	1458	1047.5	989.4
山东	247.0	133.6	132.8	2422	1890	1793	706.9	740.7
河南	343.3	233.4	213.2	2883	2140	2025	1090.7	1052.8
湖北	339.2	188.2	176.9	1729	1571	1264	1198.0	1399.5
湖南	498.9	341.3	302.1	2561	2511	1942	1359.0	1555.6
广东	246.3	121.8	113.0	1427	753	719	1617.6	1572.2
广西	559.2	227.9	222.5	3782	2794	2706	815.5	822.2
海南	92.5	54.9	53.9	664	360	350	1524.1	1540.7
重庆	79.7	44.1	40.3	565	467	415	943.7	971.2
四川	595.1	407.8	383.6	3061	2658	2331	1534.4	1645.8
贵州	118.2	55.8	52.3	708	523	490	1067.5	1066.5
云南	634.8	604.9	539.5	6461	4944	3901	1223.5	1383.1
西藏								
陕西	244.6	67.2	60.2	719	653	564	1029.6	1067.2
甘肃	106.4	84.4	74.1	747	716	706	1178.6	1049.0
青海	85.4	61.2	54.2	436	536	332	1141.4	1632.0
宁夏	56.5	22.3	19.3	190	188	141	1184.0	1371.6
新疆	107.9	23.5	10.2	223	188	113	1250.6	900.5

农林牧渔业总产值及增加值

6-1 农林牧渔业总产值

(按当年价格计算) 单位：亿元

年　份	农林牧渔业总产值	#农业产值	林业产值	牧业产值	渔业产值	农林牧渔专业及辅助性活动产值
1952	461.0	396.0	7.3	51.7	6.1	
1957	537.0	443.9	17.5	65.4	10.2	
1962	584.0	494.7	13.0	63.8	12.6	
1965	833.0	684.3	22.3	111.5	14.8	
1970	1021.0	838.4	28.6	136.6	17.4	
1975	1260.0	1020.5	39.2	178.4	21.9	
1978	1397.0	1117.5	48.1	209.3	22.1	
1980	1922.6	1454.1	81.4	354.2	32.9	
1985	3619.5	2506.4	188.7	798.3	126.1	
1990	7662.1	4954.3	330.3	1967.0	410.6	
1991	8157.0	5146.4	367.9	2159.2	483.5	
1992	9084.7	5588.0	422.6	2460.5	613.5	
1993	10995.5	6605.1	494.0	3014.4	882.0	
1994	15750.5	9169.2	611.1	4672.0	1298.2	
1995	20340.9	11884.6	709.9	6045.0	1701.3	
1996	22353.7	13539.8	778.0	6015.5	2020.4	
1997	23788.4	13852.5	817.8	6835.4	2282.7	
1998	24541.9	14241.9	851.3	7025.8	2422.9	
1999	24519.1	14106.2	886.3	6997.6	2529.0	
2000	24915.8	13873.6	936.5	7393.1	2712.6	
2001	26179.6	14462.8	938.8	7963.1	2815.0	
2002	27390.8	14931.5	1033.5	8454.6	2971.1	
2003	29691.8	14870.1	1239.9	9538.8	3137.6	905.3
2004	36239.0	18138.4	1327.1	12173.8	3605.6	994.1
2005	39450.9	19613.4	1425.5	13310.8	4016.1	1085.1
2006	40810.8	21522.3	1610.8	12083.9	3970.5	1623.4
2007	48651.8	24444.7	1889.9	16068.6	4427.9	1820.6
2008	57420.8	27679.9	2180.3	20354.2	5137.5	2068.8
2009	59311.3	29983.8	2324.4	19184.6	5514.7	2303.8
2010	67763.1	35909.1	2575.0	20461.1	6263.4	2554.6
2011	78837.0	40339.6	3092.4	25194.2	7337.4	2873.4
2012	86342.2	44845.7	3407.0	26491.2	8403.9	3194.3
2013	93173.7	48943.9	3847.4	27572.4	9254.5	3555.5
2014	97822.5	51851.1	4190.0	27963.4	9877.5	3940.5
2015	101893.5	54205.3	4358.4	28649.3	10339.1	4341.3
2016	106478.7	55659.9	4635.9	30461.2	10892.9	4828.9
2017	109331.7	58059.8	4980.6	29361.2	11577.1	5353.1
2018	113579.5	61452.6	5432.6	28697.4	12131.5	5865.4
2019	123967.9	66066.5	5775.7	33064.3	12572.4	6489.0
2020	137782.2	71748.2	5961.6	40266.7	12775.9	7029.8
2021	147013.4	78339.5	6507.7	39910.8	14507.3	7748.1
2022	156065.9	84438.6	6820.8	40652.4	15468.0	8686.2
2023	158507.2	87073.4	7006.1	38964.6	16116.2	9346.9

注：1. 2009年按照新的《统计用产品分类目录》对数据进行了调整(后同)。
2. 根据第二次全国农业普查结果，2005-2006年农林牧渔业总产值进行了修订(后同)。
3. 根据第三次全国农业普查结果，2007-2017年农林牧渔业总产值进行了修订(后同)。
4. 根据新国民经济行业分类标准，2003年开始农林牧渔业总产值包括农林牧渔专业及辅助性活动产值(后同)。

6-2 农林牧渔业总产值构成

(按当年价格计算)　　单位：%

年份	农林牧渔业总产值	农业产值	林业产值	牧业产值	渔业产值	农林牧渔专业及辅助性活动产值
1952	100.0	85.9	1.6	11.2	1.3	
1957	100.0	82.7	3.3	12.2	1.9	
1962	100.0	84.7	2.2	10.9	2.2	
1965	100.0	82.2	2.7	13.4	1.8	
1970	100.0	82.1	2.8	13.4	1.7	
1975	100.0	81.0	3.1	14.2	1.7	
1978	100.0	80.0	3.4	15.0	1.6	
1979	100.0	78.1	3.6	16.8	1.5	
1980	100.0	75.6	4.2	18.4	1.7	
1981	100.0	75.0	4.5	18.4	2.0	
1982	100.0	75.1	4.4	18.4	2.1	
1983	100.0	75.4	4.6	17.6	2.3	
1984	100.0	74.1	5.0	18.3	2.6	
1985	100.0	69.2	5.2	22.1	3.5	
1986	100.0	69.1	5.0	21.8	4.1	
1987	100.0	67.6	4.7	22.8	4.8	
1988	100.0	62.5	4.7	27.3	5.5	
1989	100.0	62.8	4.4	27.6	5.3	
1990	100.0	64.7	4.3	25.7	5.4	
1991	100.0	63.1	4.5	26.5	5.9	
1992	100.0	61.5	4.7	27.1	6.8	
1993	100.0	60.1	4.5	27.4	8.0	
1994	100.0	58.2	3.9	29.7	8.2	
1995	100.0	58.4	3.5	29.7	8.4	
1996	100.0	60.6	3.5	26.9	9.0	
1997	100.0	58.2	3.4	28.7	9.6	
1998	100.0	58.0	3.5	28.6	9.9	
1999	100.0	57.5	3.6	28.5	10.3	
2000	100.0	55.7	3.8	29.7	10.9	
2001	100.0	55.2	3.6	30.4	10.8	
2002	100.0	54.5	3.8	30.9	10.8	
2003	100.0	50.1	4.2	32.1	10.6	3.0
2004	100.0	50.1	3.7	33.6	9.9	2.7
2005	100.0	49.7	3.6	33.7	10.2	2.8
2006	100.0	52.7	3.9	29.6	9.7	4.0
2007	100.0	50.2	3.9	33.0	9.1	3.7
2008	100.0	48.2	3.8	35.4	8.9	3.6
2009	100.0	50.6	3.9	32.3	9.3	3.9
2010	100.0	53.0	3.8	30.2	9.2	3.8
2011	100.0	51.2	3.9	32.0	9.3	3.6
2012	100.0	51.9	3.9	30.7	9.7	3.7
2013	100.0	52.5	4.1	29.6	9.9	3.8
2014	100.0	53.0	4.3	28.6	10.1	4.0
2015	100.0	53.2	4.3	28.1	10.1	4.3
2016	100.0	52.3	4.4	28.6	10.2	4.5
2017	100.0	53.1	4.6	26.9	10.6	4.9
2018	100.0	54.1	4.8	25.3	10.7	5.2
2019	100.0	53.3	4.7	26.7	10.1	5.2
2020	100.0	52.1	4.3	29.2	9.3	5.1
2021	100.0	53.3	4.4	27.1	9.9	5.3
2022	100.0	54.1	4.4	26.0	9.9	5.6
2023	100.0	54.9	4.4	24.6	10.2	5.9

6-3 农林牧渔业分项产值及构成

(按当年价格计算)

指　　标	绝对数(亿元)							
	2000年	2005年	2010年	2015年	2020年	2021年	2022年	2023年
农林牧渔业总产值	**24915.8**	**39450.9**	**69319.8**	**107056.4**	**137782.2**	**147013.4**	**156065.9**	**158507.2**
一、农业产值	**13873.6**	**19613.4**	**36941.1**	**57635.8**	**71748.2**	**78339.5**	**84438.6**	**87073.4**
(一)谷物及其他作物		10984.1	17721.5	22253.7	25542.4	27233.1	29237.3	29931.7
谷物		6650.7	10516.5	14190.0	16066.6	17521.1	18778.9	18656.6
薯类		708.4	1184.0	1541.3	1654.7	1732.4	1911.0	2195.1
油料		957.9	1618.2	2177.3	2330.4	2371.1	2552.4	2826.1
豆类		622.5	811.8	769.4	1233.0	1169.3	1430.4	1385.8
棉花		878.2	1604.2	1041.4	829.4	1327.1	886.9	1061.3
麻类		39.8	23.2	30.3	15.3	15.6	15.0	9.8
糖料		254.8	493.0	663.9	700.5	666.9	669.2	692.7
烟草		261.1	427.8	655.0	588.7	590.2	644.0	721.6
其他农作物		610.8	1042.7	1149.0	2116.2	1839.4	2349.6	2382.7
(二)蔬菜园艺作物		6031.6	13052.5	22741.8	27694.3	30565.7	32146.1	32620.4
#蔬菜(含菜用瓜)		5633.3	11569.0	20091.5	24011.5	26580.2	27994.6	28387.5
食用菌			818.5	1584.1	2117.0	2208.9	2239.3	2204.8
花卉			404.1	710.1	926.5	1080.8	1206.1	1219.2
盆景园艺			260.9	383.8	584.1	695.8	706.1	809.0
(三)水果、坚果、茶、饮料和香料		2298.0	5507.0	11153.5	15097.5	16604.5	18779.9	20149.1
#水果			4387.5	8732.5	11683.3	12594.5	14322.0	15367.6
坚果			341.0	880.5	1116.9	1292.0	1402.7	1419.3
茶及饮料原料			691.1	1334.3	1985.7	2327.1	2561.9	2851.1
香料原料			87.4	192.4	311.3	390.9	493.3	511.1
(四)中草药材		299.8	660.1	1542.2	3414.1	3936.2	4275.2	4372.2
二、林业产值	**936.5**	**1425.5**	**2595.5**	**4436.4**	**5961.6**	**6507.7**	**6820.8**	**7006.1**
(一)林木的培育和种植		388.8	880.1	1871.6	2389.2	2358.9	2277.3	2329.9
(二)竹木采运		502.8	811.6	1141.3	1460.6	1626.8	1789.3	1825.2
(三)林产品		534.0	903.8	1423.4	2092.7	2522.0	2754.2	2851.0
三、牧业产值	**7393.1**	**13310.8**	**20825.7**	**29780.4**	**40266.7**	**39910.8**	**40652.4**	**38964.6**
(一)牲畜饲养		2636.8	5047.4	8056.7	10168.1	11577.6	12116.0	11783.1
#牛的饲养		1251.2	1996.5	3623.6	4904.6	5550.8	5861.3	5748.4
羊的饲养		739.5	1399.5	2086.9	3397.3	3996.5	4120.6	3880.3
(二)猪的饲养		6443.5	9202.4	12859.7	19676.5	17263.2	16628.0	14806.4
(三)家禽饲养		3728.3	5639.0	7395.5	9187.7	9903.8	10639.1	11055.4
(四)其他畜牧业		502.2	939.3	1468.5	1234.4	1166.2	1269.3	1319.6
四、渔业产值	**2712.6**	**4016.1**	**6422.4**	**10880.6**	**12775.9**	**14507.3**	**15468.0**	**16116.2**
(一)海水产品		1818.0	2888.6	5003.1	5992.4	6687.2	7248.2	7681.9
其中：养殖		885.2	1226.5	2201.3	2806.9	3273.1	3513.2	3753.9
(二)淡水产品		2198.1	4702.2	5877.5	6783.4	7820.0	8219.8	8434.3
其中：养殖		1887.6	2908.9	4105.4	5902.5	6885.5	7290.4	7711.6
五、农林牧渔专业及辅助性活动产值		**1085.1**	**2535.1**	**4323.2**	**7029.8**	**7748.1**	**8686.2**	**9346.9**

注：1.2003年开始使用新国民经济行业分类标准，2000年农林牧渔分项产值为农、林、牧、渔四大类产值，2010年以后的农业中类产值进一步细化(后同)。
2. 2022年开始捕猎动物产值并入其他畜牧业产值。

6-3 续表

指 标	构成(%)							
	2000年	2005年	2010年	2015年	2020年	2021年	2022年	2023年
农林牧渔业总产值	**100.0**	**100.0**	**100.0**	**100.0**	**100.0**	**100.0**	**100.0**	**100.0**
一、农业产值	**55.7**	**49.7**	**53.3**	**53.8**	**52.1**	**53.3**	**54.1**	**54.9**
(一)谷物及其他作物		27.9	25.6	20.8	18.5	18.5	18.7	18.9
谷物		16.9	15.2	13.3	11.7	11.9	12.0	11.8
薯类		1.8	1.7	1.4	1.2	1.2	1.2	1.4
油料		2.4	2.3	2.0	1.7	1.6	1.6	1.8
豆类		1.6	1.2	0.7	0.9	0.8	0.9	0.9
棉花		2.2	2.3	1.0	0.6	0.9	0.6	0.7
麻类		0.1	...	...	...	...	...	...
糖料		0.6	0.7	0.6	0.5	0.5	0.4	0.4
烟草		0.7	0.6	0.6	0.4	0.4	0.4	0.5
其他农作物		1.5	1.5	1.1	1.5	1.3	1.5	1.5
(二)蔬菜园艺作物		15.3	18.8	21.2	20.1	20.8	20.6	20.6
#蔬菜(含菜用瓜)		14.3	16.7	18.8	17.4	18.1	17.9	17.9
食用菌			1.2	1.5	1.5	1.5	1.4	1.4
花卉			0.6	0.7	0.7	0.7	0.8	0.8
盆景园艺			0.4	0.4	0.4	0.5	0.5	0.5
(三)水果、坚果、茶、饮料和香料		5.8	7.9	10.4	11.0	11.3	12.0	12.7
#水果			6.3	8.2	8.5	8.6	9.2	9.7
坚果			0.5	0.8	0.8	0.9	0.9	0.9
茶及饮料原料			1.0	1.2	1.4	1.6	1.6	1.8
香料原料			0.1	0.2	0.2	0.3	0.3	0.3
(四)中草药材		0.8	1.0	1.4	2.5	2.7	2.7	2.8
二、林业产值	**3.8**	**3.6**	**3.7**	**4.1**	**4.3**	**4.4**	**4.4**	**4.4**
(一)林木的培育和种植		1.0	1.3	1.7	1.7	1.6	1.5	1.5
(二)竹木采运		1.3	1.2	1.1	1.1	1.1	1.1	1.2
(三)林产品		1.4	1.3	1.3	1.5	1.7	1.8	1.8
三、牧业产值	**29.6**	**33.7**	**30.0**	**27.8**	**29.2**	**27.1**	**26.0**	**24.6**
(一)牲畜饲养		6.7	7.3	7.5	7.4	7.9	7.8	7.4
#牛的饲养		3.2	2.9	3.4	3.6	3.8	3.8	3.6
羊的饲养		1.9	2.0	1.9	2.5	2.7	2.6	2.4
(二)猪的饲养		16.3	13.3	12.0	14.3	11.7	10.7	9.3
(三)家禽饲养		9.5	8.1	6.9	6.7	6.7	6.8	7.0
(四)其他畜牧业		1.2	1.4	1.4	0.9	0.8	0.8	0.8
四、渔业产值	**10.9**	**10.2**	**9.3**	**10.2**	**9.3**	**9.9**	**9.9**	**10.2**
(一)海水产品		4.6	4.2	4.7	4.3	4.5	4.6	4.8
其中：养殖		2.2	1.8	2.1	2.0	2.2	2.3	2.4
(二)淡水产品		5.6	6.8	5.5	4.9	5.3	5.3	5.3
其中：养殖		4.8	4.2	3.8	4.3	4.7	4.7	4.9
五、农林牧渔专业及辅助性活动产值		**2.8**	**3.7**	**4.0**	**5.1**	**5.3**	**5.6**	**5.9**

6-4 各地区农林牧渔业总产值

(按当年价格计算)　　单位：亿元

地　区	农林牧渔业总产值		农业产值		林业产值	
	2022年	2023年	2022年	2023年	2022年	2023年
全　国	**156065.9**	**158507.2**	**84438.6**	**87073.4**	**6820.8**	**7006.1**
北　京	268.2	252.6	129.8	135.6	86.5	65.9
天　津	521.4	511.3	276.8	269.4	8.9	6.0
河　北	7667.4	7770.9	4035.7	4081.0	266.6	259.1
山　西	2211.6	2291.7	1288.4	1332.7	174.5	177.4
内蒙古	4316.8	4447.3	2208.5	2288.0	107.5	116.9
辽　宁	5180.0	5266.8	2258.3	2284.5	161.7	144.6
吉　林	3217.9	3128.0	1512.7	1494.5	69.5	70.1
黑龙江	6718.2	6492.5	4320.5	4200.4	212.3	208.0
上　海	273.5	269.6	149.3	145.2	8.3	7.2
江　苏	8733.8	8935.5	4685.7	4844.1	185.6	188.4
浙　江	3752.3	3978.0	1769.8	1871.9	183.0	198.3
安　徽	6278.0	6247.9	2937.0	2906.3	473.3	479.9
福　建	5502.6	5729.2	2065.7	2193.5	429.9	454.8
江　西	4223.8	4198.9	1916.7	2003.4	416.9	399.8
山　东	12130.7	12531.9	6206.5	6462.4	227.3	244.5
河　南	10952.2	10304.6	6948.3	6471.2	149.5	162.2
湖　北	8939.3	9106.9	4193.1	4428.8	311.2	356.3
湖　南	8160.1	8199.4	3973.2	4141.5	477.4	513.7
广　东	8892.3	9202.1	4308.2	4431.0	549.2	562.7
广　西	6938.5	7229.3	3977.7	4253.5	548.5	543.7
海　南	2272.0	2410.3	1236.8	1319.7	118.7	111.4
重　庆	3068.4	3154.3	1881.8	1978.0	176.4	188.1
四　川	9859.8	9977.8	5528.8	5821.7	438.2	481.8
贵　州	4908.7	4953.6	3313.7	3360.3	340.0	358.5
云　南	6635.8	6834.5	3629.9	4041.8	492.2	485.2
西　藏	278.6	320.1	121.0	132.6	7.0	9.5
陕　西	4601.9	4724.9	3310.4	3468.1	86.1	96.4
甘　肃	2680.7	2927.7	1806.4	2001.6	36.4	37.3
青　海	566.2	575.6	238.3	259.3	13.1	12.6
宁　夏	845.9	885.7	455.6	459.5	11.5	10.6
新　疆	5469.0	5648.3	3754.0	3991.4	53.5	55.6

6-4 续表 单位：亿元

地　区	牧业产值		渔业产值		农林牧渔专业及辅助性活动产值	
	2022年	2023年	2022年	2023年	2022年	2023年
全　国	**40652.4**	**38964.6**	**15468.0**	**16116.2**	**8686.2**	**9346.9**
北　京	42.3	42.0	3.9	4.0	5.8	5.1
天　津	147.2	145.5	70.5	71.9	18.1	18.4
河　北	2391.7	2395.0	342.3	351.2	631.2	684.5
山　西	615.8	642.8	9.1	9.6	123.8	129.3
内 蒙 古	1876.3	1898.7	31.3	32.2	93.2	111.6
辽　宁	1694.6	1691.5	881.3	957.0	184.2	189.2
吉　林	1482.6	1402.2	61.6	65.4	91.5	95.8
黑 龙 江	1842.8	1722.9	147.9	155.1	194.7	206.2
上　海	46.4	47.0	51.2	52.7	18.4	17.5
江　苏	1294.2	1230.1	1856.9	1903.2	711.3	769.7
浙　江	405.7	393.2	1261.2	1375.3	132.6	139.4
安　徽	1812.5	1746.3	660.3	689.5	394.8	425.9
福　建	1066.3	1083.4	1740.7	1789.6	200.0	208.0
江　西	1094.4	978.3	553.2	554.1	242.7	263.3
山　东	3003.5	2973.7	1729.7	1807.6	963.7	1043.7
河　南	2832.3	2596.0	147.4	141.5	874.6	933.6
湖　北	2128.2	1934.3	1584.3	1602.0	722.4	785.5
湖　南	2466.9	2232.1	617.8	635.0	624.8	677.1
广　东	1680.2	1696.8	1898.2	2005.3	456.4	506.3
广　西	1509.5	1505.3	575.8	583.0	327.0	343.8
海　南	340.5	334.2	466.6	523.0	109.5	121.9
重　庆	800.9	766.6	137.0	142.9	72.3	78.7
四　川	3281.7	3035.6	343.1	359.1	268.0	279.6
贵　州	941.4	907.9	79.6	81.2	234.0	245.8
云　南	2192.3	1969.3	119.9	125.4	201.5	212.8
西　藏	143.4	170.0	0.2	0.3	7.1	7.8
陕　西	925.4	864.4	36.2	36.7	243.7	259.4
甘　肃	662.2	700.1	1.7	1.8	173.9	186.9
青　海	302.3	290.9	4.3	4.3	8.2	8.4
宁　夏	323.5	358.0	22.8	22.8	32.6	34.7
新　疆	1305.3	1210.6	32.1	33.6	324.2	357.1

6-5 各地区农业分项产值(2023年)

(按当年价格计算) 单位：亿元

地区	农业	1.谷物及其他作物	#谷物	#小麦	稻谷	玉米
全国	**87073.4**	**29931.7**	**18656.6**	**3688.9**	**6592.4**	**7382.5**
北京	135.6	18.0	12.5	3.6	0.2	8.4
天津	269.4	93.7	87.7	19.8	32.8	32.6
河北	4081.0	1361.5	1014.7	444.2	20.3	501.6
山西	1332.7	464.2	372.8	59.7	0.4	265.8
内蒙古	2288.0	1707.6	1143.4	40.5	32.8	731.7
辽宁	2284.5	740.5	626.0	0.3	106.2	504.1
吉林	1494.5	1106.5	960.4	0.4	227.8	722.5
黑龙江	4200.4	2878.2	2142.2	2.2	915.0	1077.2
上海	145.2	35.0	30.9	3.2	27.1	0.1
江苏	4844.1	1562.5	1320.3	386.4	689.1	108.7
浙江	1871.9	273.8	197.9	16.8	174.6	5.0
安徽	2906.3	1439.5	1108.0	476.5	446.1	181.0
福建	2193.5	302.7	147.9	…	141.2	5.2
江西	2003.4	810.6	578.1	2.0	565.3	9.7
山东	6462.4	1935.2	1492.2	750.8	25.1	712.7
河南	6471.2	2535.3	1597.5	834.2	125.1	629.3
湖北	4428.8	1240.3	833.0	120.0	605.9	103.0
湖南	4141.5	1266.2	857.5	2.5	759.0	89.9
广东	4431.0	828.3	402.3	0.1	373.4	28.8
广西	4253.5	1091.3	439.5	0.2	317.3	121.3
海南	1319.7	129.0	43.2		43.2	
重庆	1978.0	412.6	224.2	1.3	133.8	86.8
四川	5821.7	1911.3	898.1	76.1	444.2	348.9
贵州	3360.3	761.0	283.0	12.2	123.7	89.3
云南	4041.8	1074.1	457.2	20.0	224.0	208.8
西藏	132.6	58.0	47.0	5.9	0.2	1.1
陕西	3468.1	528.7	349.0	126.5	24.3	192.6
甘肃	2001.6	665.3	333.2	83.8	0.3	188.3
青海	259.3	110.6	28.0	14.6		5.4
宁夏	459.5	172.3	97.6	7.3	5.0	80.3
新疆	3991.4	2417.7	531.2	178.0	8.9	342.2

6-5 续表 1

单位：亿元

地区	#薯类	#油料	花生	油菜籽	#豆类	大豆
全国	**2195.1**	**2826.1**	**1461.7**	**1066.9**	**1385.8**	**1188.0**
北京	1.8	0.8	0.7		0.7	0.7
天津	3.2	0.4	0.2		0.9	0.9
河北	173.3	81.2	65.0	8.8	19.3	14.4
山西	56.8	9.7	1.3	1.5	13.6	11.1
内蒙古	110.6	150.5	10.1	21.5	156.2	132.0
辽宁	6.6	72.7	72.1	...	14.7	13.6
吉林	16.0	81.3	77.4		40.8	35.0
黑龙江	18.3	17.5	9.9	...	507.9	479.7
上海	...	0.4	...	0.4	0.1	0.1
江苏	9.5	89.8	34.4	44.0	53.3	41.0
浙江	14.3	31.4	7.7	22.8	20.9	15.4
安徽	12.7	153.8	67.8	74.8	74.9	68.4
福建	38.9	29.6	28.1	1.3	9.0	7.2
江西	15.1	120.3	46.9	68.8	29.4	23.5
山东	38.5	169.4	166.9	1.8	39.9	39.4
河南	109.8	508.6	456.1	26.7	59.0	56.0
湖北	57.6	255.2	67.9	163.8	28.3	25.5
湖南	34.6	232.4	21.4	200.8	36.9	30.9
广东	115.9	119.4	117.9	0.6	10.1	7.8
广西	17.3	87.6	84.5	1.0	17.1	11.1
海南	37.3	7.1	7.1		0.5	0.2
重庆	79.4	50.5	11.3	37.7	29.8	16.1
四川	559.9	290.8	72.5	217.6	80.5	77.9
贵州	238.9	68.3	9.2	57.9	36.5	21.0
云南	146.2	45.4	6.7	33.3	45.0	16.7
西藏	1.1	3.1	...	3.0	0.5	0.1
陕西	79.6	52.6	13.1	29.7	25.0	22.2
甘肃	136.3	39.3	...	22.4	15.8	6.5
青海	21.5	19.8		19.4	2.8	
宁夏	19.6	4.4	...	0.7	2.4	2.2
新疆	24.5	33.0	5.4	6.4	14.4	11.6

6-5 续表 2

单位：亿元

地　区	#棉花	#麻类	#糖料	#烟草
全　国	**1061.3**	**9.8**	**692.7**	**721.6**
北　京	...			...
天　津	0.4		...	
河　北	27.0	...	5.3	0.4
山　西	...	...	...	1.0
内蒙古		0.2	18.9	0.8
辽　宁			0.5	1.7
吉　林			0.3	5.3
黑龙江		2.9	2.7	7.9
上　海			...	
江　苏	1.1	0.1	2.3	
浙　江	0.4	...	6.0	0.2
安　徽	4.4	0.9	2.3	7.3
福　建			4.0	53.1
江　西	1.6	0.8	19.8	8.9
山　东	10.9	...	...	19.0
河　南	1.2	0.1	0.7	59.9
湖　北	18.8	0.5	8.4	21.3
湖　南	5.5	0.4	4.6	74.0
广　东		0.4	83.2	11.8
广　西	0.3	0.7	396.0	5.8
海　南			22.1	0.6
重　庆		0.2	2.5	12.3
四　川	...	2.3	5.5	39.7
贵　州	0.1	...	3.1	79.9
云　南		...	80.7	297.6
西　藏			...	...
陕　西	...	...	0.1	12.6
甘　肃	11.9	...	1.2	0.3
青　海				...
宁　夏			...	0.1
新　疆	977.7	0.3	22.4	

6-5 续表 3 单位：亿元

地　区	2.蔬菜园艺	蔬菜	食用菌	花卉	3.水果、坚果、饮料和香料作物	苹果	梨	柑橘
全　国	**32620.4**	**28387.5**	**2204.8**	**1219.2**	**20149.1**	**2483.1**	**766.9**	**2231.7**
北　京	75.0	67.5	4.5	2.9	42.5	2.6	2.0	
天　津	139.2	122.2	5.6	9.9	36.4	1.6	2.2	
河　北	1724.2	1449.3	229.5	31.7	673.9	120.0	91.9	
山　西	355.5	332.9	16.6	5.9	400.0	154.1	45.8	20.6
内蒙古	433.1	413.6	15.4	4.1	113.5	52.1	9.8	…
辽　宁	1012.7	966.7	37.9	8.1	512.3	96.2	29.1	
吉　林	232.5	196.7	33.6	2.1	86.8	3.9	2.1	
黑龙江	829.1	482.7	341.9	4.4	300.3	11.4	3.6	
上　海	79.0	66.6	3.8	6.3	30.7		3.5	2.3
江　苏	2706.1	2306.1	158.5	81.8	541.2	48.9	35.2	1.9
浙　江	893.3	644.2	41.6	166.8	572.4		15.7	46.9
安　徽	967.0	894.3	28.8	14.5	418.5	19.5	84.7	0.7
福　建	1037.0	635.6	270.6	78.4	774.9		8.2	170.3
江　西	725.2	684.8	22.9	17.6	430.5		5.3	283.0
山　东	2595.6	2415.6	83.9	29.8	1814.1	472.1	48.7	
河　南	2454.4	1960.4	336.7	45.3	1221.1	222.6	50.0	3.7
湖　北	2023.9	1855.5	132.3	21.5	857.1	0.1	22.0	239.3
湖　南	1995.2	1940.2	27.1	3.2	566.8		15.2	80.0
广　东	1998.2	1640.7	51.1	210.9	1443.9		5.6	278.7
广　西	1535.5	1421.4	60.1	1.4	1385.9		21.4	285.8
海　南	471.4	419.8	0.6	51.0	684.1			16.7
重　庆	881.1	823.5	36.4	19.6	479.7	0.3	25.7	288.1
四　川	2497.2	2314.8	67.0	53.9	1214.4	53.1	49.4	350.5
贵　州	1279.1	1171.3	101.3	2.7	925.2	18.7	30.9	57.9
云　南	1285.3	929.6	8.7	314.3	1269.0	32.5	24.4	81.8
西　藏	36.6	35.9	0.5	0.3	3.2	0.7	0.1	0.1
陕　西	1123.0	997.8	62.1	20.0	1643.7	807.7	52.2	23.1
甘　肃	585.8	563.5	18.8	2.8	540.2	270.3	8.1	0.1
青　海	74.4	72.9	0.9	0.4	3.7	0.3	0.3	
宁　夏	148.8	144.0	1.5	3.2	85.5	8.0	0.8	
新　疆	426.2	417.3	4.4	4.4	1077.7	86.4	72.9	

6-5 续表 4

单位：亿元

地区	4.茶及其他饮料	#茶	5.香料作物	6.中药材
全国	**2851.1**	**2711.2**	**511.1**	**4372.2**
北京			...	0.1
天津			...	0.1
河北	11.0	...	2.9	321.5
山西	2.8	2.8	6.3	113.0
内蒙古	...	...		33.8
辽宁	...	...		19.0
吉林				68.7
黑龙江				192.8
上海	0.1	0.1		0.5
江苏	39.6	39.6	...	34.3
浙江	207.7	207.7		132.4
安徽	86.4	86.4	...	81.3
福建	270.7	270.7	0.7	78.9
江西	21.3	21.3		37.0
山东	112.3	112.3	10.4	117.5
河南	283.7	283.7	5.7	260.4
湖北	279.9	253.7	3.1	307.5
湖南	205.0	205.0	1.0	313.3
广东	197.8	197.7	9.7	160.5
广西	83.4	83.4	66.0	240.8
海南	3.9	2.4	17.8	35.3
重庆	37.2	37.2	38.8	204.7
四川	200.5	195.3	75.5	198.7
贵州	398.2	398.2	22.9	395.0
云南	325.8	230.3	130.7	413.5
西藏	0.2	0.2	...	34.8
陕西	82.4	82.4	44.3	172.8
甘肃	1.3	0.8	63.5	210.4
青海			0.1	70.6
宁夏	...	...	0.3	53.0
新疆			11.4	69.9

6-6 各地区林业分项产值(2023年)

(按当年价格计算)　　单位：亿元

地　区	林业产值	1.林木的培育和种植	2.竹木采运	3.林产品
全　国	**7006.1**	**2329.9**	**1825.2**	**2851.0**
北　京	65.9	63.3	2.5	...
天　津	6.0	4.6	1.1	0.3
河　北	259.1	159.3	10.3	89.5
山　西	177.4	175.3	1.8	0.2
内蒙古	116.9	107.4	4.4	5.1
辽　宁	144.6	37.8	105.9	0.9
吉　林	70.1	26.5	24.0	19.5
黑龙江	208.0	50.5	17.2	140.2
上　海	7.2	6.9	0.2	...
江　苏	188.4	119.8	54.1	14.5
浙　江	198.3	3.8	31.7	162.7
安　徽	479.9	101.4	136.1	242.3
福　建	454.8	40.4	179.6	234.8
江　西	399.8	42.4	108.1	249.3
山　东	244.5	82.0	51.6	110.9
河　南	162.2	66.2	16.4	79.6
湖　北	356.3	169.7	101.4	85.2
湖　南	513.7	175.5	77.7	260.5
广　东	562.7	45.1	180.4	337.2
广　西	543.7	40.9	355.2	147.5
海　南	111.4	33.9	29.1	48.5
重　庆	188.1	154.2	15.0	18.8
四　川	481.8	160.8	142.9	178.0
贵　州	358.5	213.1	59.8	85.7
云　南	485.2	69.4	109.6	306.2
西　藏	9.5	5.4	0.1	4.0
陕　西	96.4	77.3	4.4	14.7
甘　肃	37.3	24.9	0.3	12.1
青　海	12.6	11.7	0.1	0.9
宁　夏	10.6	8.5	0.2	1.9
新　疆	55.6	51.6	4.0	...

6-7 各地区畜牧业分项产值(2023年)

(按当年价格计算)　　单位：亿元

地　区	牧业产值	1.牲畜饲养			
			牛	羊	奶产品
全　国	**38964.6**	**11783.1**	**5748.4**	**3880.3**	**1826.3**
北　京	42.0	18.4	4.9	1.7	10.8
天　津	145.5	63.8	25.4	6.6	23.7
河　北	2395.0	917.8	371.8	317.0	205.5
山　西	642.8	251.1	84.1	91.1	67.7
内蒙古	1898.7	1604.0	468.6	784.3	309.8
辽　宁	1691.5	539.3	350.3	78.8	71.0
吉　林	1402.2	651.8	538.6	90.1	11.0
黑龙江	1722.9	867.5	573.8	96.7	185.6
上　海	47.0	16.5	...	1.9	14.6
江　苏	1230.1	110.1	18.3	60.7	28.0
浙　江	393.2	33.6	7.7	14.8	10.3
安　徽	1746.3	279.7	79.4	151.9	23.7
福　建	1083.4	81.7	32.8	26.5	22.4
江　西	978.3	113.1	82.5	22.1	4.7
山　东	2973.7	672.8	302.0	241.2	124.0
河　南	2596.0	620.5	320.0	207.2	88.4
湖　北	1934.3	289.4	171.3	111.9	5.9
湖　南	2232.1	271.1	140.2	125.0	5.6
广　东	1696.8	62.6	28.9	14.4	19.3
广　西	1505.3	135.9	111.7	16.4	7.8
海　南	334.2	48.3	33.6	14.4	0.3
重　庆	766.6	112.4	65.1	45.5	1.5
四　川	3035.6	581.3	319.5	217.4	38.2
贵　州	907.9	235.5	191.9	39.9	3.1
云　南	1969.3	679.6	419.0	230.3	26.2
西　藏	170.0	163.5	94.0	23.5	40.4
陕　西	864.4	305.6	96.8	112.6	82.1
甘　肃	700.1	536.7	211.6	231.4	75.8
青　海	290.9	271.1	150.6	88.1	28.6
宁　夏	358.0	316.0	98.5	84.6	130.9
新　疆	1210.6	932.4	355.4	332.6	159.6

6-7 续表 单位：亿元

地区	2.猪的饲养	3.家禽饲养	# 肉禽	禽蛋	5.其他畜牧业
全国	**14806.4**	**11055.4**	**6857.2**	**4198.2**	**1319.6**
北京	6.1	16.9	5.0	12.0	0.5
天津	42.7	36.0	13.8	22.2	3.1
河北	876.6	555.1	165.5	389.6	45.4
山西	208.9	176.4	40.6	135.8	6.4
内蒙古	168.4	108.3	39.0	69.2	18.1
辽宁	348.2	794.0	567.1	227.0	9.9
吉林	402.7	310.7	171.9	138.8	37.0
黑龙江	434.7	374.2	261.8	112.4	46.5
上海	22.2	8.2	3.8	4.3	0.1
江苏	453.1	611.1	293.9	317.2	55.8
浙江	198.9	115.3	71.1	44.2	45.3
安徽	710.9	695.1	468.0	227.1	60.5
福建	326.5	647.6	533.2	114.4	27.6
江西	473.3	383.6	259.9	123.8	8.3
山东	880.7	1347.8	875.9	471.9	72.3
河南	1156.5	731.8	214.5	517.4	87.1
湖北	1115.6	520.4	236.7	283.7	8.9
湖南	1389.2	541.9	236.9	304.9	29.9
广东	804.5	759.5	702.2	57.3	70.2
广西	592.9	470.6	431.2	39.5	305.9
海南	147.1	130.0	120.4	9.6	8.9
重庆	400.5	221.2	157.8	63.4	32.5
四川	1532.4	791.5	570.0	221.5	130.4
贵州	481.8	181.9	131.3	50.6	8.7
云南	1049.6	180.6	117.1	63.5	59.5
西藏	4.2	2.2	0.9	1.3	0.1
陕西	299.3	140.3	60.4	79.9	119.2
甘肃	108.4	51.2	25.8	25.4	3.8
青海	15.0	2.9	1.3	1.6	1.8
宁夏	19.3	22.2	6.9	15.2	0.5
新疆	135.9	126.8	73.2	53.6	15.4

6-8 各地区渔业分项产值(2023年)

(按当年价格计算)

单位:亿元

地区	渔业产值	1.海水产品	#养殖	鱼类	甲壳类	贝类	藻类
全国	**16116.2**	**7681.9**	**3753.9**	**2486.2**	**1993.1**	**1854.5**	**306.1**
北京	4.0	1.3		1.3			
天津	71.9	14.3		8.8	4.9	0.5	
河北	351.2	281.4	206.8	46.0	164.4	39.3	
山西	9.6						
内蒙古	32.2						
辽宁	957.0	839.8	730.5	308.7	25.4	304.6	24.2
吉林	65.4						
黑龙江	155.1						
上海	52.7	24.8		13.7	2.4	0.0	
江苏	1903.2	533.7	344.6	103.6	155.4	220.0	11.1
浙江	1375.3	1025.7	302.3	434.0	218.9	184.0	27.5
安徽	689.5						
福建	1789.6	1545.6		412.0	319.7	464.2	181.9
江西	554.1						
山东	1807.6	1531.3	1071.3	356.8	345.7	400.8	55.2
河南	141.5						
湖北	1602.0						
湖南	635.0						
广东	2005.3	1068.4	747.4	462.9	469.5	121.6	5.2
广西	583.0	345.7	253.3	66.1	158.5	113.6	
海南	523.0	470.0	97.8	272.2	128.3	5.9	0.9
重庆	142.9						
四川	359.1						
贵州	81.2						
云南	125.4						
西藏	0.3						
陕西	36.7						
甘肃	1.8						
青海	4.3						
宁夏	22.8						
新疆	33.6						

6-8 续表

单位：亿元

地区	2.淡水产品	#养殖	鱼类	甲壳类	贝类
全国	**8434.3**	**7711.6**	**5260.9**	**2541.9**	**46.4**
北京	2.7		2.7	0.1	
天津	57.6	24.0	34.7	18.9	…
河北	69.8	44.3	52.4	16.6	
山西	9.6	9.5	9.3	0.3	…
内蒙古	32.2	29.2	30.1	1.0	
辽宁	117.3	111.1	95.2	20.3	1.4
吉林	65.4	59.9	44.0	2.6	0.1
黑龙江	155.1	118.5	130.6	18.1	0.4
上海	27.9	27.8	13.6	11.4	
江苏	1369.5	1325.8	551.2	775.9	17.2
浙江	349.5	326.6	199.1	78.1	3.3
安徽	689.5	662.6	275.1	351.7	6.4
福建	244.0		184.3	52.2	4.9
江西	554.1	550.3	385.9	96.9	4.5
山东	276.4	214.2	194.4	70.8	0.2
河南	141.5	125.6	119.4	19.8	1.2
湖北	1602.0	1479.2	881.3	609.9	2.5
湖南	635.0	634.5	411.3	178.5	1.7
广东	936.9	924.4	689.6	148.8	0.6
广西	237.3	230.2	177.9	6.1	0.7
海南	53.0	46.5	46.5	2.3	0.1
重庆	142.9	142.9	130.1	10.4	…
四川	359.1	359.1	314.9	37.7	0.5
贵州	81.2	77.3	76.7	2.5	0.2
云南	125.4	91.5	117.9	5.5	0.4
西藏	0.3	0.1	0.1		
陕西	36.7	36.1	35.6	1.0	0.1
甘肃	1.8	1.8	1.8		
青海	4.3	4.3	4.3		
宁夏	22.8	21.9	21.1	0.9	
新疆	33.6	32.5	29.9	3.6	

6-9 四大地区农林牧渔业总产值及构成

(按当年价格计算)

指 标	东部地区		中部地区		西部地区		东北地区	
	2022年	2023年	2022年	2023年	2022年	2023年	2022年	2023年
一、绝对数(亿元)								
农林牧渔业总产值	**50014.3**	**51591.4**	**40765.1**	**40349.3**	**50170.4**	**51679.1**	**15116.2**	**14887.3**
#农业	24864.3	25754.0	21256.8	21283.9	30226.0	32056.1	8091.5	7979.4
林业	2064.0	2098.1	2003.0	2089.1	2310.4	2396.1	443.5	422.7
牧业	10417.9	10340.9	10950.1	10129.8	14264.3	13677.5	5020.0	4816.5
渔业	9421.2	9883.9	3572.1	3631.7	1384.0	1423.1	1090.7	1177.5
农林牧渔专业及辅助性活动	3246.9	3514.5	2983.2	3214.7	1985.7	2126.4	470.4	491.2
二、构成(%)								
农林牧渔业总产值	**100.0**	**100.0**	**100.0**	**100.0**	**100.0**	**100.0**	**100.0**	**100.0**
#农业	49.7	49.9	52.1	52.7	60.2	62.0	53.5	53.6
林业	4.1	4.1	4.9	5.2	4.6	4.6	2.9	2.8
牧业	20.8	20.0	26.9	25.1	28.4	26.5	33.2	32.4
渔业	18.8	19.2	8.8	9.0	2.8	2.8	7.2	7.9
农林牧渔专业及辅助性活动	6.5	6.8	7.3	8.0	4.0	4.1	3.1	3.3

6-10 农林牧渔业总产值

单位：亿元

年　份	农林牧渔业总产值	农业产值	林业产值	牧业产值	渔业产值	农林牧渔专业及辅助性活动产值
	(按1957年不变价格计算)					
1952	417.0	364.9	2.9	47.9	1.3	
1957	536.7	455.5	9.3	69.0	2.9	
1962	430.3	370.8	7.3	44.5		
1965	589.6	484.8	12.0	82.7	10.1	
1970	716.3	596.8	16.0	92.6	10.9	
	(按1970年不变价格计算)					
1975	1202.4	966.8	37.1	179.4	19.1	
1978	1288.7	1031.0	44.4	193.0	20.3	
	(按1980年不变价格计算)					
1980	1964.5	1491.6	94.5	339.6	38.8	
1985	2912.2	2133.4	146.4	563.3	69.1	
	(按1990年不变价格计算)					
1990	8151.2	5190.8	378.4	2048.8	533.2	
1991	8451.8	5239.6	408.6	2229.7	573.9	
1992	8989.1	5461.3	439.9	2426.1	661.8	
1993	9692.9	5747.2	475.3	2686.8	783.6	
1994	10525.9	5933.8	517.3	3134.4	940.4	
1995	11670.7	6405.0	543.4	3599.1	1123.2	
1996	12127.0	6901.6	574.0	3371.2	1280.2	
1997	12942.4	7210.0	593.1	3711.7	1427.6	
1998	13712.8	7564.6	610.4	3984.5	1553.2	
1999	14351.4	7891.1	629.6	4165.9	1664.9	
2000	14863.9	7999.8	663.4	4428.3	1772.4	
2001	15494.0	8288.3	658.6	4705.6	1841.5	
2002	16259.7	8611.7	705.2	4988.5	1954.3	
2003	16997.2	8005.5	818.7	5564.3	2067.1	541.6
	(按可比价格计算)					
2004	31905.2	16133.4	1264.8	10225.1	3327.4	954.5
2005	38291.2	18890.5	1369.4	13128.8	3841.6	1060.9
2006	40007.5	20645.2	1513.4	12381.8	3812.7	1654.3
2007	42384.9	22324.6	1768.2	12466.3	4127.5	1698.3
2008	51390.6	25562.9	2040.9	17141.5	4683.0	1962.3
2009	60044.6	28626.7	2325.3	21482.0	5424.0	2186.6
2010	61908.9	31259.1	2406.8	19980.9	5814.8	2447.3
2011	70754.3	37918.5	2769.5	20819.3	6527.2	2719.8
2012	82698.4	42099.7	3300.6	26515.4	7709.8	3072.8
2013	89762.8	46800.3	3657.5	27033.5	8830.7	3440.8
2014	97200.0	51341.0	4093.9	28277.6	9622.6	3864.9
2015	101782.4	54648.0	4445.6	28094.9	10305.4	4288.5
2016	105509.6	56496.3	4714.6	28960.1	10638.3	4700.3
2017	110750.7	58254.2	4955.8	31109.5	11197.6	5233.6
2018	113138.1	60318.2	5305.4	29853.2	11889.9	5771.4
2019	116803.6	64253.0	5717.0	28095.8	12436.2	6301.7
2020	128226.9	68769.7	6021.9	33727.8	12845.9	6861.6
2021	148662.5	75008.5	6224.0	46555.8	13304.5	7569.8
2022	153525.6	81458.1	6879.0	41700.2	15051.5	8436.8
2023	162683.6	87494.6	7245.9	42469.4	16171.6	9302.2

注：从2004年起，农林牧渔业总产值使用可比价格计算。

6-11 农林牧渔业总产值指数

(以1952年为100)

年份	农林牧渔业总产值	农业产值	林业产值	牧业产值	渔业产值	农林牧渔专业及辅助性活动产值
1949	65.2	64.6	55.2	70.4	46.2	
1952	100.0	100.0	100.0	100.0	100.0	
1957	128.7	124.8	320.7	144.1	223.1	
1962	103.2	101.6	251.7	92.9	592.3	
1965	141.4	132.9	413.8	172.7	776.9	
1970	171.8	163.6	551.7	193.3	838.5	
1975	192.4	179.4	745.5	232.2	1150.3	
1978	206.2	191.3	892.2	249.8	1222.5	
1980	224.9	203.6	1014.8	306.4	1270.7	
1985	333.4	291.2	1572.1	508.2	2263.0	
1990	420.5	356.7	1601.1	704.4	4238.2	
1991	436.0	360.1	1728.5	766.5	4562.1	
1992	463.0	375.3	1861.1	834.1	5260.5	
1993	500.0	394.9	2010.4	923.8	6222.5	
1994	543.0	407.5	2189.3	1078.1	7467.0	
1995	602.2	439.7	2298.8	1237.7	8915.6	
1996	658.9	474.0	2428.1	1379.0	10161.8	
1997	703.2	495.2	2508.7	1518.3	11331.4	
1998	745.0	519.6	2582.0	1629.9	12328.6	
1999	779.7	542.0	2664.6	1704.0	13215.0	
2000	807.8	549.6	2808.5	1811.4	14074.0	
2001	842.0	569.4	2788.4	1924.8	14622.3	
2002	883.6	591.6	2985.6	2040.5	15518.0	
2003	918.9	591.6	3194.6	2183.3	16293.9	
2004	987.8	641.9	3258.5	2340.5	17271.5	100.0
2005	1044.1	668.2	3362.8	2523.1	18394.1	106.7
2006	1100.7	704.2	3550.5	2649.3	19496.5	116.0
2007	1143.1	730.5	3897.4	2733.1	20267.2	126.5
2008	1207.5	763.9	4208.7	2915.6	21434.8	134.6
2009	1262.7	790.0	4488.6	3077.2	22629.9	142.0
2010	1318.0	823.6	4647.7	3204.9	23861.3	151.4
2011	1376.1	869.7	4998.8	3261.0	24866.5	161.4
2012	1443.5	907.7	5335.3	3432.0	26128.7	172.9
2013	1500.7	947.2	5727.7	3502.3	27455.6	186.4
2014	1565.6	993.6	6094.7	3591.9	28547.7	202.6
2015	1629.0	1047.2	6466.5	3608.7	29784.4	219.8
2016	1686.8	1091.5	6994.8	3647.9	30646.3	238.0
2017	1754.4	1142.3	7477.4	3725.5	31503.5	258.5
2018	1815.5	1186.8	7965.2	3788.0	32354.8	278.7
2019	1867.1	1240.9	8382.1	3708.5	33167.4	299.3
2020	1931.2	1291.6	8739.5	3783.0	33888.9	316.5
2021	2083.7	1350.3	9124.1	4373.8	35291.1	340.8
2022	2176.0	1404.1	9644.7	4569.9	36614.9	371.1
2023	2268.3	1454.9	10245.7	4774.2	38280.5	397.4

注:本表按可比价格计算,农林牧渔专业及辅助性活动产值指数以2004年为100。

6-12 各地区农林牧渔业总产值指数(2023年)

(以上年为100，按可比价格计算)

地 区	农林牧渔总产值	#农业产值	林业产值	牧业产值	渔业产值	农林牧渔专业及辅助性活动
全 国	**104.2**	**103.6**	**106.2**	**104.5**	**104.5**	**107.1**
北 京	95.4	104.7	76.4	105.8	103.5	88.6
天 津	101.3	96.0	83.3	109.6	107.2	102.0
河 北	103.0	101.8	102.7	103.7	104.2	107.6
山 西	104.0	103.7	94.4	107.5	104.5	104.0
内蒙古	105.5	104.4	106.8	106.6	104.2	108.0
辽 宁	104.7	104.1	103.9	105.8	105.0	102.2
吉 林	105.0	103.7	105.3	106.2	109.2	105.4
黑龙江	102.6	101.7	106.1	103.7	106.2	104.8
上 海	99.3	98.7	86.9	107.2	97.7	94.5
江 苏	103.9	102.9	104.9	105.0	104.0	108.1
浙 江	104.2	102.9	108.5	107.9	104.2	104.3
安 徽	104.4	102.9	106.8	105.6	104.2	107.6
福 建	104.3	103.7	103.6	106.2	104.0	104.2
江 西	104.2	103.9	107.9	102.1	104.8	108.1
山 东	105.1	104.1	109.9	106.4	104.4	108.2
河 南	102.2	102.1	109.7	100.7	105.0	107.2
湖 北	104.4	103.4	111.4	103.8	104.7	107.4
湖 南	103.7	104.1	108.3	100.6	105.9	108.4
广 东	105.1	103.5	108.2	107.0	104.9	110.6
广 西	104.7	104.4	106.0	105.0	103.6	105.3
海 南	104.8	103.4	101.3	107.1	106.4	111.1
重 庆	104.5	104.6	107.6	103.5	103.6	108.2
四 川	104.0	104.9	109.9	101.6	104.7	104.2
贵 州	104.0	104.0	106.7	102.8	104.9	105.2
云 南	104.3	104.5	107.0	103.4	103.9	105.5
西 藏	113.1	107.9	134.4	116.7	125.2	108.3
陕 西	104.0	104.0	102.6	104.0	106.2	104.6
甘 肃	106.1	105.0	102.3	109.2	101.6	106.1
青 海	104.7	105.3	96.3	104.8	100.8	102.8
宁 夏	107.6	102.1	92.7	116.3	105.7	105.5
新 疆	106.5	106.0	108.8	107.7	108.8	108.3

6-13 各地区农林牧渔业总产值及占全国的比重(2023年)

（按可比价格计算）

地　区	农林牧渔业总产值(亿元)	2023年比2022年增减百分比(%)	占全国的比重(%)
全　国	**162683.6**	**4.2**	**100.0**
北　京	255.7	-4.6	0.2
天　津	528.5	1.3	0.3
河　北	7896.9	3.0	4.9
山　西	2300.7	4.0	1.4
内蒙古	4552.9	5.5	2.8
辽　宁	5425.1	4.7	3.3
吉　林	3379.4	5.0	2.1
黑龙江	6893.2	2.6	4.2
上　海	271.6	-0.7	0.2
江　苏	9072.9	3.9	5.6
浙　江	3909.9	4.2	2.4
安　徽	6553.9	4.4	4.0
福　建	5738.6	4.3	3.5
江　西	4401.0	4.2	2.7
山　东	12750.9	5.1	7.8
河　南	11198.5	2.2	6.9
湖　北	9328.3	4.4	5.7
湖　南	8465.2	3.7	5.2
广　东	9349.7	5.1	5.7
广　西	7262.1	4.7	4.5
海　南	2382.2	4.8	1.5
重　庆	3206.6	4.5	2.0
四　川	10256.0	4.0	6.3
贵　州	5106.1	4.0	3.1
云　南	6923.0	4.3	4.3
西　藏	315.1	13.1	0.2
陕　西	4785.7	4.0	2.9
甘　肃	2843.2	6.1	1.7
青　海	593.1	4.7	0.4
宁　夏	910.4	7.6	0.6
新　疆	5827.1	6.5	3.6

6-14 各地区农林牧渔业总产值(2023年)

(按可比价格计算) 单位：亿元

地　　区	农林牧渔业总产值	农业产值	林业产值	牧业产值	渔业产值	农林牧渔专业及辅助性活动产值
全　国	**162683.6**	**87494.6**	**7245.9**	**42469.4**	**16171.6**	**9302.2**
北　京	255.7	135.8	66.1	44.7	4.0	5.1
天　津	528.5	265.8	7.4	161.3	75.6	18.4
河　北	7896.9	4108.0	273.8	2479.6	356.5	679.0
山　西	2300.7	1336.0	164.8	661.7	9.5	128.8
内蒙古	4552.9	2305.4	114.8	1999.4	32.6	100.7
辽　宁	5425.1	2351.0	168.0	1793.1	924.9	188.2
吉　林	3379.4	1568.0	73.2	1574.5	67.2	96.4
黑龙江	6893.2	4394.8	225.4	1911.8	157.0	204.2
上　海	271.6	147.3	7.2	49.7	50.0	17.4
江　苏	9072.9	4819.8	194.8	1358.5	1930.9	768.9
浙　江	3909.9	1820.8	198.5	437.8	1314.5	138.3
安　徽	6553.9	3021.5	505.4	1914.5	687.9	424.6
福　建	5738.6	2142.0	445.2	1132.6	1810.4	208.4
江　西	4401.0	1992.0	449.9	1117.2	579.5	262.4
山　东	12750.9	6458.4	249.9	3194.6	1805.4	1042.6
河　南	11198.5	7090.7	164.0	2851.7	154.9	937.2
湖　北	9328.3	4337.4	346.7	2208.8	1659.5	775.9
湖　南	8465.2	4136.7	516.9	2480.5	654.0	677.1
广　东	9349.7	4460.6	594.4	1798.1	1991.6	505.0
广　西	7262.1	4153.7	581.6	1585.5	596.7	344.5
海　南	2382.2	1279.2	120.2	364.7	496.4	121.6
重　庆	3206.6	1967.6	189.8	829.0	141.9	78.2
四　川	10256.0	5801.9	481.6	3334.2	359.1	279.3
贵　州	5106.1	3446.2	362.9	967.4	83.5	246.1
云　南	6923.0	3791.9	526.8	2267.1	124.6	212.7
西　藏	315.1	130.5	9.4	167.3	0.3	7.7
陕　西	4785.7	3441.6	88.4	962.2	38.4	255.1
甘　肃	2843.2	1896.6	37.3	723.1	1.8	184.5
青　海	593.1	250.9	12.6	316.8	4.3	8.4
宁　夏	910.4	465.0	10.6	376.3	24.1	34.4
新　疆	5827.1	3977.3	58.2	1405.5	34.9	351.0

6-15　农林牧渔业分项产值及增速(2023年)

(按可比价格计算)

指　　　　　标	绝对数(亿元)	比上年增长速度(%)
农林牧渔业总产值	**162683.6**	**4.2**
农业产值	**87494.6**	**3.6**
谷物及其他作物	30087.5	2.9
蔬菜园艺作物	33216.0	3.3
水果、坚果、饮料和香料作物	19924.7	6.1
中药材	4266.3	-0.2
林业产值	**7245.9**	**6.2**
林木的培育和种植	2346.5	3.0
竹木采运	1912.0	6.9
林产品	2987.3	8.5
牧业产值	**42469.4**	**4.5**
牲畜饲养	12683.5	4.7
猪的饲养	17330.4	4.2
家禽饲养	11207.8	5.3
其他畜牧业	1247.8	-1.7
渔业产值	**16171.6**	**4.5**
海水产品	7565.8	4.4
淡水产品	8605.8	4.7
农林牧渔专业及辅助性活动产值	**9302.2**	**7.1**

6-16 各地区农业分项产值(2023年)

(按可比价格计算) 单位：亿元

地区	农业	谷物及其他作物	蔬菜及园艺	水果坚果及饮料	中药材
全国	**87494.6**	**30087.5**	**33216.0**	**19924.7**	**4266.3**
北京	135.8	17.5	75.8	42.4	0.1
天津	265.8	94.6	138.3	32.7	0.1
河北	4108.0	1325.7	1801.6	663.9	316.8
山西	1336.0	476.1	355.0	396.0	108.8
内蒙古	2305.4	1737.2	425.0	106.3	36.9
辽宁	2351.0	760.0	1083.4	488.6	18.9
吉林	1568.0	1136.7	281.4	88.5	61.4
黑龙江	4394.8	3011.4	867.5	314.2	201.7
上海	147.3	34.9	80.4	31.8	0.2
江苏	4819.8	1575.9	2671.4	538.4	34.1
浙江	1820.8	273.4	870.9	571.8	104.6
安徽	3021.5	1511.5	1032.5	393.6	83.9
福建	2142.0	294.9	1010.9	758.1	78.0
江西	1992.0	793.0	714.6	447.6	36.8
山东	6458.4	1939.1	2672.0	1734.8	112.5
河南	7090.7	2803.1	2479.9	1497.3	310.4
湖北	4337.4	1206.3	1995.4	835.2	300.6
湖南	4136.7	1241.4	2060.1	559.7	275.6
广东	4460.6	811.4	2032.0	1457.1	160.2
广西	4153.7	1084.9	1502.1	1346.8	219.9
海南	1279.2	118.3	462.2	664.2	34.6
重庆	1967.6	404.8	885.1	473.8	203.8
四川	5801.9	1914.0	2498.2	1211.3	178.3
贵州	3446.2	774.6	1336.3	933.2	402.0
云南	3791.9	1008.6	1200.0	1180.3	403.0
西藏	130.5	57.1	36.1	3.1	34.3
陕西	3441.6	541.4	1138.8	1602.6	158.8
甘肃	1896.6	630.4	555.1	511.8	199.3
青海	250.9	109.7	74.0	3.7	63.5
宁夏	465.0	165.3	152.5	97.0	50.2
新疆	3977.3	2234.0	727.5	938.7	77.1

6-17 各地区林业分项产值(2023年)

(按可比价格计算)　　单位:亿元

地区	林业产值	林木的培育和种植	竹木采运	林产品
全国	**7245.9**	**2346.5**	**1912.0**	**2987.3**
北京	66.1	63.5	2.6	…
天津	7.4	5.7	1.3	0.3
河北	273.8	174.0	10.3	89.5
山西	164.8	162.6	1.9	0.2
内蒙古	114.8	105.5	4.3	5.0
辽宁	168.0	40.0	127.0	0.9
吉林	73.2	29.3	23.3	20.5
黑龙江	225.4	54.7	18.7	152.0
上海	7.2	7.0	0.3	…
江苏	194.8	127.7	52.6	14.5
浙江	198.5	3.8	31.4	163.3
安徽	505.4	91.9	140.4	273.2
福建	445.2	41.1	181.5	222.6
江西	449.9	49.3	128.6	272.1
山东	249.9	82.0	54.8	113.1
河南	164.0	66.2	18.6	79.1
湖北	346.7	159.2	101.8	85.6
湖南	516.9	173.0	85.7	258.2
广东	594.4	40.7	189.3	364.4
广西	581.6	46.7	372.6	162.3
海南	120.2	34.2	29.6	56.4
重庆	189.8	155.6	14.7	19.5
四川	481.6	155.0	143.8	182.8
贵州	362.9	219.8	58.7	84.4
云南	526.8	82.7	109.3	334.8
西藏	9.4	5.3	0.1	3.9
陕西	88.4	71.0	3.5	13.9
甘肃	37.3	24.9	0.3	12.1
青海	12.6	11.7	0.1	0.9
宁夏	10.6	8.5	0.2	1.9
新疆	58.2	53.7	4.5	

6-18 各地区畜牧业分项产值(2023年)

(按可比价格计算) 单位:亿元

地区	牧业产值	牲畜饲养	猪的饲养	家禽饲养	其他畜牧业
全国	**42469.4**	**12683.5**	**17330.4**	**11207.8**	**1247.8**
北京	44.7	19.4	6.7	18.1	0.5
天津	161.3	67.8	53.8	36.3	3.4
河北	2479.6	954.5	913.1	566.5	45.4
山西	661.7	253.3	242.5	159.2	6.8
内蒙古	1999.4	1620.1	223.1	137.1	19.0
辽宁	1793.1	595.0	382.0	807.6	8.5
吉林	1574.5	700.1	514.9	333.0	26.4
黑龙江	1911.8	962.6	482.3	415.3	51.6
上海	49.7	16.7	25.0	7.9	0.1
江苏	1358.5	131.6	561.1	610.5	55.3
浙江	437.8	34.8	242.9	114.4	45.7
安徽	1914.5	306.7	849.9	684.8	73.2
福建	1132.6	82.2	382.9	639.0	28.5
江西	1117.2	108.2	606.8	390.2	11.9
山东	3194.6	723.6	1022.9	1375.7	72.4
河南	2851.7	682.5	1341.7	735.1	92.5
湖北	2208.8	320.4	1319.9	559.0	9.6
湖南	2480.5	272.3	1646.7	531.5	30.0
广东	1798.1	62.6	948.7	714.8	72.1
广西	1585.5	153.4	665.4	499.4	267.4
海南	364.7	49.3	181.6	125.0	8.9
重庆	829.0	126.2	457.4	221.0	24.4
四川	3334.2	646.4	1727.1	817.7	143.0
贵州	967.4	244.0	526.6	187.5	9.3
云南	2267.1	761.4	1266.1	184.5	55.1
西藏	167.3	160.9	4.2	2.2	0.1
陕西	962.2	338.1	420.0	137.1	67.0
甘肃	723.1	554.3	112.0	52.9	3.9
青海	316.8	296.2	15.5	3.3	1.8
宁夏	376.3	332.2	21.9	21.6	0.6
新疆	1405.5	1106.8	165.8	119.8	13.1

6-19 各地区渔业分项产值(2023年)

(按可比价格计算) 单位:亿元

地　区	渔业产值	海水产品	淡水产品
全　国	**16171.6**	**7565.8**	**8605.7**
北　京	4.0	1.3	2.7
天　津	75.6	16.2	59.3
河　北	356.5	285.6	70.9
山　西	9.5		9.5
内蒙古	32.6		32.6
辽　宁	924.9	812.6	112.3
吉　林	67.2		67.2
黑龙江	157.0		157.0
上　海	50.0	22.1	27.9
江　苏	1930.9	539.1	1391.8
浙　江	1314.5	952.3	362.2
安　徽	687.9		687.9
福　建	1810.4	1553.2	257.2
江　西	579.5		579.5
山　东	1805.4	1528.8	276.6
河　南	154.9		154.9
湖　北	1659.5		1659.5
湖　南	654.0		654.0
广　东	1991.6	1053.6	938.0
广　西	596.7	357.6	239.2
海　南	496.4	443.4	53.0
重　庆	141.9		141.9
四　川	359.1		359.1
贵　州	83.5		83.5
云　南	124.6		124.6
西　藏	0.3		0.3
陕　西	38.4		38.4
甘　肃	1.8		1.8
青　海	4.3		4.3
宁　夏	24.1		24.1
新　疆	34.9		34.9

6-20 农林牧渔业增加值和指数

年 份	农林牧渔业增加值(亿元)	指 数	
		以1978年为100	以上年为100
1978	1027.5	100.0	104.1
1980	1371.6	104.6	98.5
1985	2564.3	155.4	101.8
1990	5061.8	190.7	107.3
1991	5341.9	195.2	102.4
1992	5866.2	204.4	104.7
1993	6963.3	214.0	104.7
1994	9572.1	222.6	104.0
1995	12135.1	233.7	105.0
1996	14014.7	245.6	105.1
1997	14440.8	254.2	103.5
1998	14816.4	263.1	103.5
1999	14768.7	270.5	102.8
2000	14943.6	277.0	102.4
2001	15780.0	284.7	102.8
2002	16535.7	293.0	102.9
2003	17380.6	300.3	102.5
2004	21410.7	319.2	106.3
2005	22416.2	336.0	105.2
2006	24036.4	352.8	105.0
2007	28483.7	366.0	103.7
2008	33428.1	385.6	105.4
2009	34659.7	401.8	104.2
2010	39619.0	418.9	104.3
2011	46122.6	436.8	104.3
2012	50581.2	456.6	104.5
2013	54692.4	474.7	104.0
2014	57472.2	494.6	104.2
2015	59852.6	514.6	104.0
2016	62451.0	532.4	103.5
2017	64660.0	554.2	104.1
2018	67558.7	574.5	103.6
2019	73576.9	593.1	103.2
2020	81396.5	612.8	103.3
2021	86994.8	656.2	107.1
2022	92576.8	685.0	104.4
2023	94462.6	713.7	104.2

主要农产品种植（养殖）面积与产量

7-1 历年主要农作物播种面积

单位：千公顷

年 份	农作物总播种面积	粮食面积					
			稻 谷	小 麦	玉 米	大 豆	薯 类
1952	141256.0	123978.7	28382.3	24779.9	12687.5	11679.1	8688.1
1957	157244.0	133633.3	32241.1	27541.9	14943.3	12748.2	10494.7
1962	140228.7	121620.7	26934.5	24075.1	12817.3	9503.7	12170.3
1965	143290.7	119627.3	29824.7	24709.7	15670.5	8592.6	11175.3
1970	143487.3	119267.3	32358.1	25458.0	15831.3	7985.2	10717.4
1975	149545.3	121062.0	35728.1	27660.5	18598.1	6998.6	10969.4
1978	150104.1	120587.2	34420.9	29182.6	19961.1	7143.7	11796.3
1980	146379.5	117234.3	33878.5	28844.4	20087.4	7226.3	10153.5
1985	143625.9	108845.1	32070.1	29218.1	17694.1	7717.7	8571.9
1990	148362.3	113465.9	33064.5	30753.2	21401.5	7559.6	9120.7
1991	149585.8	112313.6	32590.0	30947.9	21574.3	7041.0	9078.3
1992	149007.1	110559.7	32090.2	30495.8	21043.5	7220.9	9056.5
1993	147740.7	110508.7	30355.2	30234.6	20694.1	9454.1	9220.3
1994	148240.6	109543.7	30171.4	28980.6	21152.1	9221.8	9270.3
1995	149879.3	110060.4	30744.1	28860.2	22775.7	8126.7	9518.8
1996	152380.6	112547.9	31406.8	29610.5	24498.2	7470.6	9797.5
1997	153969.2	112912.1	31764.9	30056.7	23775.1	8346.2	9784.9
1998	155705.7	113787.4	31213.8	29774.1	25238.8	8500.2	9999.8
1999	156372.8	113161.0	31283.5	28855.1	25903.7	7962.0	10354.8
2000	156299.8	108462.5	29961.7	26653.3	23056.1	9306.6	10538.3
2001	155707.9	106080.0	28812.4	24663.8	24282.1	9481.7	10216.6
2002	154635.5	103890.8	28201.6	23908.3	24633.7	8719.6	9881.4
2003	152415.0	99410.4	26507.8	21996.9	24068.2	9312.9	9701.7
2004	153552.5	101606.0	28378.8	21626.0	25445.7	9588.8	9456.8
2005	155487.7	104278.4	28847.2	22792.6	26358.3	9590.8	9503.0
2006	152149.5	104957.7	28937.9	23613.4	28463.0	9304.4	7877.2
2007	153010.1	105998.6	28972.8	23761.6	30023.7	8800.8	7902.1
2008	155565.5	107544.5	29350.3	23703.6	30980.7	9225.4	8057.4
2009	157242.4	110255.1	29793.0	24425.2	32948.3	9338.6	8087.6
2010	158579.5	111695.4	30096.9	24442.3	34976.7	8700.2	8021.0
2011	160360.4	112980.4	30338.4	24506.9	36766.5	8102.6	7997.9
2012	162071.2	114368.0	30476.0	24550.9	39109.2	7405.2	7820.7
2013	163702.2	115907.5	30709.7	24439.6	41299.2	7049.9	7727.1
2014	165183.3	117455.2	30765.1	24442.7	42996.8	7097.6	7544.5
2015	166829.3	118962.8	30784.1	24566.9	44968.4	6827.4	7304.8
2016	166939.0	119230.1	30745.9	24665.8	44177.6	7598.5	7241.1
2017	166331.9	117989.1	30747.2	24478.2	42399.0	8244.8	7173.2
2018	165902.4	117038.2	30189.5	24266.2	42130.1	8412.8	7180.4
2019	165930.7	116063.6	29693.5	23727.7	41284.1	9331.7	7141.9
2020	167487.1	116768.2	30075.5	23380.0	41264.3	9882.5	7210.5
2021	168695.1	117630.8	29921.1	23567.1	43324.2	8415.4	7333.4
2022	169990.9	118332.1	29450.1	23518.5	43070.1	10243.7	7185.4
2023	171624.5	118968.5	28949.1	23627.2	44218.9	10473.8	7048.0

7-1 续表 单位：千公顷

年 份	棉 花	花 生	油菜籽	芝 麻	黄红麻	甘 蔗	甜 菜	烤 烟
1952	5575.7	1804.4	1863.2		158.2	182.7	35.1	185.9
1957	5775.2	2541.4	2307.9		142.5	266.6	159.4	355.5
1962	3497.4	1300.9	1361.4		61.9	153.9	83.5	176.3
1965	5003.1	1845.5	1822.2		113.3	350.5	171.0	325.3
1970	4996.9	1709.1	1453.7		135.0	387.6	198.7	291.2
1975	4955.8	1877.4	2312.8		296.9	523.6	302.4	460.0
1978	4866.4	1768.1	2599.7	637.7	412.1	548.5	330.9	612.9
1980	4920.3	2339.1	2844.1	776.1	314.1	479.5	442.7	396.7
1985	5140.3	3318.3	4494.2	1051.9	991.5	964.8	560.5	1077.1
1990	5588.1	2907.1	5503.5	668.9	299.9	1008.8	670.3	1342.1
1991	6538.5	2879.9	6133.3	679.5	269.7	1163.7	783.5	1562.1
1992	6835.0	2975.9	5975.8	746.3	277.2	1245.8	660.0	1849.3
1993	4985.4	3379.4	5300.3	753.5	274.2	1087.8	598.7	1835.4
1994	5528.0	3775.7	5783.2	689.9	175.7	1056.5	698.4	1301.7
1995	5421.6	3809.4	6907.2	641.9	146.5	1125.3	694.6	1308.6
1996	4722.2	3615.7	6733.6	593.8	146.7	1207.5	638.3	1683.4
1997	4491.4	3721.6	6475.1	615.5	162.2	1311.5	611.6	2160.8
1998	4459.4	4039.1	6527.1	629.7	92.7	1401.2	583.2	1200.3
1999	3725.6	4268.2	6898.8	697.1	64.8	1302.8	341.0	1216.3
2000	4041.2	4855.5	7494.2	784.4	50.0	1184.9	329.3	1269.2
2001	4809.8	4991.3	7094.6	757.8	51.8	1248.0	406.2	1180.6
2002	4184.2	4920.6	7143.4	758.6	55.4	1393.5	424.1	1191.7
2003	5110.5	5056.8	7220.9	687.2	40.5	1409.4	248.0	1139.4
2004	5692.9	4745.1	7271.4	624.0	32.0	1378.1	190.0	1145.1
2005	5061.8	4662.3	7278.4	593.3	31.0	1354.4	210.0	1244.9
2006	5815.7	3955.8	5983.8	564.1	31.2	1378.2	188.8	1088.2
2007	5198.7	4128.1	6139.7	450.0	31.8	1531.1	225.2	1094.3
2008	5278.1	4362.1	6838.2	427.6	24.3	1708.6	217.6	1218.9
2009	4484.7	4281.4	7170.3	413.3	17.8	1643.0	161.5	1222.5
2010	4366.0	4373.8	7316.0	357.3	16.8	1623.7	185.5	1208.9
2011	4524.0	4336.2	7192.0	335.0	17.4	1643.7	190.7	1324.8
2012	4359.6	4400.8	7186.6	323.6	15.5	1695.6	191.0	1446.1
2013	4162.2	4396.1	7193.5	299.9	14.9	1704.1	140.3	1472.4
2014	4176.5	4369.7	7158.1	302.6	12.3	1638.2	98.9	1330.1
2015	3775.0	4385.5	7027.7	301.2	11.3	1476.2	96.5	1197.2
2016	3198.3	4448.4	6622.8	230.2	6.6	1401.7	153.6	1152.9
2017	3194.7	4607.7	6653.0	227.7	5.6	1371.4	174.3	1080.9
2018	3354.4	4619.7	6550.6	262.3	5.7	1405.8	216.1	1003.3
2019	3339.3	4633.5	6583.1	282.9	6.2	1390.7	218.9	971.9
2020	3168.9	4730.8	6764.7	292.1	5.3	1353.4	212.8	967.0
2021	3028.2	4805.3	6991.6	285.4	4.4	1316.1	141.1	968.8
2022	3000.3	4683.8	7253.5	268.8	4.3	1289.2	162.9	1000.5
2023	2788.1	4797.8	7804.5	280.1	3.6	1265.1	148.9	1042.9

7-2 主要农作物播种面积

单位：千公顷

指　标	1990年	1995年	2000年	2005年	2010年	2015年	2020年	2021年	2022年	2023年	2023年为2022年百分比(%)
农作物总播种面积	**148362.3**	**149879.3**	**156299.8**	**155487.7**	**158579.5**	**166829.3**	**167487.1**	**168695.1**	**169990.9**	**171624.5**	**101.0**
一、粮食作物	**113465.9**	**110060.4**	**108462.5**	**104278.4**	**111695.4**	**118962.8**	**116768.2**	**117630.8**	**118332.1**	**118968.5**	**100.5**
1.谷物		89309.6	85264.2	81873.9	92621.3	103225.3	97964.2	100176.7	99268.8	99926.4	100.7
稻谷	33064.5	30744.1	29961.7	28847.2	30096.9	30784.1	30075.5	29921.1	29450.1	28949.1	98.3
小麦	30753.2	28860.2	26653.3	22792.6	24442.3	24566.9	23380.0	23567.1	23518.5	23627.2	100.5
玉米	21401.5	22775.7	23056.1	26358.3	34976.7	44968.4	41264.3	43324.2	43070.1	44218.9	102.7
其他谷物			5593.2	3875.9	3105.4	2905.9	3244.4	3364.2	3230.1	3131.1	96.9
#谷子	2278.5	1522.4	1250.1	849.1	814.4	842.4	905.8	928.5	839.8	770.7	91.8
高粱	1544.9	1215.0	889.3	569.7	509.7	424.9	634.7	713.2	674.5	681.9	101.1
2.豆类		11232.0	12660.0	12901.5	11053.2	8432.7	11593.5	10120.7	11877.9	11994.2	101.0
#大豆	7559.6	8126.7	9306.6	9590.8	8700.2	6827.4	9882.5	8415.4	10243.7	10473.8	102.2
杂豆		3105.3	3353.5	3310.7	2353.0	1605.3	1711.0	1705.3	1634.2	1520.3	93.0
3.薯类	9120.7	9518.8	10538.3	9503.0	8021.0	7304.8	7210.5	7333.4	7185.4	7048.0	98.1
#马铃薯	2865.2	3433.9	4723.2	4879.8	4885.7	4785.6	4656.1	4632.5	4534.8	4454.1	98.2
二、油料作物	**10900.1**	**13101.6**	**15400.3**	**14317.7**	**13695.4**	**13314.4**	**13129.1**	**13102.2**	**13140.7**	**13922.2**	**105.9**
#花　生	2907.1	3809.4	4855.5	4662.3	4373.8	4385.5	4730.8	4805.3	4683.8	4797.8	102.4
油菜籽	5503.5	6907.2	7494.2	7278.4	7316.0	7027.7	6764.7	6991.6	7253.5	7804.5	107.6
芝　麻	668.9	641.9	784.4	593.3	357.3	301.2	292.1	285.4	268.8	280.1	104.2
胡麻籽	703.3	621.1	497.9	397.7	293.3	244.1	191.4	179.1	169.0	165.1	97.7
葵花籽	712.7	812.8	1229.0	1020.4	988.9	1086.5	872.7	703.6	623.2	726.6	116.6
三、棉花	**5588.1**	**5421.6**	**4041.2**	**5061.8**	**4366.0**	**3775.0**	**3168.9**	**3028.2**	**3000.3**	**2788.1**	**92.9**
四、麻类	**495.1**	**375.9**	**261.7**	**334.7**	**90.9**	**53.5**	**68.6**	**56.7**	**58.2**	**49.2**	**84.5**
#黄红麻	299.9	146.5	50.0	31.0	16.8	11.3	5.3	4.4	4.3	3.6	83.1
苎　麻	80.7	97.1	95.6	132.0	57.5	31.1	29.4	28.3	28.8	28.2	98.0
大　麻	20.7	16.0	12.8	10.9	4.5	5.8	22.4	17.8	19.6	12.1	61.8
亚　麻	87.1	113.0	96.2	157.7	8.2	2.7	8.2	4.7	4.8	4.4	90.9
五、糖料	**1679.1**	**1819.9**	**1514.2**	**1564.4**	**1809.2**	**1572.6**	**1568.5**	**1458.1**	**1453.5**	**1415.2**	**97.4**
甘蔗	1008.8	1125.3	1184.9	1354.4	1623.7	1476.2	1353.4	1316.1	1289.2	1265.1	98.1
甜菜	670.3	694.6	329.3	210.0	185.5	96.5	212.8	141.1	162.9	148.9	91.4
六、烟叶	**1592.6**	**1470.0**	**1437.2**	**1362.9**	**1309.2**	**1254.4**	**1013.9**	**1012.9**	**1043.6**	**1084.1**	**103.9**
#烤烟	1342.1	1308.6	1269.2	1244.9	1208.9	1197.2	967.0	968.8	1000.5	1042.9	104.2
七、药材	**153.1**	**278.7**	**675.6**	**1213.3**	**1262.3**	**1861.0**	**2905.1**	**3081.2**	**3166.0**	**3240.9**	**102.4**
八、蔬菜(含菜用瓜)	**6338.3**	**9514.7**	**15237.3**	**17720.7**	**17431.2**	**19613.1**	**21485.5**	**21985.7**	**22434.1**	**22873.5**	**102.0**
九、瓜果类	**720.5**	**1101.3**	**2043.7**	**2207.7**	**2227.3**	**2194.3**	**2161.9**	**2117.9**	**2129.2**	**2164.5**	**101.7**
十、其他农作物	**7429.3**	**6735.5**	**7351.5**	**7426.1**	**4692.6**	**4228.2**	**5217.5**	**5221.4**	**5233.2**	**5118.3**	**97.8**
#青饲料	1862.2	1824.9	2141.8	3376.5	1767.4	1633.5	2199.2	2575.0	2630.6	2653.7	100.9

注：2018年起，谷子、高粱并入其他谷物中统计，历史数据同步调整(下表同)。

7-2 续表 1 单位：千公顷

指 标	全国		东部		中部	
	2022年	2023年	2022年	2023年	2022年	2023年
全年农作物播种面积	**169990.9**	**171624.5**	**36418.8**	**36619.5**	**49770.7**	**50254.0**
一、粮食	**118332.1**	**118968.5**	**25198.0**	**25277.6**	**34473.8**	**34525.4**
其中：夏收粮食	26530.0	26608.6	9307.4	9363.6	10547.3	10579.3
(一)谷物	99268.8	99926.4	23479.5	23507.7	31573.8	31569.8
1.稻谷	29450.1	28949.1	5857.0	5860.5	12735.0	12698.7
(1)早稻	4755.1	4733.1	1187.0	1194.6	2730.6	2706.7
(2)中稻和一季晚稻	19588.7	19135.6	3232.2	3230.8	7161.4	7169.0
(3)双季晚稻	5106.4	5080.3	1437.8	1435.1	2842.9	2823.0
2.小麦	23518.5	23627.2	8911.6	8966.0	10132.5	10157.0
(1)冬小麦	22341.3	22542.4	8859.4	8933.9	10132.3	10156.7
(2)春小麦	1177.1	1084.8	52.2	32.1	0.2	0.3
3.玉米	43070.1	44218.9	8292.6	8260.8	8125.3	8149.1
4.其他谷物	3230.1	3131.1	418.4	420.5	581.0	565.1
#谷子	839.8	770.7	147.4	134.3	247.3	234.6
高粱	674.5	681.9	47.1	55.3	154.2	162.3
大麦	560.2	563.5	34.9	34.0	12.5	12.5
(二)豆类	11877.9	11994.2	836.0	876.7	1779.2	1834.3
#大 豆	10243.7	10473.8	681.8	736.3	1557.9	1624.0
绿 豆	273.6	232.1	14.2	10.7	91.9	82.9
红小豆	156.3	121.1	12.7	9.5	18.3	18.1
(三)薯类	7185.4	7048.0	882.4	893.1	1120.8	1121.4
#马铃薯	4534.8	4454.1	275.9	280.8	499.1	507.7
二、油料作物	**13140.7**	**13922.2**	**1863.9**	**1928.4**	**5973.5**	**6342.1**
#花 生	4683.8	4797.8	1405.7	1420.2	1977.5	2017.9
油菜籽	7253.5	7804.5	365.8	409.4	3665.2	3979.6
芝 麻	268.8	280.1	17.0	20.4	235.0	242.3
胡麻籽	169.0	165.1	23.5	22.0	19.4	18.9
葵花籽	623.2	726.6	46.4	51.9	37.9	46.5
三、棉花	**3000.3**	**2788.1**	**239.6**	**189.6**	**241.6**	**207.4**
四、麻类	**58.2**	**49.2**	**0.3**	**0.4**	**10.9**	**9.4**
#黄红麻	4.3	3.6	...	0.1	2.0	1.4
苎 麻	28.8	28.2	0.2	0.2	7.6	6.9
大 麻	19.6	12.1	...	...	1.2	1.1
亚 麻	4.8	4.4			0.1	...
五、糖料	**1453.5**	**1415.2**	**188.9**	**181.8**	**31.1**	**30.4**
甘蔗	1289.2	1265.1	173.0	167.5	30.2	29.5
甜菜	162.9	148.9	15.8	14.3	...	...
六、烟叶	**1043.6**	**1084.1**	**93.4**	**100.8**	**238.2**	**245.2**
其中：烤烟	1000.5	1042.9	91.0	98.6	229.9	237.7
七、药材	**3166.0**	**3240.9**	**382.2**	**391.0**	**903.9**	**927.6**
八、蔬菜(含菜用瓜)	**22434.1**	**22873.5**	**7047.0**	**7141.0**	**6233.2**	**6319.3**
九、瓜果类	**2129.2**	**2164.5**	**647.6**	**649.0**	**741.5**	**753.5**
#西瓜	1484.8	1516.1	408.7	406.1	594.0	605.1
甜瓜	380.8	379.8	118.7	118.0	93.6	91.0
草莓	147.5	155.0	60.7	64.0	39.4	42.1
十、其他农作物	**5233.2**	**5118.3**	**758.0**	**760.0**	**923.0**	**893.5**
#青饲料	2630.6	2653.7	200.7	194.9	322.5	318.0

注：大麦面积中包含青稞，下同。

7-2 续表 2

单位：千公顷

指　　标	西部		东北	
	2022年	2023年	2022年	2023年
全年农作物播种面积	**58038.8**	**58792.9**	**25762.6**	**25958.1**
一、粮食	**34630.5**	**35018.4**	**24029.9**	**24147.1**
其中：夏收粮食	6675.3	6665.6		
(一)谷物	25838.7	26265.1	18376.7	18583.7
1.稻谷	5907.2	5792.1	4950.9	4597.8
(1)早稻	837.4	831.8		
(2)中稻和一季晚稻	4244.1	4138.0	4950.9	4597.8
(3)双季晚稻	825.7	822.2		
2.小麦	4445.6	4478.1	28.8	26.2
(1)冬小麦	3349.6	3451.8		
(2)春小麦	1095.9	1026.3	28.8	26.2
3.玉米	13454.7	14009.2	13197.6	13799.9
4.其他谷物	2031.3	1985.8	199.4	159.7
其中：谷子	363.5	336.2	81.5	65.6
高粱	369.4	379.6	103.7	84.7
大麦	512.5	516.9	0.3	…
(二)豆类	3743.3	3831.7	5519.4	5451.5
其中：大　豆	2647.3	2775.1	5356.8	5338.5
绿　豆	118.1	100.6	49.4	38.0
红小豆	44.1	34.7	81.3	58.8
(三)薯类	5048.5	4921.7	133.7	111.9
其中：马铃薯	3649.0	3575.7	110.8	90.0
二、油料作物	**4728.7**	**5048.4**	**574.7**	**603.3**
其中：花　生	753.6	787.7	547.0	572.0
油菜籽	3221.8	3415.3	0.6	0.3
芝　麻	16.5	17.0	0.2	0.4
胡麻籽	126.1	123.8		0.4
葵花籽	531.4	620.7	7.5	7.5
三、棉花	**2519.1**	**2391.1**	**…**	
四、麻类	**29.9**	**29.4**	**17.2**	**10.0**
其中：黄红麻	2.3	2.1		
苎　麻	21.0	21.1		
大　麻	1.4	1.6	17.0	9.4
亚　麻	4.6	3.8	0.1	0.5
五、糖料	**1229.5**	**1198.3**	**4.0**	**4.6**
(一)甘蔗	1085.9	1068.1		
(二)甜菜	143.0	129.9	4.0	4.6
六、烟叶	**690.8**	**716.3**	**21.1**	**21.8**
其中：烤烟	663.7	690.4	16.0	16.3
七、药材	**1661.6**	**1699.5**	**218.3**	**222.9**
八、蔬菜(含菜用瓜)	**8516.4**	**8733.6**	**637.5**	**679.6**
九、瓜果类	**622.9**	**648.4**	**117.3**	**113.5**
其中：西瓜	422.8	446.7	59.3	58.2
甜瓜	132.8	135.9	35.7	35.0
草莓	32.1	33.2	15.2	15.6
十、其他农作物	**3409.5**	**3309.4**	**142.7**	**155.3**
其中：青饲料	2024.2	2049.5	83.2	91.3

7-2 续表 3 单位：千公顷

指 标	粮食主产区		粮食主销区		粮食平衡区	
	2022年	2023年	2022年	2023年	2022年	2023年
全年农作物播种面积	**117512.2**	**118334.6**	**9806.4**	**9928.5**	**42672.3**	**43361.3**
一、粮食	**89029.0**	**89202.3**	**4937.6**	**4975.5**	**24365.5**	**24790.7**
其中：夏收粮食	19865.1	19917.5	560.4	599.4	6104.6	6091.6
(一)谷物	76258.3	76457.9	4228.2	4263.2	18782.3	19205.3
1.稻谷	22079.4	21638.4	3452.6	3465.0	3918.1	3845.7
(1)早稻	2730.6	2706.7	1187.0	1194.6	837.4	831.8
(2)中稻和一季晚稻	16505.9	16108.7	827.8	835.3	2255.0	2191.6
(3)双季晚稻	2842.9	2823.0	1437.8	1435.1	825.7	822.2
2.小麦	19229.3	19287.3	283.4	319.9	4005.7	4020.0
(1)冬小麦	18778.8	18838.5	259.2	302.5	3303.3	3401.4
(2)春小麦	450.5	448.9	24.2	17.4	702.4	618.6
3.玉米	33389.8	34064.7	461.4	449.1	9219.0	9705.1
4.其他谷物	1559.8	1467.5	30.8	29.1	1639.5	1634.5
其中：谷子	509.6	455.2	1.1	0.9	329.1	314.6
高粱	379.7	355.9	9.7	11.7	285.1	314.3
大麦	118.5	113.0	3.3	3.5	438.4	447.0
(二)豆类	9790.2	9845.3	212.1	211.3	1875.7	1937.5
其中：大 豆	9067.9	9206.0	158.2	165.0	1017.7	1102.8
绿 豆	213.4	181.0	3.0	2.9	57.2	48.3
红小豆	123.8	94.9	2.0	2.0	30.5	24.3
(三)薯类	2980.5	2899.1	497.2	501.0	3707.6	3647.9
其中：马铃薯	1569.6	1536.0	120.7	119.7	2844.6	2798.5
二、油料作物	**10137.5**	**10693.3**	**616.4**	**645.7**	**2386.7**	**2583.2**
其中：花 生	3786.4	3876.3	469.4	478.9	428.0	442.6
油菜籽	5515.9	5892.2	137.0	155.3	1600.6	1757.0
芝 麻	244.0	253.2	8.9	10.3	15.8	16.7
胡麻籽	54.6	51.5			114.4	113.6
葵花籽	488.1	569.0	0.6	1.0	134.5	156.6
三、棉花	**475.3**	**393.5**	**6.0**	**3.6**	**2519.1**	**2391.1**
四、麻类	**48.3**	**41.1**	**0.1**	**0.1**	**9.9**	**8.1**
其中：黄红麻	2.1	1.5	...	0.1	2.2	2.0
苎 麻	26.6	26.5	...	...	2.2	1.8
大 麻	19.5	12.0			0.2	0.1
亚 麻	0.1	0.6			4.7	3.7
五、糖料	**149.1**	**125.7**	**172.4**	**166.9**	**1132.0**	**1122.5**
(一)甘蔗	40.5	39.7	172.4	166.9	1076.3	1058.5
(二)甜菜	107.1	84.9			55.7	64.0
六、烟叶	**355.0**	**368.0**	**73.1**	**78.7**	**615.4**	**637.3**
其中：烤烟	335.2	348.5	71.5	77.5	593.8	617.0
七、药材	**1502.6**	**1533.2**	**168.0**	**176.5**	**1495.3**	**1531.2**
八、蔬菜(含菜用瓜)	**12237.1**	**12480.5**	**3188.5**	**3233.9**	**7008.4**	**7159.1**
九、瓜果类	**1367.7**	**1377.0**	**206.3**	**206.6**	**555.2**	**580.9**
其中：西瓜	980.6	989.3	125.1	123.9	379.1	402.9
甜瓜	234.3	231.7	25.7	24.8	120.9	123.3
草莓	111.9	118.1	12.1	12.6	23.5	24.3
十、其他农作物	**2210.5**	**2120.0**	**438.1**	**441.0**	**2584.7**	**2557.2**
其中：青饲料	1127.3	1155.0	62.7	64.7	1440.7	1433.9

7-3　主要农作物播种面积构成

（以农作物总播种面积为100）　　单位：%

指　标	1990年	1995年	2000年	2010年	2012年	2015年	2020年	2021年	2022年	2023年
农作物总播种面积	**100.0**	**100.0**	**100.0**	**100.0**	**100.0**	**100.0**	**100.0**	**100.0**	**100.0**	**100.0**
一、粮食作物	**76.5**	**73.4**	**69.4**	**70.4**	**70.6**	**71.3**	**69.7**	**69.7**	**69.6**	**69.3**
1.谷物		59.6	54.6	58.4	59.9	61.9	58.5	59.4	58.4	58.2
稻谷	22.3	20.5	19.2	19.0	18.8	18.5	18.0	17.7	17.3	16.9
小麦	20.7	19.3	17.1	15.4	15.1	14.7	14.0	14.0	13.8	13.8
玉米	14.4	15.2	14.8	22.1	24.1	27.0	24.6	25.7	25.3	25.8
其他谷物			3.6	2.0	1.9	1.7	1.9	2.0	1.9	1.8
其中：谷子	1.5	1.0	0.8	0.5	0.5	0.5	0.5	0.6	0.5	0.4
高粱	1.0	0.8	0.6	0.3	0.3	0.3	0.4	0.4	0.4	0.4
2.豆类		7.5	8.1	7.0	5.8	5.1	6.9	6.0	7.0	7.0
其中：大豆	5.1	5.4	6.0	5.5	4.6	4.1	5.9	5.0	6.0	6.1
杂豆		2.1	2.1	1.5	1.2	1.0	1.0	1.0	1.0	0.9
3.薯类	6.1	6.4	6.7	5.1	4.8	4.4	4.3	4.3	4.2	4.1
其中：马铃薯	1.9	2.3	3.0	3.1	3.1	2.9	2.8	2.7	2.7	2.6
二、油料作物	**7.3**	**8.7**	**9.9**	**8.6**	**8.3**	**8.0**	**7.8**	**7.8**	**7.7**	**8.1**
其中：花　生	2.0	2.5	3.1	2.8	2.7	2.6	2.8	2.8	2.8	2.8
油菜籽	3.7	4.6	4.8	4.6	4.4	4.2	4.0	4.1	4.3	4.5
芝　麻	0.5	0.4	0.5	0.2	0.2	0.2	0.2	0.2	0.2	0.2
胡麻籽	0.5	0.4	0.3	0.2	0.2	0.1	0.1	0.1	0.1	0.1
葵花籽	0.5	0.5	0.8	0.6	0.5	0.7	0.5	0.4	0.4	0.4
三、棉花	**3.8**	**3.6**	**2.6**	**2.8**	**2.7**	**2.3**	**1.9**	**1.8**	**1.8**	**1.6**
四、麻类	**0.3**	**0.3**	**0.2**	**0.1**	**...**	**...**	**...**	**...**	**...**	**...**
五、糖料	**1.1**	**1.2**	**1.0**	**1.1**	**1.2**	**0.9**	**0.9**	**0.9**	**0.9**	**0.8**
甘蔗	0.7	0.8	0.8	**1.0**	**1.0**	**0.9**	0.8	0.8	0.8	0.7
甜菜	0.5	0.5	0.2	**0.1**	**0.1**	**0.1**	0.1	0.1	0.1	0.1
六、烟叶	**1.1**	**1.0**	**0.9**	**0.8**	**1.0**	**0.8**	**0.6**	**0.6**	**0.6**	**0.6**
其中：烤烟	0.9	0.9	0.8	**0.8**	**0.9**	**0.7**	0.6	0.6	0.6	0.6
七、药材	**0.1**	**0.2**	**0.4**	**0.8**	**0.9**	**1.1**	**1.7**	**1.8**	**1.9**	**1.9**
八、蔬菜(含菜用瓜)	**4.3**	**6.3**	**9.7**	**11.0**	**11.4**	**11.8**	**12.8**	**13.0**	**13.2**	**13.3**
九、瓜果类	**0.5**	**0.7**	**1.3**	**1.4**	**1.3**	**1.3**	**1.3**	**1.3**	**1.3**	**1.3**
十、其他农作物	**5.0**	**4.5**	**4.7**	**3.0**	**2.6**	**2.5**	**3.1**	**3.1**	**3.1**	**3.0**
其中：青饲料	1.3	1.2	1.4	1.1	1.0	1.0	1.3	1.5	1.5	1.5

7-3 续表 1 (以农作物总播种面积为100) 单位：%

指　　标	全国		东部		中部	
	2022年	2023年	2022年	2023年	2022年	2023年
全年农作物播种面积	**100.0**	**100.0**	**100.0**	**100.0**	**100.0**	**100.0**
一、粮食	**69.6**	**69.3**	**69.2**	**69.0**	**69.3**	**68.7**
其中：夏收粮食	15.6	15.5	25.6	25.6	21.2	21.1
(一)谷物	58.4	58.2	64.5	64.2	63.4	62.8
1.稻谷	17.3	16.9	16.1	16.0	25.6	25.3
(1)早稻	2.8	2.8	3.3	3.3	5.5	5.4
(2)中稻和一季晚稻	11.5	11.1	8.9	8.8	14.4	14.3
(3)双季晚稻	3.0	3.0	3.9	3.9	5.7	5.6
2.小麦	13.8	13.8	24.5	24.5	20.4	20.2
(1)冬小麦	13.1	13.1	24.3	24.4	20.4	20.2
(2)春小麦	0.7	0.6	0.1	0.1	...	...
3.玉米	25.3	25.8	22.8	22.6	16.3	16.2
4.其他谷物	1.9	1.8	1.1	1.1	1.2	1.1
其中：谷子	0.5	0.4	0.4	0.4	0.5	0.5
高粱	0.4	0.4	0.1	0.2	0.3	0.3
大麦	0.3	0.3	0.1	0.1	...	...
(二)豆类	7.0	7.0	2.3	2.4	3.6	3.6
其中：大　豆	6.0	6.1	1.9	2.0	3.1	3.2
绿　豆	0.2	0.1	...	...	0.2	0.2
红小豆	0.1	0.1	...	...	...	...
(三)薯类	4.2	4.1	2.4	2.4	2.3	2.2
其中：马铃薯	2.7	2.6	0.8	0.8	1.0	1.0
二、油料作物	**7.7**	**8.1**	**5.1**	**5.3**	**12.0**	**12.6**
其中：花　生	2.8	2.8	3.9	3.9	4.0	4.0
油菜籽	4.3	4.5	1.0	1.1	7.4	7.9
芝　麻	0.2	0.2	...	0.1	0.5	0.5
胡麻籽	0.1	0.1	0.1	0.1	...	...
葵花籽	0.4	0.4	0.1	0.1	0.1	0.1
三、棉花	**1.8**	**1.6**	**0.7**	**0.5**	**0.5**	**0.4**
四、麻类	**...**	**...**	**...**	**...**	**...**	**...**
五、糖料	**0.9**	**0.8**	**0.5**	**0.5**	**0.1**	**0.1**
(一)甘蔗	0.8	0.7	0.5	0.5	0.1	0.1
(二)甜菜	0.1	0.1	...	...	...	...
六、烟叶	**0.6**	**0.6**	**0.3**	**0.3**	**0.5**	**0.5**
其中：烤烟	0.6	0.6	0.2	0.3	0.5	0.5
七、药材	**1.9**	**1.9**	**1.0**	**1.1**	**1.8**	**1.8**
八、蔬菜(含菜用瓜)	**13.2**	**13.3**	**19.3**	**19.5**	**12.5**	**12.6**
九、瓜果类	**1.3**	**1.3**	**1.8**	**1.8**	**1.5**	**1.5**
其中：西瓜	0.9	0.9	1.1	1.1	1.2	1.2
甜瓜	0.2	0.2	0.3	0.3	0.2	0.2
草莓	0.1	0.1	0.2	0.2	0.1	0.1
十、其他农作物	**3.1**	**3.0**	**2.1**	**2.1**	**1.9**	**1.8**
其中：青饲料	1.5	1.5	0.6	0.5	0.6	0.6

7-3 续表 2 (以农作物总播种面积为100) 单位：%

指 标	西部		东北	
	2022年	2023年	2022年	2023年
全年农作物播种面积	**100.0**	**100.0**	**100.0**	**100.0**
一、粮食	**59.7**	**59.6**	**93.3**	**93.0**
其中：夏收粮食	11.5	11.3		
(一)谷物	44.5	44.7	71.3	71.6
1.稻谷	10.2	9.9	19.2	17.7
(1)早稻	1.4	1.4		
(2)中稻和一季晚稻	7.3	7.0	19.2	17.7
(3)双季晚稻	1.4	1.4		
2.小麦	7.7	7.6	0.1	0.1
(1)冬小麦	5.8	5.9		
(2)春小麦	1.9	1.7	0.1	0.1
3.玉米	23.2	23.8	51.2	53.2
4.其他谷物	3.5	3.4	0.8	0.6
其中：谷子	0.6	0.6	0.3	0.3
高粱	0.6	0.6	0.4	0.3
大麦	0.9	0.9	...	...
(二)豆类	6.4	6.5	21.4	21.0
其中：大 豆	4.6	4.7	20.8	20.6
绿 豆	0.2	0.2	0.2	0.1
红小豆	0.1	0.1	0.3	0.2
(三)薯类	8.7	8.4	0.5	0.4
其中：马铃薯	6.3	6.1	0.4	0.3
二、油料作物	**8.1**	**8.6**	**2.2**	**2.3**
其中：花 生	1.3	1.3	2.1	2.2
油菜籽	5.6	5.8	...	...
芝 麻	...	...	...	...
胡麻籽	0.2	0.2		...
葵花籽	0.9	1.1	...	...
三、棉花	**4.3**	**4.1**	**...**	
四、麻类	**0.1**	**...**	**0.1**	**...**
五、糖料	**2.1**	**2.0**	**...**	**...**
(一)甘蔗	1.9	1.8		
(二)甜菜	0.2	0.2	...	...
六、烟叶	**1.2**	**1.2**	**0.1**	**0.1**
其中：烤烟	1.1	1.2	0.1	0.1
七、药材	**2.9**	**2.9**	**0.8**	**0.9**
八、蔬菜(含菜用瓜)	**14.7**	**14.9**	**2.5**	**2.6**
九、瓜果类	**1.1**	**1.1**	**0.5**	**0.4**
其中：西瓜	0.7	0.8	0.2	0.2
甜瓜	0.2	0.2	0.1	0.1
草莓	0.1	0.1	0.1	0.1
十、其他农作物	**5.9**	**5.6**	**0.6**	**0.6**
其中：青饲料	3.5	3.5	0.3	0.4

7-3 续表 3 (以农作物总播种面积为100) 单位：%

指 标	粮食主产区		粮食主销区		粮食平衡区	
	2022年	2023年	2022年	2023年	2022年	2023年
全年农作物播种面积	**100.0**	**100.0**	**100.0**	**100.0**	**100.0**	**100.0**
一、粮食	**75.8**	**75.4**	**50.4**	**50.1**	**57.1**	**57.2**
其中：夏收粮食	16.9	16.8	5.7	6.0	14.3	14.0
(一)谷物	64.9	64.6	43.1	42.9	44.0	44.3
1.稻谷	18.8	18.3	35.2	34.9	9.2	8.9
(1)早稻	2.3	2.3	12.1	12.0	2.0	1.9
(2)中稻和一季晚稻	14.0	13.6	8.4	8.4	5.3	5.1
(3)双季晚稻	2.4	2.4	14.7	14.5	1.9	1.9
2.小麦	16.4	16.3	2.9	3.2	9.4	9.3
(1)冬小麦	16.0	15.9	2.6	3.0	7.7	7.8
(2)春小麦	0.4	0.4	0.2	0.2	1.6	1.4
3.玉米	28.4	28.8	4.7	4.5	21.6	22.4
4.其它谷物	1.3	1.2	0.3	0.3	3.8	3.8
其中：谷子	0.4	0.4	...	...	0.8	0.7
高粱	0.3	0.3	0.1	0.1	0.7	0.7
大麦	0.1	0.1	...	...	1.0	1.0
(二)豆类	8.3	8.3	2.2	2.1	4.4	4.5
其中：大　豆	7.7	7.8	1.6	1.7	2.4	2.5
绿　豆	0.2	0.2	...	...	0.1	0.1
红小豆	0.1	0.1	...	...	0.1	0.1
(三)薯类	2.5	2.4	5.1	5.0	8.7	8.4
其中：马铃薯	1.3	1.3	1.2	1.2	6.7	6.5
二、油料作物	**8.6**	**9.0**	**6.3**	**6.5**	**5.6**	**6.0**
其中：花　生	3.2	3.3	4.8	4.8	1.0	1.0
油菜籽	4.7	5.0	1.4	1.6	3.8	4.1
芝　麻	0.2	0.2	0.1	0.1	...	...
胡麻籽	...	...			0.3	0.3
葵花籽	0.4	0.5	...	...	0.3	0.4
三、棉花	**0.4**	**0.3**	**0.1**	**...**	**5.9**	**5.5**
四、麻类	**...**	**...**	**...**	**...**	**...**	**...**
五、糖料	**0.1**	**0.1**	**1.8**	**1.7**	**2.7**	**2.6**
(一)甘蔗	...	...	1.8	1.7	2.5	2.4
(二)甜菜	0.1	0.1			0.1	0.1
六、烟叶	**0.3**	**0.3**	**0.7**	**0.8**	**1.4**	**1.5**
其中：烤烟	0.3	0.3	0.7	0.8	1.4	1.4
七、药材	**1.3**	**1.3**	**1.7**	**1.8**	**3.5**	**3.5**
八、蔬菜(含菜用瓜)	**10.4**	**10.5**	**32.5**	**32.6**	**16.4**	**16.5**
九、瓜果类	**1.2**	**1.2**	**2.1**	**2.1**	**1.3**	**1.3**
其中：西瓜	0.8	0.8	1.3	1.2	0.9	0.9
甜瓜	0.2	0.2	0.3	0.2	0.3	0.3
草莓	0.1	0.1	0.1	0.1	0.1	0.1
十、其他农作物	**1.9**	**1.8**	**4.5**	**4.4**	**6.1**	**5.9**
其中：青饲料	1.0	1.0	0.6	0.7	3.4	3.3

7-3 续表 4 （以该类作物总面积为100） 单位：%

指　　标	东部		中部		西部		东北	
	2022年	2023年	2022年	2023年	2022年	2023年	2022年	2023年
全年农作物播种面积	**21.4**	**21.3**	**29.3**	**29.3**	**34.1**	**34.3**	**15.2**	**15.1**
一、粮食	**21.3**	**21.2**	**29.1**	**29.0**	**29.3**	**29.4**	**20.3**	**20.3**
其中：夏收粮食	35.1	35.2	39.8	39.8	25.2	25.1		
(一)谷物	23.7	23.5	31.8	31.6	26.0	26.3	18.5	18.6
1.稻谷	19.9	20.2	43.2	43.9	20.1	20.0	16.8	15.9
(1)早稻	25.0	25.2	57.4	57.2	17.6	17.6		
(2)中稻和一季晚稻	16.5	16.9	36.6	37.5	21.7	21.6	25.3	24.0
(3)双季晚稻	28.2	28.2	55.7	55.6	16.2	16.2		
2.小麦	37.9	37.9	43.1	43.0	18.9	19.0	0.1	0.1
(1)冬小麦	39.7	39.6	45.4	45.1	15.0	15.3		
(2)春小麦	4.4	3.0	...	...	93.1	94.6	2.4	2.4
3.玉米	19.3	18.7	18.9	18.4	31.2	31.7	30.6	31.2
4.其他谷物	13.0	13.4	18.0	18.0	62.9	63.4	6.2	5.1
其中：谷子	17.6	17.4	29.5	30.4	43.3	43.6	9.7	8.5
高粱	7.0	8.1	22.9	23.8	54.8	55.7	15.4	12.4
大麦	6.2	6.0	2.2	2.2	91.5	91.7	0.1	...
(二)豆类	7.0	7.3	15.0	15.3	31.5	31.9	46.5	45.5
其中：大　豆	6.7	7.0	15.2	15.5	25.8	26.5	52.3	51.0
绿　豆	5.2	4.6	33.6	35.7	43.2	43.3	18.1	16.4
红小豆	8.1	7.8	11.7	14.9	28.2	28.7	52.0	48.6
(三)薯类	12.3	12.7	15.6	15.9	70.3	69.8	1.9	1.6
其中：马铃薯	6.1	6.3	11.0	11.4	80.5	80.3	2.4	2.0
二、油料作物	**14.2**	**13.9**	**45.5**	**45.6**	**36.0**	**36.3**	**4.4**	**4.3**
其中：花　生	30.0	29.6	42.2	42.1	16.1	16.4	11.7	11.9
油菜籽	5.0	5.2	50.5	51.0	44.4	43.8	...	...
芝　麻	6.3	7.3	87.4	86.5	6.1	6.1	0.1	0.2
胡麻籽	13.9	13.3	11.5	11.4	74.6	75.0		0.3
葵花籽	7.4	7.1	6.1	6.4	85.3	85.4	1.2	1.0
三、棉花	**8.0**	**6.8**	**8.1**	**7.4**	**84.0**	**85.8**	**...**	
四、麻类	**0.4**	**0.8**	**18.8**	**19.2**	**51.3**	**59.7**	**29.5**	**20.3**
其中：黄红麻	1.0	1.4	46.3	40.0	52.7	58.6		
苎　麻	0.7	0.7	26.3	24.5	73.0	74.8		
大　麻	0.1	0.1	6.1	8.7	7.2	13.4	86.6	77.8
亚　麻			2.5	0.3	95.3	87.8	2.2	11.9
五、糖料	**13.0**	**12.8**	**2.1**	**2.2**	**84.6**	**84.7**	**0.3**	**0.3**
(一)甘蔗	13.4	13.2	2.3	2.3	84.2	84.4		
(二)甜菜	9.7	9.6	...	...	87.8	87.3	2.5	3.1
六、烟叶	**9.0**	**9.3**	**22.8**	**22.6**	**66.2**	**66.1**	**2.0**	**2.0**
其中：烤烟	9.1	9.5	23.0	22.8	66.3	66.2	1.6	1.6
七、药材	**12.1**	**12.1**	**28.6**	**28.6**	**52.5**	**52.4**	**6.9**	**6.9**
八、蔬菜(含菜用瓜)	**31.4**	**31.2**	**27.8**	**27.6**	**38.0**	**38.2**	**2.8**	**3.0**
九、瓜果类	**30.4**	**30.0**	**34.8**	**34.8**	**29.3**	**30.0**	**5.5**	**5.2**
其中：西瓜	27.5	26.8	40.0	39.9	28.5	29.5	4.0	3.8
甜瓜	31.2	31.1	24.6	23.9	34.9	35.8	9.4	9.2
草莓	41.2	41.3	26.7	27.2	21.8	21.4	10.3	10.1
十、其他农作物	**14.5**	**14.8**	**17.6**	**17.5**	**65.2**	**64.7**	**2.7**	**3.0**
其中：青饲料	7.6	7.3	12.3	12.0	76.9	77.2	3.2	3.4

7-3 续表 5 (以该类作物总面积为100) 单位：%

指 标	粮食主产区		粮食主销区		粮食平衡区	
	2022年	2023年	2022年	2023年	2022年	2023年
全年农作物播种面积	**69.1**	**68.9**	**5.8**	**5.8**	**25.1**	**25.3**
一、粮食	**75.2**	**75.0**	**4.2**	**4.2**	**20.6**	**20.8**
其中：夏收粮食	74.9	74.9	2.1	2.3	23.0	22.9
(一)谷物	76.8	76.5	4.3	4.3	18.9	19.2
1.稻谷	75.0	74.7	11.7	12.0	13.3	13.3
(1)早稻	57.4	57.2	25.0	25.2	17.6	17.6
(2)中稻和一季晚稻	84.3	84.2	4.2	4.4	11.5	11.5
(3)双季晚稻	55.7	55.6	28.2	28.2	16.2	16.2
2.小麦	81.8	81.6	1.2	1.4	17.0	17.0
(1)冬小麦	84.1	83.6	1.2	1.3	14.8	15.1
(2)春小麦	38.3	41.4	2.1	1.6	59.7	57.0
3.玉米	77.5	77.0	1.1	1.0	21.4	21.9
4.其他谷物	48.3	46.9	1.0	0.9	50.8	52.2
其中：谷子	60.7	59.1	0.1	0.1	39.2	40.8
高粱	56.3	52.2	1.4	1.7	42.3	46.1
大麦	21.2	20.1	0.6	0.6	78.3	79.3
(二)豆类	82.4	82.1	1.8	1.8	15.8	16.2
其中：大 豆	88.5	87.9	1.5	1.6	9.9	10.5
绿 豆	78.0	78.0	1.1	1.2	20.9	20.8
红小豆	79.2	78.3	1.3	1.6	19.5	20.0
(三)薯类	41.5	41.1	6.9	7.1	51.6	51.8
其中：马铃薯	34.6	34.5	2.7	2.7	62.7	62.8
二、油料作物	**77.1**	**76.8**	**4.7**	**4.6**	**18.2**	**18.6**
其中：花 生	80.8	80.8	10.0	10.0	9.1	9.2
油菜籽	76.0	75.5	1.9	2.0	22.1	22.5
芝 麻	90.8	90.4	3.3	3.7	5.9	6.0
胡麻籽	32.3	31.2			67.7	68.8
葵花籽	78.3	78.3	0.1	0.1	21.6	21.6
三、棉花	**15.8**	**14.1**	**0.2**	**0.1**	**84.0**	**85.8**
四、麻类	**82.9**	**83.5**	**0.1**	**0.1**	**17.0**	**16.4**
其中：黄红麻	47.9	41.9	1.0	1.4	51.1	56.7
苎 麻	92.2	93.8	…	…	7.8	6.2
大 麻	99.1	99.3			0.9	0.7
亚 麻	2.5	14.0			97.5	86.0
五、糖料	**10.3**	**8.9**	**11.9**	**11.8**	**77.9**	**79.3**
(一)甘蔗	3.1	3.1	13.4	13.2	83.5	83.7
(二)甜菜	65.8	57.0			34.2	43.0
六、烟叶	**34.0**	**33.9**	**7.0**	**7.3**	**59.0**	**58.8**
其中：烤烟	33.5	33.4	7.1	7.4	59.4	59.2
七、药材	**47.5**	**47.3**	**5.3**	**5.4**	**47.2**	**47.2**
八、蔬菜(含菜用瓜)	**54.5**	**54.6**	**14.2**	**14.1**	**31.2**	**31.3**
九、瓜果类	**64.2**	**63.6**	**9.7**	**9.5**	**26.1**	**26.8**
其中：西瓜	66.0	65.3	8.4	8.2	25.5	26.6
甜瓜	61.5	61.0	6.7	6.5	31.7	32.5
草莓	75.9	76.2	8.2	8.2	15.9	15.7
十、其他农作物	**42.2**	**41.4**	**8.4**	**8.6**	**49.4**	**50.0**
其中：青饲料	42.9	43.5	2.4	2.4	54.8	54.0

7-3 续表 6　　（以粮食作物播种面积为100）　　单位：%

指　　标	全　国		东　部		中　部	
	2022年	2023年	2022年	2023年	2022年	2023年
粮食	**100.0**	**100.0**	**100.0**	**100.0**	**100.0**	**100.0**
夏粮	22.4	22.4	36.9	37.0	30.6	30.6
早稻	4.0	4.0	4.7	4.7	7.9	7.8
秋粮	73.6	73.7	58.4	58.2	61.5	61.5
谷物	83.9	84.0	93.2	93.0	91.6	91.4
稻谷	24.9	24.3	23.2	23.2	36.9	36.8
小麦	19.9	19.9	35.4	35.5	29.4	29.4
其中：冬小麦	18.9	18.9	35.2	35.3	29.4	29.4
玉米	36.4	37.2	32.9	32.7	23.6	23.6
豆类	10.0	10.1	3.3	3.5	5.2	5.3
其中：大豆	8.7	8.8	2.7	2.9	4.5	4.7
薯类	6.1	5.9	3.5	3.5	3.3	3.2
其中：马铃薯	3.8	3.7	1.1	1.1	1.4	1.5

指　　标	全　国		西　部		东　北	
	2022年	2023年	2022年	2023年	2022年	2023年
粮食	**100.0**	**100.0**	**100.0**	**100.0**	**100.0**	**100.0**
夏粮	22.4	22.4	19.3	19.0		
早稻	4.0	4.0	2.4	2.4		
秋粮	73.6	73.7	78.3	78.6	100.0	100.0
谷物	83.9	84.0	74.6	75.0	76.5	77.0
稻谷	24.9	24.3	17.1	16.5	20.6	19.0
小麦	19.9	19.9	12.8	12.8	0.1	0.1
其中：冬小麦	18.9	18.9	9.7	9.9		
玉米	36.4	37.2	38.9	40.0	54.9	57.1
豆类	10.0	10.1	10.8	10.9	23.0	22.6
其中：大豆	8.7	8.8	7.6	7.9	22.3	22.1
薯类	6.1	5.9	14.6	14.1	0.6	0.5
其中：马铃薯	3.8	3.7	10.5	10.2	0.5	0.4

指　　标	粮食主产区		粮食主销区		粮食平衡区	
	2022年	2023年	2022年	2023年	2022年	2023年
粮食	**100.0**	**100.0**	**100.0**	**100.0**	**100.0**	**100.0**
夏粮	22.3	22.3	11.3	12.0	25.1	24.6
早稻	3.1	3.0	24.0	24.0	3.4	3.4
秋粮	74.6	74.6	64.6	63.9	71.5	72.1
谷物	85.7	85.7	85.6	85.7	77.1	77.5
稻谷	24.8	24.3	69.9	69.6	16.1	15.5
小麦	21.6	21.6	5.7	6.4	16.4	16.2
其中：冬小麦	21.1	21.1	5.3	6.1	13.6	13.7
玉米	37.5	38.2	9.3	9.0	37.8	39.1
豆类	11.0	11.0	4.3	4.2	7.7	7.8
其中：大豆	10.2	10.3	3.2	3.3	4.2	4.4
薯类	3.3	3.3	10.1	10.1	15.2	14.7
其中：马铃薯	1.8	1.7	2.4	2.4	11.7	11.3

7-4 各地区农作物总播种面积

单位：千公顷

地　　区	1990年	1995年	2000年	2005年	2010年	2015年	2020年	2021年	2022年	2023年	2023年为2022年百分比(%)
全　　国	**148362.3**	**149879.3**	**156299.8**	**155487.7**	**158579.5**	**166829.3**	**167487.1**	**168695.1**	**169990.9**	**171624.5**	**101.0**
北　　京	590.3	553.2	457.3	318.0	313.6	172.1	98.2	117.8	143.8	159.0	110.5
天　　津	573.2	572.7	533.1	499.4	438.8	433.3	419.2	437.0	443.5	453.1	102.2
河　　北	8786.7	8720.1	9024.4	8785.5	8260.8	8457.8	8089.4	8097.2	8114.0	8098.2	99.8
山　　西	4016.3	3895.6	4042.4	3795.4	3638.1	3612.6	3541.5	3588.0	3611.6	3641.7	100.8
内 蒙 古	4722.4	5079.4	5914.4	6215.7	7362.1	8423.7	8882.8	8743.3	8750.7	8808.9	100.7
辽　　宁	3618.9	3623.7	3622.0	3796.7	3950.1	4335.5	4287.8	4328.9	4326.9	4361.4	100.8
吉　　林	4039.8	4059.8	4542.2	4954.1	5258.9	5997.9	6151.0	6187.1	6226.4	6292.5	101.1
黑 龙 江	8558.5	8647.4	9329.5	10083.7	13347.6	14811.9	14910.1	15065.0	15209.4	15304.2	100.6
上　　海	631.1	542.1	520.7	403.6	415.6	350.6	255.2	264.3	269.2	273.2	101.5
江　　苏	8259.2	7909.0	7944.9	7641.2	7462.3	7693.7	7478.4	7514.4	7534.2	7590.0	100.7
浙　　江	4384.7	3923.0	3554.3	2837.9	2322.5	1977.8	2014.5	2014.6	2027.2	2041.4	100.7
安　　徽	8313.6	8354.2	9005.8	9172.5	9386.2	9598.3	8818.0	8886.8	8933.6	9044.0	101.2
福　　建	2745.9	2835.1	2793.3	2481.3	1945.9	1617.2	1631.3	1651.9	1682.1	1712.3	101.8
江　　西	5758.1	5950.6	5650.8	5251.4	5505.0	5688.4	5644.4	5672.9	5730.5	5797.0	101.2
山　　东	10882.6	10837.3	11147.3	10736.1	10677.4	11381.0	10889.1	10948.6	10964.1	11002.7	100.4
河　　南	11889.7	12136.8	13136.9	13922.7	14320.8	14879.7	14688.0	14705.1	14711.5	14747.1	100.2
湖　　北	7361.1	7413.7	7584.1	7279.4	7377.9	7983.4	7974.4	8109.2	8191.9	8309.2	101.4
湖　　南	7951.8	7840.4	8002.1	7977.6	8058.0	8355.2	8400.1	8504.3	8591.5	8715.0	101.4
广　　东	5671.5	5304.3	5156.9	4815.4	4262.8	4194.6	4451.8	4498.4	4553.5	4587.3	100.7
广　　西	5141.3	5745.7	6260.7	6489.2	5896.4	6078.8	6107.3	6177.5	6271.4	6352.4	101.3
海　　南	821.3	870.0	906.0	778.1	786.8	757.5	676.9	684.8	687.2	702.4	102.2
重　　庆			3590.8	3444.7	3129.8	3311.3	3372.5	3409.3	3479.0	3506.2	100.8
四　　川	12475.3	12838.8	9609.1	9480.2	9158.7	9451.1	9849.9	9999.9	10227.4	10264.4	100.4
贵　　州	3578.8	4203.1	4696.7	4804.1	4896.9	5532.9	5475.3	5422.9	5359.5	5344.3	99.7
云　　南	4492.1	4958.9	5786.0	6053.8	6257.1	6818.6	6989.7	7057.2	7130.6	7218.1	101.2
西　　藏	213.5	219.3	231.1	235.0	218.9	229.7	272.1	274.2	277.2	281.4	101.5
陕　　西	4859.8	4496.9	4555.4	4201.8	4237.6	4050.0	4160.8	4189.3	4212.2	4239.9	100.7
甘　　肃	3611.3	3773.3	3740.2	3726.0	3723.5	3768.4	3931.8	3997.9	4061.9	4139.6	101.9
青　　海	544.7	568.8	553.7	476.7	526.8	558.4	571.4	583.9	586.2	598.8	102.2
宁　　夏	888.9	956.0	1016.5	1099.3	1205.9	1132.4	1174.2	1175.9	1189.5	1199.1	100.8
新　　疆	2979.5	3050.2	3391.6	3731.2	4236.8	5175.5	6280.0	6387.4	6493.1	6839.8	105.3

7-5 各地区粮食播种面积

单位：千公顷

地　区	1990年	1995年	2000年	2005年	2010年	2015年	2020年	2021年	2022年	2023年	2023年为2022年百分比(%)
全　国	**113465.9**	**110060.4**	**108462.5**	**104278.4**	**111695.4**	**118962.8**	**116768.2**	**117630.8**	**118332.1**	**118968.5**	**100.5**
北　京	484.4	434.1	308.3	192.2	223.5	104.5	48.9	60.9	76.7	89.5	116.6
天　津	457.9	443.3	345.9	287.7	311.4	352.1	350.2	373.5	376.7	390.0	103.5
河　北	6827.8	6829.5	6918.7	6240.2	6441.3	6772.1	6388.8	6428.6	6443.8	6455.2	100.2
山　西	3290.3	3151.5	3186.5	3033.6	3210.3	3256.3	3130.0	3138.1	3150.3	3161.0	100.3
内蒙古	3874.5	4143.2	4435.9	4373.6	5846.1	6580.0	6833.2	6884.3	6951.8	6984.7	100.5
辽　宁	3121.6	3030.9	2858.6	3052.0	3242.9	3605.2	3527.2	3543.6	3561.5	3578.4	100.5
吉　林	3525.9	3576.9	3833.7	4294.5	4676.8	5534.1	5681.8	5721.3	5785.1	5825.6	100.7
黑龙江	7420.0	7500.2	7852.5	8650.8	12445.1	14283.1	14438.4	14551.3	14683.2	14743.1	100.4
上　海	417.1	343.9	258.8	166.1	201.2	181.3	114.3	117.4	122.8	127.2	103.5
江　苏	6363.0	5755.2	5304.3	4909.5	5372.2	5572.5	5405.6	5427.5	5444.4	5458.9	100.3
浙　江	3266.0	2814.4	2300.3	1510.8	1115.4	989.7	993.4	1006.7	1020.4	1024.7	100.4
安　徽	6246.1	5852.5	6183.8	6410.9	6947.7	7280.7	7289.5	7309.6	7314.2	7334.5	100.3
福　建	2080.6	2017.3	1828.5	1441.3	1073.2	874.2	834.4	835.1	837.6	841.1	100.4
江　西	3699.3	3509.3	3322.0	3441.5	3686.4	3814.9	3772.4	3772.8	3776.4	3774.3	99.9
山　东	8151.9	8131.6	7363.2	6711.7	7451.1	8407.0	8281.5	8355.1	8372.2	8387.9	100.2
河　南	9316.1	8810.0	9029.6	9153.4	10027.0	11126.3	10738.8	10772.3	10778.4	10785.3	100.1
湖　北	5200.0	4776.7	4156.2	3926.8	4135.8	4784.4	4645.3	4686.0	4689.0	4707.0	100.4
湖　南	5365.7	5115.6	5029.9	4838.6	4847.8	5053.7	4754.8	4758.4	4765.5	4763.5	100.0
广　东	3996.3	3472.3	3311.1	2786.5	2386.3	2193.3	2204.7	2213.0	2230.3	2229.5	100.0
广　西	3639.9	3662.7	3655.9	3496.2	3003.7	2950.6	2806.1	2822.9	2829.3	2834.7	100.2
海　南	567.5	574.9	542.0	423.8	400.1	309.6	270.7	271.4	273.0	273.6	100.2
重　庆			2773.4	2501.3	2097.4	2021.0	2003.1	2013.2	2046.7	2025.9	99.0
四　川	9827.7	9933.7	6854.5	6564.8	6195.1	6286.1	6312.6	6357.7	6463.5	6404.0	99.1
贵　州	2543.2	2864.5	3151.3	3073.7	3017.7	3110.7	2754.1	2787.7	2788.7	2773.8	99.5
云　南	3622.3	3643.0	4238.7	4253.9	4134.9	4194.0	4167.4	4191.4	4211.0	4243.2	100.8
西　藏	191.7	188.2	201.4	177.7	170.2	178.9	182.3	186.5	192.6	194.6	101.0
陕　西	4134.7	3807.7	3821.5	3263.9	3199.4	3018.9	3001.0	3004.3	3017.5	3023.0	100.2
甘　肃	2875.1	2928.7	2798.2	2587.2	2722.4	2715.7	2638.3	2676.8	2699.8	2710.9	100.4
青　海	400.3	384.3	322.7	245.6	274.0	280.4	290.0	302.4	303.5	304.9	100.5
宁　夏	723.5	761.8	807.1	775.9	815.0	728.1	679.2	689.3	692.3	693.9	100.2
新　疆	1835.5	1602.5	1468.2	1492.8	2024.3	2403.4	2230.2	2371.7	2433.9	2824.8	116.1

7-6 各地区粮食播种面积(按季节分)

单位：千公顷

地　区	夏收粮食		早　稻		秋收粮食	
	2022年	2023年	2022年	2023年	2022年	2023年
全　国	**26530.0**	**26608.6**	**4755.1**	**4733.1**	**87047.0**	**87626.8**
北　京	18.2	25.0			58.5	64.5
天　津	118.8	122.9			257.9	267.1
河　北	2271.6	2273.8			4172.1	4181.4
山　西	535.1	535.9			2615.3	2625.1
内蒙古					6951.8	6984.7
辽　宁					3561.5	3578.4
吉　林					5785.1	5825.6
黑龙江					14683.2	14743.1
上　海	17.4	21.4			105.4	105.8
江　苏	2470.8	2480.5			2973.7	2978.4
浙　江	183.6	202.5	113.1	122.1	723.8	700.1
安　徽	2849.9	2863.3	171.4	171.2	4292.9	4300.0
福　建	55.5	55.9	97.4	94.3	684.8	691.0
江　西	72.8	78.4	1220.1	1202.2	2483.5	2493.8
山　东	4004.7	4009.9			4367.5	4378.0
河　南	5683.8	5687.4			5094.6	5097.9
湖　北	1293.1	1301.1	126.3	128.6	3269.5	3277.3
湖　南	112.6	113.3	1212.8	1204.8	3440.1	3445.4
广　东	142.9	147.5	864.2	866.0	1223.2	1216.1
广　西	118.0	120.1	810.7	812.7	1900.7	1901.9
海　南	24.0	24.2	112.3	112.2	136.7	137.1
重　庆	373.3	375.5			1673.4	1650.5
四　川	1105.8	1109.9			5357.7	5294.1
贵　州	866.4	823.0			1922.3	1950.8
云　南	980.3	983.7	26.8	19.1	3203.9	3240.4
西　藏					192.6	194.6
陕　西	1105.1	1089.8			1912.4	1933.2
甘　肃	883.1	880.7			1816.6	1830.2
青　海					303.5	304.9
宁　夏	85.2	72.1			607.0	621.8
新　疆	1158.1	1210.9			1275.8	1613.8

7-7 各地区粮食播种面积(按品种分)

单位：千公顷

地区	谷物		#稻谷					
					中稻和一季晚稻		双季晚稻	
	2022年	2023年	2022年	2023年	2022年	2023年	2022年	2023年
全国	**99268.8**	**99926.4**	**29450.1**	**28949.1**	**19588.7**	**19135.6**	**5106.4**	**5080.3**
北京	71.4	82.9	0.4	0.3	0.4	0.3		
天津	370.4	382.0	55.3	53.9	55.3	53.9		
河北	6097.2	6083.3	76.6	73.5	76.6	73.5		
山西	2821.1	2831.3	2.2	2.2	2.2	2.2		
内蒙古	5399.4	5417.9	117.2	103.4	117.2	103.4		
辽宁	3382.9	3395.8	516.4	500.5	516.4	500.5		
吉林	5382.4	5425.3	833.2	828.8	833.2	828.8		
黑龙江	9611.4	9762.6	3601.4	3268.5	3601.4	3268.5		
上海	122.1	126.5	103.7	104.3	103.7	104.3		
江苏	5129.1	5135.1	2221.4	2221.0	2221.4	2221.0		
浙江	827.5	838.4	629.2	649.0	416.1	422.5	100.0	104.3
安徽	6595.8	6594.4	2496.5	2500.7	2143.9	2148.4	181.1	181.0
福建	638.6	641.2	599.4	601.1	252.3	254.1	249.7	252.7
江西	3477.6	3463.8	3403.0	3383.9	936.0	944.5	1246.9	1237.2
山东	8025.0	8026.2	106.4	101.0	106.4	101.0		
河南	10183.6	10180.9	601.7	590.8	601.7	590.8		
湖北	4093.0	4103.5	2264.0	2274.2	1995.7	2001.3	141.9	144.3
湖南	4402.8	4395.9	3967.7	3947.0	1481.9	1481.7	1273.0	1260.5
广东	1969.5	1963.6	1835.9	1827.6			971.7	961.7
广西	2393.8	2396.3	1758.0	1760.8	133.6	133.6	813.8	814.5
海南	228.7	228.7	228.7	228.7			116.4	116.5
重庆	1149.9	1149.1	659.2	657.0	659.2	657.0		
四川	4478.2	4473.2	1874.0	1845.2	1874.0	1845.2		
贵州	1515.1	1534.9	613.8	573.7	613.8	573.7		
云南	3115.9	3126.6	709.5	683.6	670.8	656.7	11.9	7.8
西藏	186.5	188.4	0.8	0.9	0.8	0.9		
陕西	2471.8	2477.3	106.1	105.4	106.1	105.4		
甘肃	1964.2	1985.7	2.5	2.3	2.5	2.3		
青海	221.5	222.7						
宁夏	584.2	586.4	29.4	20.1	29.4	20.1		
新疆	2358.4	2706.5	36.7	39.7	36.7	39.7		

7-7 续表 1

单位：千公顷

地区	小麦		冬小麦		春小麦		玉米	
	2022年	2023年	2022年	2023年	2022年	2023年	2022年	2023年
全国	**23518.5**	**23627.2**	**22341.3**	**22542.4**	**1177.1**	**1084.8**	**43070.1**	**44218.9**
北京	18.2	25.0	17.6	24.6	0.6	0.4	51.1	56.1
天津	118.8	122.9	95.1	105.9	23.7	17.0	187.2	194.2
河北	2247.3	2247.7	2219.3	2233.0	28.0	14.7	3455.9	3442.2
山西	535.1	535.9	534.9	535.6	0.2	0.3	1813.9	1842.2
内蒙古	386.2	401.0			386.2	401.0	4194.6	4280.2
辽宁	2.0	2.0			2.0	2.0	2758.0	2803.9
吉林	5.4	5.0			5.4	5.0	4469.4	4544.3
黑龙江	21.4	19.3			21.4	19.3	5970.2	6451.7
上海	15.4	18.7	15.4	18.7			1.0	0.7
江苏	2377.3	2389.5	2377.3	2389.5			495.0	488.3
浙江	130.6	152.6	130.6	152.6			55.4	28.0
安徽	2849.4	2862.7	2849.4	2862.7			1228.9	1209.6
福建	0.1	0.1	0.1	0.1			34.7	36.1
江西	12.0	11.3	12.0	11.3			55.6	60.6
山东	4003.6	4008.9	4003.6	4008.9			3880.3	3881.1
河南	5682.5	5686.1	5682.5	5686.1			3857.5	3864.4
湖北	1031.3	1038.4	1031.3	1038.4			775.8	765.3
湖南	22.4	22.7	22.4	22.7			393.6	407.0
广东	0.4	0.7	0.4	0.7			131.9	134.0
广西	4.4	4.6	4.4	4.6			616.3	616.5
海南								
重庆	18.9	18.7	18.9	18.7			447.8	448.6
四川	588.8	593.0	581.2	586.0	7.6	7.0	1855.0	1866.0
贵州	114.2	110.5	114.2	110.5			622.2	687.1
云南	266.8	257.0	266.8	257.0			1917.5	1943.7
西藏	32.6	33.0	20.9	21.5	11.7	11.4	4.5	4.9
陕西	958.0	941.1	958.0	941.1			1188.4	1212.3
甘肃	739.5	740.2	524.2	525.3	215.3	214.8	1074.5	1099.2
青海	101.3	101.0			101.3	101.0	22.7	22.8
宁夏	81.4	68.9	30.3	29.2	51.0	39.7	365.6	390.2
新疆	1153.6	1209.2	830.7	958.0	322.9	251.3	1145.6	1437.7

7-7　续表 2　　　　单位：千公顷

地　区	其他谷物		#谷子		高粱		大麦	
	2022年	2023年	2022年	2023年	2022年	2023年	2022年	2023年
全　国	**3230.1**	**3131.1**	**839.8**	**770.7**	**674.5**	**681.9**	**560.2**	**563.5**
北　京	1.7	1.5	1.0	0.7	0.5	0.6		
天　津	9.1	11.0	0.1	0.1	9.1	10.9		
河　北	317.5	319.9	114.5	100.9	33.6	38.0	0.1	…
山　西	470.0	451.0	219.1	208.3	103.5	107.7		
内蒙古	701.4	633.3	253.6	229.9	122.9	102.2	18.6	12.8
辽　宁	106.5	89.4	57.1	47.5	41.7	36.3	…	
吉　林	74.4	47.2	22.8	16.6	47.0	28.9	…	…
黑龙江	18.5	23.1	1.6	1.5	15.1	19.5	0.3	
上　海	2.1	2.7					2.1	2.7
江　苏	35.4	36.2	…		1.7	3.7	31.2	30.2
浙　江	12.2	8.9					1.2	0.8
安　徽	21.0	21.4	2.1	2.2	12.8	13.1	0.6	0.6
福　建	4.4	3.9			…	…	…	…
江　西	7.0	8.0			3.6	3.8	0.3	0.1
山　东	34.7	35.3	31.8	32.5	2.1	2.0	0.3	0.3
河　南	41.9	39.8	25.9	24.0	15.5	15.3	…	…
湖　北	21.9	25.7	0.1	0.1	9.7	13.2	10.3	10.5
湖　南	19.2	19.3			9.1	9.3	1.3	1.3
广　东	1.3	1.3	0.1	0.1	0.1	0.1		
广　西	15.0	14.4	3.1	3.0	3.8	3.7		
海　南								
重　庆	24.1	24.9			18.7	20.1	0.1	…
四　川	160.4	169.0			65.0	70.8	55.4	57.1
贵　州	164.8	163.6	2.5	2.7	112.6	131.0	0.4	0.4
云　南	222.2	242.3	…	…	4.3	4.7	149.7	161.3
西　藏	148.5	149.7					147.5	148.6
陕　西	219.3	218.5	70.5	69.1	24.7	28.5	0.9	0.8
甘　肃	147.7	144.1	9.5	8.7	6.8	6.5	42.0	39.0
青　海	97.6	98.9					92.7	94.8
宁　夏	107.8	107.2	20.6	18.4	0.8	0.7	0.7	0.3
新　疆	22.5	19.9	3.6	4.4	10.0	11.4	4.5	1.7

注：大麦面积中包含青稞。

7-7 续表 3　　　　单位：千公顷

地　区	燕　麦		荞　麦		豆　类		#大　豆	
	2022年	2023年	2022年	2023年	2022年	2023年	2022年	2023年
全　国	**402.5**	**417.7**	**403.4**	**382.3**	**11877.9**	**11994.2**	**10243.7**	**10473.8**
北　京			...	...	4.1	4.5	3.8	4.3
天　津					4.8	5.8	4.6	5.7
河　北	124.9	145.3	3.9	2.0	125.0	138.9	98.3	113.6
山　西	52.3	48.8	21.9	20.5	153.9	150.3	112.4	117.0
内蒙古	187.1	178.5	81.9	71.6	1325.3	1319.4	1222.0	1235.3
辽　宁			0.8	0.6	120.6	128.5	115.3	122.8
吉　林			...	0.1	373.4	372.3	309.9	328.8
黑龙江	0.7	0.6	0.1		5025.4	4950.7	4931.6	4886.9
上　海					0.6	0.6	0.6	0.6
江　苏			0.8	0.7	280.1	290.5	210.4	225.4
浙　江					110.5	106.9	77.8	81.0
安　徽			0.4	0.4	654.2	675.3	610.7	631.5
福　建					43.1	43.6	35.2	35.8
江　西			0.7	1.8	147.3	155.7	109.2	112.7
山　东					218.8	236.0	215.0	232.4
河　南					391.0	403.0	363.6	380.8
湖　北	0.1	0.1	0.6	0.6	262.2	271.8	229.9	242.2
湖　南			3.3	3.3	170.6	178.2	132.1	139.7
广　东			...	0.1	44.4	45.6	34.7	35.9
广　西			2.1	2.2	167.9	168.6	108.1	110.1
海　南					4.7	4.3	1.6	1.8
重　庆	...	...	5.3	4.7	212.4	223.4	107.4	118.4
四　川	3.8	3.7	35.0	36.0	696.2	725.0	520.0	554.0
贵　州	0.1	0.2	22.6	11.1	365.4	369.2	231.8	238.3
云　南	9.9	17.6	45.2	48.3	495.5	503.2	160.8	175.2
西　藏			0.9	0.9	4.7	4.7	...	...
陕　西	0.1	0.1	75.3	70.9	222.3	223.1	174.3	177.0
甘　肃	16.2	19.7	37.0	37.3	159.5	156.6	58.8	62.0
青　海	2.9				14.1	14.4		
宁　夏	2.6	2.7	65.2	69.0	27.5	30.1	24.0	27.2
新　疆	1.9	0.6	0.4	0.2	52.4	93.8	40.1	77.5

7-7 续表 4　　单位：千公顷

地区	绿豆		红小豆		薯类		#马铃薯	
	2022年	2023年	2022年	2023年	2022年	2023年	2022年	2023年
全国	**273.6**	**232.1**	**156.3**	**121.1**	**7185.4**	**7048.0**	**4534.8**	**4454.1**
北京	...	...	0.2	0.1	1.3	2.1		
天津	...	...	0.1	0.1	1.4	2.2	0.3	0.2
河北	7.2	5.0	3.7	2.8	221.5	233.0	155.2	161.1
山西	10.8	8.5	3.5	3.1	175.3	179.4	153.6	159.1
内蒙古	59.2	47.7	15.3	11.6	227.1	247.4	224.0	246.7
辽宁	2.2	2.8	0.9	1.0	58.0	54.1	38.2	35.2
吉林	43.4	32.0	9.3	8.0	29.3	28.1	26.9	25.3
黑龙江	3.8	3.2	71.1	49.8	46.4	29.7	45.7	29.6
上海					0.2	0.1		
江苏	2.4	1.5	6.3	4.0	35.2	33.4		
浙江					82.5	79.3	27.2	26.7
安徽	35.9	36.2	7.6	7.6	64.2	64.8	4.4	4.6
福建	0.9	0.8	0.4	0.4	155.9	156.3	49.2	49.2
江西	4.0	4.2	0.5	0.6	151.5	154.8	26.9	28.8
山东	1.6	1.4	0.7	0.7	128.5	125.7		
河南	22.3	17.4	2.5	2.7	203.8	201.3		
湖北	7.6	5.3	3.0	2.9	333.8	331.6	251.7	252.0
湖南	11.2	11.3	1.2	1.2	192.1	189.4	62.5	63.1
广东	1.7	1.7	1.0	1.1	216.3	220.3	44.0	43.6
广西	14.3	13.7	0.8	0.7	267.6	269.8	53.6	54.3
海南	0.3	0.3	0.3	0.3	39.6	40.6		
重庆	11.5	10.9	1.7	1.6	684.4	653.5	347.9	329.8
四川	12.6	13.1	1.8	1.9	1289.1	1205.8	734.1	689.6
贵州	2.3	1.4	3.8	0.9	908.3	869.6	742.9	706.6
云南	2.0	1.7	1.7	1.5	599.6	613.4	518.9	533.1
西藏					1.3	1.5	1.3	1.5
陕西	11.8	11.1	15.9	14.7	323.4	322.5	282.8	280.5
甘肃	0.7	0.6	1.9	1.7	576.1	568.6	576.1	568.6
青海					67.9	67.8	67.9	67.8
宁夏			0.2		80.7	77.4	80.7	77.4
新疆	3.8	0.2	1.0	...	23.1	24.5	19.0	19.7

7-8 各地区油料播种面积

单位：千公顷

地区	油料合计		#花生		油菜籽	
	2022年	2023年	2022年	2023年	2022年	2023年
全国	**13140.7**	**13922.2**	**4683.8**	**4797.8**	**7253.5**	**7804.5**
北京	3.2	3.5	2.8	2.7	0.2	0.3
天津	1.2	1.5	0.5	0.6	0.1	0.7
河北	334.6	343.4	232.4	232.9	31.2	36.3
山西	89.5	98.0	5.0	5.7	19.0	19.2
内蒙古	742.8	834.2	35.2	44.8	253.7	263.6
辽宁	311.4	320.2	308.6	317.3	0.5	0.2
吉林	223.5	237.4	213.8	226.9	...	...
黑龙江	39.8	45.6	24.6	27.8	0.1	0.1
上海	0.9	2.3	0.2	0.1	0.7	2.2
江苏	288.7	311.5	94.2	95.1	188.6	208.9
浙江	144.9	160.4	16.0	16.3	124.1	138.0
安徽	561.9	643.5	146.1	147.8	393.2	469.7
福建	81.4	84.9	74.2	75.5	6.8	9.1
江西	737.5	808.2	181.0	182.3	524.6	592.8
山东	624.1	627.8	609.8	613.3	9.0	8.9
河南	1592.4	1610.2	1287.1	1307.0	187.4	194.2
湖北	1474.0	1567.4	242.9	256.2	1152.4	1222.3
湖南	1518.2	1614.8	115.4	118.9	1388.6	1481.4
广东	355.2	362.1	346.8	353.5	5.1	5.1
广西	265.6	282.3	224.7	233.0	35.3	43.9
海南	29.6	30.8	28.9	30.2		
重庆	346.7	376.1	64.3	66.0	269.7	297.8
四川	1688.6	1728.9	295.4	306.0	1386.6	1413.8
贵州	551.3	606.7	39.4	40.6	506.5	559.3
云南	303.6	338.8	43.0	45.3	251.8	283.1
西藏	18.7	19.5	...	...	18.6	19.5
陕西	251.3	268.6	38.2	37.0	167.1	184.0
甘肃	269.9	277.6	0.3	0.1	152.8	160.7
青海	146.6	147.2			145.6	146.2
宁夏	26.7	30.1	...	...	4.8	10.0
新疆	116.8	138.1	13.1	14.8	29.5	33.3

7-8 续表

单位：千公顷

地区	芝麻		胡麻籽		葵花籽	
	2022年	2023年	2022年	2023年	2022年	2023年
全国	**268.8**	**280.1**	**169.0**	**165.1**	**623.2**	**726.6**
北京	...	...			0.1	0.5
天津	...	...			0.4	0.2
河北	1.6	1.8	23.5	22.0	44.5	49.3
山西	1.1	1.6	19.3	18.9	27.0	34.6
内蒙古	...	...	31.0	29.1	422.5	496.6
辽宁	...	...			2.1	2.6
吉林	...	...		...	4.9	4.2
黑龙江	0.1	0.4		0.4	0.5	0.7
上海	...	...				
江苏	5.8	7.2	...	...	0.1	0.2
浙江	4.6	5.9			...	0.3
安徽	13.4	17.9	0.1		0.6	0.5
福建	0.3	0.3			0.1	0.1
江西	31.5	32.8	...	...	0.4	0.4
山东	0.7	1.1			1.2	1.4
河南	111.7	102.9			6.1	6.0
湖北	65.8	75.5			2.1	3.2
湖南	11.4	11.7			1.7	1.7
广东	3.2	3.4				...
广西	3.1	3.0			0.3	0.3
海南	0.7	0.7				
重庆	4.0	4.0			2.1	2.0
四川	1.8	1.9			1.4	2.1
贵州	0.3	0.3	...	0.1	4.6	4.2
云南	0.1	0.1		...	2.8	3.7
西藏						
陕西	7.2	7.5	1.8	1.5	16.8	17.5
甘肃	...		73.7	74.1	24.7	27.5
青海			1.0	1.0		
宁夏			18.0	17.1	3.9	3.0
新疆	...	0.2	0.6	0.9	52.4	63.8

7-9 各地区棉花和麻类播种面积

单位：千公顷

地区	棉花		麻类		#黄红麻	
	2022年	2023年	2022年	2023年	2022年	2023年
全　国	**3000.3**	**2788.1**	**58.2**	**49.2**	**4.3**	**3.6**
北　京	...	...				
天　津	2.5	1.1				
河　北	116.1	86.0		0.1		
山　西	0.3	0.1	0.1	...		
内蒙古			1.2	1.9		
辽　宁	...					
吉　林						
黑龙江			17.2	10.0		
上　海	...					
江　苏	4.2	3.5	0.2	0.2		
浙　江	3.4	2.4	...	...	...	...
安　徽	30.3	22.7	2.1	1.8	0.7	0.6
福　建	...		...		...	
江　西	19.7	19.4	2.6	2.4	...	...
山　东	113.3	96.5	...	...		
河　南	10.9	6.1	1.1	0.7	1.1	0.7
湖　北	115.8	103.3	3.4	3.0		
湖　南	64.6	55.9	1.5	1.5	0.1	0.1
广　东			...	...	...	...
广　西	1.0	0.8	2.6	2.1	2.2	2.0
海　南				...		...
重　庆			1.7	1.6	...	...
四　川	0.3	0.2	18.9	19.4	0.1	0.1
贵　州	0.4	0.3	0.1	...		
云　南			0.3	0.1		
西　藏						
陕　西	0.1	0.1	0.2	0.2	...	...
甘　肃	20.3	20.4	0.4	0.4		
青　海						
宁　夏						
新　疆	2496.9	2369.3	4.5	3.7		

7-10 各地区糖料播种面积

单位：千公顷

地 区	糖料合计		#甘 蔗		甜 菜	
	2022年	2023年	2022年	2023年	2022年	2023年
全 国	**1453.5**	**1415.2**	**1289.2**	**1265.1**	**162.9**	**148.9**
北 京						
天 津	...	...	...	...		
河 北	13.3	11.9		...	13.3	11.9
山 西	...	...			...	...
内 蒙 古	87.9	66.2			87.3	65.9
辽 宁	0.2	0.1			0.2	0.1
吉 林	0.3	0.3			0.3	0.3
黑 龙 江	3.5	4.2			3.5	4.2
上 海	...	...	...	...		
江 苏	3.1	2.9	0.6	0.6	2.5	2.4
浙 江	6.3	5.9	6.3	5.9		
安 徽	2.3	2.1	1.5	1.3		
福 建	5.2	5.1	5.2	5.1		
江 西	13.7	13.3	13.7	13.3		
山 东	...	...	...	...	...	
河 南	1.2	1.1	1.2	1.1		
湖 北	6.3	6.3	6.3	6.3		
湖 南	7.6	7.5	7.6	7.5		
广 东	147.2	142.5	147.2	142.5		
广 西	847.9	835.1	847.9	835.1		
海 南	13.7	13.3	13.7	13.3		
重 庆	1.9	1.8	1.9	1.8		
四 川	9.6	9.6	9.6	9.6	...	...
贵 州	7.3	6.4	7.3	6.4	...	
云 南	219.1	215.1	219.1	215.1		
西 藏	...	...	...	...		
陕 西	0.1	0.1	0.1	0.1	...	...
甘 肃	2.2	2.4			2.2	2.4
青 海						
宁 夏	...	...			...	...
新 疆	53.4	61.6			53.4	61.6

7-11　各地区烟叶和药材播种面积

单位：千公顷

地　区	烟叶合计		#烤　烟		药　材	
	2022年	2023年	2022年	2023年	2022年	2023年
全　国	**1043.6**	**1084.1**	**1000.5**	**1042.9**	**3166.0**	**3240.9**
北　京	…	…			1.5	1.6
天　津	…				0.1	0.1
河　北	1.3	1.4	0.5	0.5	139.7	139.0
山　西	1.5	1.6	1.5	1.5	99.5	101.7
内蒙古	1.1	0.9	0.5	0.5	107.0	101.3
辽　宁	4.0	4.0	3.2	2.9	30.5	30.1
吉　林	7.7	7.9	3.9	4.1	23.5	30.4
黑龙江	9.4	9.9	8.8	9.3	164.4	162.4
上　海					0.4	0.2
江　苏	…	…	…		17.7	17.6
浙　江	0.4	0.4	0.2	0.1	46.6	46.5
安　徽	9.3	9.9	9.3	9.8	112.2	108.7
福　建	57.2	62.9	57.1	62.8	28.3	29.4
江　西	13.4	13.7	13.2	13.6	114.6	118.0
山　东	19.0	20.6	19.0	20.6	56.8	57.8
河　南	76.0	73.2	74.2	71.7	168.3	173.1
湖　北	40.8	41.2	35.4	36.2	299.1	308.2
湖　南	97.2	105.7	96.3	104.8	110.2	117.9
广　东	15.3	15.1	14.0	14.2	68.5	74.4
广　西	10.1	11.9	8.7	10.5	150.4	161.4
海　南	0.3	0.3	0.3	0.3	22.6	24.3
重　庆	28.4	29.1	24.0	25.1	130.7	134.9
四　川	75.8	79.7	70.8	74.4	158.8	168.6
贵　州	131.8	142.2	126.2	137.6	157.2	153.3
云　南	418.4	426.1	408.4	415.9	241.8	245.8
西　藏	…	…	…	…	0.7	0.6
陕　西	23.4	24.5	23.3	24.4	239.8	239.5
甘　肃	1.6	1.7	1.5	1.6	298.6	317.0
青　海	…	…			32.4	30.3
宁　夏	0.2	0.2	0.2	0.2	44.3	42.3
新　疆					100.0	104.7

7-12 各地区蔬菜、瓜果类和青饲料播种面积

单位：千公顷

地区	蔬菜		瓜果类		青饲料	
	2022年	2023年	2022年	2023年	2022年	2023年
全国	**22434.1**	**22873.5**	**2129.2**	**2164.5**	**2630.6**	**2653.7**
北京	51.4	51.5	3.0	3.2	5.5	7.7
天津	55.5	55.0	5.4	4.2	1.4	0.6
河北	838.7	843.8	74.2	73.5	96.3	90.9
山西	226.2	227.1	15.4	22.2	25.3	26.3
内蒙古	191.8	218.7	31.5	37.5	456.5	491.9
辽宁	336.0	343.5	45.8	47.1	26.7	30.1
吉林	138.7	142.2	35.4	33.5	8.8	12.9
黑龙江	162.8	193.9	36.1	32.9	47.7	48.2
上海	87.5	85.6	4.4	4.6	3.0	4.5
江苏	1471.3	1484.3	159.1	157.0	24.7	22.6
浙江	670.8	671.4	83.7	82.9	5.5	4.4
安徽	769.2	787.2	98.8	101.0	14.5	14.3
福建	627.2	641.0	19.6	19.1	3.3	3.8
江西	704.4	713.8	86.7	87.5	64.7	60.8
山东	1548.5	1578.9	208.1	211.9	16.9	16.7
河南	1782.5	1799.4	287.1	285.8	11.1	11.5
湖北	1343.7	1358.3	103.5	104.1	63.6	61.8
湖南	1407.3	1433.5	149.9	152.9	143.4	143.3
广东	1428.4	1453.7	43.3	43.8	43.4	43.3
广西	1653.7	1705.0	116.3	116.1	88.3	88.0
海南	267.8	275.7	46.8	48.7	0.5	0.5
重庆	812.0	829.0	27.5	28.2	50.1	47.9
四川	1542.3	1582.8	51.6	52.2	152.3	149.9
贵州	1458.7	1437.4	26.5	25.1	148.0	129.0
云南	1315.0	1339.0	47.8	52.7	211.9	210.0
西藏	27.8	28.7	0.9	0.4	36.0	37.0
陕西	551.3	558.3	73.9	70.7	35.8	40.0
甘肃	453.5	485.7	90.6	96.5	142.0	146.4
青海	43.4	43.8	0.4	0.4	51.8	62.6
宁夏	129.4	133.6	52.2	64.1	196.6	194.0
新疆	337.4	371.4	103.6	104.5	454.8	452.9

7-13 各地区主要农作物播种面积构成(2023年)

(以农作物总播种面积为100)　　单位：%

地　区	粮食	棉花	油料	糖料	烟叶	蔬菜	瓜果类
全　国	**69.3**	**1.6**	**8.1**	**0.8**	**0.6**	**13.3**	**1.3**
北　京	56.3	…	2.2		…	32.4	2.0
天　津	86.1	0.3	0.3	…		12.1	0.9
河　北	79.7	1.1	4.2	0.1	…	10.4	0.9
山　西	86.8	…	2.7	…	…	6.2	0.6
内蒙古	79.3		9.5	0.8	…	2.5	0.4
辽　宁	82.0		7.3	…	0.1	7.9	1.1
吉　林	92.6		3.8	…	0.1	2.3	0.5
黑龙江	96.3		0.3	…	0.1	1.3	0.2
上　海	46.5		0.9	…		31.3	1.7
江　苏	71.9	…	4.1	…	…	19.6	2.1
浙　江	50.2	0.1	7.9	0.3	…	32.9	4.1
安　徽	81.1	0.3	7.1	…	0.1	8.7	1.1
福　建	49.1		5.0	0.3	3.7	37.4	1.1
江　西	65.1	0.3	13.9	0.2	0.2	12.3	1.5
山　东	76.2	0.9	5.7	…	0.2	14.4	1.9
河　南	73.1	…	10.9	…	0.5	12.2	1.9
湖　北	56.6	1.2	18.9	0.1	0.5	16.3	1.3
湖　南	54.7	0.6	18.5	0.1	1.2	16.4	1.8
广　东	48.6		7.9	3.1	0.3	31.7	1.0
广　西	44.6	…	4.4	13.1	0.2	26.8	1.8
海　南	39.0		4.4	1.9	…	39.3	6.9
重　庆	57.8		10.7	0.1	0.8	23.6	0.8
四　川	62.4	…	16.8	0.1	0.8	15.4	0.5
贵　州	51.9	…	11.4	0.1	2.7	26.9	0.5
云　南	58.8		4.7	3.0	5.9	18.6	0.7
西　藏	69.1		6.9	…	…	10.2	0.1
陕　西	71.3	…	6.3	…	0.6	13.2	1.7
甘　肃	65.5	0.5	6.7	0.1	…	11.7	2.3
青　海	50.9		24.6		…	7.3	0.1
宁　夏	57.9		2.5	…	…	11.1	5.3
新　疆	41.3	34.6	2.0	0.9		5.4	1.5

7-14 主要粮食产品产量

单位：万吨

年 份	粮食总产量	#稻 谷	小 麦	玉 米	大 豆	薯 类
1949	11318.4	4864.8	1381.5	1242.0	509.2	984.3
1952	16393.1	6843.3	1813.1	1685.0	952.6	1633.0
1957	19504.5	8678.0	2364.4	2144.0	1005.1	2192.7
1962	15441.4	6299.1	1667.1	1626.7	651.1	2344.9
1965	19452.5	8772.0	2522.0	2365.5	613.5	1986.0
1970	23995.5	10999.0	2918.5	3303.0	870.5	2667.5
1975	28451.5	12556.0	4531.0	4721.5	724.0	2856.5
1978	30476.5	13693.0	5384.0	5594.5	756.5	3174.0
1979	33211.5	14375.0	6273.0	6003.5	746.0	2846.0
1980	32055.5	13990.5	5520.5	6260.0	794.0	2872.5
1981	32502.0	14395.5	5964.0	5920.5	932.5	2597.0
1982	35450.0	16159.5	6847.0	6056.0	903.0	2704.5
1983	38727.5	16886.5	8139.0	6820.5	976.0	2924.5
1984	40730.5	17825.5	8781.5	7341.0	969.5	2847.5
1985	37910.8	16856.9	8580.5	6382.6	1050.0	2603.6
1986	39151.2	17222.4	9004.0	7085.6	1161.4	2533.7
1987	40473.1	17441.6	8776.8	7982.2	1218.4	2822.3
1988	39408.1	16910.7	8543.2	7735.1	1164.5	2696.5
1989	40754.9	18013.0	9080.7	7892.8	1022.7	2730.4
1990	44624.3	18933.1	9822.9	9681.9	1100.0	2743.3
1991	43529.3	18381.3	9595.3	9877.3	971.3	2715.9
1992	44265.8	18622.2	10158.7	9538.3	1030.4	2844.2
1993	45648.8	17751.4	10639.0	10270.4	1530.7	3181.1
1994	44510.1	17593.3	9929.7	9927.5	1599.9	3025.4
1995	46661.8	18522.6	10220.7	11198.6	1350.2	3262.6
1996	50453.5	19510.3	11056.9	12747.1	1322.4	3536.0
1997	49417.1	20073.5	12328.9	10430.9	1473.2	3192.3
1998	51229.5	19871.3	10972.6	13295.4	1515.2	3604.2
1999	50838.6	19848.7	11388.0	12808.6	1424.5	3640.6
2000	46217.5	18790.8	9963.6	10600.0	1540.9	3685.2
2001	45263.7	17758.0	9387.3	11408.8	1540.6	3563.1
2002	45705.8	17453.9	9029.0	12130.8	1650.5	3665.9
2003	43069.5	16065.6	8648.8	11583.0	1539.3	3513.3
2004	46946.9	17908.8	9195.2	13028.7	1740.1	3557.7
2005	48402.2	18058.8	9744.5	13936.5	1634.8	3468.5
2006	49804.2	18171.8	10846.6	15160.3	1508.2	2701.3
2007	50413.9	18638.1	10949.2	15512.3	1279.3	2741.8
2008	53434.3	19261.2	11290.1	17212.0	1570.9	2843.0
2009	53940.9	19619.7	11579.6	17325.9	1522.4	2792.9
2010	55911.3	19722.6	11609.3	19075.2	1541.0	2842.7
2011	58849.3	20288.3	11857.0	21131.6	1487.8	2924.3
2012	61222.6	20653.2	12247.5	22955.9	1343.6	2883.0
2013	63048.2	20628.6	12363.9	24845.3	1240.7	2855.4
2014	63964.8	20960.9	12823.5	24976.4	1268.6	2798.8
2015	66060.3	21214.2	13255.5	26499.2	1236.7	2729.3
2016	66043.5	21109.4	13318.8	26361.3	1359.5	2726.3
2017	66160.7	21267.6	13424.1	25907.1	1528.2	2798.6
2018	65789.2	21212.9	13144.0	25717.4	1596.7	2865.4
2019	66384.3	20961.4	13359.6	26077.9	1809.2	2882.7
2020	66949.2	21186.0	13425.4	26066.5	1960.2	2987.4
2021	68284.7	21284.2	13694.4	27255.1	1639.5	3043.5
2022	68652.8	20849.5	13772.3	27720.3	2028.3	2977.4
2023	69541.0	20660.3	13659.0	28884.2	2084.2	3013.9

7-15 主要农作物产品产量

单位：万吨

指 标	1990年	1995年	2000年	2005年	2010年	2015年	2020年	2021年	2022年	2023年	2023年为2022年百分比(%)
一、粮食作物	**44624.3**	**46661.8**	**46217.5**	**48402.2**	**55911.3**	**66060.3**	**66949.2**	**68284.7**	**68652.8**	**69541.0**	**101.3**
1.谷物		41611.6	40522.4	42776.0	51196.7	61818.4	61674.3	63275.7	63324.3	64143.0	101.3
稻谷	18933.1	18522.6	18790.8	18058.8	19722.6	21214.2	21186.0	21284.2	20849.5	20660.3	99.1
小麦	9822.9	10220.7	9963.6	9744.5	11609.3	13255.5	13425.4	13694.4	13772.3	13659.0	99.2
玉米	9681.9	11198.6	10600.0	13936.5	19075.2	26499.2	26066.5	27255.1	27720.3	28884.2	104.2
其他谷物			1168.0	1036.1	789.7	849.5	996.4	1041.9	982.2	939.4	95.6
其中：谷子	457.5	301.9	212.5	178.3	161.9	211.9	280.7	288.6	261.8	232.5	88.8
高粱	567.6	475.6	258.2	254.6	193.3	220.2	297.0	337.7	309.4	304.2	98.3
2.豆类		1787.5	2010.0	2157.7	1871.8	1512.5	2287.5	1965.5	2351.0	2384.1	101.4
其中：大豆	1100.0	1350.2	1540.9	1634.8	1541.0	1236.7	1960.2	1639.5	2028.3	2084.2	102.8
杂豆		437.3	469.1	522.9	330.9	275.8	327.3	326.0	322.7	299.9	92.9
3.薯类	2743.3	3262.6	3685.2	3468.5	2842.7	2729.3	2987.4	3043.5	2977.4	3013.9	101.2
其中：马铃薯	648.4	914.4	1325.5	1417.4	1530.6	1645.3	1798.3	1790.7	1788.3	1803.7	100.9
二、油料作物	**1613.2**	**2250.3**	**2954.8**	**3077.1**	**3156.8**	**3390.5**	**3586.4**	**3613.2**	**3654.2**	**3863.7**	**105.7**
其中：花 生	636.8	1023.5	1443.7	1434.2	1513.6	1596.1	1799.3	1830.8	1832.9	1923.1	104.9
油菜籽	695.8	977.7	1138.1	1305.2	1278.8	1385.9	1404.9	1471.4	1553.1	1631.7	105.1
芝 麻	46.9	58.3	81.1	62.5	46.2	45.0	45.7	45.5	43.5	45.3	104.2
胡麻籽	53.5	36.4	34.4	36.2	31.4	31.2	28.4	26.3	25.9	24.3	94.0
葵花籽	133.9	126.9	195.4	192.8	235.5	287.2	257.0	215.4	174.1	213.8	122.8
三、棉花	**450.8**	**476.8**	**441.7**	**571.4**	**577.0**	**590.7**	**591.0**	**573.1**	**598.0**	**561.8**	**93.9**
四、麻类	**109.7**	**89.7**	**52.9**	**110.5**	**24.2**	**15.6**	**24.9**	**21.1**	**22.8**	**16.3**	**71.5**
其中：黄红麻	72.6	37.1	12.6	8.3	6.5	4.8	1.9	1.6	1.5	1.2	83.9
苎 麻	8.9	14.7	16.1	27.7	12.2	5.8	5.4	5.4	5.5	5.4	99.2
大 麻	3.2	2.2	1.7	4.1	1.0	2.6	12.3	11.8	13.2	7.4	56.0
亚 麻	24.2	35.2	21.4	69.5	3.8	1.1	4.4	2.0	2.5	2.0	78.4
五、糖料	**7214.5**	**7940.1**	**7635.3**	**9451.9**	**11303.4**	**11215.2**	**12014.0**	**11454.4**	**11236.5**	**11376.3**	**101.2**
甘蔗	5762.0	6541.7	6828.0	8663.8	10598.2	10706.4	10812.1	10666.4	10338.1	10456.6	101.1
甜菜	1452.5	1398.4	807.3	788.1	705.1	508.8	1198.4	785.1	893.3	916.0	102.5
六、烟叶	**262.7**	**231.4**	**255.2**	**268.3**	**283.2**	**267.7**	**213.4**	**212.8**	**218.8**	**229.7**	**105.0**
其中：烤烟	225.9	207.2	223.8	243.5	261.2	249.5	202.2	202.1	208.0	219.1	105.3
七、蔬菜		**25726.7**	**44467.9**	**56451.5**	**57264.9**	**66425.1**	**74912.9**	**77548.8**	**79997.2**	**82868.1**	**103.6**
八、瓜果类				**7284.6**	**7810.2**	**8323.7**	**8313.2**	**8289.4**	**8482.2**	**8756.0**	**103.2**

7-15 续表 1 单位：万吨

指 标	全国		东部		中部	
	2022年	2023年	2022年	2023年	2022年	2023年
一、粮食	**68652.8**	**69541.0**	**16142.9**	**16250.2**	**20264.8**	**20296.5**
其中：夏收粮食	14740.3	14615.2	5799.4	5871.8	6331.8	6097.9
(一)谷物	63324.3	64143.0	15395.8	15475.1	19477.2	19470.3
1.稻谷	20849.5	20660.3	4359.8	4381.7	8606.2	8707.0
(1)早稻	2812.3	2833.7	720.0	735.4	1595.3	1607.0
(2)中稻和一季晚稻	14964.3	14757.5	2762.4	2784.5	5274.4	5352.0
(3)双季晚稻	3073.0	3069.1	877.5	861.8	1736.5	1748.0
2.小麦	13772.3	13659.0	5630.2	5700.3	6196.5	5959.1
(1)冬小麦	13243.3	13176.6	5601.7	5682.5	6196.4	5959.0
(2)春小麦	529.0	482.4	28.5	17.8	0.1	0.1
3.玉米	27720.3	28884.2	5282.1	5269.9	4519.6	4650.4
4.其他谷物	982.2	939.4	123.7	123.2	155.0	153.8
其中：谷子	261.8	232.5	51.0	46.6	63.2	59.4
高粱	309.4	304.2	20.9	24.3	57.6	62.1
大麦	219.2	222.9	19.5	19.2	4.2	4.2
(二)豆类	2351.0	2384.1	219.0	231.5	329.3	356.1
其中：大 豆	2028.3	2084.2	178.7	195.0	293.5	320.7
绿 豆	38.9	35.2	3.0	2.3	12.4	11.7
红小豆	24.7	19.2	2.6	2.0	2.7	2.8
(三)薯类	2977.4	3013.9	528.1	543.6	458.3	470.1
其中：马铃薯	1788.3	1803.7	151.8	164.8	177.6	181.0
二、油料作物	**3654.2**	**3863.7**	**668.7**	**693.4**	**1661.0**	**1746.1**
其中：花 生	1832.9	1923.1	553.9	568.3	860.3	896.9
油菜籽	1553.1	1631.7	93.1	102.2	745.1	790.4
芝 麻	43.5	45.3	3.0	3.6	37.6	38.7
胡麻籽	25.9	24.3	2.9	2.8	2.3	2.4
葵花籽	174.1	213.8	14.3	15.3	8.1	10.6
三、棉花	**598.0**	**561.8**	**29.8**	**24.0**	**24.7**	**22.2**
四、麻类	**22.8**	**16.3**	**0.1**	**0.1**	**3.1**	**2.7**
其中：黄红麻	1.5	1.2	…	…	0.8	0.5
苎 麻	5.5	5.4	…	…	1.7	1.6
大 麻	13.2	7.4	…	…	0.7	0.6
亚 麻	2.5	2.0			…	…
五、糖料	**11236.5**	**11376.3**	**1513.0**	**1494.7**	**141.8**	**139.7**
(一)甘蔗	10338.1	10456.6	1440.9	1427.5	138.6	136.4
(二)甜菜	893.3	916.0	72.1	67.2	0.2	0.1
六、烟叶	**218.8**	**229.7**	**21.1**	**23.3**	**53.1**	**54.9**
其中：烤烟	208.0	219.1	20.5	22.7	50.7	53.0
七、药材						
八、蔬菜(含菜用瓜)	**79997.2**	**82868.1**	**29476.3**	**30151.6**	**21944.8**	**22594.0**
九、瓜果类	**8482.2**	**8756.0**	**2845.8**	**2893.3**	**2986.7**	**3055.0**
其中：西瓜	6302.3	6513.5	1903.5	1922.6	2526.8	2597.3
甜瓜	1386.8	1408.3	509.1	518.0	311.2	296.7
草莓	398.2	423.9	191.3	202.5	92.8	100.8

注：大麦产量中包含青稞，下同。

7-15 续表 2 单位：万吨

指　标	西部		东北	
	2022年	2023年	2022年	2023年
一、粮食	**17916.6**	**18456.2**	**14328.5**	**14538.1**
其中：夏收粮食	2609.2	2645.5		
(一)谷物	15263.3	15763.1	13188.0	13434.5
1.稻谷	4059.0	4036.7	3824.5	3535.0
(1)早稻	497.0	491.4		
(2)中稻和一季晚稻	3103.0	3086.0	3824.5	3535.0
(3)双季晚稻	459.0	459.3		
2.小麦	1934.7	1989.6	11.0	10.0
(1)冬小麦	1445.3	1535.1		
(2)春小麦	489.4	454.5	11.0	10.0
3.玉米	8663.1	9151.2	9255.4	9812.7
4.其他谷物	606.4	585.5	97.1	76.9
其中：谷子	117.0	101.8	30.7	24.7
高粱	167.3	167.7	63.6	50.2
大麦	195.5	199.6	0.1	...
(二)豆类	728.6	749.4	1074.2	1047.0
其中：大　豆	505.8	538.2	1050.3	1030.3
绿　豆	16.2	15.3	7.3	5.9
红小豆	6.8	5.5	12.6	8.9
(三)薯类	1924.7	1943.6	66.2	56.6
其中：马铃薯	1402.6	1411.9	56.3	45.9
二、油料作物	**1115.2**	**1191.1**	**209.3**	**233.1**
其中：花　生	215.0	230.9	203.7	226.9
油菜籽	714.8	739.0	0.1	0.1
芝　麻	2.9	3.0	...	0.1
胡麻籽	20.6	19.0		0.1
葵花籽	149.5	185.8	2.2	2.1
三、棉花	**543.6**	**515.6**	**...**	
四、麻类	**7.3**	**6.8**	**12.3**	**6.7**
其中：黄红麻	0.7	0.7		
苎　麻	3.8	3.8		
大　麻	0.3	0.4	12.2	6.5
亚　麻	2.5	1.7	...	0.2
五、糖料	**9560.8**	**9714.8**	**20.9**	**27.1**
(一)甘蔗	8758.5	8892.6		
(二)甜菜	800.2	821.6	20.9	27.1
六、烟叶	**138.9**	**145.5**	**5.7**	**6.0**
其中：烤烟	132.5	139.2	4.2	4.3
七、药材				
八、蔬菜(含菜用瓜)	**25246.1**	**26572.3**	**3330.1**	**3550.2**
九、瓜果类	**2142.2**	**2296.4**	**507.4**	**511.3**
其中：西瓜	1541.0	1671.2	331.0	322.4
甜瓜	453.8	474.6	112.7	119.0
草莓	59.6	62.8	54.4	57.7

7-15 续表 3

单位：万吨

指　标	粮食主产区		粮食主销区		粮食平衡区	
	2022年	2023年	2022年	2023年	2022年	2023年
一、粮食	**53718.2**	**54171.0**	**2964.9**	**2987.3**	**11969.6**	**12382.6**
其中：夏收粮食	12051.7	11883.2	271.0	292.1	2417.7	2440.0
(一)谷物	50372.9	50791.7	2651.6	2670.9	10299.8	10680.3
1.稻谷	16112.7	15941.5	2228.7	2243.4	2508.0	2475.4
(1)早稻	1595.3	1607.0	720.0	735.4	497.0	491.4
(2)中稻和一季晚稻	12781.0	12586.6	631.3	646.3	1552.0	1524.7
(3)双季晚稻	1736.5	1748.0	877.5	861.8	459.0	459.3
2.小麦	11819.9	11653.2	148.7	167.5	1803.8	1838.3
(1)冬小麦	11665.7	11501.1	134.9	157.4	1442.8	1518.1
(2)春小麦	154.2	152.2	13.8	10.0	361.0	320.2
3.玉米	21919.5	22727.9	261.1	246.7	5539.6	5909.6
4.其他谷物	520.8	469.1	13.1	13.3	448.4	457.1
其中：谷子	184.0	157.8	0.3	0.2	77.5	74.5
高粱	204.2	184.3	4.8	6.0	100.4	113.9
大麦	43.9	42.4	1.8	2.1	173.5	178.5
(二)豆类	1945.3	1972.2	58.0	57.0	347.7	354.9
其中：大　豆	1811.5	1850.9	42.9	44.1	174.0	189.2
绿　豆	30.2	26.8	0.7	0.7	8.0	7.7
红小豆	20.0	15.0	0.5	0.5	4.2	3.7
(三)薯类	1399.9	1407.1	255.4	259.4	1322.1	1347.4
其中：马铃薯	699.7	707.6	53.4	53.7	1035.2	1042.4
二、油料作物	**2944.8**	**3108.5**	**183.1**	**191.0**	**526.3**	**564.2**
其中：花　生	1556.9	1635.3	151.7	156.6	124.3	131.2
油菜籽	1197.4	1249.7	29.5	32.3	326.3	349.8
芝　麻	39.2	40.7	1.6	1.8	2.7	2.8
胡麻籽	6.8	5.6			19.1	18.7
葵花籽	134.5	166.9	0.2	0.2	39.5	46.7
三、棉花	**53.7**	**45.7**	**0.8**	**0.5**	**543.6**	**515.6**
四、麻类	**19.1**	**13.5**	**...**	**...**	**3.7**	**2.8**
其中：黄红麻	0.8	0.6	...	...	0.7	0.6
苎　麻	5.1	5.1	...	...	0.4	0.3
大　麻	13.2	7.4			...	...
亚　麻	...	0.3			2.5	1.7
五、糖料	**664.2**	**582.1**	**1436.9**	**1423.9**	**9135.3**	**9370.3**
(一)甘蔗	181.1	179.3	1436.9	1423.9	8720.1	8853.4
(二)甜菜	478.1	399.1			415.2	516.9
六、烟叶	**80.1**	**83.9**	**16.0**	**17.3**	**122.8**	**128.4**
其中：烤烟	74.4	78.4	15.5	17.0	118.1	123.7
七、药材						
八、蔬菜(含菜用瓜)	**50903.4**	**52499.4**	**9049.0**	**9245.5**	**20044.8**	**21123.2**
九、瓜果类	**5886.4**	**6005.2**	**656.3**	**659.0**	**1939.5**	**2091.8**
其中：西瓜	4494.3	4580.4	412.5	408.9	1395.5	1524.1
甜瓜	899.7	904.7	67.6	64.6	419.5	439.0
草莓	328.1	349.5	25.9	27.9	44.1	46.5

7-15 续表 4　　(以该类作物总产量为100)　　单位：%

指　　标	东部		中部		西部		东北	
	2022年	2023年	2022年	2023年	2022年	2023年	2022年	2023年
一、粮食	**23.5**	**23.4**	**29.5**	**29.2**	**26.1**	**26.5**	**20.9**	**20.9**
其中：夏收粮食	39.3	40.2	43.0	41.7	17.7	18.1		
(一)谷物	24.3	24.1	30.8	30.4	24.1	24.6	20.8	20.9
1.稻谷	20.9	21.2	41.3	42.1	19.5	19.5	18.3	17.1
(1)早稻	25.6	26.0	56.7	56.7	17.7	17.3		
(2)中稻和一季晚稻	18.5	18.9	35.2	36.3	20.7	20.9	25.6	24.0
(3)双季晚稻	28.6	28.1	56.5	57.0	14.9	15.0		
2.小麦	40.9	41.7	45.0	43.6	14.0	14.6	0.1	0.1
(1)冬小麦	42.3	43.1	46.8	45.2	10.9	11.7		
(2)春小麦	5.4	3.7	...	...	92.5	94.2	2.1	2.1
3.玉米	19.1	18.2	16.3	16.1	31.3	31.7	33.4	34.0
4.其他谷物	12.6	13.1	15.8	16.4	61.7	62.3	9.9	8.2
其中：谷子	19.5	20.0	24.1	25.5	44.7	43.8	11.7	10.6
高粱	6.7	8.0	18.6	20.4	54.1	55.1	20.6	16.5
大麦	8.9	8.6	1.9	1.9	89.2	89.5	...	...
(二)豆类	9.3	9.7	14.0	14.9	31.0	31.4	45.7	43.9
其中：大　豆	8.8	9.4	14.5	15.4	24.9	25.8	51.8	49.4
绿　豆	7.7	6.7	31.8	33.3	41.6	43.4	18.8	16.6
红小豆	10.7	10.3	11.0	14.5	27.5	28.7	50.8	46.4
(三)薯类	17.7	18.0	15.4	15.6	64.6	64.5	2.2	1.9
其中：马铃薯	8.5	9.1	9.9	10.0	78.4	78.3	3.1	2.5
二、油料作物	**18.3**	**17.9**	**45.5**	**45.2**	**30.5**	**30.8**	**5.7**	**6.0**
其中：花　生	30.2	29.6	46.9	46.6	11.7	12.0	11.1	11.8
油菜籽	6.0	6.3	48.0	48.4	46.0	45.3	...	...
芝　麻	6.9	8.0	86.3	85.3	6.6	6.5	0.1	0.1
胡麻籽	11.3	11.6	9.0	10.1	79.8	78.0		0.4
葵花籽	8.2	7.1	4.7	5.0	85.8	86.9	1.3	1.0
三、棉花	**5.0**	**4.3**	**4.1**	**4.0**	**90.9**	**91.8**	**...**	
四、麻类	**0.3**	**0.5**	**13.7**	**16.3**	**32.1**	**41.9**	**53.8**	**41.2**
其中：黄红麻	1.1	1.3	53.0	44.6	45.9	54.1		
苎　麻	0.9	0.8	30.5	28.7	68.7	70.4		
大　麻	...	...	5.0	7.5	2.3	4.8	92.7	87.7
亚　麻			0.1	0.2	98.5	88.0	1.4	11.8
五、糖料	**13.5**	**13.1**	**1.3**	**1.2**	**85.1**	**85.4**	**0.2**	**0.2**
(一)甘蔗	13.9	13.7	1.3	1.3	84.7	85.0		
(二)甜菜	8.1	7.3	...	...	89.6	89.7	2.3	3.0
六、烟叶	**9.7**	**10.1**	**24.2**	**23.9**	**63.5**	**63.4**	**2.6**	**2.6**
其中：烤烟	9.9	10.3	24.4	24.2	63.7	63.5	2.0	2.0
七、药材								
八、蔬菜(含菜用瓜)	**36.8**	**36.4**	**27.4**	**27.3**	**31.6**	**32.1**	**4.2**	**4.3**
九、瓜果类	**33.6**	**33.0**	**35.2**	**34.9**	**25.3**	**26.2**	**6.0**	**5.8**
其中：西瓜	30.2	29.5	40.1	39.9	24.5	25.7	5.3	4.9
甜瓜	36.7	36.8	22.4	21.1	32.7	33.7	8.1	8.4
草莓	48.1	47.8	23.3	23.8	15.0	14.8	13.7	13.6

7-15 续表 5 (以该类作物总产量为100) 单位：%

指　　标	粮食主产区		粮食主销区		粮食平衡区	
	2022年	2023年	2022年	2023年	2022年	2023年
一、粮食	**78.2**	**77.9**	**4.3**	**4.3**	**17.4**	**17.8**
其中：夏收粮食	81.8	81.3	1.8	2.0	16.4	16.7
(一)谷物	79.5	79.2	4.2	4.2	16.3	16.7
1.稻谷	77.3	77.2	10.7	10.9	12.0	12.0
(1)早稻	56.7	56.7	25.6	26.0	17.7	17.3
(2)中稻和一季晚稻	85.4	85.3	4.2	4.4	10.4	10.3
(3)双季晚稻	56.5	57.0	28.6	28.1	14.9	15.0
2.小麦	85.8	85.3	1.1	1.2	13.1	13.5
(1)冬小麦	88.1	87.3	1.0	1.2	10.9	11.5
(2)春小麦	29.1	31.5	2.6	2.1	68.2	66.4
3.玉米	79.1	78.7	0.9	0.9	20.0	20.5
4.其他谷物	53.0	49.9	1.3	1.4	45.6	48.7
其中：谷子	70.3	67.9	0.1	0.1	29.6	32.0
高粱	66.0	60.6	1.6	2.0	32.5	37.4
大麦	20.0	19.0	0.8	0.9	79.2	80.1
(二)豆类	82.7	82.7	2.5	2.4	14.8	14.9
其中：大　豆	89.3	88.8	2.1	2.1	8.6	9.1
绿　豆	77.7	76.1	1.9	2.0	20.5	21.9
红小豆	81.0	78.1	1.9	2.4	17.0	19.5
(三)薯类	47.0	46.7	8.6	8.6	44.4	44.7
其中：马铃薯	39.1	39.2	3.0	3.0	57.9	57.8
二、油料作物	**80.6**	**80.5**	**5.0**	**4.9**	**14.4**	**14.6**
其中：花　生	84.9	85.0	8.3	8.1	6.8	6.8
油菜籽	77.1	76.6	1.9	2.0	21.0	21.4
芝　麻	90.1	89.7	3.6	4.0	6.3	6.3
胡麻籽	26.3	23.0			73.7	77.0
葵花籽	77.2	78.1	0.1	0.1	22.7	21.8
三、棉花	**9.0**	**8.1**	**0.1**	**0.1**	**90.9**	**91.8**
四、麻类	**83.5**	**82.8**	**0.1**	**0.1**	**16.4**	**17.1**
其中：黄红麻	54.1	45.9	1.1	1.3	44.7	52.7
苎　麻	92.2	94.0	…	…	7.8	6.0
大　麻	99.7	99.8			0.3	0.2
亚　麻	1.5	13.0			98.5	87.0
五、糖料	**5.9**	**5.1**	**12.8**	**12.5**	**81.3**	**82.4**
(一)甘蔗	1.8	1.7	13.9	13.6	84.3	84.7
(二)甜菜	53.5	43.6			46.5	56.4
六、烟叶	**36.6**	**36.5**	**7.3**	**7.5**	**56.1**	**55.9**
其中：烤烟	35.8	35.8	7.5	7.8	56.8	56.5
七、药材						
八、蔬菜(含菜用瓜)	**63.6**	**63.4**	**11.3**	**11.2**	**25.1**	**25.5**
九、瓜果类	**69.4**	**68.6**	**7.7**	**7.5**	**22.9**	**23.9**
其中：西瓜	71.3	70.3	6.5	6.3	22.1	23.4
甜瓜	64.9	64.2	4.9	4.6	30.2	31.2
草莓	82.4	82.5	6.5	6.6	11.1	11.0

7-15 续表 6　　(以全国粮食作物产量为100)　　单位：%

指　　标	全　国		东　部		中　部	
	2022年	2023年	2022年	2023年	2022年	2023年
粮食	**100.0**	**100.0**	**100.0**	**100.0**	**100.0**	**100.0**
夏粮	21.5	21.0	35.9	36.1	31.2	30.0
早稻	4.1	4.1	4.5	4.5	7.9	7.9
秋粮	74.4	74.9	59.6	59.3	60.9	62.0
谷物	92.2	92.2	95.4	95.2	96.1	95.9
稻谷	30.4	29.7	27.0	27.0	42.5	42.9
小麦	20.1	19.6	34.9	35.1	30.6	29.4
其中：冬小麦	19.3	18.9	34.7	35.0	30.6	29.4
玉米	40.4	41.5	32.7	32.4	22.3	22.9
豆类	3.4	3.4	1.4	1.4	1.6	1.8
其中：大豆	3.0	3.0	1.1	1.2	1.4	1.6
薯类	4.3	4.3	3.3	3.3	2.3	2.3
其中：马铃薯	2.6	2.6	0.9	1.0	0.9	0.9

指　　标	全　国		西　部		东　北	
	2022年	2023年	2022年	2023年	2022年	2023年
粮食	**100.0**	**100.0**	**100.0**	**100.0**	**100.0**	**100.0**
夏粮	21.5	21.0	14.6	14.3		
早稻	4.1	4.1	2.8	2.7		
秋粮	74.4	74.9	82.7	83.0	100.0	100.0
谷物	92.2	92.2	85.2	85.4	92.0	92.4
稻谷	30.4	29.7	22.7	21.9	26.7	24.3
小麦	20.1	19.6	10.8	10.8	0.1	0.1
其中：冬小麦	19.3	18.9	8.1	8.3		
玉米	40.4	41.5	48.4	49.6	64.6	67.5
豆类	3.4	3.4	4.1	4.1	7.5	7.2
其中：大豆	3.0	3.0	2.8	2.9	7.3	7.1
薯类	4.3	4.3	10.7	10.5	0.5	0.4
其中：马铃薯	2.6	2.6	7.8	7.7	0.4	0.3

指　　标	粮食主产区		粮食主销区		粮食平衡区	
	2022年	2023年	2022年	2023年	2022年	2023年
粮食	**100.0**	**100.0**	**100.0**	**100.0**	**100.0**	**100.0**
夏粮	22.4	21.9	9.1	9.8	20.2	19.7
早稻	3.0	3.0	24.3	24.6	4.2	4.0
秋粮	74.6	75.1	66.6	65.6	75.6	76.3
谷物	93.8	93.8	89.4	89.4	86.0	86.3
稻谷	30.0	29.4	75.2	75.1	21.0	20.0
小麦	22.0	21.5	5.0	5.6	15.1	14.8
其中：冬小麦	21.7	21.2	4.5	5.3	12.1	12.3
玉米	40.8	42.0	8.8	8.3	46.3	47.7
豆类	3.6	3.6	2.0	1.9	2.9	2.9
其中：大豆	3.4	3.4	1.4	1.5	1.5	1.5
薯类	2.6	2.6	8.6	8.7	11.0	10.9
其中：马铃薯	1.3	1.3	1.8	1.8	8.6	8.4

7-16 各地区粮食总产量

单位：万吨

地　　区	1990年	1995年	2000年	2005年	2010年	2015年	2020年	2021年	2022年	2023年	2023年为2022年百分比(%)
全　　国	**44624.3**	**46661.8**	**46217.5**	**48402.2**	**55911.3**	**66060.3**	**66949.2**	**68284.7**	**68652.8**	**69541.0**	**101.3**
北　　京	264.6	259.8	144.2	94.9	115.7	62.6	30.5	37.8	45.4	47.8	105.3
天　　津	188.9	207.5	124.1	137.5	160.6	184.5	228.2	249.9	256.2	255.7	99.8
河　　北	2276.9	2739.0	2551.1	2598.6	3121.0	3602.2	3795.9	3825.1	3865.1	3809.9	98.6
山　　西	969.0	917.1	853.4	978.0	1107.5	1314.0	1424.3	1421.2	1464.3	1478.1	100.9
内 蒙 古	973.0	1055.4	1241.9	1662.2	2344.3	3292.6	3664.1	3840.3	3900.6	3957.8	101.5
辽　　宁	1494.7	1423.5	1140.0	1745.8	1804.0	2186.6	2338.8	2538.7	2484.5	2563.4	103.2
吉　　林	2046.5	1992.4	1638.0	2581.2	2790.7	3974.1	3803.2	4039.2	4080.8	4186.5	102.6
黑 龙 江	2312.5	2552.1	2545.5	3092.0	5632.9	7615.8	7540.8	7867.7	7763.1	7788.2	100.3
上　　海	239.5	210.4	174.0	105.4	132.1	125.4	91.4	94.0	95.6	101.9	106.6
江　　苏	3230.8	3286.3	3106.6	2834.6	3285.0	3594.7	3729.1	3746.1	3769.1	3797.7	100.8
浙　　江	1586.1	1430.9	1217.7	814.7	686.2	584.0	605.7	620.9	621.0	638.8	102.9
安　　徽	2457.2	2580.7	2472.1	2605.3	3207.7	4077.2	4019.2	4087.6	4100.1	4150.8	101.2
福　　建	879.6	919.9	854.7	715.2	584.6	500.0	502.3	506.4	508.7	511.0	100.4
江　　西	1658.2	1607.4	1614.6	1757.0	1989.4	2235.6	2163.9	2192.3	2151.9	2198.3	102.2
山　　东	3354.9	4246.4	3837.7	3917.4	4502.8	5153.1	5446.8	5500.7	5543.8	5655.3	102.0
河　　南	3303.7	3466.5	4101.5	4582.0	5581.8	6470.2	6825.8	6544.2	6789.4	6624.3	97.6
湖　　北	2475.0	2463.8	2218.5	2177.4	2304.3	2914.8	2727.4	2764.3	2741.1	2777.0	101.3
湖　　南	2651.4	2691.6	2767.9	2678.6	2881.6	3094.2	3015.1	3074.4	3018.0	3068.0	101.7
广　　东	1896.9	1734.8	1760.1	1395.0	1249.1	1211.7	1267.6	1279.9	1291.5	1285.2	99.5
广　　西	1363.1	1508.2	1528.5	1487.3	1372.1	1433.2	1370.0	1386.5	1393.1	1395.4	100.2
海　　南	169.6	201.8	199.6	153.0	166.5	154.5	145.5	146.0	146.6	147.0	100.3
重　　庆			1106.9	1168.2	1080.6	1051.0	1081.4	1092.8	1072.8	1095.9	102.1
四　　川	4266.8	4365.0	3372.0	3211.1	3182.8	3394.6	3527.4	3582.1	3510.5	3593.8	102.4
贵　　州	721.0	948.9	1161.3	1152.1	1079.4	1210.6	1057.6	1094.9	1114.6	1119.7	100.5
云　　南	1057.2	1188.9	1467.8	1514.9	1501.6	1791.3	1895.9	1930.3	1958.0	1974.0	100.8
西　　藏	55.5	70.0	96.2	93.4	91.2	100.6	102.9	106.2	107.3	108.9	101.4
陕　　西	1070.7	913.4	1089.1	1043.0	1186.0	1204.7	1274.8	1270.4	1297.9	1323.7	102.0
甘　　肃	690.7	644.2	713.5	836.9	948.8	1154.6	1202.2	1231.5	1265.0	1272.9	100.6
青　　海	114.0	114.2	82.7	93.3	102.2	104.0	107.4	109.1	107.3	116.2	108.4
宁　　夏	190.1	203.2	252.7	299.8	356.4	372.6	380.5	368.4	375.8	378.8	100.8
新　　疆	666.2	718.5	783.7	876.6	1362.4	1895.3	1583.4	1735.8	1813.5	2119.2	116.9

7-17 各地区分季粮食作物产量

单位：万吨

地　　区	夏收粮食		早　　稻		秋收粮食	
	2022年	2023年	2022年	2023年	2022年	2023年
全　　国	**14740.3**	**14615.2**	**2812.3**	**2833.7**	**51100.1**	**52092.0**
北　　京	9.6	13.4			35.8	34.4
天　　津	73.0	74.5			183.2	181.3
河　　北	1486.5	1498.6			2378.6	2311.4
山　　西	245.2	247.1			1219.0	1231.0
内 蒙 古					3900.6	3957.8
辽　　宁					2484.5	2563.4
吉　　林					4080.8	4186.5
黑 龙 江					7763.1	7788.2
上　　海	12.0	14.7			83.6	87.2
江　　苏	1400.3	1407.1			2368.8	2390.6
浙　　江	73.1	83.6	70.2	76.9	477.7	478.3
安　　徽	1722.4	1740.8	101.1	101.5	2276.6	2308.4
福　　建	24.6	24.9	61.6	60.1	422.5	426.0
江　　西	23.4	25.2	677.2	684.5	1451.3	1488.6
山　　东	2641.6	2674.1			2902.2	2981.2
河　　南	3813.1	3550.1			2976.3	3074.2
湖　　北	482.2	488.6	75.7	77.8	2183.3	2210.6
湖　　南	45.6	46.2	741.3	743.2	2231.1	2278.7
广　　东	68.6	70.6	520.1	529.7	702.9	684.8
广　　西	27.6	29.0	480.4	479.4	885.1	886.9
海　　南	10.3	10.4	68.1	68.7	68.2	67.9
重　　庆	122.4	124.0			950.4	971.9
四　　川	436.7	452.6			3073.8	3141.1
贵　　州	257.6	243.9			857.0	875.8
云　　南	263.7	261.3	16.5	11.9	1677.8	1700.8
西　　藏					107.3	108.9
陕　　西	475.9	463.7			822.0	859.9
甘　　肃	342.3	343.6			922.7	929.3
青　　海					107.3	116.2
宁　　夏	27.9	23.9			348.0	354.9
新　　疆	655.2	703.5			1158.3	1415.7

7-18 各地区分品种粮食作物产量

单位：万吨

地区	谷物		#稻谷		#中稻和一季晚稻		双季晚稻	
	2022年	2023年	2022年	2023年	2022年	2023年	2022年	2023年
全国	**63324.3**	**64143.0**	**20849.5**	**20660.3**	**14964.3**	**14757.5**	**3073.0**	**3069.1**
北京	43.8	45.6	0.2	0.2	0.2	0.2		
天津	254.0	252.7	52.6	51.8	52.6	51.8		
河北	3697.0	3626.0	48.9	48.9	48.9	48.9		
山西	1380.4	1393.4	1.5	1.5	1.5	1.5		
内蒙古	3529.1	3572.0	90.2	82.1	90.2	82.1		
辽宁	2432.0	2510.5	425.6	412.9	425.6	412.9		
吉林	3982.6	4087.0	680.9	682.1	680.9	682.1		
黑龙江	6773.5	6837.1	2718.0	2440.0	2718.0	2440.0		
上海	95.3	101.7	82.7	86.5	82.7	86.5		
江苏	3672.6	3695.6	1991.6	2003.2	1991.6	2003.2		
浙江	546.9	567.5	462.9	485.3	326.7	339.0	66.0	69.3
安徽	3980.0	4026.7	1583.4	1609.8	1380.7	1406.8	101.6	101.5
福建	411.1	412.4	393.7	394.6	169.1	168.8	163.1	165.8
江西	2062.8	2102.0	2036.5	2070.7	616.4	636.6	742.9	749.6
山东	5374.6	5482.7	90.6	86.1	90.6	86.1		
河南	6582.6	6409.8	479.2	479.2	479.2	479.2		
湖北	2591.5	2618.6	1865.8	1880.4	1692.5	1702.9	97.6	99.8
湖南	2880.0	2919.9	2639.9	2665.3	1104.2	1125.1	794.4	797.1
广东	1172.6	1162.9	1108.6	1096.9			588.5	567.2
广西	1312.2	1312.4	1028.1	1030.4	94.4	95.4	453.2	455.5
海南	127.9	128.1	127.9	128.1			59.8	59.5
重庆	756.4	765.8	485.2	492.0	485.2	492.0		
四川	2814.8	2904.2	1462.3	1480.8	1462.3	1480.8		
贵州	775.6	791.3	395.0	366.1	395.0	366.1		
云南	1613.5	1628.6	464.7	455.5	442.3	439.8	5.8	3.8
西藏	105.7	107.4	0.5	0.5	0.5	0.5		
陕西	1156.4	1166.5	73.3	73.5	73.3	73.5		
甘肃	1004.8	1014.3	1.5	1.4	1.5	1.4		
青海	76.2	82.7						
宁夏	339.3	345.0	23.7	16.2	23.7	16.2		
新疆	1779.4	2072.9	34.6	38.3	34.6	38.3		

7-18 续表 1

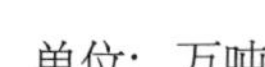
单位：万吨

地　区	小麦						玉米	
			冬小麦		春小麦			
	2022年	2023年	2022年	2023年	2022年	2023年	2022年	2023年
全　国	**13772.3**	**13659.0**	**13243.3**	**13176.6**	**529.0**	**482.4**	**27720.3**	**28884.2**
北　京	9.6	13.4	9.3	13.2	0.2	0.2	33.5	31.6
天　津	73.0	74.5	59.4	64.6	13.6	9.8	123.8	120.7
河　北	1474.6	1485.6	1459.9	1477.8	14.7	7.8	2094.7	2014.3
山　西	245.2	247.1	245.1	246.9	0.1	0.1	1021.1	1035.1
内蒙古	126.4	132.5			126.4	132.5	3098.4	3179.6
辽　宁	0.8	0.8			0.8	0.8	1959.2	2057.4
吉　林	1.7	1.7			1.7	1.7	3257.9	3376.3
黑龙江	8.4	7.5			8.4	7.5	4038.4	4379.0
上　海	10.7	12.9	10.7	12.9			0.6	0.5
江　苏	1365.7	1373.5	1365.7	1373.5			295.8	298.8
浙　江	55.3	66.4	55.3	66.4			24.1	12.2
安　徽	1722.3	1740.7	1722.3	1740.7			663.4	665.1
福　建	...	...	...	...			15.6	16.3
江　西	3.1	3.5	3.1	3.5			22.1	26.5
山　东	2641.2	2673.8	2641.2	2673.8			2630.4	2710.1
河　南	3812.7	3549.7	3812.7	3549.7			2275.1	2365.7
湖　北	405.6	410.4	405.6	410.4			312.3	318.2
湖　南	7.6	7.7	7.6	7.7			225.7	239.9
广　东	0.1	0.2	0.1	0.2			63.4	65.5
广　西	0.8	1.0	0.8	1.0			280.4	278.2
海　南								
重　庆	6.3	6.2	6.3	6.2			256.4	258.6
四　川	249.7	265.9	247.6	264.0	2.1	2.0	1046.2	1097.2
贵　州	28.9	27.6	28.9	27.6			299.8	343.4
云　南	59.5	55.4	59.5	55.4			1026.2	1049.3
西　藏	18.8	19.2	12.3	12.8	6.5	6.4	2.8	3.1
陕　西	429.8	416.6	429.8	416.6			616.8	637.8
甘　肃	296.9	299.2	183.4	184.1	113.4	115.1	664.2	672.6
青　海	36.9	39.7			36.9	39.7	14.8	15.2
宁　夏	27.3	23.4	5.1	5.1	22.2	18.3	276.6	294.9
新　疆	653.5	702.8	471.6	562.2	181.9	140.6	1080.5	1321.4

7-18 续表 2 单位：万吨

地区	其他谷物		#谷子		高粱		大麦	
	2022年	2023年	2022年	2023年	2022年	2023年	2022年	2023年
全国	**982.2**	**939.4**	**261.8**	**232.5**	**309.4**	**304.2**	**219.2**	**222.9**
北京	0.5	0.4	0.3	0.2	0.2	0.2		
天津	4.6	5.7	...	...	4.6	5.7		
河北	78.9	77.3	39.3	34.6	14.5	15.5	...	...
山西	112.6	109.7	52.8	49.6	36.6	39.1		
内蒙古	214.1	177.9	92.3	76.9	72.3	58.7	4.9	3.5
辽宁	46.4	39.3	21.2	17.6	23.5	20.5	...	
吉林	42.1	26.9	8.9	6.6	32.5	20.0	...	...
黑龙江	8.6	10.7	0.5	0.5	7.6	9.7	0.1	
上海	1.3	1.7					1.3	1.7
江苏	19.4	19.9	...		1.0	2.1	17.5	16.9
浙江	4.6	3.6					0.5	0.3
安徽	10.9	11.1	0.6	0.6	7.2	7.4	0.1	0.1
福建	1.7	1.4			...	...	...	...
江西	1.1	1.3			0.4	0.4	0.1	...
山东	12.4	12.7	11.4	11.8	0.6	0.6	0.1	0.1
河南	15.7	15.1	9.7	9.2	5.8	5.7	...	...
湖北	7.8	9.6	...	...	3.8	5.5	3.5	3.6
湖南	6.9	7.0			3.9	4.0	0.5	0.5
广东	0.4	0.4	...	...	...	...		
广西	2.9	2.8	0.7	0.7	1.0	1.0		
海南								
重庆	8.5	9.0			7.4	8.0	...	...
四川	56.5	60.2			31.2	34.1	17.1	17.5
贵州	51.9	54.1	0.6	0.6	37.5	44.8	0.1	0.1
云南	63.2	68.4	...	...	1.5	1.7	47.6	50.6
西藏	83.5	84.6					83.2	84.4
陕西	36.4	38.6	16.0	16.4	6.7	8.4	0.3	0.2
甘肃	42.2	41.1	2.5	2.3	3.2	3.0	17.1	15.5
青海	24.5	27.8					23.5	27.0
宁夏	11.8	10.5	3.6	3.1	0.5	0.4	0.1	0.1
新疆	10.8	10.4	1.2	1.8	6.0	7.6	1.7	0.7

注：大麦产量中包含青稞。

7-18 续表 3

单位：万吨

地 区	燕 麦		荞 麦		豆 类		#大 豆	
	2022年	2023年	2022年	2023年	2022年	2023年	2022年	2023年
全 国	**62.6**	**63.1**	**53.6**	**49.4**	**2351.0**	**2384.1**	**2028.3**	**2084.2**
北 京			...	...	0.9	1.0	0.9	1.0
天 津					1.2	1.3	1.2	1.3
河 北	17.2	19.6	0.3	0.2	28.6	29.8	23.0	24.5
山 西	8.1	7.4	3.2	2.9	24.3	24.3	18.9	20.1
内蒙古	27.6	24.4	9.5	6.6	259.7	255.7	245.4	244.4
辽 宁			0.2	0.1	27.9	29.0	27.0	28.0
吉 林			...	...	79.9	81.6	70.0	74.4
黑龙江	0.2	0.1	...		966.4	936.4	953.4	927.8
上 海					0.1	0.1	0.1	0.1
江 苏			0.2	0.2	73.3	79.8	54.8	62.4
浙 江					30.2	28.8	21.1	21.6
安 徽			0.2	0.2	99.9	103.7	94.2	97.8
福 建					12.4	12.5	9.9	10.1
江 西			0.2	0.4	32.9	37.4	26.4	29.4
山 东					59.2	65.0	58.1	64.0
河 南					88.5	95.9	84.9	92.7
湖 北	...	...	0.1	0.1	40.2	47.4	35.4	42.8
湖 南			0.9	0.9	43.3	47.5	33.8	38.0
广 东			...	...	11.9	12.4	9.3	9.6
广 西			0.3	0.3	27.3	27.8	16.8	17.4
海 南					1.1	0.9	0.3	0.4
重 庆	...	...	1.1	1.0	43.4	46.4	21.6	24.4
四 川	0.8	0.7	7.2	7.5	145.4	163.1	105.3	124.7
贵 州	...	...	3.8	1.8	45.1	45.6	27.2	27.2
云 南	1.8	3.5	9.3	10.0	109.8	104.1	32.2	34.2
西 藏			0.2	0.2	1.3	1.1	...	...
陕 西	...	...	5.7	6.0	37.1	38.8	30.5	31.7
甘 肃	5.4	6.6	6.5	6.4	37.5	36.5	11.1	11.5
青 海	0.6				3.5	3.7		
宁 夏	0.3	0.4	4.6	4.4	3.9	3.8	3.4	3.4
新 疆	0.5	0.2	...	...	14.5	22.9	12.1	19.3

7-18 续表 4

单位：万吨

地 区	绿豆		红小豆		薯类		#马铃薯	
	2022年	2023年	2022年	2023年	2022年	2023年	2022年	2023年
全 国	**38.9**	**35.2**	**24.7**	**19.2**	**2977.4**	**3013.9**	**1788.3**	**1803.7**
北 京	…	…	…	…	0.7	1.2		
天 津	…	…	…	…	1.0	1.7	0.2	0.1
河 北	1.3	0.9	0.6	0.4	139.5	154.1	98.4	111.1
山 西	1.3	1.1	0.4	0.4	59.6	60.4	51.6	52.9
内蒙古	6.9	5.9	2.7	1.8	111.8	130.1	110.0	129.8
辽 宁	0.4	0.4	0.2	0.2	24.7	23.9	16.4	14.9
吉 林	6.5	5.1	1.5	1.4	18.3	17.9	16.9	16.4
黑龙江	0.4	0.3	10.9	7.3	23.3	14.7	23.0	14.7
上 海					0.1	0.1		
江 苏	0.6	0.4	1.4	0.9	23.3	22.3		
浙 江					43.8	42.6	10.6	11.0
安 徽	4.6	4.8	1.1	1.1	20.2	20.4	1.5	1.6
福 建	0.2	0.2	0.1	0.1	85.2	86.1	21.2	21.3
江 西	0.5	0.6	0.1	0.2	56.2	59.0	14.3	14.4
山 东	0.4	0.4	0.2	0.2	110.0	107.7		
河 南	2.6	2.2	0.5	0.5	118.2	118.6		
湖 北	1.0	0.8	0.4	0.4	109.4	111.1	79.8	81.2
湖 南	2.3	2.4	0.2	0.2	94.7	100.6	30.4	30.9
广 东	0.4	0.4	0.3	0.3	107.0	109.9	21.4	21.3
广 西	2.1	2.1	0.1	0.1	53.7	55.2	12.6	13.0
海 南	0.1	…	0.1	0.1	17.6	18.0		
重 庆	2.3	2.2	0.3	0.3	273.0	283.7	126.6	121.8
四 川	2.6	2.8	0.4	0.4	550.4	526.5	309.0	292.7
贵 州	0.3	0.2	0.4	0.1	293.9	282.8	244.1	231.6
云 南	0.4	0.3	0.4	0.3	234.6	241.3	212.0	219.2
西 藏					0.4	0.4	0.4	0.4
陕 西	1.3	1.7	2.2	2.2	104.4	118.4	88.7	102.0
甘 肃	0.1	0.1	0.3	0.3	222.6	222.1	222.6	222.1
青 海					27.6	29.8	27.6	29.8
宁 夏			…		32.6	30.0	32.6	30.0
新 疆	0.2	0.1	…	…	19.7	23.3	16.5	19.6

7-19 各地区油料产量

单位：万吨

地区	油料合计		#花生		#油菜籽	
	2022年	2023年	2022年	2023年	2022年	2023年
全国	**3654.2**	**3863.7**	**1832.9**	**1923.1**	**1553.1**	**1631.7**
北京	0.9	1.0	0.8	0.9	…	…
天津	0.4	0.4	0.2	0.2	…	0.1
河北	115.4	118.3	92.6	94.2	5.7	6.3
山西	15.0	17.9	1.5	1.7	2.6	2.9
内蒙古	170.0	206.2	13.6	18.7	37.0	37.8
辽宁	113.4	128.1	112.5	127.2	0.1	…
吉林	81.6	88.4	79.4	86.3	…	…
黑龙江	14.3	16.5	11.7	13.4	…	…
上海	0.3	0.6	0.1	…	0.2	0.6
江苏	96.3	103.4	39.5	40.7	55.7	61.3
浙江	33.0	35.6	4.8	5.1	27.3	29.4
安徽	173.4	189.0	72.4	73.3	96.4	110.6
福建	23.6	24.4	22.4	23.0	1.1	1.3
江西	137.5	148.1	54.6	57.8	79.1	86.3
山东	274.0	280.7	270.1	276.8	2.3	2.3
河南	684.0	703.0	615.4	638.9	49.0	45.8
湖北	374.2	394.9	85.4	93.1	274.2	286.1
湖南	277.0	293.1	31.1	32.2	243.8	258.8
广东	117.4	121.0	115.9	119.5	0.8	0.8
广西	76.5	80.8	71.7	75.5	3.6	4.1
海南	7.5	7.9	7.4	7.9		
重庆	70.8	77.5	14.4	15.1	54.7	60.7
四川	433.8	438.6	78.5	82.7	354.1	354.4
贵州	105.6	111.0	9.8	10.4	94.7	99.4
云南	63.5	68.5	8.5	9.2	53.9	57.8
西藏	4.7	5.0	…	…	4.7	5.0
陕西	56.3	60.6	11.7	11.5	35.9	40.1
甘肃	61.3	63.1	0.1	0.1	36.5	37.6
青海	30.9	32.1			30.8	31.9
宁夏	4.5	4.6	…	…	0.4	1.1
新疆	37.2	43.2	6.6	7.7	8.5	9.1

7-20 各地区棉花和麻类产量

单位：万吨

地 区	棉 花		麻 类		#黄红麻	
	2022年	2023年	2022年	2023年	2022年	2023年
全 国	**598.0**	**561.8**	**22.8**	**16.3**	**1.5**	**1.2**
北 京	…	…				
天 津	0.3	0.1				
河 北	13.9	10.4		…		
山 西	…	…	…	…		
内 蒙 古			0.3	0.5		
辽 宁	…					
吉 林						
黑 龙 江			12.3	6.7		
上 海	…					
江 苏	0.6	0.5	…	…		
浙 江	0.5	0.3	…	…	…	…
安 徽	2.6	2.0	0.9	0.8	0.2	0.2
福 建	…		…		…	
江 西	2.2	2.2	0.4	0.4	…	…
山 东	14.5	12.6	…	…		
河 南	1.4	0.7	0.5	0.3	0.5	0.3
湖 北	10.3	9.6	0.9	0.8		
湖 南	8.2	7.6	0.4	0.4	…	…
广 东			…	…	…	…
广 西	0.1	0.1	0.8	0.7	0.6	0.6
海 南				…		…
重 庆			0.3	0.3	…	…
四 川	…	…	3.4	3.5	…	…
贵 州	…	…	…	…		
云 南			0.1	…		
西 藏						
陕 西	…	…	…	…	…	…
甘 肃	4.0	4.2	0.1	0.1		
青 海						
宁 夏						
新 疆	539.4	511.2	2.5	1.7		

7-21 各地区糖料产量

单位：万吨

地　区	糖料合计		#甘　蔗		甜　菜	
	2022年	2023年	2022年	2023年	2022年	2023年
全　国	**11236.5**	**11376.3**	**10338.1**	**10456.6**	**893.3**	**916.0**
北　京						
天　津	…	…	…	…		
河　北	70.2	65.5		0.1	70.2	65.5
山　西	0.2	0.1			0.2	0.1
内蒙古	387.1	305.4			385.1	304.8
辽　宁	1.3	0.9			1.3	0.9
吉　林	1.4	1.6			1.4	1.6
黑龙江	18.2	24.6			18.2	24.6
上　海	0.1	0.1	0.1	0.1		
江　苏	5.9	5.3	4.0	3.5	1.8	1.8
浙　江	39.2	37.7	39.2	37.7		
安　徽	9.3	8.8	6.3	5.7		
福　建	28.8	28.5	28.8	28.5		
江　西	62.5	61.4	62.5	61.4		
山　东	…	…	…	…	…	
河　南	8.4	8.0	8.4	8.0		
湖　北	26.6	26.5	26.6	26.5		
湖　南	34.9	35.0	34.9	35.0		
广　东	1292.1	1271.1	1292.1	1271.1		
广　西	7116.5	7223.2	7116.5	7223.2		
海　南	76.7	86.5	76.7	86.5		
重　庆	8.3	8.4	8.3	8.4		
四　川	38.5	39.3	38.4	39.2	…	…
贵　州	41.3	34.7	41.3	34.7	…	
云　南	1553.7	1586.9	1553.7	1586.9		
西　藏	…	…	…	…		
陕　西	0.3	0.3	0.2	0.2	0.1	…
甘　肃	15.8	16.9			15.8	16.9
青　海						
宁　夏	…	…			…	…
新　疆	399.1	499.9			399.1	499.9

7-22 各地区烟叶和蔬菜产量

单位：万吨

地 区	烟叶合计				蔬 菜	
			#烤 烟			
	2022年	2023年	2022年	2023年	2022年	2023年
全 国	**218.8**	**229.7**	**208.0**	**219.1**	**79997.2**	**82868.1**
北 京	…	…			198.9	207.5
天 津	…				256.4	253.7
河 北	0.3	0.4	0.1	0.1	5406.8	5498.0
山 西	0.4	0.5	0.4	0.5	1010.3	1065.9
内 蒙 古	0.4	0.4	0.2	0.2	1012.9	1097.1
辽 宁	1.1	1.2	0.9	0.8	2055.4	2139.7
吉 林	2.0	2.1	0.9	1.0	514.8	540.0
黑 龙 江	2.6	2.7	2.5	2.5	759.8	870.5
上 海					259.6	254.8
江 苏	…	…	…		5974.7	6135.6
浙 江	0.1	0.1	…	…	1976.7	1992.5
安 徽	2.2	2.2	2.2	2.2	2537.7	2630.1
福 建	12.1	13.5	12.1	13.4	1752.9	1804.8
江 西	2.7	2.9	2.7	2.8	1786.9	1860.9
山 东	4.9	5.5	4.9	5.5	9045.8	9272.4
河 南	20.0	19.5	19.5	19.0	7845.3	8045.6
湖 北	8.1	8.0	6.5	6.7	4407.9	4502.7
湖 南	19.7	21.8	19.5	21.7	4356.7	4488.8
广 东	3.7	3.7	3.3	3.5	3999.1	4099.3
广 西	1.9	2.4	1.6	2.1	4236.5	4425.0
海 南	…	…	…	…	605.4	632.9
重 庆	5.5	5.7	4.5	4.7	2272.4	2362.0
四 川	16.1	17.3	14.6	15.7	5198.7	5417.9
贵 州	22.6	23.8	21.6	23.0	3355.7	3470.0
云 南	86.2	89.6	84.0	87.1	2857.9	2960.8
西 藏	…	…	…	…	81.6	88.4
陕 西	5.4	5.9	5.4	5.8	2082.2	2151.2
甘 肃	0.5	0.6	0.5	0.5	1736.6	1822.6
青 海	…	…			151.8	158.5
宁 夏	…	…	…	…	527.9	544.5
新 疆					1731.9	2074.2

7-23 主要农作物单位面积产量

单位：公斤/公顷

指　　标	1990年	1995年	2000年	2005年	2010年	2015年	2020年	2021年	2022年	2023年	2023年为2022年百分比(%)
一、粮食作物	**3932.8**	**4239.7**	**4261.2**	**4641.6**	**5005.7**	**5553.0**	**5733.5**	**5805.0**	**5801.7**	**5845.3**	**100.8**
1.谷物		4659.3	4752.6	5224.6	5527.5	5988.7	6295.6	6316.4	6379.1	6419.0	100.6
稻谷	5726.1	6024.8	6271.6	6260.2	6553.0	6891.3	7044.3	7113.4	7079.6	7136.8	100.8
小麦	3194.1	3541.5	3738.2	4275.3	4749.7	5395.7	5742.3	5810.8	5856.0	5781.0	98.7
玉米	4523.9	4916.9	4597.5	5287.3	5453.7	5892.9	6317.0	6290.9	6436.1	6532.1	101.5
其他谷物		2409.5	2088.3	2673.3	2542.8	2923.3	3071.1	3097.1	3040.8	3000.4	98.7
其中：谷子	2007.9	1982.8	1700.1	2100.3	1987.7	2516.1	3098.5	3108.6	3117.7	3017.1	96.8
高粱	3674.1	3914.4	2904.0	4469.5	3792.3	5183.1	4679.2	4735.5	4586.8	4461.9	97.3
2.豆类		1591.4	1587.7	1672.4	1693.5	1793.6	1973.1	1942.1	1979.3	1987.7	100.4
其中：大豆	1455.1	1661.4	1655.7	1704.5	1771.2	1811.4	1983.5	1948.3	1980.1	1989.9	100.5
杂豆		1408.2	1398.9	1579.4	1406.1	1717.9	1912.9	1911.5	1974.6	1972.8	99.9
3.薯类	3007.8	3427.5	3496.9	3649.9	3544.1	3736.4	4143.1	4150.2	4143.7	4276.2	103.2
其中：马铃薯	2263.0	2662.9	2806.4	2904.6	3132.8	3438.1	3862.3	3865.4	3943.4	4049.4	102.7
二、油料作物	**1479.9**	**1717.6**	**1918.7**	**2149.2**	**2305.0**	**2546.5**	**2731.6**	**2757.7**	**2780.8**	**2775.2**	**99.8**
其中：花　生	2190.7	2686.7	2973.3	3076.1	3460.5	3639.6	3803.3	3809.9	3913.4	4008.2	102.4
油菜籽	1264.3	1415.5	1518.6	1793.3	1748.0	1972.1	2076.8	2104.5	2141.2	2090.8	97.6
芝　麻	701.5	907.7	1034.2	1054.1	1293.0	1495.0	1564.3	1595.6	1619.6	1618.4	99.9
胡麻籽	760.9	585.8	690.3	910.7	1071.9	1277.6	1485.0	1468.1	1530.7	1473.9	96.3
葵花籽	1878.5	1561.9	1590.0	1889.3	2381.7	2643.5	2945.3	3061.3	2794.0	2942.1	105.3
三、棉花	**806.7**	**879.4**	**1093.1**	**1128.9**	**1321.7**	**1564.9**	**1865.2**	**1892.5**	**1993.2**	**2014.9**	**101.1**
四、麻类	**2216.2**	**2386.2**	**2023.5**	**3300.7**	**2665.4**	**2906.8**	**3636.0**	**3728.2**	**3922.0**	**3315.7**	**84.5**
其中：黄红麻	2421.3	2533.7	2516.2	2670.1	3849.1	4231.7	3635.7	3553.3	3395.5	3430.5	101.0
苎　麻	1103.7	1514.9	1684.5	2099.2	2122.3	1876.5	1851.4	1920.0	1907.7	1930.0	101.2
大　麻	1524.2	1399.1	1324.3	3808.1	2245.1	4458.1	5480.4	6629.3	6726.7	6102.6	90.7
亚　麻	2775.3	3118.7	2228.5	4405.4	4606.1	4021.1	5428.9	4369.8	5205.7	4488.8	86.2
五、糖料	**42965.4**	**43629.5**	**50426.3**	**60419.3**	**62477.5**	**71315.2**	**76596.8**	**78557.5**	**77307.4**	**80389.2**	**104.0**
甘蔗	57117.5	58133.3	57626.1	63970.0	65271.4	72528.1	79889.8	81047.4	80191.9	82651.7	103.1
甜菜	21667.6	20132.5	24518.0	37523.5	38018.1	52751.3	56307.0	55639.2	54855.0	61539.6	112.2
六、烟叶	**1649.6**	**1574.3**	**1775.9**	**1968.6**	**2163.2**	**2134.3**	**2104.9**	**2100.5**	**2096.7**	**2118.6**	**101.0**
其中：烤烟	1683.1	1583.5	1763.4	1956.0	2160.5	2084.2	2090.6	2085.8	2078.8	2101.0	101.1

7-23 续表 1　　单位：公斤/公顷

指标	全国		东部		中部	
	2022年	2023年	2022年	2023年	2022年	2023年
一、粮食	**5801.7**	**5845.3**	**6406.4**	**6428.7**	**5878.3**	**5878.7**
其中：夏收粮食	5556.1	5492.7	6230.9	6270.9	6003.3	5764.0
(一)谷物	6379.1	6419.0	6557.1	6583.0	6168.8	6167.4
1.稻谷	7079.6	7136.8	7443.7	7476.6	6757.9	6856.6
(1)早稻	5914.3	5987.0	6065.6	6156.0	5842.2	5936.9
(2)中稻和一季晚稻	7639.2	7712.1	8546.2	8618.7	7365.0	7465.5
(3)双季晚稻	6017.9	6041.1	6102.9	6004.7	6108.0	6192.0
2.小麦	5856.0	5781.0	6317.8	6357.7	6115.4	5867.0
(1)冬小麦	5927.7	5845.3	6322.9	6360.6	6115.4	5867.0
(2)春小麦	4494.2	4446.7	5458.3	5552.3	5620.4	5593.2
3.玉米	6436.1	6532.1	6369.7	6379.5	5562.4	5706.7
4.其他谷物	3040.8	3000.4	2956.4	2929.6	2668.0	2721.4
其中：谷子	3117.7	3017.1	3458.8	3469.0	2554.2	2530.4
高粱	4586.8	4461.9	4428.7	4393.5	3735.7	3823.0
大麦	3912.8	3956.5	5574.3	5626.0	3321.9	3337.9
(二)豆类	1979.3	1987.7	2619.3	2640.8	1850.6	1941.6
其中：大　豆	1980.1	1989.9	2621.1	2648.1	1884.2	1974.8
绿　豆	1422.9	1518.4	2125.5	2194.7	1349.2	1415.0
红小豆	1580.2	1585.4	2083.4	2084.7	1489.4	1543.2
(三)薯类	4143.7	4276.2	5985.1	6086.3	4089.4	4191.9
其中：马铃薯	3943.4	4049.4	5502.8	5870.6	3557.9	3564.3
二、油料作物	**2780.8**	**2775.2**	**3587.9**	**3595.9**	**2780.6**	**2753.2**
其中：花　生	3913.4	4008.2	3940.2	4001.4	4350.6	4444.9
油菜籽	2141.2	2090.8	2546.2	2497.5	2032.8	1986.2
芝　麻	1619.6	1618.4	1773.9	1781.6	1599.2	1596.7
胡麻籽	1530.7	1473.9	1238.7	1280.7	1195.3	1296.7
葵花籽	2794.0	2942.1	3079.0	2939.8	2146.4	2286.2
三、棉花	**1993.2**	**2014.9**	**1242.4**	**1264.0**	**1022.3**	**1069.8**
四、麻类	**3922.0**	**3315.7**	**2591.8**	**2224.6**	**2868.6**	**2824.4**
其中：黄红麻	3395.5	3430.5	3761.5	3261.0	3882.5	3821.1
苎　麻	1907.7	1930.0	2393.4	2408.7	2213.7	2257.3
大　麻	6726.7	6102.6	1725.0	1740.0	5472.1	5211.4
亚　麻	5205.7	4488.8			298.7	2539.1
五、糖料	**77307.4**	**80389.2**	**80114.5**	**82226.0**	**45637.4**	**45879.8**
(一)甘蔗	80191.9	82651.7	83270.2	85233.8	45931.1	46199.8
(二)甜菜	54855.0	61539.6	45583.8	47008.8	37310.0	31012.8
六、烟叶	**2096.7**	**2118.6**	**2262.5**	**2306.4**	**2226.8**	**2238.7**
其中：烤烟	2078.8	2101.0	2255.4	2298.5	2206.6	2228.8
七、药材						
八、蔬菜(含菜用瓜)	**35658.8**	**36228.9**	**41828.3**	**42223.4**	**35206.0**	**35753.8**
九、瓜果类	**39836.6**	**40453.2**	**43942.4**	**44581.9**	**40282.0**	**40541.7**
其中：西瓜	42444.9	42962.2	46581.1	47339.8	42538.8	42926.2
甜瓜	36421.5	37078.6	42899.7	43907.7	33235.2	32622.7
草莓	27002.7	27343.4	31512.2	31621.4	23550.4	23919.5

7-23 续表 2 单位：公斤/公顷

指 标	西部		东北	
	2022年	2023年	2022年	2023年
一、粮食	**5173.6**	**5270.4**	**5962.8**	**6020.6**
其中：夏收粮食	3908.7	3968.9		
(一)谷物	5907.1	6001.5	7176.5	7229.2
1.稻谷	6871.4	6969.4	7724.7	7688.3
(1)早稻	5934.7	5907.2		
(2)中稻和一季晚稻	7311.4	7457.8	7724.7	7688.3
(3)双季晚稻	5559.4	5586.2		
2.小麦	4352.0	4443.0	3816.5	3795.1
(1)冬小麦	4314.7	4447.3		
(2)春小麦	4465.9	4428.6	3816.5	3795.1
3.玉米	6438.8	6532.3	7013.0	7110.7
4.其他谷物	2985.3	2948.5	4870.8	4818.6
其中：谷子	3218.2	3029.3	3762.4	3769.5
高粱	4527.5	4417.0	6135.0	5931.9
大麦	3814.6	3861.6	3138.1	3600.0
(二)豆类	1946.3	1955.9	1946.3	1920.6
其中：大 豆	1910.5	1939.3	1960.8	1930.0
绿 豆	1371.9	1521.5	1480.5	1544.9
红小豆	1539.8	1589.8	1544.0	1515.2
(三)薯类	3812.5	3949.1	4950.7	5059.9
其中：马铃薯	3843.7	3948.8	5080.8	5104.9
二、油料作物	**2358.4**	**2359.3**	**3641.5**	**3863.1**
其中：花 生	2853.1	2931.6	3724.6	3967.1
油菜籽	2218.7	2163.9	1815.8	1691.3
芝 麻	1749.7	1740.4	1698.1	1333.1
胡麻籽	1636.8	1532.7		2194.3
葵花籽	2812.5	2993.9	2994.5	2732.9
三、棉花	**2157.7**	**2156.5**		
四、麻类	**2457.3**	**2328.4**	**7160.5**	**6717.4**
其中：黄红麻	2960.2	3167.5		
苎 麻	1793.0	1818.3		
大 麻	2113.2	2189.6	7204.0	6882.7
亚 麻	5376.2	4498.0	3324.9	4468.5
五、糖料	**77759.9**	**81071.2**	**51823.0**	**58593.9**
(一)甘蔗	80653.7	83254.7		
(二)甜菜	55971.7	63253.5	51823.0	58593.9
六、烟叶	**2010.2**	**2031.9**	**2725.7**	**2747.6**
其中：烤烟	1996.4	2016.0	2660.4	2639.2
七、药材				
八、蔬菜(含菜用瓜)	**29644.2**	**30425.6**	**52239.1**	**52238.3**
九、瓜果类	**34391.9**	**35415.1**	**43265.0**	**45038.4**
其中：西瓜	36442.8	37411.7	55788.8	55388.7
甜瓜	34180.3	34917.2	31576.5	34032.2
草莓	18563.9	18926.1	35766.0	36909.2

7-23 续表 3 单位：公斤/公顷

指　　标	粮食主产区		粮食主销区		粮食平衡区	
	2022年	2023年	2022年	2023年	2022年	2023年
一、粮食	**6033.8**	**6072.8**	**6004.8**	**6004.0**	**4912.5**	**4994.9**
其中：夏收粮食	6066.8	5966.2	4836.2	4872.8	3960.4	4005.4
(一)谷物	6605.6	6643.1	6271.2	6265.1	5483.8	5561.1
1.稻谷	7297.6	7367.2	6455.3	6474.6	6401.1	6436.8
(1)早稻	5842.2	5936.9	6065.6	6156.0	5934.7	5907.2
(2)中稻和一季晚稻	7743.3	7813.5	7626.0	7737.4	6882.4	6956.9
(3)双季晚稻	6108.0	6192.0	6102.9	6004.7	5559.4	5586.2
2.小麦	6146.8	6041.9	5245.0	5234.6	4503.1	4572.9
(1)冬小麦	6212.1	6105.1	5202.6	5203.8	4367.7	4463.2
(2)春小麦	3422.5	3389.9	5698.7	5770.2	5140.1	5176.4
3.玉米	6564.7	6672.0	5659.6	5493.7	6008.9	6089.1
4.其他谷物	3338.8	3196.6	4246.3	4557.0	2734.7	2796.5
其中：谷子	3610.8	3467.4	2724.4	2258.0	2355.4	2367.8
高粱	5376.6	5178.0	4953.8	5156.5	3522.1	3625.0
大麦	3704.4	3748.0	5405.6	5920.9	3957.9	3993.9
(二)豆类	1987.0	2003.2	2732.7	2695.7	1854.0	1832.0
其中：大　豆	1997.7	2010.5	2709.4	2674.3	1709.5	1715.6
绿　豆	1417.0	1482.4	2424.3	2470.5	1392.7	1597.0
红小豆	1617.1	1581.1	2334.3	2341.6	1379.6	1540.8
(三)薯类	4696.9	4853.4	5135.5	5178.5	3565.9	3693.5
其中：马铃薯	4457.7	4606.6	4425.8	4489.4	3639.2	3724.8
二、油料作物	**2904.8**	**2907.0**	**2970.0**	**2957.8**	**2205.3**	**2183.9**
其中：花　生	4111.9	4218.7	3232.4	3269.8	2904.1	2964.1
油菜籽	2170.7	2120.9	2153.0	2079.1	2038.5	1990.7
芝　麻	1608.3	1606.7	1743.2	1770.2	1723.3	1703.0
胡麻籽	1248.0	1088.6			1665.5	1648.6
葵花籽	2755.2	2933.3	2569.8	2040.0	2936.2	2979.6
三、棉花	**1128.9**	**1160.6**	**1345.7**	**1354.6**	**2157.8**	**2156.5**
四、麻类	**3949.3**	**3286.3**	**3461.0**	**3005.1**	**3791.4**	**3467.7**
其中：黄红麻	3834.6	3764.3	3761.5	3261.0	2975.9	3188.3
苎　麻	1906.5	1935.5	1233.3	1158.9	1922.9	1850.4
大　麻	6766.6	6128.8			2371.9	2223.0
亚　麻	3238.4	4158.4			5255.5	4542.7
五、糖料	**44562.8**	**46293.3**	**83345.1**	**85314.3**	**80699.5**	**83476.4**
(一)甘蔗	44774.2	45133.5	83345.1	85314.3	81018.1	83639.9
(二)甜菜	44620.4	47035.0			74542.8	80770.8
六、烟叶	**2255.1**	**2280.6**	**2184.5**	**2202.0**	**1995.0**	**2014.7**
其中：烤烟	2219.8	2249.4	2171.7	2195.9	1988.0	2005.2
七、药材						
八、蔬菜(含菜用瓜)	**41597.4**	**42065.2**	**28380.3**	**28589.4**	**28601.0**	**29505.5**
九、瓜果类	**43037.5**	**43611.8**	**31812.0**	**31903.9**	**34933.1**	**36006.2**
其中：西瓜	45833.0	46301.4	32963.8	32993.2	36810.5	37829.7
甜瓜	38408.2	39049.7	26345.0	26046.9	34709.5	35592.6
草莓	29322.5	29594.1	21456.3	22076.9	18797.9	19139.6

7-24 各地区分季粮食作物单位面积产量

单位：公斤/公顷

地区	夏收粮食		早稻		秋收粮食	
	2022年	2023年	2022年	2023年	2022年	2023年
全国	**5556.1**	**5492.7**	**5914.3**	**5987.0**	**5870.4**	**5944.8**
北京	5251.9	5359.5			6116.1	5333.3
天津	6143.1	6060.7			7105.5	6784.9
河北	6543.6	6590.5			5701.2	5527.8
山西	4582.8	4610.7			4661.2	4689.4
内蒙古					5610.9	5666.4
辽宁					6976.1	7163.5
吉林					7053.9	7186.4
黑龙江					5287.1	5282.6
上海	6882.8	6845.0			7930.8	8246.1
江苏	5667.5	5672.5			7966.0	8026.5
浙江	3980.2	4128.8	6206.5	6296.5	6600.3	6832.1
安徽	6043.6	6079.9	5898.5	5927.9	5303.2	5368.5
福建	4430.6	4447.0	6326.9	6378.4	6170.1	6165.2
江西	3217.4	3213.8	5550.2	5694.2	5843.8	5969.3
山东	6596.3	6668.8			6644.9	6809.5
河南	6708.7	6242.0			5842.1	6030.4
湖北	3728.5	3755.6	5991.8	6048.4	6677.8	6745.3
湖南	4049.2	4071.9	6112.5	6168.5	6485.6	6613.8
广东	4798.1	4789.9	6018.0	6117.0	5746.5	5631.6
广西	2338.5	2414.2	5926.7	5899.3	4656.8	4663.3
海南	4278.5	4306.8	6063.4	6117.7	4989.6	4953.6
重庆	3278.6	3301.5			5679.7	5888.9
四川	3949.4	4078.3			5737.2	5933.3
贵州	2973.1	2963.4			4458.5	4489.4
云南	2689.8	2656.1	6178.5	6241.7	5236.5	5248.7
西藏					5573.6	5594.8
陕西	4306.4	4255.2			4298.3	4448.2
甘肃	3875.5	3901.5			5079.3	5077.5
青海					3534.8	3812.0
宁夏	3267.6	3316.3			5732.2	5707.4
新疆	5657.4	5809.7			9079.1	8771.9

7-25 各地区分品种粮食作物单位面积产量

单位：公斤/公顷

地区	谷物		#稻谷		小麦		玉米	
	2022年	2023年	2022年	2023年	2022年	2023年	2022年	2023年
全国	**6379.1**	**6419.0**	**7079.6**	**7136.8**	**5856.0**	**5781.0**	**6436.1**	**6532.1**
北京	6128.3	5501.0	5062.1	5345.2	5256.1	5360.6	6556.7	5632.1
天津	6857.8	6616.2	9522.9	9610.4	6143.1	6060.7	6613.0	6213.9
河北	6063.4	5960.5	6381.1	6647.7	6561.6	6609.3	6061.3	5851.7
山西	4893.0	4921.4	6750.0	6720.0	4582.8	4610.7	5629.2	5619.0
内蒙古	6536.1	6592.9	7695.3	7936.8	3273.0	3303.6	7386.6	7428.5
辽宁	7189.0	7392.9	8241.0	8251.2	4085.8	4040.8	7103.6	7337.6
吉林	7399.3	7533.2	8172.5	8229.3	3222.4	3417.6	7289.3	7429.7
黑龙江	7047.3	7003.3	7547.1	7465.0	3941.1	3868.0	6764.3	6787.3
上海	7808.7	8038.7	7977.8	8291.3	6976.0	6911.8	6343.5	6891.5
江苏	7160.2	7196.7	8965.5	9019.5	5745.0	5748.2	5976.0	6120.0
浙江	6609.3	6768.1	7357.0	7477.4	4230.2	4352.8	4350.7	4344.2
安徽	6034.1	6106.2	6342.5	6437.4	6044.4	6080.7	5398.1	5498.1
福建	6437.2	6432.2	6568.5	6565.1	2579.7	2698.4	4505.1	4529.1
江西	5931.7	6068.4	5984.4	6119.4	2583.3	3075.6	3974.8	4366.3
山东	6697.3	6831.0	8511.2	8526.5	6597.1	6669.6	6779.0	6982.8
河南	6463.9	6295.8	7963.3	8112.1	6709.6	6242.9	5897.7	6121.8
湖北	6331.6	6381.4	8241.2	8268.6	3932.8	3952.5	4025.6	4157.9
湖南	6541.4	6642.2	6653.5	6752.8	3391.4	3396.5	5734.2	5893.5
广东	5953.6	5922.6	6038.6	6001.8	3523.4	3217.0	4807.0	4884.6
广西	5481.5	5476.6	5847.8	5851.7	1779.3	2132.1	4549.5	4512.1
海南	5593.2	5602.8	5593.2	5602.8				
重庆	6578.0	6664.1	7361.2	7488.6	3329.9	3346.5	5725.3	5764.5
四川	6285.5	6492.4	7803.0	8025.0	4241.2	4484.6	5640.0	5880.0
贵州	5119.0	5155.0	6435.6	6381.0	2525.8	2502.0	4818.2	4998.0
云南	5178.4	5208.8	6549.6	6663.6	2230.8	2156.3	5351.6	5398.3
西藏	5664.4	5699.0	5806.2	5856.5	5778.6	5817.8	6221.2	6239.0
陕西	4678.3	4708.8	6912.2	6969.4	4486.2	4427.3	5190.2	5261.0
甘肃	5115.8	5108.0	6030.2	6227.0	4014.6	4042.1	6181.9	6119.1
青海	3440.3	3715.9			3645.1	3925.3	6541.7	6693.5
宁夏	5809.1	5884.3	8052.8	8054.3	3351.7	3403.5	7566.7	7557.3
新疆	7544.8	7659.3	9425.2	9657.9	5664.8	5812.4	9432.1	9191.5

7-25 续表 单位：公斤/公顷

地区	豆类		#大豆		薯类		#马铃薯	
	2022年	2023年	2022年	2023年	2022年	2023年	2022年	2023年
全国	**1979.3**	**1987.7**	**1980.1**	**1989.9**	**4143.7**	**4276.2**	**3943.4**	**4049.4**
北京	2252.3	2190.7	2289.7	2231.6	5348.5	5716.3		
天津	2512.5	2274.5	2544.3	2284.9	6844.2	7531.8	6983.9	6967.6
河北	2285.6	2145.9	2340.0	2156.8	6296.1	6615.1	6340.3	6896.7
山西	1579.0	1617.8	1682.3	1714.8	3398.1	3365.2	3359.1	3322.5
内蒙古	1959.6	1938.2	2008.2	1978.4	4923.3	5259.8	4911.4	5259.1
辽宁	2314.4	2256.3	2341.0	2284.8	4250.5	4425.6	4282.3	4238.6
吉林	2140.8	2191.7	2258.2	2264.0	6230.6	6395.8	6302.7	6485.9
黑龙江	1923.0	1891.5	1933.2	1898.6	5018.3	4953.1	5029.3	4955.8
上海	2595.8	2355.8	2595.8	2355.8	5503.4	6370.7		
江苏	2615.5	2747.1	2602.5	2769.0	6618.0	6687.0		
浙江	2737.4	2689.5	2716.8	2667.5	5312.7	5367.7	3914.1	4126.3
安徽	1527.6	1535.3	1542.8	1548.3	3146.2	3149.3	3364.1	3376.1
福建	2883.9	2856.2	2824.8	2826.2	5464.2	5508.0	4312.2	4328.5
江西	2235.6	2401.2	2413.9	2607.5	3710.6	3808.3	5323.9	5000.0
山东	2704.9	2752.3	2702.9	2752.5	8563.5	8564.3		
河南	2264.8	2379.5	2333.9	2434.1	5801.0	5891.8		
湖北	1534.8	1743.0	1538.9	1767.3	3277.8	3348.8	3169.3	3221.8
湖南	2537.8	2665.1	2560.2	2718.0	4928.9	5314.4	4866.4	4900.2
广东	2689.7	2712.0	2670.3	2689.2	4946.2	4986.9	4852.3	4881.0
广西	1622.6	1646.2	1557.5	1576.6	2008.4	2047.6	2348.8	2396.2
海南	2296.0	2185.7	2154.1	2027.5	4437.5	4420.5		
重庆	2045.2	2079.3	2010.5	2062.8	3988.9	4341.1	3639.2	3692.3
四川	2088.4	2249.5	2025.0	2250.0	4269.7	4366.6	4208.9	4244.2
贵州	1235.3	1234.9	1173.6	1141.4	3236.4	3252.3	3285.3	3278.1
云南	2216.5	2069.2	2004.9	1950.5	3912.6	3933.7	4085.0	4112.6
西藏	2785.3	2262.1	910.9	1226.1	2763.4	2923.2	2763.4	2923.2
陕西	1669.3	1737.9	1752.6	1792.0	3228.7	3670.0	3134.8	3634.9
甘肃	2351.4	2329.9	1890.5	1858.9	3864.6	3906.2	3864.6	3906.2
青海	2462.8	2544.3			4066.3	4397.2	4066.3	4397.2
宁夏	1417.9	1251.6	1423.2	1240.5	4039.8	3873.0	4039.8	3873.0
新疆	2764.9	2444.7	3021.5	2495.7	8498.4	9516.8	8715.8	9913.8

7-26 各地区油料作物单位面积产量

单位：公斤/公顷

地区	油料合计		#花生		油菜籽	
	2022年	2023年	2022年	2023年	2022年	2023年
全国	**2780.8**	**2775.2**	**3913.4**	**4008.2**	**2141.2**	**2090.8**
北京	2795.1	2892.4	3020.0	3320.8	791.8	921.6
天津	3364.2	2710.0	4137.8	3349.2	2470.0	1969.1
河北	3450.4	3444.3	3984.0	4043.1	1819.0	1743.4
山西	1671.1	1830.9	2965.5	3021.4	1348.5	1511.5
内蒙古	2288.4	2471.6	3878.9	4179.3	1457.3	1433.2
辽宁	3640.6	4001.6	3647.2	4009.0	1697.8	1831.2
吉林	3650.4	3723.1	3715.4	3804.2	2460.0	2666.7
黑龙江	3598.1	3619.6	4775.0	4818.1	2542.8	1425.0
上海	3191.3	2780.5	3741.9	2838.2	3142.7	2793.7
江苏	3333.4	3319.8	4190.6	4279.4	2951.3	2934.4
浙江	2274.3	2217.0	3023.5	3111.3	2199.7	2133.0
安徽	3086.2	2937.0	4952.5	4957.8	2451.9	2354.2
福建	2901.1	2871.0	3021.9	3044.8	1626.5	1453.2
江西	1863.9	1832.8	3014.8	3169.7	1507.1	1455.8
山东	4389.7	4472.1	4429.6	4513.8	2564.7	2615.9
河南	4295.5	4366.1	4781.3	4887.8	2614.8	2357.1
湖北	2538.7	2519.4	3516.2	3633.6	2379.2	2340.6
湖南	1824.3	1815.3	2694.6	2710.0	1756.0	1746.7
广东	3305.8	3342.0	3342.8	3381.7	1640.3	1504.2
广西	2879.7	2860.1	3190.7	3240.1	1012.3	939.9
海南	2531.2	2572.7	2564.0	2603.1		
重庆	2043.5	2059.4	2243.7	2288.5	2029.1	2037.5
四川	2569.0	2537.1	2659.0	2703.3	2554.1	2506.6
贵州	1914.8	1829.0	2480.0	2561.0	1870.4	1777.3
云南	2091.0	2020.2	1976.4	2031.7	2140.2	2041.4
西藏	2508.0	2564.0	2827.2	3126.4	2507.4	2563.2
陕西	2241.6	2257.1	3059.6	3116.2	2149.7	2177.5
甘肃	2271.9	2272.9	4540.1	3758.7	2391.2	2342.6
青海	2107.0	2177.5			2112.9	2182.9
宁夏	1704.4	1528.8	3600.0	2903.2	936.1	1083.2
新疆	3187.3	3126.5	5030.9	5183.2	2877.2	2748.6

7-27 各地区棉花和麻类作物单位面积产量

单位：公斤/公顷

地区	棉花		麻类合计		#黄红麻	
	2022年	2023年	2022年	2023年	2022年	2023年
全国	**1993.2**	**2014.9**	**3922.0**	**3315.7**	**3395.5**	**3430.5**
北京	1108.5	1071.4				
天津	1294.4	1282.8				
河北	1197.1	1207.8		1575.0		
山西	1390.2	1332.1	1770.4	1452.6		
内蒙古			2079.1	2728.4		
辽宁	900.0					
吉林						
黑龙江			7160.5	6717.4		
上海	1237.1					
江苏	1396.2	1454.8	2422.0	2454.6		
浙江	1387.9	1388.8	2498.6	1987.2	6666.7	3071.2
安徽	844.4	894.4	4610.5	4380.0	3481.9	3215.9
福建	958.5		3750.0		3750.0	
江西	1101.6	1134.6	1662.2	1728.7	3230.8	3230.8
山东	1277.8	1303.9	1725.0	1740.0		
河南	1252.7	1218.8	4343.5	4634.7	4343.5	4634.7
湖北	892.4	929.9	2512.5	2557.3		
湖南	1273.6	1360.3	2385.6	2406.9	2123.7	2157.3
广东			3674.5	3269.8	3674.5	3269.8
广西	1025.6	1017.0	2906.2	3204.8	2979.8	3193.1
海南				953.2		300.0
重庆			1815.3	1851.6	2294.1	2229.7
四川	900.7	912.5	1779.0	1817.1	2464.0	2524.7
贵州	940.8	955.3	1376.0	1220.0		
云南			2892.1	2371.3		
西藏						
陕西	1552.2	1617.3	1771.6	1836.6	535.7	535.7
甘肃	1962.2	2080.4	2051.5	2122.4		
青海						
宁夏						
新疆	2160.2	2157.8	5434.3	4570.2		

7-28　各地区糖料作物单位面积产量

单位：公斤/公顷

地　区	糖料合计		#甘　蔗		甜　菜	
	2022年	2023年	2022年	2023年	2022年	2023年
全　国	**77307.4**	**80389.2**	**80191.9**	**82651.7**	**54855.0**	**61539.6**
北　京						
天　津	45000.0	67500.0	45000.0	67500.0		
河　北	52721.3	54900.9		52635.9	52721.3	54903.0
山　西	37310.0	31012.8			37310.0	31012.8
内蒙古	44036.0	46116.9			44114.2	46231.7
辽　宁	63226.0	64126.1			63226.0	64126.1
吉　林	45364.5	52401.3			45364.5	52401.3
黑龙江	51702.8	58859.7			51702.8	58859.7
上　海	40940.3	40421.5	40940.3	40421.5		
江　苏	18821.0	18009.2	63203.3	62275.7	7403.6	7410.5
浙　江	62105.7	63312.0	62105.7	63312.0		
安　徽	39975.9	41330.9	42503.1	45241.8		
福　建	55825.7	55881.7	55825.7	55881.7		
江　西	45738.0	46039.4	45738.0	46039.4		
山　东	34176.1	82695.0	61764.7	82695.0	22920.0	
河　南	70000.1	72513.7	70000.1	72513.7		
湖　北	42353.0	42023.4	42353.0	42023.4		
湖　南	46082.0	46298.3	46082.0	46298.3		
广　东	87778.4	89175.8	87778.4	89175.8		
广　西	83926.9	86496.1	83926.9	86496.1		
海　南	55956.9	65126.8	55956.9	65126.8		
重　庆	44824.1	45606.9	44824.1	45606.9		
四　川	39917.7	40823.3	39917.8	40824.5	39873.4	39697.4
贵　州	56245.8	54211.6	56246.6	54211.6	27937.9	
云　南	70911.2	73764.4	70911.2	73764.4		
西　藏	5217.4	4800.0	5217.4	4800.0		
陕　西	29966.7	34039.9	35544.6	39801.6	18495.5	18609.4
甘　肃	71327.5	71692.4			71327.5	71692.4
青　海						
宁　夏	35735.2	29090.9			35735.2	29090.9
新　疆	74742.3	81171.9			74742.3	81171.9

7-29 茶叶、水果产量

单位：万吨

年 份	茶叶产量	水果产量					
			#苹 果	柑 橘	梨	葡 萄	香 蕉
1952	8.2	244.3	11.8	20.7	39.4	4.8	11.0
1957	11.2	324.7	22.2	32.2	50.4	8.5	7.3
1962	7.4	271.2	22.5	20.6	44.3	8.4	3.5
1965	10.1	323.9	31.8	25.4	51.1	10.0	14.5
1970	13.6	374.5	79.8	24.2	65.4	8.5	16.6
1975	21.1	538.1	158.3	33.6	108.7	12.3	16.5
1978	26.8	657.0	227.5	38.3	151.7	10.4	8.5
1979	27.7	701.5	286.9	58.2	143.8	12.6	7.4
1980	30.4	679.3	236.3	71.3	146.6	11.0	6.1
1981	34.3	780.1	300.6	79.8	159.3	14.8	12.6
1982	39.7	771.3	243.0	93.9	175.5	18.6	20.1
1983	40.1	948.7	354.1	129.6	179.5	24.7	20.7
1984	41.4	984.5	294.1	149.9	210.0	29.4	30.0
1985	43.2	1163.9	361.4	180.8	213.7	36.1	63.1
1986	46.0	1347.7	333.7	254.8	234.8	44.2	125.1
1987	50.8	1667.9	426.4	322.4	248.9	64.1	202.9
1988	54.5	1666.1	434.4	256.0	272.1	79.2	183.0
1989	53.5	1831.9	449.9	456.1	256.5	87.4	140.4
1990	54.0	1874.4	431.9	485.5	235.3	85.9	145.6
1991	54.2	2176.1	454.0	633.3	249.8	91.6	198.1
1992	56.0	2440.1	655.6	516.0	284.6	112.5	245.1
1993	60.0	3011.2	907.0	656.1	321.7	135.5	270.1
1994	58.8	3499.8	1112.9	680.5	404.3	152.2	289.8
1995	58.8	4214.6	1400.8	822.5	494.2	174.2	312.5
1996	59.3	4652.8	1704.7	845.7	580.7	188.3	253.6
1997	61.3	5089.3	1721.9	1010.2	641.5	203.3	289.2
1998	66.5	5452.9	1948.1	859.0	727.5	235.8	351.8
1999	67.6	6237.6	2080.2	1078.7	774.2	270.8	419.4
2000	68.3	6225.1	2043.1	878.3	841.2	328.2	494.1
2001	70.2	6658.0	2001.5	1160.7	879.6	368.0	527.2
2002	74.5	6952.0	1924.1	1199.0	930.9	447.9	555.7
2003	76.8	14517.4	2110.2	1345.4	979.8	517.6	590.3
2004	83.5	15340.9	2367.5	1495.8	1064.2	567.5	605.6
2005	93.5	16120.1	2401.1	1591.9	1132.4	579.4	651.8
2006	102.8	17102.0	2605.9	1789.8	1198.6	627.1	690.1
2007	117.0	17659.4	2734.7	2036.4	1258.8	670.9	764.0
2008	125.5	18279.1	2899.5	2297.0	1296.4	698.2	748.4
2009	135.1	19093.7	3047.5	2471.7	1343.6	764.9	829.6
2010	146.2	20095.4	3164.9	2581.7	1409.5	813.5	884.1
2011	160.8	21018.6	3367.3	2864.1	1448.6	857.7	946.1
2012	176.1	22091.5	3581.4	3089.4	1550.4	1000.6	1036.0
2013	188.7	22748.1	3629.8	3196.4	1544.4	1088.5	1103.0
2014	204.9	23302.6	3735.4	3362.2	1581.9	1173.1	1062.2
2015	227.7	24524.6	3889.9	3617.5	1652.7	1316.4	1062.7
2016	231.3	24405.2	4039.3	3591.5	1596.3	1262.9	1094.0
2017	246.0	25241.9	4139.0	3816.8	1641.0	1308.3	1117.0
2018	261.0	25688.4	3923.3	4138.1	1607.8	1366.7	1122.2
2019	277.7	27400.8	4242.5	4584.5	1731.4	1419.5	1165.6
2020	293.2	28692.4	4406.6	5121.9	1781.5	1431.4	1151.3
2021	316.4	29970.2	4597.3	5595.6	1887.6	1499.8	1172.4
2022	334.2	31296.2	4757.2	6003.9	1926.5	1537.8	1177.7
2023	354.1	32744.3	4960.2	6433.8	1985.3	1616.6	1170.3

注：2003年起，水果产量包括种植业中的瓜果类产量(后同)。

7-30 茶叶、水果主要品种面积和产量

指　标	单　位	1990年	1995年	2000年	2005年	2010年	2012年
一、茶叶生产情况							
年末实有茶园面积	千公顷	1061.3	1115.3	1089.0	1351.9	1931.8	2201.3
茶叶产量	万吨	54.0	58.8	68.3	93.5	146.2	176.1
绿茶	万吨	33.3	41.4	49.8	69.1	104.7	123.9
青茶	万吨	3.3	5.5	6.8	10.4	16.9	20.2
红茶	万吨	11.0	5.2	4.7	4.8	6.7	12.9
黑茶	万吨						
黄茶	万吨						
白茶	万吨						
其他茶	万吨						
二、水果生产情况							
年末果园面积	千公顷	5178.7	8091.1	8931.6	10034.8	10681.0	10989.7
#香蕉园	千公顷	108.8	189.8	249.2	276.3	333.8	357.5
苹果园	千公顷	1633.1	2953.1	2254.1	1890.4	1930.3	1976.4
柑橘园	千公顷	1061.2	1214.1	1271.8	1717.0	2025.4	2111.7
梨　园	千公顷	480.7	859.4	1014.6	1112.0	970.3	969.7
葡萄园	千公顷	122.6	152.5	283.0	407.9	513.2	612.8
园林水果产量	万吨	1874.4	4214.6	6225.1	8835.5	12285.2	14196.7
#香蕉	万吨	145.6	312.5	494.1	651.8	884.1	1036.0
苹果	万吨	431.9	1400.8	2043.1	2401.1	3164.9	3581.4
柑橘	万吨	485.5	822.5	878.3	1591.9	2581.7	3089.4
梨	万吨	235.3	494.2	841.2	1132.4	1409.5	1550.4
葡萄	万吨	85.9	174.2	328.2	579.4	813.5	1000.6
菠萝	万吨	46.3	53.9	85.7	84.9	101.8	119.2
红枣	万吨	42.3	78.2	130.6	248.9	422.5	544.1
柿子	万吨	62.5	96.9	159.2	218.5	258.9	291.0

7-30 续表

指　　标	单　位	2015年	2020年	2021年	2022年	2023年	2023年为2022年百分比(%)
一、茶叶生产情况							
年末实有茶园面积	千公顷	2640.8	3216.7	3307.8	3392.7	3430.0	101.1
茶叶产量	万吨	227.7	293.2	316.4	334.2	354.1	106.0
绿茶	万吨	156.1	197.6	217.4	226.8	241.2	106.3
青茶	万吨	24.3	31.3	32.6	34.8	35.9	103.0
红茶	万吨	19.6	28.8	30.4	34.0	36.5	107.4
黑茶	万吨		19.6	21.1	22.5	23.8	105.8
黄茶	万吨		0.9	1.2	1.1	1.3	110.9
白茶	万吨		5.9	8.0	9.5	10.4	110.1
其他茶	万吨		9.1	5.7	5.4	4.9	91.9
二、水果生产情况							
年末果园面积	千公顷	11212.2	12646.3	12808.0	13009.5	12738.1	97.9
#香蕉园	千公顷	355.4	327.2	325.9	326.8	320.8	98.1
苹果园	千公顷	1983.0	1993.5	1975.4	1955.8	1928.5	98.6
柑橘园	千公顷	2229.8	2831.5	2922.7	2995.8	3061.3	102.2
梨　园	千公顷	974.2	966.8	921.6	915.0	892.4	97.5
葡萄园	千公顷	716.4	712.4	701.5	705.1	696.2	98.7
园林水果产量	万吨	16200.9	20379.2	21680.8	22814.1	23988.3	105.1
#香蕉	万吨	1062.7	1151.3	1172.4	1177.7	1170.3	99.4
苹果	万吨	3889.9	4406.6	4597.3	4757.2	4960.2	104.3
柑橘	万吨	3617.5	5121.9	5595.6	6003.9	6433.8	107.2
梨	万吨	1652.7	1781.5	1887.6	1926.5	1985.3	103.0
葡萄	万吨	1316.4	1431.4	1499.8	1537.8	1616.6	105.1
菠萝	万吨	133.9	184.8	188.6	200.3	206.8	103.2
红枣	万吨	713.5	773.1	740.2	747.2	740.0	99.0
柿子	万吨	295.0	347.1	361.8	385.8	398.3	103.2

7-31 各地区茶园面积和茶叶产量

单位：千公顷、万吨

地区	年末实有茶园面积		本年采摘面积		茶叶产量		绿茶	
	2022年	2023年	2022年	2023年	2022年	2023年	2022年	2023年
全　国	**3392.7**	**3430.0**	**2807.2**	**2888.1**	**334.2**	**354.1**	**226.8**	**241.2**
北　京								
天　津		...						
河　北	...	...	...	...	...	...	...	...
山　西	1.3	1.0	1.0	0.6	0.2	0.2	...	...
内蒙古	...	...	...	...	...	...	...	...
辽　宁		...		...		...		
吉　林								
黑龙江	...	...	...	...	...	...		
上　海	0.1	0.2	0.1	0.2	...	...	...	...
江　苏	33.9	34.0	30.7	30.5	1.1	1.1	0.8	0.8
浙　江	208.7	210.7	193.2	196.9	18.1	18.9	17.0	17.7
安　徽	209.3	211.9	184.2	189.4	14.2	14.6	12.4	12.6
福　建	241.0	248.5	225.4	232.5	52.1	55.0	12.8	13.3
江　西	120.0	122.1	91.5	93.6	7.7	7.9	6.0	6.1
山　东	26.7	27.2	21.2	21.8	2.9	3.1	2.9	2.7
河　南	116.6	116.8	94.8	95.4	7.5	7.3	7.1	6.9
湖　北	376.1	383.1	302.5	310.3	42.0	44.9	29.0	31.5
湖　南	210.5	216.1	151.3	160.2	26.5	27.6	12.5	12.8
广　东	99.5	112.7	89.7	101.5	16.1	17.9	6.4	8.7
广　西	102.5	107.2	79.8	82.8	10.8	12.0	6.2	6.9
海　南	2.3	2.6	1.6	1.7	0.2	0.2	0.1	0.1
重　庆	55.7	56.0	41.8	43.0	5.3	5.6	4.7	5.0
四　川	410.6	414.4	331.3	341.8	39.3	42.5	32.3	35.0
贵　州	470.6	450.0	361.0	360.6	26.6	28.8	21.2	23.4
云　南	530.3	535.5	468.7	479.8	53.4	55.7	46.5	48.5
西　藏	3.5	3.8	1.4	1.9	...	...	...	...
陕　西	160.7	163.3	129.6	135.0	10.0	10.7	8.7	9.2
甘　肃	12.7	12.9	6.4	8.6	0.2	0.2	0.2	0.2
青　海	...		...					
宁　夏		...		...		...		
新　疆								

7-31 续表 1　　　　单位：万吨

地　区	青　茶		红　茶		黑　茶	
	2022年	2023年	2022年	2023年	2022年	2023年
全　国	**34.8**	**35.9**	**34.0**	**36.5**	**22.5**	**23.8**
北　京						
天　津						
河　北						
山　西	…	…	…	…	…	…
内蒙古						
辽　宁				…		
吉　林						
黑龙江						
上　海			…	…		
江　苏			0.3	0.3		
浙　江	…	…	0.7	0.8	0.1	0.1
安　徽	…		0.8	0.8	…	…
福　建	26.7	28.3	6.1	6.5		
江　西	0.1	0.1	1.3	1.4	…	…
山　东			…	0.4		
河　南			0.4	0.4	…	…
湖　北	0.1	0.1	4.2	4.2	7.8	8.1
湖　南	0.1	0.1	2.9	3.0	10.1	10.5
广　东	7.1	6.6	2.1	2.4	…	…
广　西	0.1	0.1	3.0	3.0	1.0	1.5
海　南			…	…		
重　庆	…	…	0.4	0.5		
四　川	0.5	0.5	1.7	2.1	2.6	2.9
贵　州	…	…	3.1	3.1	0.4	0.4
云　南	0.1	0.1	6.4	6.7	…	…
西　藏	…	…	…	…	…	…
陕　西			0.7	0.8	0.5	0.5
甘　肃						
青　海						
宁　夏						
新　疆						

7-31 续表 2 单位：万吨

地区	黄茶		白茶		其他茶	
	2022年	2023年	2022年	2023年	2022年	2023年
全国	**1.1**	**1.3**	**9.5**	**10.4**	**5.4**	**4.9**
北京						
天津						
河北					...	
山西			...	...	0.2	0.2
内蒙古					...	
辽宁						
吉林						
黑龙江					...	...
上海						
江苏					...	...
浙江	0.1	0.1	0.2	0.3	...	...
安徽	0.7	0.8	0.2	0.4	0.1	0.1
福建			6.4	6.9	...	...
江西	...	...	0.3	0.4		
山东				...	...	...
河南			...	...		
湖北	0.1	0.1	0.3	0.3	0.6	0.5
湖南	0.1	0.1	0.2	0.3	0.7	0.8
广东	0.1	0.1	...	...	0.5	0.1
广西		...	0.1	0.1	0.4	0.4
海南					0.1	0.1
重庆			...	0.1	0.1	0.1
四川	...	0.1	0.1	0.1	2.0	1.8
贵州	...	...	1.4	1.4	0.4	0.4
云南	...		0.1	0.2	0.3	0.2
西藏			...	...	...	...
陕西			0.1	...	...	0.1
甘肃						
青海						
宁夏						...
新疆						

7-32 各地区果园面积

单位：千公顷

地区	年末实有果园面积		#香蕉园		苹果园	
	2022年	2023年	2022年	2023年	2022年	2023年
全国	**13009.5**	**12738.1**	**326.8**	**320.8**	**1955.8**	**1928.5**
北京	32.6	28.4		…	4.6	4.1
天津	18.9	14.3			2.2	1.3
河北	473.7	460.5			115.2	111.1
山西	383.9	380.3	…	…	133.3	131.1
内蒙古	99.5	99.5			43.5	44.7
辽宁	339.8	340.4			129.9	130.7
吉林	28.7	28.3	…	…	6.9	7.4
黑龙江	44.8	44.8			9.5	9.7
上海	11.6	10.8				
江苏	185.4	180.0			28.2	26.0
浙江	292.5	291.7	…	…	…	…
安徽	167.6	165.5			11.0	10.7
福建	377.1	383.8	12.4	12.6	…	
江西	438.7	440.4				
山东	606.7	605.0			240.2	236.5
河南	401.9	386.7			104.3	100.8
湖北	411.7	413.7			0.5	0.5
湖南	578.8	588.6			…	…
广东	1069.1	1094.9	110.6	106.3		
广西	1405.3	1406.0	77.6	79.5		
海南	204.6	208.3	34.0	35.2		
重庆	366.2	373.9	0.1	0.1	0.6	0.6
四川	857.2	886.9	1.9	2.0	48.0	48.5
贵州	772.8	720.2	10.9	9.3	32.7	27.2
云南	746.9	767.8	79.3	75.9	55.9	57.7
西藏	5.6	7.4	0.1	0.1	2.3	2.9
陕西	1168.2	1163.7			616.1	615.3
甘肃	332.2	331.3			256.4	256.4
青海	6.3	2.6			0.7	0.6
宁夏	104.2	96.1			26.7	21.6
新疆	1077.1	816.1			87.1	83.0

7-32 续表

单位：千公顷

地区	柑橘园		梨园		葡萄园	
	2022年	2023年	2022年	2023年	2022年	2023年
全国	**2995.8**	**3061.3**	**915.0**	**892.4**	**705.1**	**696.2**
北京	…	…	4.9	4.2	1.5	1.3
天津			4.2	2.9	2.4	2.1
河北			114.3	110.8	42.7	41.5
山西			53.1	53.6	16.6	16.8
内蒙古	…	…	6.0	5.9	3.9	3.7
辽宁			79.9	79.3	32.1	32.5
吉林	…	…	7.0	5.5	4.6	4.1
黑龙江	…	…	2.2	2.0	3.0	2.8
上海	3.3	3.0	1.9	1.8	2.2	2.1
江苏	2.2	2.2	32.3	30.7	35.0	34.2
浙江	80.0	79.0	16.7	16.2	29.1	28.8
安徽	2.4	2.3	40.9	40.9	26.5	25.9
福建	156.6	161.3	14.1	14.1	11.0	11.2
江西	348.9	352.1	19.4	18.4	9.4	9.2
山东			37.5	38.5	35.6	35.5
河南	4.5	4.6	63.7	59.2	37.6	35.9
湖北	242.9	243.0	23.7	24.2	16.5	16.7
湖南	430.4	437.5	34.5	34.7	28.4	28.7
广东	252.3	261.7	9.1	9.1	3.0	3.2
广西	631.0	639.1	21.3	21.4	31.6	32.1
海南	10.6	9.9			…	…
重庆	230.9	234.5	24.0	24.1	10.1	9.8
四川	360.0	383.0	65.0	61.8	37.8	37.1
贵州	88.8	89.1	44.8	40.6	27.8	25.5
云南	127.3	135.4	59.8	57.9	37.3	38.1
西藏	0.2	0.2	0.3	0.6	1.0	1.1
陕西	23.2	23.2	44.2	44.2	50.5	51.2
甘肃	0.3	0.3	19.5	18.7	15.4	14.9
青海			0.5	0.5	…	…
宁夏			1.9	2.2	31.8	31.5
新疆			68.4	68.2	121.0	118.8

7-33　各地区水果产量

单位：万吨

地　区	水果产量		#香　蕉		苹　果	
	2022年	2023年	2022年	2023年	2022年	2023年
全　国	**31296.2**	**32744.3**	**1177.7**	**1170.3**	**4757.2**	**4960.2**
北　京	38.3	41.8		…	2.9	3.0
天　津	57.8	42.3			2.6	2.0
河　北	1533.9	1563.2			265.6	269.6
山　西	1002.8	1082.8	…	…	418.3	441.5
内蒙古	175.5	213.3			32.1	35.7
辽　宁	879.7	928.2			273.7	288.9
吉　林	166.0	157.2			6.8	8.6
黑龙江	189.4	188.9			14.0	14.1
上　海	31.9	31.7				
江　苏	1002.1	1015.2			57.2	57.3
浙　江	704.5	733.4	…	…	…	…
安　徽	798.3	828.8			35.7	36.8
福　建	864.9	914.3	49.2	50.8	…	
江　西	749.4	799.0				
山　东	3095.5	3208.2			1006.4	1039.8
河　南	2542.0	2561.6			421.2	422.4
湖　北	1143.2	1191.5			0.3	0.2
湖　南	1208.2	1266.1			…	…
广　东	2028.4	2127.8	488.5	478.3		
广　西	3402.5	3553.2	300.7	302.0		
海　南	563.6	592.6	114.8	117.7		
重　庆	593.3	645.9	0.2	0.1	0.6	0.6
四　川	1380.5	1490.4	5.4	3.6	90.7	102.1
贵　州	698.9	756.7	10.4	9.1	31.5	34.0
云　南	1289.1	1380.9	208.4	208.5	71.7	74.8
西　藏	3.1	3.1	0.1	0.1	0.7	0.9
陕　西	2240.8	2335.5			1302.7	1375.1
甘　肃	965.5	1044.0			475.9	511.9
青　海	2.8	2.5			0.5	0.5
宁　夏	271.7	310.5			32.1	24.5
新　疆	1672.6	1733.8			213.9	216.0

7-33 续表 1　　　　单位：万吨

地　区	柑　橘		梨		葡　萄	
	2022年	2023年	2022年	2023年	2022年	2023年
全　国	**6003.9**	**6433.8**	**1926.5**	**1985.3**	**1537.8**	**1616.6**
北　京		…	4.3	3.5	1.0	0.9
天　津			6.4	3.5	6.1	4.4
河　北			391.0	395.7	134.1	136.7
山　西			134.5	152.6	44.0	44.8
内蒙古	…	…	8.4	8.0	4.6	4.8
辽　宁			130.1	126.4	80.7	89.5
吉　林			8.3	7.1	8.1	7.7
黑龙江			5.1	5.0	8.2	8.1
上　海	5.4	5.8	2.2	3.1	3.9	3.6
江　苏	3.5	3.4	77.5	78.6	65.3	69.8
浙　江	177.1	187.1	32.3	33.6	73.7	76.2
安　徽	3.2	3.6	135.0	141.7	57.3	57.5
福　建	456.1	492.1	20.8	21.3	24.4	25.4
江　西	459.8	504.2	16.2	16.4	11.6	11.9
山　东			128.2	136.6	122.3	126.3
河　南	5.0	5.2	140.8	150.3	90.5	91.4
湖　北	537.8	570.9	42.4	44.7	32.3	33.6
湖　南	639.3	678.3	20.8	21.4	27.8	28.9
广　东	554.6	591.8	13.0	14.0	6.4	6.9
广　西	1808.0	1894.6	50.8	53.4	72.0	74.7
海　南	16.8	15.7			…	0.1
重　庆	363.6	397.5	33.8	36.0	13.3	13.9
四　川	563.2	615.0	98.9	93.3	54.2	57.6
贵　州	107.0	132.2	53.3	54.3	41.1	44.0
云　南	247.7	277.3	84.6	83.5	101.3	109.7
西　藏	0.1	0.1	0.2	0.2	0.4	0.5
陕　西	55.5	58.5	108.1	112.3	89.1	93.1
甘　肃	0.3	0.4	26.3	25.5	26.7	26.9
青　海			0.5	0.5	…	…
宁　夏			1.5	1.9	20.9	19.9
新　疆			151.4	160.9	316.5	347.7

7-33 续表 2　　单位：万吨

地区	菠萝		红枣		柿子	
	2022年	2023年	2022年	2023年	2022年	2023年
全　国	**200.3**	**206.8**	**747.2**	**740.0**	**385.8**	**398.3**
北　京			0.4	0.4	0.5	0.4
天　津			3.2	1.9	1.5	1.1
河　北			78.2	78.4	35.8	39.3
山　西			79.3	76.2	32.9	35.8
内蒙古			0.7	0.5	…	…
辽　宁			11.3	12.6	…	0.1
吉　林						
黑龙江						
上　海			…	…	…	…
江　苏			0.5	0.3	7.3	8.1
浙　江	…	…	0.1	0.1	5.9	6.2
安　徽			2.6	2.5	9.5	8.5
福　建	1.8	1.8			13.8	14.1
江　西		…			2.5	2.5
山　东			61.3	62.9	10.4	10.9
河　南			12.0	11.3	44.4	43.6
湖　北			2.5	1.5	5.1	5.3
湖　南			3.4	3.5	2.6	2.6
广　东	129.5	132.0			13.2	13.0
广　西	3.5	3.8	3.4	3.4	142.5	147.9
海　南	51.6	56.0				
重　庆			0.7	0.7	1.3	1.2
四　川	0.1	0.1	1.9	1.7	5.3	5.7
贵　州			0.6	0.5	1.9	1.9
云　南	14.0	13.2	1.9	2.5	12.6	13.0
西　藏	…	…			…	…
陕　西			127.1	133.4	33.7	33.7
甘　肃			8.7	9.2	3.1	3.3
青　海						
宁　夏			9.7	9.8		
新　疆			337.9	326.7		

7-33 续表 3

单位：万吨

地区	瓜果类		#西瓜		甜瓜	
	2022年	2023年	2022年	2023年	2022年	2023年
全国	**8482.2**	**8756.0**	**6302.3**	**6513.5**	**1386.8**	**1408.3**
北京	11.6	12.9	9.4	10.5	0.1	0.2
天津	27.5	20.4	25.2	18.4	1.7	1.4
河北	394.2	396.7	245.6	245.1	102.9	103.8
山西	58.5	96.5	45.8	84.6	8.6	7.6
内蒙古	119.0	152.4	75.0	108.7	41.0	41.3
辽宁	229.5	246.6	144.1	157.2	31.9	32.5
吉林	136.8	125.6	108.7	93.9	25.6	29.2
黑龙江	141.1	139.1	78.3	71.3	55.1	57.3
上海	15.3	14.3	11.0	9.6	1.9	1.9
江苏	665.9	671.6	500.5	501.8	83.0	81.9
浙江	245.5	247.4	172.1	176.9	43.8	40.8
安徽	402.1	417.1	318.3	326.7	16.9	18.7
福建	47.6	47.8	39.7	40.0	3.6	3.6
江西	210.5	215.1	189.1	191.1	17.2	18.8
山东	1129.5	1166.0	745.0	766.8	255.6	267.7
河南	1506.9	1502.7	1292.3	1301.7	169.6	152.7
湖北	370.2	370.8	303.3	303.6	50.6	49.5
湖南	438.5	452.7	378.0	389.6	48.4	49.5
广东	133.2	135.9	96.0	97.8	14.3	14.3
广西	322.4	320.6	282.3	279.0	30.1	31.3
海南	175.6	180.3	59.0	55.7	2.1	2.3
重庆	63.2	65.9	58.6	61.1	0.8	0.8
四川	142.1	148.6	116.2	122.9	1.9	1.9
贵州	69.5	68.0	44.3	45.0	3.0	2.6
云南	125.0	133.4	75.5	78.4	2.9	2.9
西藏	1.2	0.8	0.6	0.4	...	0.1
陕西	247.3	243.0	169.9	166.9	61.3	60.3
甘肃	390.1	427.6	281.2	302.2	92.7	111.5
青海	1.2	1.0	0.5	0.3	...	...
宁夏	201.1	250.3	193.7	243.8	6.4	5.5
新疆	460.0	484.8	243.1	262.3	213.7	216.4

7-34　营林面积和主要林产品产量

指　　标	单　位	1990年	1995年	2000年	2005年	2010年	2015年	2020年	2021年	2022年	2023年	2023年为2022年百分比(%)
一、营林情况												
1.人工造林面积	千公顷	4353.4	4405.4	4345.0	3231.6	3872.8	4361.8	3000.1	1085.1	930.9	1014.4	109.0
2.飞播造林面积	千公顷	855.1	561.8	760.1	416.4	195.9	128.4	151.5	172.2	166.1	67.0	40.3
3.当年新封山(沙)育林面积	千公顷	5208.5	4967.2	5105.1			2152.9	1774.6	1235.1	1057.3	1133.1	107.2
4.退化林修复面积	千公顷						739.3	1619.6	1011.3	1582.9	1795.7	113.4
5.人工更新面积	千公顷	671.5	729.7	919.8	407.5	306.7	300.5	387.9	250.6	465.6	625.9	134.4
6.森林抚育面积	千公顷						7817.9	9115.8	6422.1	5737.5	6471.1	112.8
7.育苗面积	千公顷	213.5	206.0	278.6	545.2	660.4	1367.0	1395.3	1246.5	1123.5	986.4	87.8
二、主要林产品产量												
板　栗	万吨	11.5	24.7	59.8	103.2	170.2	234.2	225.3	227.8	234.3	257.6	109.9
竹　笋	万吨	8.4	17.5	33.9	46.3	48.1	77.2	96.7	91.1	473.1	804.7	170.1
油茶籽	万吨	52.3	62.3	82.3	87.5	109.2	216.3	314.2	394.2	294.6	337.0	114.4
核　桃	万吨	15.0	23.1	31.0	49.9	128.4	333.2	479.6	540.4	593.5	586.6	98.8
紫胶(原胶)	吨	1421	3486	1419	1897	3240	3595	3642	5647	1940	2622	135.2
三、木竹采伐												
木材(商品材)	万立方米	5571	6767	4724	5560	8090	7200	10257	11589	12210	12701	104.0
竹材	百万根	187	448	562	1152	1430	2355	3243	3256	4218	3418	81.0

注：1.自2015年起，根据国家林业局提供的数据，林业面积指标有较大的调整。
2.2021年首次实行造林落地上图，与原统计口径略有差异，数据出现较大波动(后同)。
3.2022年起竹笋干产量指标调整为竹笋产量。

7-35 各地区造林面积

单位：千公顷

地区	人工造林面积		飞播造林面积		当年新封山(沙)育林面积	
	2022年	2023年	2022年	2023年	2022年	2023年
全　国	**930.9**	**1014.4**	**166.1**	**67.0**	**1057.3**	**1133.1**
北　京	3.5	0.4				
天　津		0.1			5.5	4.8
河　北	56.7	58.8	17.8	3.3	85.3	70.4
山　西	227.0	204.1	11.0	10.0	63.7	53.6
内蒙古	87.9	127.2	17.8	10.7	30.5	21.4
辽　宁	27.3	30.8			3.3	2.0
吉　林	1.6	0.4			5.1	0.6
黑龙江	7.1	2.8			27.2	32.1
上　海		0.2				
江　苏	1.4	1.0				0.1
浙　江	2.7	3.1				
安　徽	5.8	6.5			14.2	70.4
福　建	1.5	3.3			32.6	32.0
江　西	6.6	18.1			46.5	36.8
山　东	5.0	6.5				
河　南	34.1	20.9	16.3	16.4	22.3	30.4
湖　北	41.3	30.6			64.2	37.4
湖　南	71.8	104.3			70.5	125.4
广　东	3.1	11.0			29.1	34.3
广　西	6.0	20.6			3.1	5.1
海　南	0.7	0.8				
重　庆	16.6	23.2	0.7		28.5	40.1
四　川	13.1	20.9			69.6	21.2
贵　州	32.7	7.2			3.3	32.2
云　南	28.7	42.2			64.8	90.5
西　藏	13.5	4.2	51.1	3.7	1.3	34.0
陕　西	43.7	62.0	50.1	22.2	174.3	154.0
甘　肃	102.3	130.0		0.7	52.1	64.4
青　海	17.6	16.3	1.3		80.8	68.2
宁　夏	47.6	24.0			4.7	5.3
新　疆	23.7	32.7			74.8	66.5
大兴安岭						

7-35 续表 1　　　　单位：千公顷

地　区	退化林修复面积		人工更新面积	
	2022年	2023年	2022年	2023年
全　国	**1582.9**	**1795.7**	**465.6**	**625.9**
北　京		0.5		
天　津		…		0.3
河　北	30.9	39.6	3.1	1.5
山　西	54.8	38.6	5.5	
内蒙古	112.3	152.4	13.2	2.7
辽　宁	31.5	26.3	5.3	4.8
吉　林	109.0	72.4	15.3	14.8
黑龙江	33.7	41.9	7.4	6.2
上　海				
江　苏		0.5	0.8	0.7
浙　江	5.2	10.7	5.8	6.3
安　徽	13.4	47.7	4.6	13.3
福　建	32.9	70.6	44.2	46.7
江　西	139.9	124.6	64.9	73.4
山　东	7.5	8.8	3.0	2.4
河　南	29.1	34.5	12.6	20.0
湖　北	62.0	111.3	8.8	14.7
湖　南	126.3	172.7	31.6	22.6
广　东	43.5	58.2	100.2	49.5
广　西	31.0	42.1	79.2	256.5
海　南	…		9.8	12.0
重　庆	85.0	70.2	2.6	3.9
四　川	72.1	66.2	8.5	14.8
贵　州	132.0	182.8	16.5	8.2
云　南	88.8	117.6	4.6	37.1
西　藏		2.8	1.1	0.3
陕　西	110.3	108.1	3.5	5.8
甘　肃	96.9	74.4	0.7	…
青　海	43.1	20.2	3.8	
宁　夏	52.4	54.9	5.1	
新　疆	26.0	29.9	4.0	7.4
大兴安岭	13.0	15.4		

7-35 续表 2

单位：千公顷

地　区	森林抚育面积		育苗面积	
	2022年	2023年	2022年	2023年
全　国	**5737.5**	**6471.1**	**1123.5**	**986.4**
北　京	90.5	56.3	10.5	8.1
天　津	64.6	70.8	10.2	6.4
河　北	274.8	311.6	71.4	76.3
山　西	80.2	84.2	67.0	62.2
内蒙古	308.7	296.8	31.8	26.5
辽　宁	60.6	52.5	21.0	18.3
吉　林	121.3	48.3	13.1	12.2
黑龙江	337.3	402.8	9.2	9.5
上　海	0.7	0.7	5.3	5.0
江　苏	44.5	34.3	205.0	172.3
浙　江	162.8	172.4	104.1	94.2
安　徽	350.6	571.6	95.2	76.8
福　建	239.2	232.8	0.8	0.8
江　西	120.1	118.1	38.0	32.1
山　东	221.5	240.9	117.2	98.5
河　南	138.9	144.0	47.3	41.1
湖　北	209.0	420.9	45.2	42.4
湖　南	147.9	76.1	7.1	5.0
广　东	367.6	502.8	1.8	6.8
广　西	1014.8	1106.7	7.1	10.4
海　南	18.8	185.8	1.8	1.8
重　庆	206.7	198.0	10.8	8.6
四　川	180.2	132.0	10.1	9.1
贵　州	253.0	391.0	4.3	14.0
云　南	96.8	67.6	15.9	4.9
西　藏	8.2		4.6	6.6
陕　西	79.9	28.2	79.3	65.6
甘　肃	64.1	12.4	36.2	29.5
青　海	39.8	14.6	6.8	3.0
宁　夏	10.3	6.1	15.9	14.1
新　疆	289.4	342.7	29.5	24.1
大兴安岭	134.7	148.1		0.1

7-36 各地区主要林产品产量

单位：吨

地区	油茶籽		竹笋		紫胶	
	2022年	2023年	2022年	2023年	2022年	2023年
全国	**2946191**	**3369641**	**4730537**	**8047194**	**1940**	**2622**
北京						
天津						
河北						
山西						
内蒙古						
辽宁						
吉林						
黑龙江						
上海						
江苏	320		9956	25360		
浙江	96816	109409	1199952	1890614		
安徽	85807	71810	99211	145860		
福建	171215	171228	1399278	1934125		898
江西	583956	623005	404210	936130		
山东						
河南	55773	53608	17	214		
湖北	265076	270957	73315	85204		
湖南	964626	1266388	276308	445471		
广东	179745	199441	128645	322791		43
广西	351668	384532	84315	148179		128
海南	2705	3999	50	135		
重庆	16455	23461	218640	201515		
四川	15594	18432	149593	1102634		
贵州	102877	125109	287198	345548		
云南	35332	31493	395923	459246	1940	1553
西藏						
陕西	18226	16768	3908	4169		
甘肃			18			
青海						
宁夏						
新疆						

注：2022年起竹笋干产量指标调整为竹笋产量。

7-37　主要牲畜出栏量和畜产品产量

指　标	单　位	1999年	2000年	2005年	2010年	2012年	2015年
一、牲畜出栏量							
1.大牲畜出栏							
牛	万头	3766.2	3806.9	4148.7	4318.3	4219.3	4211.4
马	万头	136.1	146.1	156.7	122.8	115.0	99.3
驴	万头	194.3	201.7	217.1	178.9	176.6	142.5
骡	万头	59.2	65.3	60.2	37.0	34.3	21.4
骆驼	万头	6.7	6.7	6.5	6.3	5.7	7.6
2.猪	万头	51977.2	51862.3	60367.4	67332.7	70724.5	72415.6
3.羊	万只	18820.4	19653.4	24092.0	26808.3	26606.2	28761.4
4.家禽	亿只	74.3	82.6	98.6	112.2	124.5	125.9
5.兔	万只	22103.0	25878.2	37840.4	39239.0	37775.4	35888.4
二、肉类总产量	**万吨**	**5949.0**	**6013.9**	**6938.9**	**7993.6**	**8471.1**	**8749.5**
#猪牛羊肉产量	万吨	4762.3	4743.2	5473.5	6173.5	6462.8	6702.2
猪肉产量	万吨	4005.6	3966.0	4555.3	5138.4	5443.5	5645.4
平均每头产肉量	千克	77.1	76.5	75.5	76.3	77.0	78.0
牛肉产量	万吨	505.4	513.1	568.1	629.1	614.7	616.9
平均每头产肉量	千克	134.2	134.8	136.9	145.7	145.7	146.5
羊肉产量	万吨	251.3	264.1	350.1	406.0	404.5	439.9
平均每只产肉量	千克	13.5	13.4	14.5	15.1	15.2	15.3
禽肉产量	万吨	1115.5	1191.1	1344.2	1688.9	1878.9	1919.5
兔肉产量	万吨	31.0	37.0	51.1	59.6	58.3	55.3
三、其他畜产品产量							
奶类产量	万吨	806.9	919.1	2864.8	3211.3	3306.7	3295.5
#牛奶产量	万吨	717.6	827.4	2753.4	3038.9	3174.9	3179.8
山羊粗毛产量	万吨	3.2	3.3	3.7	3.6	4.1	3.5
绵羊毛产量	万吨	28.3	29.3	39.3	38.5	39.4	41.3
#细羊毛	万吨	11.4	11.7	12.8	12.4	12.5	13.1
半细羊毛	万吨	7.4	8.5	12.3	11.4	12.7	13.5
山羊绒产量	万吨	1.0	1.1	1.5	1.8	1.7	1.9
蜂蜜产量	万吨	23.0	24.6	29.3	38.2	43.8	47.3
禽蛋产量	万吨	2134.7	2182.0	2438.1	2776.9	2885.4	3046.1
蚕茧产量	万吨	48.5	54.8	78.0	82.7	83.7	81.2
#桑蚕茧	万吨	44.7	50.1	71.3	75.5	76.7	74.1
柞蚕茧	万吨	3.7	4.7	6.7	7.1	7.1	7.1

注：1.根据第二次全国农业普查结果，对2000-2006年畜牧业数据进行了修订。
2.根据第三次全国农业普查结果，对2007-2017年畜牧业数据进行了修订。（下同）

7-37 续表

指　　标	单　位	2020年	2021年	2022年	2023年	2023年为2022年百分比(%)
一、牲畜出栏量						
1.大牲畜出栏						
牛	万头	4565.5	4707.4	4839.9	5023.5	103.8
马	万头	106.4	109.9	104.8	112.2	107.0
驴	万头	116.6	109.4	86.1	84.5	98.1
骡	万头	12.2	12.0	10.0	8.4	84.3
骆驼	万头	13.9	12.3	12.3	11.9	96.4
2.猪	万头	52704.1	67128.0	69994.8	72662.4	103.8
3.羊	万只	31941.3	33045.0	33623.7	33863.6	100.7
4.家禽	亿只	155.7	157.4	161.4	168.2	104.2
5.兔	万只	33231.4	31682.7	32080.8	31304.9	97.6
二、肉类总产量	**万吨**	**7748.4**	**8990.0**	**9328.4**	**9748.2**	**104.5**
#猪牛羊肉产量	万吨	5278.1	6507.5	6784.2	7078.3	104.3
猪肉产量	万吨	4113.3	5295.9	5541.4	5794.3	104.6
平均每头产肉量	千克	78.0	78.9	79.2	79.7	100.7
牛肉产量	万吨	672.4	697.5	718.3	752.7	104.8
平均每头产肉量	千克	147.3	148.2	148.4	149.8	101.0
羊肉产量	万吨	492.3	514.1	524.5	531.3	101.3
平均每只产肉量	千克	15.4	15.6	15.6	15.7	100.6
禽肉产量	万吨	2361.1	2379.9	2442.6	2562.7	104.9
兔肉产量	万吨	48.8	45.6	45.9	45.8	99.7
三、其他畜产品产量						
奶类产量	万吨	3529.6	3778.1	4026.5	4281.3	106.3
#牛奶产量	万吨	3440.1	3682.7	3931.6	4196.7	106.7
山羊粗毛产量	万吨	2.4	2.3	2.5	2.3	93.1
绵羊毛产量	万吨	33.4	35.6	35.6	36.8	103.2
#细羊毛	万吨	10.6	9.8	6.9	8.0	116.4
半细羊毛	万吨	11.7	12.8	15.5	17.2	111.1
山羊绒产量	万吨	1.5	1.5	1.5	1.8	120.1
蜂蜜产量	万吨	45.8	47.3	46.2	46.3	100.3
禽蛋产量	万吨	3467.8	3408.8	3456.4	3563.0	103.1
蚕茧产量	万吨	78.8	78.2	80.7	83.4	103.4
#桑蚕茧	万吨	73.5	72.7	74.8	77.2	103.2
柞蚕茧	万吨	5.3	5.5	5.8	6.2	107.0

7-38 各地区主要牲畜出栏量(2023年)

单位：万头、万只

地区	猪	牛	羊	家禽
全　国	**72662.4**	**5023.5**	**33863.6**	**1682376.0**
北　京	32.9	2.8	12.1	513.8
天　津	205.4	16.9	46.2	6022.4
河　北	3648.4	360.2	2708.4	74672.1
山　西	1276.1	64.4	800.2	23031.6
内蒙古	910.2	463.7	6494.1	11757.0
辽　宁	2970.5	201.6	596.3	109965.0
吉　林	1927.7	289.9	711.4	49109.5
黑龙江	2414.3	325.8	912.6	32683.7
上　海	120.4	0.0	12.1	575.2
江　苏	2408.5	16.8	556.1	78012.9
浙　江	953.2	9.5	135.0	22406.8
安　徽	3075.5	74.1	1547.4	118783.4
福　建	1695.0	25.0	158.9	115801.0
江　西	3143.6	140.2	188.7	59810.2
山　东	4659.7	268.5	2297.4	310282.1
河　南	6102.3	245.9	2207.6	100805.2
湖　北	4438.5	113.8	630.9	61689.7
湖　南	6286.3	171.4	1018.2	55857.8
广　东	3794.0	35.1	108.9	137385.0
广　西	3516.6	144.1	260.2	110973.0
海　南	496.5	21.2	76.9	17114.0
重　庆	1974.9	62.4	450.6	25018.6
四　川	6662.7	316.4	1767.3	76511.9
贵　州	2048.0	167.8	273.3	19126.4
云　南	4627.0	364.8	1269.5	32871.5
西　藏	25.3	159.1	326.9	174.9
陕　西	1298.3	60.5	641.7	7128.4
甘　肃	958.6	261.4	2558.2	9829.6
青　海	62.6	211.6	710.1	158.5
宁　夏	103.8	87.7	843.3	1466.3
新　疆	825.6	340.8	3543.2	12838.6

7-39 各地区肉类总产量(2023年)

单位：万吨

地　区	肉类总产量	#猪牛羊肉				禽　肉
			猪　肉	牛　肉	羊　肉	
全　国	**9748.2**	**7078.3**	**5794.3**	**752.7**	**531.3**	**2562.7**
北　京	4.2	3.4	2.7	0.5	0.2	0.8
天　津	31.5	21.7	17.4	3.2	1.1	9.7
河　北	495.0	380.2	283.3	59.4	37.5	110.9
山　西	155.0	121.7	99.5	10.2	12.0	32.6
内蒙古	291.2	262.3	75.7	77.8	108.8	23.0
辽　宁	473.7	287.9	249.1	32.0	6.8	184.0
吉　林	309.4	216.6	158.5	49.1	9.0	91.1
黑龙江	328.5	272.6	201.8	55.2	15.6	54.7
上　海	12.2	11.0	10.7	…	0.2	0.9
江　苏	331.7	201.1	191.3	3.3	6.5	128.7
浙　江	119.9	84.8	80.8	1.5	2.5	34.7
安　徽	497.1	296.1	262.4	11.7	22.0	199.7
福　建	311.4	140.6	135.5	2.8	2.3	166.5
江　西	369.1	278.4	257.4	17.8	3.2	89.2
山　东	910.1	473.8	382.8	58.2	32.8	431.5
河　南	679.1	530.6	465.3	38.0	27.3	142.6
湖　北	457.9	375.0	347.2	17.2	10.5	82.2
湖　南	582.6	499.1	461.8	20.4	16.9	80.6
广　东	507.5	304.4	298.0	4.4	1.9	194.5
广　西	478.9	295.6	276.0	15.3	4.3	173.5
海　南	76.4	45.2	42.1	2.0	1.1	30.3
重　庆	215.8	173.6	158.2	8.5	6.9	38.6
四　川	697.1	555.8	489.7	39.1	27.1	115.0
贵　州	246.9	211.6	184.6	22.2	4.8	33.8
云　南	536.1	472.4	405.4	44.7	22.3	62.4
西　藏	31.3	31.0	1.7	23.7	5.5	0.3
陕　西	135.7	123.8	104.5	9.0	10.4	11.2
甘　肃	157.4	143.4	72.7	29.8	40.9	12.8
青　海	41.4	41.0	5.2	22.8	13.0	0.3
宁　夏	41.4	38.1	8.6	14.4	15.1	3.1
新　疆	222.6	185.5	64.4	58.4	62.8	23.4

7-40 各地区其他畜产品产量

单位：万吨

地区	奶类		#牛奶		蜂蜜		禽蛋	
	2022年	2023年	2022年	2023年	2022年	2023年	2022年	2023年
全国	**4026.5**	**4281.3**	**3931.6**	**4196.7**	**46.2**	**46.3**	**3456.4**	**3563.0**
北京	26.2	26.5	26.2	26.5	0.1	0.1	8.7	9.1
天津	51.1	54.1	51.1	54.1	…	…	20.2	23.2
河北	549.3	574.3	546.7	571.9	1.7	1.7	398.4	404.6
山西	143.1	147.5	142.8	147.1	0.8	0.8	118.0	126.7
内蒙古	740.8	794.9	733.8	792.6	0.2	0.2	62.6	67.2
辽宁	135.1	136.0	134.7	135.4	0.2	0.2	315.8	311.8
吉林	29.4	30.9	29.3	30.8	1.0	0.8	95.8	95.7
黑龙江	501.9	504.3	501.2	503.6	1.6	1.4	107.8	107.4
上海	30.2	30.7	30.2	30.7	0.1	0.1	4.6	3.6
江苏	68.8	72.9	68.8	72.9	0.6	0.5	233.4	235.3
浙江	19.7	20.9	19.6	20.9	5.2	5.0	31.7	36.3
安徽	50.7	53.6	50.7	53.6	1.8	1.3	186.7	206.3
福建	22.1	25.4	21.5	24.9	1.8	1.9	59.8	69.1
江西	7.9	6.3	7.9	6.3	1.7	1.7	68.4	73.2
山东	304.5	318.3	304.4	318.1	0.8	0.9	438.1	462.2
河南	217.8	241.8	213.2	237.5	4.8	4.9	456.2	441.2
湖北	9.2	9.0	9.2	9.0	2.0	2.0	208.0	216.3
湖南	7.2	8.0	7.2	7.8	1.6	1.8	117.5	119.6
广东	19.9	20.3	19.8	20.2	3.3	3.2	47.2	49.9
广西	13.1	13.8	13.1	13.8	2.8	3.1	29.3	33.4
海南	0.3	0.3	0.3	0.3	0.1	0.1	5.9	7.1
重庆	3.2	3.1	3.2	3.1	2.2	2.2	50.5	53.1
四川	70.8	72.1	70.8	72.0	6.5	6.7	175.5	181.1
贵州	3.7	3.7	3.7	3.7	0.4	0.3	33.6	38.8
云南	70.2	73.9	69.0	72.6	1.2	1.2	43.3	46.6
西藏	57.8	64.3	53.3	59.3	…	…	1.1	1.4
陕西	170.5	163.9	107.9	109.1	1.3	1.7	63.6	65.2
甘肃	92.7	102.8	91.8	101.8	0.7	0.9	21.6	23.5
青海	35.3	33.9	35.1	33.7	…	…	1.5	1.7
宁夏	342.5	430.6	342.5	430.6	0.1	0.1	13.2	12.7
新疆	231.5	243.2	222.6	232.8	1.6	1.5	38.2	39.9

7-41 牲畜年末存栏量

指 标	单 位	1999年	2000年	2005年	2010年	2015年	2020年	2021年	2022年	2023年	2023年为2022年百分比(%)
一、大牲畜头数	**万头**	**15024.8**	**14638.1**	**12894.8**	**11074.6**	**9929.8**	**10265.1**	**10486.8**	**10859.0**	**11115.4**	**102.4**
牛	万头	12698.3	12353.2	10990.8	9820.0	9055.8	9562.1	9817.2	10215.9	10508.5	102.9
#肉牛	万头				6237.3	6202.9	7685.1	8004.4	8454.1	9275.5	109.7
#奶牛	万头	442.8	469.4	1216.1	1210.8	1099.4	1043.3	1094.3	1160.1	1233.0	106.3
马	万头	891.4	876.6	740.0	529.9	397.5	367.2	372.5	366.7	359.1	97.9
驴	万头	934.8	922.7	777.2	510.1	342.4	232.4	196.7	173.5	146.0	84.2
骡	万头	467.3	453.0	360.4	191.5	104.1	62.3	54.2	48.8	43.8	89.8
骆驼	万头	33.0	32.6	26.6	23.0	30.1	41.1	46.2	54.1	58.0	107.2
二、猪	**万头**	**43144.2**	**41633.6**	**43319.1**	**46765.2**	**45802.9**	**40650.4**	**44922.4**	**45255.7**	**43422.3**	**95.9**
三、羊	**万只**	**27925.8**	**27948.2**	**29792.7**	**28730.2**	**31174.3**	**30654.8**	**31969.3**	**32627.3**	**32232.6**	**98.8**
山羊	万只	14816.3	14945.6	14659.0	14195.0	14507.5	13345.2	13331.6	13224.2	12934.2	97.8
绵羊	万只	13109.5	13002.6	15133.7	14535.2	16666.8	17309.5	18637.7	19403.0	19298.4	99.5
四、家禽	**亿只**	**45.5**	**46.4**	**53.3**	**54.5**	**61.2**	**67.8**	**67.9**	**67.7**	**67.8**	**100.2**
五、兔	**万只**	**15789.3**	**17781.7**	**21764.1**	**17461.1**	**14407.1**	**10917.1**	**10547.0**	**10039.5**	**9920.4**	**98.8**

注：2008年起，牛的品种数据改为发布肉牛、奶牛数据，不再发布黄牛、水牛数据。

7-42　各地区牲畜年末存栏量(2023年)

单位：万头

地　区	大牲畜	#牛		
			#肉　牛	奶　牛
全　国	**11115.4**	**10508.5**	**9275.5**	**1233.0**
北　京	8.5	8.3	2.8	5.5
天　津	32.4	31.4	20.8	10.6
河　北	439.3	414.6	263.5	151.0
山　西	163.2	155.5	117.3	38.2
内蒙古	1069.7	947.7	779.0	168.7
辽　宁	316.7	290.2	263.8	26.5
吉　林	438.1	427.4	417.5	9.8
黑龙江	551.4	541.5	432.8	108.7
上　海	6.2	6.1		6.1
江　苏	31.5	31.3	16.4	14.9
浙　江	15.1	15.1	10.6	4.5
安　徽	109.8	109.3	94.7	14.5
福　建	30.9	30.9	26.0	4.9
江　西	232.8	232.6	231.6	1.0
山　东	272.2	269.0	186.6	82.3
河　南	382.8	380.7	341.6	39.2
湖　北	234.3	234.0	232.4	1.7
湖　南	412.1	410.7	406.8	3.9
广　东	98.5	98.5	92.4	6.1
广　西	363.4	349.8	343.6	6.2
海　南	47.6	47.6	47.4	0.1
重　庆	111.8	110.9	110.3	0.6
四　川	921.1	848.5	773.2	75.3
贵　州	514.3	503.6	502.7	0.9
云　南	943.5	897.4	875.4	22.0
西　藏	734.7	710.4	595.4	115.0
陕　西	155.7	152.3	124.4	27.9
甘　肃	607.0	558.9	521.3	37.6
青　海	647.5	632.0	619.2	12.8
宁　夏	247.6	246.6	154.7	92.0
新　疆	975.9	815.6	671.2	144.5

7-42 续表 1 单位：万头

地 区	马	驴	骡
全 国	**359.1**	**146.0**	**43.8**
北 京	...	0.1	...
天 津	0.1	0.9	...
河 北	9.2	12.7	2.7
山 西	1.1	5.2	1.4
内 蒙 古	75.6	24.8	1.0
辽 宁	3.8	20.6	2.0
吉 林	5.8	4.5	0.5
黑 龙 江	7.6	2.1	0.2
上 海	0.1		
江 苏	...	0.1	
浙 江			
安 徽	0.1	0.5	...
福 建		...	...
江 西	0.1	0.1	
山 东	0.5	2.7	...
河 南	0.3	1.7	0.1
湖 北	0.1	0.1	...
湖 南	1.2	0.1	...
广 东	...		
广 西	11.0	...	2.5
海 南			
重 庆	0.6	0.1	0.2
四 川	58.4	7.4	6.9
贵 州	10.2	0.1	0.4
云 南	11.2	16.8	18.1
西 藏	21.6	1.8	0.8
陕 西	0.3	3.0	0.1
甘 肃	12.9	24.6	6.6
青 海	13.5	0.2	0.2
宁 夏	0.2	0.6	...
新 疆	113.5	15.2	0.1

7-42　续表 2　　　　单位：万头、万只

地　区	猪	羊	#山羊	绵羊
全　国	**43422.3**	**32232.6**	**12934.2**	**19298.4**
北　京	26.7	22.0	7.5	14.5
天　津	117.0	51.3	9.0	42.3
河　北	1793.8	1414.4	346.7	1067.7
山　西	814.1	1172.3	431.7	740.6
内蒙古	629.9	6180.6	1518.3	4662.3
辽　宁	1337.2	765.8	358.4	407.4
吉　林	1172.4	720.2	45.9	674.3
黑龙江	1311.9	812.7	104.2	708.5
上　海	102.2	15.0	13.7	1.3
江　苏	1412.3	358.3	318.9	39.4
浙　江	608.9	146.2	30.7	115.5
安　徽	1551.7	642.9	588.8	54.0
福　建	948.6	99.1	96.1	3.0
江　西	1676.0	144.3	129.2	15.1
山　东	2801.2	1353.2	485.4	867.9
河　南	4039.0	1931.7	1596.8	334.9
湖　北	2595.3	527.1	527.1	
湖　南	3861.3	752.8	752.8	
广　东	2049.2	83.8	83.8	0.1
广　西	2268.5	276.6	255.5	21.1
海　南	317.2	56.1	56.1	
重　庆	1173.2	332.5	332.5	
四　川	3855.0	1382.0	1196.1	185.9
贵　州	1533.9	332.9	315.1	17.8
云　南	3160.1	1406.5	1307.6	98.9
西　藏	46.5	940.2	247.8	692.3
陕　西	890.2	916.7	756.5	160.2
甘　肃	696.0	2805.8	392.1	2413.7
青　海	51.5	1344.8	40.8	1304.0
宁　夏	79.2	720.5	137.6	583.0
新　疆	502.3	4524.4	451.5	4072.9

7-43 水产品产量和养殖面积(一)

单位：万吨、千公顷

年 份	水产品总产量	淡水产品	#养殖	海水产品	#养殖	水产品养殖面积 淡水养殖	海水养殖
1952	166.6	60.6	14.0	106.0	6.0		
1957	311.6	117.9	57.0	193.7	12.0	1054.7	60.0
1962	228.3	78.5	31.0	149.8	9.0	1600.0	50.0
1965	298.4	97.0	51.0	201.4	10.0	1979.3	83.3
1970	318.5	90.4	58.0	228.1	18.0	2721.3	83.3
1975	441.2	106.5	75.0	334.7	28.0	3244.0	112.0
1978	465.3	105.9	76.2	359.5	45.0	2722.8	100.6
1979	430.5	111.6	81.3	318.9	41.6	2737.8	116.5
1980	449.7	124.0	90.1	325.7	44.4	2864.1	133.6
1981	460.6	137.3	101.4	323.2	45.8	2880.3	138.5
1982	515.5	156.2	120.7	359.3	49.5	3050.6	162.5
1983	545.8	184.1	142.8	361.7	54.5	3082.6	186.7
1984	619.3	225.0	181.1	394.4	63.9	3259.5	242.6
1985	705.2	285.4	237.8	419.7	71.2	3687.5	277.0
1986	935.8	353.5	295.2	582.3	150.1	3787.9	325.2
1987	1091.9	413.0	348.4	678.9	192.6	3859.3	369.3
1988	1225.3	461.7	389.8	763.6	249.3	3894.9	409.5
1989	1332.6	497.8	417.0	834.8	275.7	3812.3	423.1
1990	1427.3	531.6	445.9	895.7	284.2	3829.8	428.9
1991	1573.0	563.0	462.6	1010.0	333.3	3827.5	449.3
1992	1824.5	632.9	533.8	1191.6	424.3	3975.7	499.1
1993	2152.3	760.3	648.3	1392.0	540.2	4132.6	586.3
1994	2515.7	916.5	789.7	1599.2	604.8	4429.9	653.5
1995	2953.0	1091.8	940.8	1861.3	721.5	4669.4	715.9
1996	3280.7	1269.2	1093.8	2011.5	765.9	4832.3	822.1
1997	3118.6	1230.5	1067.0	1888.1	691.7	4962.9	937.9
1998	3382.7	1338.1	1140.6	2044.5	752.0	5064.2	1004.4
1999	3570.1	1424.9	1226.9	2145.3	851.9	5182.1	1095.0
2000	3706.2	1502.3	1308.9	2203.9	928.0	5264.8	1243.2
2001	3795.9	1562.4	1376.2	2233.5	989.4	5399.4	1286.9
2002	3954.9	1656.4	1461.7	2298.5	1060.5	5509.7	1344.7
2003	4077.0	1744.2	1530.9	2332.8	1095.9	5609.4	1532.2
2004	4246.6	1842.1	1632.5	2404.5	1151.3	5723.3	1623.8
2005	4419.9	1954.0	1733.0	2465.9	1210.8	5863.7	1694.5
2006	4583.6	2074.0	1853.6	2509.6	1264.2	4253.8	1271.7
2007	4747.5	2196.6	1971.0	2550.9	1307.3	4413.6	1331.5
2008	4895.6	2297.3	2072.5	2598.3	1340.3	4971.0	1578.9
2009	5116.4	2434.9	2216.5	2681.6	1405.2	5423.8	1859.3
2010	5373.0	2575.5	2346.5	2797.5	1482.3	5564.3	2080.9
2011	5603.2	2695.2	2471.9	2908.1	1551.3	5728.6	2106.4
2012	5502.1	2612.5	2408.5	2889.6	1575.2	5907.5	2180.9
2013	5744.2	2751.9	2547.7	2992.4	1664.7	6006.1	2315.6
2014	6001.9	2865.7	2663.2	3136.3	1732.4	6080.9	2305.5
2015	6211.0	2978.7	2779.3	3232.3	1796.6	6147.2	2317.8
2016	6379.5	3078.2	2877.9	3301.3	1915.3	5347.4	2098.1
2017	6445.3	3123.6	2905.3	3321.7	2000.7	5365.0	2084.1
2018	6457.7	3156.2	2959.8	3301.4	2031.2	5146.5	2043.1
2019	6480.4	3197.9	3013.7	3282.5	2065.3	5116.3	1992.2
2020	6549.0	3234.6	3088.9	3314.4	2135.3	5040.6	1995.6
2021	6690.3	3303.1	3183.3	3387.2	2211.1	4983.9	2025.5
2022	6865.9	3406.4	3289.8	3459.5	2275.7	5033.1	2074.4
2023	7116.2	3530.9	3414.1	3585.3	2395.6	5057.1	2214.0

注：农业农村部根据第三次全国农业普查结果对历史数据进行了修订，各地区数据以及全国其他细项数据未作修订，致使部分年份分项数合计不等于总数(后同)。

7-44 水产品产量和养殖面积(二)

指 标	单位	1990年	1995年	2000年	2005年	2010年
一、水产品总产量	**万吨**	**1427.3**	**2953.0**	**3706.2**	**4419.9**	**5373.0**
1.按海水、淡水分						
海水产品产量	万吨	895.7	1861.3	2203.9	2465.9	2797.5
淡水产品产量	万吨	531.6	1091.8	1502.3	1954.0	2575.5
2.按生产性质分						
捕捞产量	万吨	697.1	1290.8	1469.4	1476.1	1544.2
养殖产量	万吨	730.1	1662.3	2236.8	2943.8	3828.8
3.按品种分						
鱼类	万吨	1070.8	1884.7	2255.2	2632.3	3243.6
甲壳类	万吨	134.4	239.9	331.1	422.2	558.6
贝类	万吨	178.7	655.3	948.0	1056.5	1224.2
藻类	万吨	31.7	130.4	106.8	134.8	157.6
其他类	万吨	11.5	42.8	65.2	174.1	189.0
二、水产养殖面积	**千公顷**	**4258.7**	**5385.3**	**6508.1**	**7558.2**	**7645.2**
1.海水养殖面积	千公顷	428.9	715.9	1243.2	1694.5	2080.9
浅海养殖	千公顷		131.8	326.0	721.8	1142.9
滩涂养殖	千公顷		424.6	686.5	677.0	652.7
陆基养殖	千公顷		159.5	230.8	295.7	285.2
2.淡水养殖面积	千公顷	3829.8	4669.4	5264.8	5863.7	5564.3
池塘养殖	千公顷		1857.9	2212.6	2469.2	2377.0
湖泊养殖	千公顷		824.2	879.1	956.9	1007.1
河沟养殖	千公顷		347.4	379.8	386.6	1795.6
水库养殖	千公顷		1515.7	1620.0	1811.8	264.1
其他养殖	千公顷		124.2	173.3	239.2	120.5
三、稻田养殖面积	**千公顷**				**1496.5**	**1326.1**

注： 2008年以来海水养殖面积中的陆基养殖面积为其他养殖面积。

7-44 续表

指　标	单位	2015年	2020年	2021年	2022年	2023年	2023年为2022年百分比(%)
一、水产品总产量	**万吨**	**6211.0**	**6549.0**	**6690.3**	**6865.9**	**7116.2**	**103.6**
1.按海水、淡水分							
海水产品产量	万吨	3232.3	3314.4	3387.2	3459.5	3585.3	103.6
淡水产品产量	万吨	2978.7	3234.6	3303.1	3406.4	3530.9	103.7
2.按生产性质分							
捕捞产量	万吨	1635.1	1324.8	1295.9	1300.4	1306.6	100.5
养殖产量	万吨	4575.9	5224.2	5394.4	5565.5	5809.7	104.4
3.按品种分							
鱼类	万吨	3789.2	3752.7	3786.5	3867.7	3945.9	102.0
甲壳类	万吨	636.1	800.6	842.4	885.7	940.8	106.2
贝类	万吨	1399.2	1552.0	1595.7	1638.0	1713.8	104.6
藻类	万吨	202.5	264.3	274.3	305.5	290.7	95.2
其他类	万吨	183.9	179.4	191.4	201.1	225.1	111.9
二、水产养殖面积	**千公顷**	**8465.0**	**7036.1**	**7009.4**	**7107.5**	**7271.2**	**102.3**
1.海水养殖面积	千公顷	2317.8	1995.6	2025.5	2074.4	2214.0	106.7
浅海养殖	千公顷	1355.4	1123.3	1147.4	1188.4	1336.3	112.4
滩涂养殖	千公顷	653.8	562.0	562.1	575.1	572.7	99.6
陆基养殖	千公顷	308.5	310.2	316.0	311.0	305.0	98.1
2.淡水养殖面积	千公顷	6147.2	5040.6	4983.9	5033.1	5057.1	100.5
池塘养殖	千公顷	2701.2	2625.4	2604.6	2624.9	2627.7	100.1
湖泊养殖	千公顷	1022.4	720.6	663.4	688.5	676.8	98.3
河沟养殖	千公顷	277.1	147.4	147.5	141.9	146.6	103.3
水库养殖	千公顷	2012.4	1420.9	1439.3	1447.7	1471.3	101.6
其他养殖	千公顷	134.2	126.2	129.0	130.1	134.8	103.6
三、稻田养殖面积	**千公顷**	**1501.6**	**2562.7**	**2644.1**	**2863.7**	**2992.2**	**104.5**

7-45 海水产品和淡水产品产量

单位：万吨

指　标	1990年	1995年	2000年	2005年	2010年	2015年	2020年	2021年	2022年	2023年	2023年为2022年百分比(%)
海水产品产量	**895.7**	**1861.3**	**2203.9**	**2465.9**	**2797.5**	**3232.3**	**3314.4**	**3387.2**	**3459.5**	**3585.3**	**103.6**
一、海洋捕捞产量	**611.5**	**1139.8**	**1275.9**	**1255.1**	**1315.2**	**1435.7**	**1179.1**	**1176.1**	**1183.8**	**1189.7**	**100.5**
鱼类		825.4	855.0	840.2	937.1	1052.5	880.4	869.8	874.8	878.2	100.4
甲壳类		192.3	226.9	208.3	204.3	227.3	181.1	186.1	188.5	190.5	101.0
贝类		91.9	153.9	76.4	62.2	52.0	36.2	35.9	36.3	35.3	97.3
藻类		1.2	1.8	2.6	2.5	2.4	2.2	2.0	1.9	2.2	113.3
其他类		29.0	38.4	127.5	109.1	101.5	79.2	82.2	82.2	83.6	101.7
二、海水养殖产量	**284.2**	**721.5**	**928.0**	**1210.8**	**1482.3**	**1796.6**	**2135.3**	**2211.1**	**2275.7**	**2395.6**	**105.3**
鱼类		25.4	37.3	57.6	80.8	125.3	175.0	184.4	192.6	205.6	106.8
甲壳类		20.3	30.0	72.4	106.1	137.4	177.5	185.5	195.2	205.5	105.3
贝类		542.3	752.6	933.4	1108.2	1301.1	1480.1	1526.1	1569.6	1645.9	104.9
藻类		129.2	105.1	132.1	154.1	200.1	261.5	271.5	271.4	287.3	105.9
其他类		4.3	3.0	15.2	33.0	32.6	41.2	43.7	46.9	51.3	109.2
淡水产品产量	**531.6**	**1091.8**	**1502.3**	**1954.0**	**2575.5**	**2978.7**	**3234.6**	**3303.1**	**3406.4**	**3530.9**	**103.7**
一、淡水捕捞产量	**85.6**	**151.0**	**193.4**	**221.0**	**228.9**	**199.3**	**145.8**	**119.8**	**116.6**	**116.9**	**100.2**
鱼类		143.0	175.5	158.5	161.5	147.3	110.9	92.0	89.8	90.9	101.1
甲壳类		3.8	9.6	29.9	34.3	27.2	16.2	12.3	12.4	12.1	97.8
贝类		2.9	5.3	28.7	28.7	22.2	17.1	14.1	13.2	12.7	96.3
其他类		1.3	3.1	3.7	4.4	2.6	1.5	1.3	1.3	1.2	97.8
二、淡水养殖产量	**445.9**	**940.8**	**1308.9**	**1733.0**	**2346.5**	**2779.3**	**3088.9**	**3183.3**	**3289.8**	**3414.1**	**103.8**
鱼类		890.9	1187.4	1575.9	2064.2	2464.2	2586.4	2640.3	2710.5	2771.3	102.2
甲壳类		23.6	64.7	111.5	213.8	244.2	425.8	458.4	489.6	532.7	108.8
贝类		18.1	36.1	17.9	25.1	23.8	18.6	19.6	19.0	19.8	104.6
其他类		8.1	20.7	27.7	43.5	47.2	58.1	65.0	70.7	90.2	127.5

7-46 各地区水产品产量

(按来源分) 单位：万吨

地区	水产品总产量		捕捞产量		养殖产量	
	2022年	2023年	2022年	2023年	2022年	2023年
全　国	**6865.9**	**7116.2**	**1300.4**	**1306.6**	**5565.5**	**5809.7**
北　京	1.7	1.9	0.7	0.9	1.0	1.0
天　津	28.1	29.1	3.4	3.7	24.7	25.4
河　北	112.4	114.7	27.1	27.1	85.4	87.7
山　西	5.3	5.5	...	...	5.3	5.5
内蒙古	10.9	11.2	1.0	1.0	9.9	10.2
辽　宁	489.2	508.1	66.8	70.1	422.4	438.0
吉　林	25.1	25.5	1.9	1.9	23.3	23.7
黑龙江	73.5	77.5	5.0	5.1	68.5	72.5
上　海	25.5	22.7	13.9	12.7	11.6	10.0
江　苏	504.9	522.1	60.5	64.9	444.4	457.2
浙　江	621.7	647.9	341.4	348.0	280.3	299.9
安　徽	245.5	254.0	10.9	9.9	234.6	244.1
福　建	861.4	890.2	221.9	215.3	639.5	674.9
江　西	283.2	296.7	3.2	3.2	280.1	293.5
山　东	881.3	913.9	216.2	220.0	665.1	693.9
河　南	94.2	97.9	11.1	11.0	83.2	86.9
湖　北	500.4	522.8	2.4	2.2	498.0	520.6
湖　南	272.6	285.9	0.2	0.2	272.4	285.7
广　东	894.0	924.0	126.3	128.3	767.7	795.7
广　西	365.7	378.6	57.9	57.2	307.8	321.4
海　南	170.3	175.2	103.0	101.3	67.3	73.9
重　庆	56.6	58.9			56.6	58.9
四　川	172.1	178.9			172.1	178.9
贵　州	26.8	28.2	0.4	0.4	26.4	27.7
云　南	67.9	70.2	2.7	2.9	65.2	67.3
西　藏	...	...	...	...	...	...
陕　西	17.4	18.0			17.4	18.0
甘　肃	1.4	1.5			1.4	1.5
青　海	1.9	1.9	0.4	0.4	1.5	1.5
宁　夏	17.0	17.5	0.7	0.7	16.4	16.8
新　疆	17.3	18.4	1.4	1.3	15.9	17.1
中农发集团	20.3	17.2	20.3	17.2		

7-47 各地区水产品产量(2023年)

(按类别分) 单位：万吨

地区	水产品总产量	鱼类	甲壳类	贝类	藻类	其他类
全国	**7116.2**	**3945.9**	**940.8**	**1713.8**	**290.7**	**225.1**
北京	1.9	1.9				
天津	29.1	22.8	6.1	0.2		0.1
河北	114.7	43.4	14.0	47.4		9.9
山西	5.5	5.4	0.1	…		…
内蒙古	11.2	10.6	0.2	…	0.4	…
辽宁	508.1	125.3	23.0	281.6	50.8	27.3
吉林	25.5	24.0	0.7	…		0.9
黑龙江	77.5	74.8	2.1	0.1		0.5
上海	22.7	19.6	3.0	…		0.1
江苏	522.1	301.7	124.8	83.9	3.8	7.9
浙江	647.9	367.5	105.0	130.8	14.7	29.9
安徽	254.0	158.9	82.2	5.4		7.5
福建	890.2	299.8	62.7	365.3	139.8	22.6
江西	296.7	253.2	28.2	3.9	0.2	11.1
山东	913.9	268.1	65.7	474.1	73.6	32.3
河南	97.9	88.2	7.4	0.6		1.8
湖北	522.8	363.2	145.7	0.6		13.4
湖南	285.9	219.7	49.0	1.2		15.9
广东	924.0	579.5	140.2	183.8	5.7	14.8
广西	378.6	187.5	49.0	129.3	0.1	12.7
海南	175.2	139.3	18.2	5.1	1.2	11.5
重庆	58.9	56.1	2.1	…		0.7
四川	178.9	168.0	8.8	0.2		1.9
贵州	28.2	27.0	0.4	0.1		0.7
云南	70.2	68.7	0.6	0.2	…	0.7
西藏	…	…	…			…
陕西	18.0	16.6	0.4			1.0
甘肃	1.5	1.4	…			…
青海	1.9	1.9	…			
宁夏	17.5	17.2	0.1		0.2	…
新疆	18.4	17.6	0.8		…	
中农发集团	17.2	17.2				

7-48 各地区海水产品产量

（按来源分） 单位：万吨

地区	海水产品产量		海洋捕捞产量		海水养殖产量	
	2022年	2023年	2022年	2023年	2022年	2023年
全国	**3459.5**	**3585.3**	**1183.8**	**1189.7**	**2275.7**	**2395.6**
北京	0.4	0.7	0.4	0.7		
天津	4.1	4.5	3.1	3.4	1.0	1.1
河北	81.3	83.7	23.3	22.9	58.0	60.8
山西						
内蒙古						
辽宁	402.7	423.5	63.4	66.7	339.3	356.8
吉林						
黑龙江						
上海	13.8	12.7	13.8	12.7		
江苏	135.2	142.0	42.8	46.9	92.4	95.1
浙江	475.4	493.4	325.8	331.6	149.6	161.8
安徽						
福建	762.4	787.8	214.7	208.0	547.8	579.8
江西						
山东	762.2	790.5	206.2	209.5	556.1	581.0
河南						
湖北						
湖南						
广东	458.3	478.2	118.6	120.9	339.7	357.3
广西	215.2	222.4	49.5	49.2	165.6	173.2
海南	128.1	128.7	101.8	100.0	26.3	28.7
重庆						
四川						
贵州						
云南						
西藏						
陕西						
甘肃						
青海						
宁夏						
新疆						
中农发集团	20.3	17.2	20.3	17.2		

7-49 各地区海水产品产量(2023年)

(按类别分)

单位：万吨

地　区	海水产品产量	鱼　类	甲壳类	贝　类	藻　类	其他类
全　国	**3585.3**	**1083.8**	**396.0**	**1681.2**	**289.5**	**134.8**
北　京	0.7	0.7				
天　津	4.5	3.1	1.1	0.2		...
河　北	83.7	15.5	11.1	47.4		9.7
山　西						
内蒙古						
辽　宁	423.5	50.1	13.9	281.6	50.8	27.0
吉　林						
黑龙江						
上　海	12.7	12.1	0.5	...		...
江　苏	142.0	34.4	23.4	75.4	3.7	5.1
浙　江	493.4	251.2	83.9	127.2	14.7	16.6
安　徽						
福　建	787.8	217.0	49.2	360.4	139.8	21.6
江　西						
山　东	790.5	166.0	46.2	473.8	73.6	30.9
河　南						
湖　北						
湖　南						
广　东	478.2	179.1	103.3	182.8	5.7	7.2
广　西	222.4	42.3	45.9	127.6	0.1	6.5
海　南	128.7	95.1	17.4	4.9	1.1	10.2
重　庆						
四　川						
贵　州						
云　南						
西　藏						
陕　西						
甘　肃						
青　海						
宁　夏						
新　疆						
中农发集团	17.2	17.2				

7-50 各地区淡水产品产量

(按来源分)

单位：万吨

地区	淡水产品产量		淡水捕捞产量		淡水养殖产量	
	2022年	2023年	2022年	2023年	2022年	2023年
全国	**3406.4**	**3530.9**	**116.6**	**116.9**	**3289.8**	**3414.1**
北京	1.3	1.1	0.3	0.1	1.0	1.0
天津	24.0	24.6	0.3	0.3	23.7	24.4
河北	31.1	31.0	3.8	4.1	27.4	26.9
山西	5.3	5.5	…	…	5.3	5.5
内蒙古	10.9	11.2	1.0	1.0	9.9	10.2
辽宁	86.5	84.6	3.4	3.4	83.1	81.2
吉林	25.1	25.5	1.9	1.9	23.3	23.7
黑龙江	73.5	77.5	5.0	5.1	68.5	72.5
上海	11.7	10.0	0.1	…	11.6	10.0
江苏	369.6	380.1	17.7	18.0	351.9	362.1
浙江	146.3	154.5	15.6	16.4	130.7	138.1
安徽	245.5	254.0	10.9	9.9	234.6	244.1
福建	99.0	102.4	7.2	7.3	91.8	95.1
江西	283.2	296.7	3.2	3.2	280.1	293.5
山东	119.0	123.4	10.0	10.5	109.0	112.9
河南	94.2	97.9	11.1	11.0	83.2	86.9
湖北	500.4	522.8	2.4	2.2	498.0	520.6
湖南	272.6	285.9	0.2	0.2	272.4	285.7
广东	435.7	445.9	7.7	7.4	428.1	438.4
广西	150.5	156.2	8.3	8.0	142.2	148.2
海南	42.3	46.5	1.2	1.3	41.1	45.2
重庆	56.6	58.9			56.6	58.9
四川	172.1	178.9			172.1	178.9
贵州	26.8	28.2	0.4	0.4	26.4	27.7
云南	67.9	70.2	2.7	2.9	65.2	67.3
西藏	…	…	…	…	…	…
陕西	17.4	18.0			17.4	18.0
甘肃	1.4	1.5			1.4	1.5
青海	1.9	1.9	0.4	0.4	1.5	1.5
宁夏	17.0	17.5	0.7	0.7	16.4	16.8
新疆	17.3	18.4	1.4	1.3	15.9	17.1

7-51 各地区淡水产品产量(2023年)

(按类别分)

单位：万吨

地 区	淡水产品产量	鱼 类	甲壳类	贝 类	其他类
全 国	**3530.9**	**2862.2**	**544.8**	**32.5**	**91.4**
北 京	1.1	1.1			
天 津	24.6	19.6	5.0	...	...
河 北	31.0	28.0	2.8	...	0.2
山 西	5.5	5.4	0.1	...	...
内蒙古	11.2	10.6	0.2	...	0.4
辽 宁	84.6	75.1	9.1		0.3
吉 林	25.5	24.0	0.7	...	0.9
黑龙江	77.5	74.8	2.1	0.1	0.5
上 海	10.0	7.5	2.5		...
江 苏	380.1	267.2	101.4	8.5	2.9
浙 江	154.5	116.3	21.1	3.6	13.4
安 徽	254.0	158.9	82.2	5.4	7.5
福 建	102.4	82.9	13.5	4.9	1.1
江 西	296.7	253.2	28.2	3.9	11.3
山 东	123.4	102.1	19.5	0.4	1.4
河 南	97.9	88.2	7.4	0.6	1.8
湖 北	522.8	363.2	145.7	0.6	13.4
湖 南	285.9	219.7	49.0	1.2	15.9
广 东	445.9	400.5	36.9	1.0	7.6
广 西	156.2	145.2	3.1	1.7	6.2
海 南	46.5	44.2	0.8	0.2	1.3
重 庆	58.9	56.1	2.1	...	0.7
四 川	178.9	168.0	8.8	0.2	1.9
贵 州	28.2	27.0	0.4	0.1	0.7
云 南	70.2	68.7	0.6	0.2	0.7
西 藏	...	...	...		...
陕 西	18.0	16.6	0.4		1.0
甘 肃	1.5	1.4	...		...
青 海	1.9	1.9	...		
宁 夏	17.5	17.2	0.1		0.2
新 疆	18.4	17.6	0.8		...

7-52 各地区水产养殖面积

单位：千公顷

地 区	水产品养殖面积		淡水养殖面积		海水养殖面积	
	2022年	2023年	2022年	2023年	2022年	2023年
全 国	**7107.5**	**7271.2**	**5033.1**	**5057.1**	**2074.4**	**2214.0**
北 京	1.4	1.4	1.4	1.4		
天 津	23.4	23.0	22.4	22.1	1.0	0.9
河 北	141.8	133.2	36.2	28.2	105.6	105.0
山 西	16.8	17.2	16.8	17.2		
内 蒙 古	113.0	112.1	113.0	112.1		
辽 宁	869.5	966.3	192.3	192.3	677.2	774.0
吉 林	351.3	351.5	351.3	351.5		
黑 龙 江	427.0	435.0	427.0	435.0		
上 海	13.5	11.8	13.5	11.8		
江 苏	584.6	580.8	412.4	409.3	172.2	171.5
浙 江	250.6	256.9	167.1	172.6	83.4	84.3
安 徽	411.2	411.2	411.2	411.2		
福 建	253.2	262.6	85.3	85.2	168.0	177.3
江 西	406.2	408.1	406.2	408.1		
山 东	772.3	803.8	154.9	157.7	617.5	646.0
河 南	125.0	125.5	125.0	125.5		
湖 北	526.6	535.5	526.6	535.5		
湖 南	449.1	452.2	449.1	452.2		
广 东	473.7	477.3	307.1	305.2	166.6	172.1
广 西	201.0	216.4	133.6	147.3	67.4	69.1
海 南	45.0	41.2	29.4	27.3	15.6	13.8
重 庆	85.3	86.4	85.3	86.4		
四 川	190.1	192.8	190.1	192.8		
贵 州	67.6	69.0	67.6	69.0		
云 南	98.5	98.8	98.5	98.8		
西 藏	…	…	…	…		
陕 西	52.7	50.2	52.7	50.2		
甘 肃	7.9	8.1	7.9	8.1		
青 海	35.9	35.7	35.9	35.7		
宁 夏	22.7	22.7	22.7	22.7		
新 疆	90.6	84.5	90.6	84.5		

农村市场与物价

8-1 农村主要物价总指数

(以上年价格为100)

年 份	农村居民消费价格指数	农产品生产者价格总指数
1952		101.7
1957		105.0
1962		99.4
1965		99.2
1970		100.1
1975		102.1
1978		103.9
1979		122.1
1980		107.1
1981		105.9
1982		102.2
1983		104.4
1984		104.0
1985	107.6	108.6
1986	106.1	106.4
1987	106.2	112.0
1988	117.5	123.0
1989	119.3	115.0
1990	104.5	97.4
1991	102.3	98.0
1992	104.7	103.4
1993	113.7	113.4
1994	123.4	139.9
1995	117.5	119.9
1996	107.9	104.2
1997	102.5	95.5
1998	99.0	92.0
1999	98.5	87.8
2000	99.9	96.4
2001	100.8	103.1
2002	99.6	99.7
2003	101.6	104.4
2004	104.8	113.1
2005	102.2	101.4
2006	101.5	101.2
2007	105.4	118.5
2008	106.5	114.1
2009	99.7	97.6
2010	103.6	110.9
2011	105.8	116.5
2012	102.5	102.7
2013	102.8	103.2
2014	101.8	99.8
2015	101.3	101.7
2016	101.9	103.4
2017	101.3	96.5
2018	102.1	99.1
2019	103.2	114.5
2020	103.0	115.0
2021	100.7	97.8
2022	102.0	100.4
2023	100.1	97.7

注：2000年以前农产品生产者价格总指数为农副产品收购价格指数。

8-2 各地区农村居民消费价格分类指数(2023年)

(以上年价格为100)

地　区	居民消费价格总指数	一、食品烟酒	1.食品	(1)粮食	(2)薯类
全国平均	**100.1**	**100.1**	**99.6**	**101.1**	**106.9**
北　京					
天　津					
河　北	100.4	100.2	99.8	100.1	106.0
山　西	99.9	99.4	98.8	98.4	104.8
内蒙古	100.6	101.1	100.8	101.6	106.5
辽　宁	99.8	99.8	99.5	101.5	103.5
吉　林	99.5	99.0	98.3	100.7	102.7
黑龙江	100.5	100.4	100.2	102.8	105.1
上　海					
江　苏	100.3	101.1	100.5	101.7	101.0
浙　江	100.3	100.9	100.3	100.3	102.7
安　徽	100.5	100.9	100.0	100.6	106.3
福　建	100.0	100.8	100.8	100.5	107.4
江　西	100.2	100.4	99.9	101.2	113.4
山　东	99.8	99.8	99.0	101.4	102.3
河　南	100.2	100.0	99.4	101.4	109.3
湖　北	99.9	99.6	99.0	102.0	106.8
湖　南	99.9	99.0	98.3	100.4	110.4
广　东	99.6	100.3	100.1	101.2	106.5
广　西	100.0	100.0	99.3	101.0	107.8
海　南	100.4	101.3	101.4	101.1	110.0
重　庆					
四　川	99.9	99.8	99.4	100.9	113.9
贵　州	99.6	99.3	98.7	101.4	105.5
云　南	99.9	100.5	99.9	100.9	107.1
西　藏	99.5	99.4	99.3	101.7	100.3
陕　西	100.2	99.4	98.7	100.7	100.8
甘　肃	100.5	100.2	100.1	102.0	113.6
青　海	100.7	99.5	98.6	101.6	101.4
宁　夏	100.1	99.6	99.5	101.3	108.0
新　疆	99.8	98.5	97.7	103.3	100.3

8-2 续表 1

地 区	(3)豆类	(4)食用油	(5)菜及食用菌	(6)畜肉类
全国平均	**101.1**	**100.4**	**98.4**	**91.8**
北 京				
天 津				
河 北	101.8	100.6	97.1	93.2
山 西	101.7	99.2	95.5	92.2
内蒙古	101.1	105.8	97.2	93.0
辽 宁	102.0	101.3	93.2	90.8
吉 林	98.6	96.3	92.6	89.4
黑龙江	100.1	101.0	97.6	91.5
上 海				
江 苏	101.8	101.3	99.6	94.5
浙 江	101.4	99.6	99.8	92.4
安 徽	103.7	102.4	97.3	91.7
福 建	100.7	99.6	101.7	93.6
江 西	101.0	101.1	100.3	90.5
山 东	100.7	99.1	96.4	91.3
河 南	102.3	100.4	95.5	89.0
湖 北	101.1	102.0	99.8	90.1
湖 南	101.5	100.2	97.0	89.4
广 东	100.0	99.4	100.4	93.7
广 西	98.3	99.8	100.5	90.3
海 南	102.4	100.5	101.7	89.4
重 庆				
四 川	101.4	100.8	100.7	91.0
贵 州	96.0	101.7	99.7	91.8
云 南	101.9	97.7	103.3	93.8
西 藏	95.3	100.5	93.9	97.7
陕 西	98.3	100.1	96.2	91.7
甘 肃	100.6	101.8	98.3	93.0
青 海	99.2	104.7	96.6	92.7
宁 夏	100.2	98.3	98.1	93.0
新 疆	102.3	101.3	93.6	92.4

8-2 续表 2

地　区	(7)禽肉类	(8)水产品	(9)蛋类	(10)奶类
全国平均	**103.3**	**100.6**	**101.0**	**100.3**
北　京				
天　津				
河　北	103.9	98.9	101.6	100.1
山　西	100.6	96.0	98.8	99.9
内蒙古	103.6	100.5	99.2	99.7
辽　宁	102.3	102.5	99.4	100.1
吉　林	102.9	98.4	98.9	101.7
黑龙江	101.5	103.2	100.3	100.4
上　海				
江　苏	104.3	100.4	101.8	100.6
浙　江	104.6	102.0	102.1	101.2
安　徽	106.4	99.1	99.9	100.7
福　建	104.1	102.0	99.9	101.8
江　西	106.0	100.6	102.1	99.5
山　东	103.6	101.0	101.6	101.2
河　南	102.8	100.3	99.7	100.1
湖　北	101.9	98.2	100.9	99.6
湖　南	103.1	99.3	101.7	100.3
广　东	103.0	101.2	102.8	101.0
广　西	101.9	100.7	102.1	98.6
海　南	102.0	110.6	105.4	98.8
重　庆				
四　川	102.9	98.3	104.0	99.2
贵　州	101.0	98.4	103.6	99.5
云　南	101.9	100.1	100.2	99.6
西　藏	98.8	100.8	96.5	101.0
陕　西	100.7	92.6	98.3	99.8
甘　肃	101.1	97.2	99.4	100.0
青　海	101.0	97.6	100.1	101.3
宁　夏	97.6	96.8	105.3	99.4
新　疆	100.5	95.6	99.5	99.8

8-2 续表 3

地　区	(11)干鲜瓜果类	(12)糖果糕点类	(13)调味品	(14)其他食品类
全国平均	**104.8**	**101.5**	**101.3**	**101.2**
北　京				
天　津				
河　北	105.1	101.3	100.4	101.7
山　西	104.4	101.6	101.1	101.2
内蒙古	111.8	101.7	102.0	101.8
辽　宁	107.5	101.3	101.0	101.5
吉　林	105.5	102.3	100.6	101.8
黑龙江	105.8	102.0	100.2	101.4
上　海				
江　苏	106.3	103.1	103.2	100.5
浙　江	105.0	103.3	101.3	103.2
安　徽	106.8	101.1	103.0	101.6
福　建	106.2	103.5	102.6	102.4
江　西	107.8	98.0	100.6	100.0
山　东	101.3	100.8	100.6	101.0
河　南	109.1	100.7	102.3	101.8
湖　北	104.5	100.9	102.0	100.8
湖　南	103.6	101.5	103.1	101.5
广　东	102.9	100.9	100.8	100.3
广　西	103.5	101.4	101.3	98.9
海　南	106.7	102.4	100.6	103.2
重　庆				
四　川	103.0	102.1	100.4	101.3
贵　州	99.6	101.2	101.7	99.3
云　南	102.1	100.6	101.5	101.2
西　藏	99.5	102.4	100.5	100.6
陕　西	105.7	100.4	99.3	101.6
甘　肃	106.7	102.6	100.4	101.8
青　海	103.6	102.5	101.7	101.4
宁　夏	107.5	99.8	100.3	100.6
新　疆	102.0	102.9	100.8	99.8

8-2 续表 4

地 区	2.茶及饮料	3.烟酒	(1)卷烟	(2)酒类
全国平均	**101.1**	**101.0**	**101.3**	**100.4**
北 京				
天 津				
河 北	101.3	100.8	100.8	100.8
山 西	101.2	100.7	100.4	101.6
内 蒙 古	102.2	101.5	101.1	102.2
辽 宁	99.9	101.0	101.1	100.7
吉 林	100.9	101.4	101.0	102.3
黑 龙 江	101.1	100.5	100.5	100.4
上 海				
江 苏	102.3	102.4	103.7	100.0
浙 江	101.7	101.9	102.5	100.5
安 徽	106.4	102.0	102.4	101.5
福 建	100.9	100.2	100.6	99.0
江 西	99.7	101.0	101.2	100.4
山 东	100.8	101.5	100.9	102.3
河 南	100.3	101.5	101.9	100.9
湖 北	99.3	100.4	100.5	99.8
湖 南	100.1	100.8	101.0	100.2
广 东	101.8	100.6	100.7	99.9
广 西	100.2	100.7	101.3	99.5
海 南	99.7	100.1	100.0	100.9
重 庆				
四 川	100.6	99.4	100.3	97.7
贵 州	100.2	100.0	100.2	99.5
云 南	100.2	101.2	101.1	101.6
西 藏	99.7	100.0	100.5	99.3
陕 西	101.8	100.8	101.2	100.0
甘 肃	101.1	100.4	100.9	99.6
青 海	101.2	102.0	102.8	100.7
宁 夏	100.7	100.4	100.8	98.7
新 疆	100.7	100.9	100.5	101.5

8-2 续表 5

地　　区	4.在外餐饮	二、衣着	1.服装	(1)男式服装
全国平均	**101.6**	**100.6**	**100.7**	**100.8**
北　　京				
天　　津				
河　　北	101.2	102.5	103.0	102.6
山　　西	101.1	100.9	100.7	100.2
内 蒙 古	102.4	101.7	101.2	102.3
辽　　宁	100.9	101.4	101.2	100.9
吉　　林	100.2	99.3	99.5	99.7
黑 龙 江	101.0	100.8	101.0	101.8
上　　海				
江　　苏	102.8	100.3	100.2	99.3
浙　　江	102.4	100.5	100.5	100.4
安　　徽	102.8	101.8	102.0	102.4
福　　建	101.5	99.8	100.0	99.8
江　　西	101.9	101.8	101.8	101.4
山　　东	102.2	99.7	99.6	99.2
河　　南	101.3	100.0	100.0	100.8
湖　　北	101.8	101.1	100.8	101.3
湖　　南	101.1	100.8	100.9	101.4
广　　东	100.6	100.0	100.4	100.7
广　　西	102.0	102.0	102.3	102.4
海　　南	102.1	98.3	98.1	99.3
重　　庆				
四　　川	101.5	98.5	98.7	98.5
贵　　州	100.8	101.5	101.3	101.5
云　　南	102.7	100.6	100.3	100.8
西　　藏	100.3	100.1	100.1	100.0
陕　　西	100.6	100.1	100.1	100.0
甘　　肃	100.9	100.0	100.1	99.9
青　　海	101.8	101.1	101.0	101.4
宁　　夏	99.6	99.8	99.3	99.3
新　　疆	101.1	102.2	102.7	104.2

8-2 续表 6

地 区	(2)女式服装	(3)儿童服装	2.鞋类	(1)鞋
全国平均	**100.6**	**100.7**	**100.3**	**100.3**
北 京				
天 津				
河 北	103.4	103.1	100.7	100.7
山 西	101.3	100.1	101.7	101.7
内蒙古	100.6	101.2	103.4	103.5
辽 宁	100.7	102.5	102.2	102.2
吉 林	99.5	99.4	98.6	98.6
黑龙江	100.9	100.2	100.1	100.1
上 海				
江 苏	100.6	100.9	100.5	100.5
浙 江	100.2	101.7	100.2	100.2
安 徽	102.2	101.2	100.9	100.7
福 建	100.7	98.6	99.1	99.0
江 西	101.6	102.7	101.9	102.0
山 东	99.7	99.2	99.7	99.7
河 南	99.4	100.0	99.8	99.8
湖 北	100.7	100.1	102.5	102.5
湖 南	100.8	100.7	100.3	100.3
广 东	100.7	98.7	98.5	98.5
广 西	102.1	103.1	100.6	100.6
海 南	97.2	97.9	99.3	99.3
重 庆				
四 川	98.5	98.8	97.9	97.7
贵 州	101.4	101.3	102.1	102.1
云 南	99.4	101.1	101.3	101.2
西 藏	99.8	99.9	100.3	100.3
陕 西	100.1	100.1	99.8	99.8
甘 肃	100.1	100.2	99.9	99.9
青 海	100.3	101.9	101.4	101.4
宁 夏	99.6	97.5	101.5	101.5
新 疆	102.3	103.2	100.4	100.4

8-2 续表 7

地　区	(2)鞋类服务	三、居住	1.租赁房房租	2.住房保养维修及管理	3.水电燃料
全国平均	**101.1**	**100.0**	**99.7**	**100.6**	**100.1**
北　京					
天　津					
河　北	101.0	100.3	100.5	100.6	101.5
山　西	100.0	100.4	100.3	100.4	100.1
内蒙古	101.9	100.1	99.9	99.8	100.4
辽　宁	102.9	100.2	99.4	100.3	99.8
吉　林	100.1	100.0	101.0	99.4	99.4
黑龙江	100.0	100.5	100.3	101.6	100.1
上　海					
江　苏	100.7	99.7	100.0	99.9	100.1
浙　江	98.1	99.9	99.7	100.7	100.0
安　徽	108.2	100.0	100.0	100.4	99.5
福　建	104.0	99.6	99.9	99.6	99.7
江　西	99.8	99.8	100.0	100.2	98.8
山　东	100.0	100.1	99.7	101.1	100.2
河　南	103.4	100.1	99.8	100.5	100.7
湖　北	101.2	100.4	100.1	100.9	99.4
湖　南	100.0	100.1	101.0	100	99.4
广　东	99.9	98.1	97.4	100.8	98.5
广　西	100.5	99.6	99.7	100.4	99.0
海　南	102.2	99.6	99.0	99.6	98.5
重　庆					
四　川	99.5	100.7	100.9	101.5	102.6
贵　州	100.0	100.1	98.8	99.7	101.0
云　南	104.9	100.4	101.0	99.9	101.1
西　藏	99.7	100.0	100.4	100.1	100.3
陕　西	100.2	100.5	100.3	101.1	100.8
甘　肃	100.0	100.7	100.8	99.8	100.1
青　海	100.8	100.0	99.5	100.2	100.7
宁　夏	100.0	101.3	101.3	101.1	102.9
新　疆	100.4	101.2	99.4	102.7	100.6

8-2 续表 8

地　区	四、生活用品及服务	1.家具及室内装饰品	(1)家具	(2)室内装饰品
全国平均	**99.9**	**100.1**	**100.0**	**101.2**
北　京				
天　津				
河　北	100.2	101.0	101.0	101.1
山　西	100.0	100.3	100.1	101.4
内蒙古	100.4	101.3	101.1	101.8
辽　宁	100.1	100.6	100.4	102.0
吉　林	99.8	100.1	99.9	101.9
黑龙江	100.0	100.2	100.0	101.7
上　海				
江　苏	100.6	103.0	103.2	101.0
浙　江	100.1	100.5	100.5	100.8
安　徽	100.1	99.7	99.5	101.8
福　建	99.6	99.7	99.6	101.2
江　西	99.2	98.5	98.4	100.8
山　东	99.6	100.1	100.0	101.1
河　南	99.4	98.9	98.8	101.4
湖　北	100.1	100.0	99.9	101.6
湖　南	100.0	100.5	100.4	102.3
广　东	100.3	100.0	100.0	100.6
广　西	99.3	99.4	99.3	100.7
海　南	98.4	100.1	99.9	101.8
重　庆				
四　川	99.6	100.0	100.0	100.3
贵　州	100.0	100.1	99.9	100.7
云　南	99.6	99.8	99.6	101.7
西　藏	100.0	100.2	100.0	101.5
陕　西	99.8	100.1	99.9	101.4
甘　肃	99.8	99.8	99.7	101.3
青　海	100.0	99.7	99.6	100.4
宁　夏	99.2	99.7	99.4	101.5
新　疆	99.4	98.0	97.6	100.3

8-2 续表 9

地 区	2.家用器具	(1)大型家用器具	(2)小家电	3.家用纺织品	(1)床上用品
全国平均	**98.8**	**98.9**	**98.2**	**99.6**	**99.5**
北 京					
天 津					
河 北	99.4	99.7	98.5	100.0	100.2
山 西	98.9	99.0	98.6	100.2	100.1
内蒙古	99.5	99.6	99.2	100.0	99.5
辽 宁	98.3	98.4	98.3	100.2	100.1
吉 林	98.3	98.5	97.6	100.1	100.1
黑龙江	99.0	99.1	98.6	99.9	99.9
上 海					
江 苏	98.5	98.7	97.5	100.2	100.6
浙 江	99.1	99.4	97.7	100.6	100.8
安 徽	99.8	99.8	99.7	100.5	100.6
福 建	98.6	98.6	98.5	99.4	99.4
江 西	98.4	98.6	97.7	99.7	99.8
山 东	98.7	98.8	97.9	99.3	99.0
河 南	98.5	98.7	97.7	99.3	99.0
湖 北	98.9	99.1	97.5	99.7	99.1
湖 南	99.1	99.3	98.4	99.8	99.5
广 东	98.9	98.7	99.7	99.3	98.4
广 西	98.4	98.4	98.4	100.0	99.9
海 南	97.3	97.6	96.4	98.5	98.0
重 庆					
四 川	98.3	98.5	97.6	97.8	97.2
贵 州	99.2	99.5	98.1	99.8	99.9
云 南	97.8	97.6	98.7	100.3	100.1
西 藏	98.9	99.0	98.4	99.9	99.8
陕 西	99.0	99.2	98.0	100.4	100.5
甘 肃	98.7	98.8	98.4	99.8	100.0
青 海	98.7	98.8	98.6	100.4	100.3
宁 夏	98.1	98.0	98.4	99.7	99.7
新 疆	99.6	99.8	98.5	99.2	98.5

8-2 续表 10

地 区	(2)窗帘门帘	(3)其他家用纺织品	4.家庭日用杂品	(1)洗涤卫生用品	(2)厨具餐具茶具
全国平均	**100.2**	**99.9**	**100.0**	**100.0**	**100.6**
北 京					
天 津					
河 北	100.0	98.7	99.8	99.4	100.1
山 西	100.5	100.1	100.0	100.0	100.2
内蒙古	101.7	99.7	100.2	100.4	100.8
辽 宁	100.0	100.8	100.6	99.7	100.6
吉 林	100.3	100.2	100.0	99.5	100.9
黑龙江	100.0	100.0	100.3	100.5	100.7
上 海					
江 苏	98.0	99.8	100.3	100.8	100.6
浙 江	100.5	98.4	100.1	101.3	100.6
安 徽	100.7	99.1	99.9	99.8	101.3
福 建	99.8	99.6	99.7	99.7	100.3
江 西	98.4	100.9	99.7	99.8	100.7
山 东	100.3	100.3	99.7	99.1	100.7
河 南	99.9	100.8	99.7	99.0	101.2
湖 北	100.9	101.6	101.2	102.7	100.3
湖 南	100.1	101.4	100.2	99.9	100.9
广 东	102.2	101.4	100.6	100.5	99.7
广 西	100.1	100.0	99.4	98.4	99.7
海 南	100.0	100.1	98.1	98.1	99.5
重 庆					
四 川	100.4	98.9	100.5	101.1	100.8
贵 州	100.5	98.4	100.2	100.4	100.4
云 南	101.0	101.4	99.8	99.9	100.9
西 藏	100.0	100.2	99.9	99.7	100.9
陕 西	99.9	100.1	99.7	99.6	100.4
甘 肃	99.3	99.7	99.9	99.7	100.5
青 海	100.0	101.1	100.1	100.3	100.3
宁 夏	100.9	97.0	98.8	99.0	99.2
新 疆	99.8	100.0	99.2	98.5	100.5

8-2 续表 11

地 区	(3)其他家庭日用杂品	5.个人护理用品	(1)化妆品	(2)其他护理用品类
全国平均	**99.8**	**100.7**	**100.7**	**100.7**
北 京				
天 津				
河 北	100.3	101.8	102.9	100.5
山 西	99.9	101.1	101.6	100.6
内蒙古	99.2	101.1	100.9	101.5
辽 宁	101.6	100.7	100.6	101.0
吉 林	100.1	100.6	100.8	100.2
黑龙江	99.8	100.2	99.9	100.8
上 海				
江 苏	99.1	101.6	101.8	101.4
浙 江	98.6	101.5	101.8	100.9
安 徽	99.6	100.3	99.8	100.7
福 建	99.4	100.6	100.7	100.5
江 西	99.0	100.3	100.5	100.2
山 东	100.1	100.0	99.8	100.4
河 南	99.7	100.8	100.4	101.1
湖 北	99.2	100.4	100.4	100.4
湖 南	100.4	100.7	100.5	100.8
广 东	100.9	101.2	101.5	101.0
广 西	100.5	100.1	99.9	100.2
海 南	97.4	98.4	95.3	99.7
重 庆				
四 川	99.5	100.6	100.2	101.1
贵 州	99.9	100.4	100.7	100.1
云 南	99.2	100.8	101.0	100.8
西 藏	99.6	100.9	101.0	100.5
陕 西	99.1	100.8	100.9	100.7
甘 肃	99.5	100.8	101.0	100.6
青 海	99.6	100.6	100.7	100.6
宁 夏	98.6	100.5	100.6	100.3
新 疆	99.7	100.7	100.3	101.2

8-2 续表 12

地　　区	6.家庭服务	五、交通通信	1.交通	(1)交通工具	(2)交通工具用燃料
全国平均	**101.5**	**97.6**	**97.1**	**96.5**	**94.5**
北　　京					
天　　津					
河　　北	101.2	97.6	97.0	97.0	94.1
山　　西	102.1	98.3	97.8	99.6	94.5
内 蒙 古	100.8	98.1	97.6	97.9	94.7
辽　　宁	102.2	97.6	96.9	96.4	94.6
吉　　林	101.4	97.9	97.5	97.4	94.9
黑 龙 江	101.3	97.6	96.8	96.1	94.5
上　　海					
江　　苏	103.0	96.5	95.9	93.1	94.5
浙　　江	101.5	98.2	97.8	97.6	94.5
安　　徽	102.3	97.6	97.1	96.0	94.6
福　　建	102.4	97.0	96.0	94.6	94.5
江　　西	100.6	97.5	96.6	96.3	94.5
山　　东	100.8	97.6	97.2	97.4	94.2
河　　南	101.7	98.4	97.9	97.8	94.5
湖　　北	102.1	97.3	96.8	96.0	94.5
湖　　南	100.4	98.3	97.8	97.5	94.6
广　　东	102.4	96.8	96.2	96.5	94.5
广　　西	100.6	97.4	97.4	96.8	94.5
海　　南	100.8	98.9	98.3	100.1	95.1
重　　庆					
四　　川	100.8	98.0	97.8	96.7	94.7
贵　　州	102.2	97.6	97.0	96.6	94.8
云　　南	100.2	96.6	95.9	93.8	94.6
西　　藏	100.0	97.7	97.1	99.5	94.7
陕　　西	100.2	98.4	97.8	98.0	94.8
甘　　肃	100.2	98.2	97.9	98.2	94.5
青　　海	101.3	98.2	97.8	94.4	95.6
宁　　夏	100.2	97.7	97.2	97.9	94.9
新　　疆	101.0	98.4	98.0	98.0	95.6

8-2 续表 13

地　区	(3)交通工具使用和维修	(4)交通费	2.通信	(1)通信工具	(2)通信服务
全国平均	**100.9**	**102.6**	**99.2**	**98.1**	**99.7**
北　京					
天　津					
河　北	100.5	102.5	99.3	98.3	100.0
山　西	100.5	101.2	99.5	98.5	100.0
内蒙古	101.0	100.7	99.6	99.1	99.9
辽　宁	100.0	101.9	99.6	98.9	100.0
吉　林	100.7	101.1	99.4	98.1	100.3
黑龙江	100.0	100.6	99.9	99.8	100.0
上　海					
江　苏	103.0	102.7	98.9	98.0	99.0
浙　江	100.9	103.4	99.5	98.0	100.0
安　徽	99.3	105.7	99.1	97.5	99.8
福　建	100.7	100.1	99.6	98.8	99.8
江　西	101.3	102.7	99.5	98.6	99.9
山　东	101.1	101.9	99.2	97.4	100.3
河　南	102.7	102.5	99.8	99.5	100.0
湖　北	102.0	102.4	99.2	96.8	100.2
湖　南	101.5	105.0	99.7	98.9	100.0
广　东	99.3	102.1	98.5	95.7	99.1
广　西	100.9	102.9	97.4	97.7	96.8
海　南	100.3	103.8	100.1	100.2	99.8
重　庆					
四　川	100.9	103.4	98.8	97.5	99.3
贵　州	99.9	101.1	99.4	98.5	99.8
云　南	101.8	102.9	98.9	96.5	100.0
西　藏	100.1	100.7	99.0	94.5	100.0
陕　西	100.2	100.4	99.8	99.4	99.9
甘　肃	100.2	102.1	99.0	96.9	100.0
青　海	102.8	110.0	99.4	98.1	100.2
宁　夏	98.3	101.2	99.1	97.3	100.0
新　疆	100.0	100.7	99.9	99.5	100.0

8-2 续表 14

地 区	(3)邮递服务	六、教育文化娱乐	1.教育	(1)教育用品	(2)教育服务
全国平均	**100.1**	**101.5**	**101.6**	**101.8**	**101.6**
北 京					
天 津					
河 北	99.9	100.6	100.5	99.8	100.5
山 西	100.0	100.6	100.7	103.6	100.5
内蒙古	101.0	101.1	101.0	100.5	101.1
辽 宁	100.5	100.9	101.0	99.2	101.1
吉 林	100.7	100.7	100.8	101.1	100.8
黑龙江	100.0	101.2	101.4	99.9	101.5
上 海					
江 苏	102.8	101.8	101.7	104.0	101.6
浙 江	100.1	101.9	101.8	102.6	101.8
安 徽	99.7	102.0	102.2	101.6	102.2
福 建	99.5	101.2	101.3	103.9	101.2
江 西	99.8	102.7	102.5	100.7	102.6
山 东	99.9	101.6	101.7	102.4	101.7
河 南	99.3	101.8	102.0	102.3	102.0
湖 北	100.4	101.4	101.5	102.3	101.5
湖 南	100.0	100.6	100.4	101.0	100.3
广 东	99.9	102.8	103.1	102.4	103.1
广 西	100.1	101.8	102.3	100.9	102.4
海 南	101.5	101.7	101.9	106.5	101.6
重 庆					
四 川	99.6	101.7	101.4	104.0	101.2
贵 州	99.8	100.8	101.1	100.6	101.1
云 南	99.8	101.4	100.8	99.9	100.9
西 藏	100.7	100.0	100.0	100.1	100.0
陕 西	100.0	101.1	100.9	101.8	100.7
甘 肃	100.2	101.5	101.7	102.1	101.7
青 海	100.1	108.0	110.1	99.7	110.5
宁 夏	101.5	101.9	102.4	100.3	102.5
新 疆	100.1	100.6	100.5	101.2	100.5

8-2 续表 15

地 区	2.文化娱乐	(1)文娱耐用消费品	(2)其他文娱用品	(3)文化娱乐服务	(4)旅游
全国平均	**101.5**	**98.2**	**100.4**	**100.8**	**108.0**
北 京					
天 津					
河 北	100.8	99.5	100.1	100.4	104.3
山 西	100.4	98.9	100.7	99.1	104.9
内 蒙 古	101.3	100.8	100.4	101.1	108.6
辽 宁	100.6	98.4	100.3	100.2	106.6
吉 林	100.5	97.6	101.2	100.1	104.5
黑 龙 江	100.6	99.6	100.1	99.5	106.7
上 海					
江 苏	102.0	97.6	101.4	101.5	107.8
浙 江	102.0	97.8	100.5	101.2	109.0
安 徽	101.5	98.7	100.3	102.3	104.8
福 建	100.7	99.2	100.8	100.3	103.3
江 西	103.2	98.8	101.0	100.0	110.3
山 东	101.1	98.4	99.9	102.2	106.1
河 南	101.2	96.9	100.9	101.4	110.5
湖 北	100.8	97.6	100.6	100.4	106.7
湖 南	101.5	100.0	100.1	100.6	109.5
广 东	102.1	97.0	99.6	99.9	113.4
广 西	100.3	97.0	101.1	101.2	104.7
海 南	101.1	97.4	101.3	101.2	105.3
重 庆					
四 川	102.3	96.8	100.4	101.2	110.9
贵 州	100.1	98.9	100.2	98.6	103.1
云 南	103.1	100.0	100.3	98.5	108.6
西 藏	99.7	99.9	99.6	99.5	100.0
陕 西	101.6	98.8	100.1	101.0	106.3
甘 肃	100.2	99.2	100.1	100.0	102.5
青 海	100.8	98.5	101.3	100.1	105.0
宁 夏	100.5	97.5	100.9	101.1	106.7
新 疆	101.7	100.8	99.9	101.2	106.8

8-2 续表 16

地 区	七、医疗保健	1.药品及医疗器具	(1)中药	(2)西药	(3)滋补保健品
全国平均	**101.3**	**101.7**	**105.5**	**100.8**	**99.9**
北 京					
天 津					
河 北	102.9	102.7	108.1	101.5	99.4
山 西	100.4	100.8	105.1	99.9	98.7
内 蒙 古	102.5	103.2	108.7	101.5	101.3
辽 宁	100.0	99.9	102.8	98.7	99.9
吉 林	100.2	102.5	106.4	101.4	100.2
黑 龙 江	102.9	103.3	109.7	102.0	100.5
上 海					
江 苏	103.7	100.7	104.7	99.5	100.4
浙 江	101.3	101.4	107.6	99.3	100.5
安 徽	101.3	101.8	108.8	100.0	100.2
福 建	100.8	102.9	108.1	101.8	100.3
江 西	100.9	101.9	106.6	100.0	100.6
山 东	100.0	100.3	100.6	100.3	100.0
河 南	101.3	102.1	105.7	101.7	100.7
湖 北	100.7	103.0	107.3	101.9	100.8
湖 南	102.0	103.2	106.4	102.3	97.3
广 东	100.4	102.0	106.1	102.7	98.4
广 西	101.6	102.0	104.9	101.0	99.8
海 南	101.5	101.9	108.6	99.8	100.2
重 庆					
四 川	100.5	101.2	102.7	100.8	99.8
贵 州	100.2	101.0	101.8	100.9	101.3
云 南	100.3	99.8	101.8	99.1	99.1
西 藏	100.3	100.8	101.1	100.8	104.1
陕 西	102.5	101.2	105.1	99.1	100.6
甘 肃	102.7	101.8	106.7	100.3	100.4
青 海	102.4	103.4	106.7	102.6	98.5
宁 夏	100.7	100.2	103.1	99.1	98.9
新 疆	100.3	99.9	105.4	98.8	98.6

8-2 续表 17

地　区	(4)医疗卫生器具	(5)保健器具	2.医疗服务	(1)综合医疗类	(2)诊断类
全国平均	**99.0**	**100.0**	**101.1**	**102.6**	**100.2**
北　京					
天　津					
河　北	101.7	100.3	102.9	111.9	99.7
山　西	99.6	100.2	100.2	101.1	100.0
内蒙古	98.1	99.1	102.1	115.1	97.9
辽　宁	100.3	100.0	100.0	100.0	100.0
吉　林	94.8	100.6	99.2	98.4	99.3
黑龙江	95.8	100.0	102.7	104.2	101.0
上　海					
江　苏	96.7	100.6	104.5	101.5	101.3
浙　江	103.2	98.5	101.3	102.7	101.0
安　徽	98.0	102.6	101.1	101.7	101.5
福　建	102.7	99.1	100.0	100.1	99.7
江　西	99.0	97.1	100.6	100.6	99.9
山　东	100.5	99.9	99.8	100.2	100.0
河　南	96.4	98.7	100.9	101.3	100.2
湖　北	99.4	100.3	100.0	99.7	99.9
湖　南	98.8	100.5	101.7	103.5	100.7
广　东	96.2	100.1	100.0	99.4	100.0
广　西	100.8	99.9	101.4	102.5	100.7
海　南	97.6	99.6	101.3	101.7	100.4
重　庆					
四　川	99.8	99.5	100.2	100.4	100.2
贵　州	99.3	99.8	99.9	100.4	99.4
云　南	99.3	99.9	100.5	101.2	99.2
西　藏	97.0	100.0	100.1	100.4	99.2
陕　西	100.3	100.7	103.2	112.0	99.6
甘　肃	98.7	100.0	103.1	103.2	103.4
青　海	98.2	101.2	102.1	105.1	99.9
宁　夏	98.6	99.2	100.9	101.4	100.3
新　疆	93.2	99.8	100.4	101.4	99.7

8-2 续表 18

地 区	(3)治疗类	(4)康复类	(5)中医医疗服务类	(6)其他医疗保健服务	八、其他用品及服务
全国平均	**101.3**	**100.3**	**101.5**	**100.5**	**102.5**
北 京					
天 津					
河 北	99.6	100.0	101.7	100.2	103.3
山 西	100.0	100.0	100.0	100.0	102.1
内 蒙 古	98.5	91.5	103.6	100.8	102.4
辽 宁	100.0	100.0	101.4	100.1	102.8
吉 林	99.7	100.3	101.2	100.0	103.2
黑 龙 江	104.3	102.4	102.1	100.5	102.8
上 海					
江 苏	111.8	103.9	100.4	100.8	103.2
浙 江	100.7	98.8	101.7	101.7	103.7
安 徽	99.9	101.1	101.0	103.5	103.0
福 建	100.1	100.0	100.5	100.0	102.5
江 西	101.8	100.0	104.7	100.4	101.7
山 东	99.3	101.6	98.2	100.0	102.5
河 南	100.8	100.5	105.9	101.1	103.5
湖 北	100.5	100.0	100.0	99.9	102.6
湖 南	101.3	100.0	99.3	101.2	103.4
广 东	100.2	100.0	100.0	100.0	100.7
广 西	102.0	103.7	100.5	100.7	101.4
海 南	102.4	101.5	103.8	104.6	101.1
重 庆					
四 川	100.1	100.2	100.3	100.5	101.4
贵 州	100.1	99.4	100.8	100.0	100.4
云 南	103.2	101.6	100.0	99.4	101.8
西 藏	100.5	100.4	100.5	100.0	103.2
陕 西	100.4	93.1	103.9	98.6	103.4
甘 肃	102.6	100.2	103.8	101.2	102.1
青 海	101.3	100.0	112.8	100.0	104.4
宁 夏	101.3	101.1	102.1	100.0	103.7
新 疆	100.1	100.2	100.9	100.2	103.1

8-2 续表 19

地 区	1.其他用品类	(1)首饰手表	(2)母婴用品	2.其他服务	(1)在外住宿
全国平均	**103.6**	**108.4**	**100.8**	**101.1**	**102.5**
北 京					
天 津					
河 北	104.6	109.3	100.7	102.0	104.2
山 西	101.9	106.7	100.5	102.2	103.4
内 蒙 古	103.8	108.1	101.6	100.6	101.5
辽 宁	104.0	109.1	100.6	101.8	100.5
吉 林	104.5	110.0	100.7	101.5	102.7
黑 龙 江	104.1	109.0	100.8	100.7	100.1
上 海					
江 苏	104.5	108.9	100.6	101.3	103.3
浙 江	106.1	110.7	101.6	101.5	110.1
安 徽	104.1	109.2	101.0	101.1	103.6
福 建	103.8	109.1	100.8	100.7	99.9
江 西	102.6	108.9	100.8	100.3	102.0
山 东	103.5	108.0	100.6	101.1	102.0
河 南	104.1	107.3	101.1	102.7	103.5
湖 北	103.9	108.6	100.6	101.0	102.0
湖 南	104.7	110.1	101.9	101.6	105.3
广 东	101.4	108.7	99.7	99.9	102.0
广 西	102.3	109.2	99.8	100.4	99.9
海 南	101.6	111.9	99.5	100.1	100.0
重 庆					
四 川	102.6	104.9	102.3	100.2	97.6
贵 州	101.2	103.4	100.1	99.5	97.1
云 南	101.8	105.1	101.0	101.6	104.7
西 藏	104.6	107.2	100.8	102.2	110.9
陕 西	104.5	107.5	101.2	102.2	104.9
甘 肃	102.7	109.6	100.5	101.3	105.1
青 海	103.3	110.0	99.7	105.8	122.4
宁 夏	105.9	110.0	100.6	100.8	99.9
新 疆	104.7	107.4	101.4	101.1	102.9

8-2 续表 20

地　　区	(2)美容美发洗浴	(3)养老服务	(4)金融及保险服务	(5)中介法律及其他服务
全国平均	**101.5**	**101.1**	**100.9**	**100.0**
北　　京				
天　　津				
河　　北	102.7	101.4	101.8	100.2
山　　西	103.8	105.1	101.2	100.0
内 蒙 古	100.6	98.8	100.6	100.0
辽　　宁	101.2	103.0	102.1	100.0
吉　　林	101.3	100.0	101.9	100.0
黑 龙 江	101.9	99.8	100.6	100.0
上　　海				
江　　苏	100.8	100.1	101.6	101.8
浙　　江	101.5	100.0	100.0	100.0
安　　徽	101.5	100.0	100.3	101.5
福　　建	101.2	100.1	100.8	100.0
江　　西	100.3	100.7	100.2	99.2
山　　东	101.1	102.7	100.9	100.0
河　　南	105.8	102.7	100.9	100.0
湖　　北	102.7	101.5	100.4	100.0
湖　　南	102.6	100.0	100.5	100.0
广　　东	99.1	102.1	100.0	97.4
广　　西	100.2	100.8	101.0	100.1
海　　南	99.4	100.0	100.9	100.3
重　　庆				
四　　川	99.7	99.9	101.2	100.2
贵　　州	99.5	101.5	100.2	99.8
云　　南	101.5	100.0	100.7	100.1
西　　藏	100.5	100.0	100.0	100.0
陕　　西	100.5	100.3	102.4	100.0
甘　　肃	100.1	100.0	101.0	100.3
青　　海	106.6	100.0	101.7	100.7
宁　　夏	100.0	100.0	101.8	100.0
新　　疆	100.4	100.0	101.1	100.3

8-3 农产品生产者价格指数(以1978年为100)

(1978=100)

年 份	总指数	农业产品	林业产品	饲养动物及其产品	渔业产品
1978	100.00	100.00	100.00	100.00	100.00
1979	122.10	122.39	115.00	122.60	118.20
1980	130.77	131.91	133.17	126.77	120.33
1981	138.48	139.95	169.13	128.16	121.05
1982	141.53	143.43	179.10	128.55	122.26
1983	147.76	151.66	179.46	129.19	126.17
1984	153.67	157.45	185.38	134.49	138.54
1985	166.88	160.07	288.27	166.90	209.61
1986	177.56	170.67	331.23	171.91	231.41
1987	198.87	185.74	398.46	202.68	284.17
1988	244.61	210.74	544.70	284.15	381.64
1989	281.31	250.56	573.03	313.14	380.87
1990	273.99	252.39	484.21	289.02	376.30
1991	268.51	245.61	495.83	281.51	393.99
1992	277.64	248.40	532.02	299.24	425.90
1993	314.85	278.33	591.08	341.74	520.03
1994	440.47	394.97	660.83	494.15	634.43
1995	528.12	489.56	694.53	572.23	713.10
1996	550.30	512.61	725.09	591.11	737.35
1997	525.54	475.75	717.11	601.75	676.15
1998	483.50	445.50	725.00	522.92	634.90
1999	424.51	382.02	735.15	462.79	587.28
2000	409.23	361.61	661.63	458.16	590.22
2001	421.91	382.03	622.93	472.22	581.78
2002	420.65	382.19	612.40	472.93	557.87
2003	439.03	410.55	655.33	481.26	559.77
2004	496.50	475.66	685.61	534.58	616.81
2005	503.40	483.03	718.45	537.36	645.61
2006	509.44	504.77	810.26	506.89	670.98
2007	603.64	554.34	845.67	665.85	725.00
2008	688.53	601.07	917.30	825.26	806.49
2009	672.01	618.38	870.34	743.80	798.50
2010	745.52	720.85	1068.60	765.82	858.87
2011	868.16	777.27	1228.08	966.45	945.08
2012	891.99	814.59	1243.19	963.83	1003.51
2013	920.72	849.21	1231.88	986.96	1046.86
2014	919.15	864.41	1224.98	958.34	1079.31
2015	934.50	857.67	1199.01	998.88	1105.76
2016	966.45	832.11	1152.40	1102.47	1143.37
2017	932.28	827.74	1208.44	1001.25	1199.96
2018	923.61	838.07	1195.19	957.03	1230.84
2019	1057.63	844.36	1196.38	1277.35	1222.84
2020	1216.41	867.74	1204.28	1690.96	1224.83
2021	1189.58	959.42	1232.95	1387.55	1332.20
2022	1193.80	987.09	1212.99	1327.81	1337.83
2023	1166.50	979.05	1180.11	1217.37	1330.29

8-4　农产品生产者价格指数

(以上年价格为100)

指　　标	2002年	2005年	2010年	2012年	2015年	2020年	2021年	2022年	2023年
农产品生产者价格总指数	**99.7**	**101.4**	**110.9**	**102.7**	**101.7**	**115.0**	**97.8**	**100.4**	**97.7**
农业产品	**100.0**	**101.6**	**116.6**	**104.8**	**99.2**	**102.8**	**110.6**	**102.9**	**99.2**
谷物	95.8	99.2	112.8	104.8	98.7	104.1	113.8	104.3	100.6
#小麦	98.1	96.4	107.9	102.9	99.2	100.5	106.6	112.8	97.3
稻谷	97.2	101.6	112.8	104.1	101.6	100.8	101.9	99.7	101.7
玉米	91.5	98.0	116.1	106.6	96.5	107.6	125.5	102.7	101.6
豆类	98.1	95.7	110.4	103.0	98.9	105.4	112.1	104.0	98.8
油料	104.8	91.3	112.1	105.2	100.8	107.9	107.2	105.0	104.4
棉花	103.4	111.8	157.7	98.1	87.5	98.5	117.3	102.9	101.0
糖料	86.0	111.6	106.0	105.0	98.8	103.1	100.9	104.5	103.5
蔬菜	95.1	107.2	116.8	109.9	104.6	105.2	105.6	101.4	95.9
水果	109.9	107.4	118.9	103.9	99.7	95.3	99.7	106.6	102.3
林业产品	**98.3**	**104.8**	**122.8**	**101.2**	**97.9**	**100.7**	**102.4**	**98.4**	**97.3**
饲养动物及其产品	**100.2**	**100.5**	**103.0**	**99.7**	**104.2**	**132.4**	**82.1**	**95.7**	**91.7**
生猪	98.0	97.6	98.3	95.9	108.9	155.7	64.9	90.2	86.0
活牛	91.4	101.7	104.7	116.8	99.1	110.5	106.1	98.1	92.2
活羊		101.7	108.7	107.8	89.4	110.4	102.3	93.3	95.1
活家禽	106.1	105.6	107.0	103.8	101.3	92.9	104.7	103.8	100.1
禽蛋	102.8	106.4	107.5	100.5	96.9	85.9	115.5	107.3	99.4
生奶	99.7	99.6	115.3	103.9	92.2	101.5	107.8	100.0	94.9
渔业产品	**95.9**	**104.7**	**107.6**	**106.2**	**102.5**	**100.2**	**108.8**	**100.4**	**99.4**
海水养殖产品				101.0	101.0	96.3	105.6	101.1	99.6
海水捕捞产品				110.9	106.0	99.6	103.0	102.3	102.6
淡水养殖产品				106.8	102.1	102.0	112.4	99.3	97.6

8-5 各地区农产品生产者价格指数(2023年)

(以上年价格为100)

地　区	总指数	农业产品	林业产品	饲养动物及其产品	渔业产品
全国平均	**97.7**	**99.2**	**97.3**	**91.7**	**99.4**
北　京	99.7	102.1		94.6	103.9
天　津	98.1	98.5		90.8	93.3
河　北	95.5	96.6	99.6	92.6	106.6
山　西	101.6	104.9	100.5	95.6	100.3
内蒙古	97.8	100.1	111.2	93.7	100.7
辽　宁	98.8	99.5	86.1	98.0	103.5
吉　林	95.8	98.1	93.9	88.9	96.5
黑龙江	100.6	103.1	84.9	87.9	112.4
上　海	98.4	95.9	95.5	93.3	110.8
江　苏	98.3	101.4	100.5	92.7	99.3
浙　江	101.2	100.8	97.1	90.2	107.0
安　徽	96.7	97.3	98.8	90.6	99.8
福　建	99.8	102.1	102.8	95.1	99.1
江　西	95.3	100.4	86.7	89.1	96.1
山　东	101.0	106.2	94.0	91.2	103.8
河　南	91.4	100.0	99.7	84.9	90.1
湖　北	97.1	101.6	102.5	87.1	97.6
湖　南	97.6	99.7	105.0	94.4	95.9
广　东	98.0	97.4	98.7	93.6	100.1
广　西	97.1	100.1	95.9	90.1	96.8
海　南	98.2	102.0	90.9	89.0	103.5
重　庆	97.5	100.4	99.1	92.5	100.7
四　川	95.6	100.1	100.9	90.9	99.0
贵　州	95.1	98.8	101.0	92.1	99.2
云　南	98.8	104.7	93.2	89.8	99.5
西　藏					
陕　西	101.3	105.6	104.2	89.5	95.4
甘　肃	103.3	106.7		97.3	
青　海	97.4	102.2		93.8	
宁　夏	96.6	103.6		89.5	93.7
新　疆	102.4	106.2	105.0	91.7	97.6

8-6 各地区主要农产品分品种生产者价格指数(2023年)

(以上年价格为100)

地区	一、农业产品	谷物	小麦	稻谷	玉米	豆类
全国平均	**99.2**	**100.6**	**97.3**	**101.7**	**101.6**	**98.8**
北京	102.1	96.1	99.9		95.8	
天津	98.5	103.6	96.4	107.8	103.4	
河北	96.6	99.0	94.9		101.9	92.6
山西	104.9	101.2	93.1		102.6	95.5
内蒙古	100.1	102.4	105.0	109.4	102.1	94.9
辽宁	99.5	101.0		103.1	99.9	95.1
吉林	98.1	98.8		96.1	99.5	88.8
黑龙江	103.1	107.3	100.0	116.8	97.9	88.1
上海	95.9	100.9		100.9		
江苏	101.4	100.1	97.0	101.5	103.3	94.6
浙江	100.8	100.5	96.8	100.6	96.2	95.5
安徽	97.3	99.1	92.1	104.7	101.3	96.3
福建	102.1	100.6		100.6		
江西	100.4	101.3		101.3		103.0
山东	106.2	99.8	95.9	97.6	101.8	100.9
河南	100.0	95.9	88.9	109.8	99.6	95.7
湖北	101.6	101.0	83.7	104.4	104.2	109.2
湖南	99.7	101.5		101.5	101.2	105.3
广东	97.4	100.4		100.5	98.5	97.6
广西	100.1	99.9		99.2	102.5	98.5
海南	102.0	105.1		104.0	113.4	105.7
重庆	100.4	101.9	101.5	102.4	101.0	101.8
四川	100.1	98.0	94.9	98.1	104.1	106.2
贵州	98.8	99.0	102.7	97.4	101.0	101.3
云南	104.7	102.5	105.4	104.9	103.9	118.6
西藏						
陕西	105.6	97.2	89.0	96.0	102.3	100.4
甘肃	106.7	100.8	100.7		101.0	100.6
青海	102.2	102.6	102.8		87.9	116.0
宁夏	103.6	100.0	98.0	103.3	98.9	
新疆	106.2	97.5	91.6	101.8	101.0	78.3

8-6 续表 1

地　区		薯类	油料			棉花	糖料
	大豆			花生	油菜籽		
全国平均	**98.1**	**107.4**	**104.4**	**106.8**	**100.6**	**101.0**	**103.5**
北　京							
天　津						105.0	
河　北	92.6	110.4	117.1	117.1		92.5	
山　西	95.5	134.9	90.5		102.6		
内 蒙 古	88.4	104.7	110.0				108.2
辽　宁	95.1	116.7	108.3	108.3			
吉　林	88.8	104.4	113.7	113.7			
黑 龙 江	88.1		100.6	100.6			
上　海							
江　苏	94.6	102.6	103.9	106.1	103.4	104.3	
浙　江	93.0	103.6	106.3	98.0	99.6		99.0
安　徽	96.3	109.4	101.9	101.6	101.7	96.6	
福　建		99.9	102.4	102.4			
江　西	103.1	97.9	100.3	101.0	100.3		
山　东	100.9	114.1	105.8	105.8		97.6	
河　南	95.7	102.0	113.3	114.2			
湖　北	109.2	103.9	97.5	104.4	94.0	109.6	
湖　南	105.3	102.2	104.4		99.3	96.3	
广　东	97.3	107.3	104.4	104.4			102.6
广　西	98.5	90.8	104.9	105.4			102.2
海　南		96.3	111.8	111.8			115.6
重　庆	101.8	101.5	99.8		99.8		
四　川	107.2	110.7	101.4	104.7	99.8		100.8
贵　州	101.3	99.1	106.8	115.5	105.9		102.9
云　南		119.7	104.2		103.6		102.3
西　藏							
陕　西	100.4	113.4	100.2	98.5	101.8		
甘　肃	100.0	114.8	101.9		100.0		
青　海		107.1	97.5		97.5		
宁　夏		154.7					
新　疆	78.3	101.1	87.2		95.1	128.2	107.8

8-6 续表 2

地区	生麻	未加工烟草	蔬菜	水果	茶叶
全国平均	**96.9**	**104.1**	**95.9**	**102.3**	**101.3**
北京			100.6	103.6	
天津			94.3	103.7	
河北			90.3	99.2	
山西			98.2	111.8	
内蒙古			92.5	84.3	
辽宁		101.2	86.5	105.6	
吉林		92.9	85.8	112.8	
黑龙江	100.0	107.0	97.1	93.1	
上海			94.0	94.0	
江苏			102.2	105.3	104.2
浙江			102.1	96.9	99.7
安徽	100.0	103.6	94.6	98.6	101.7
福建		105.3	102.0	103.4	99.8
江西		105.7	97.2	94.5	100.7
山东		94.6	113.0	107.2	102.8
河南		111.4	99.9	110.5	103.5
湖北		107.4	98.0	98.6	105.2
湖南	96.1	104.9	86.7	88.3	101.9
广东		109.7	97.8	94.5	100.5
广西	94.4		99.2	100.7	104.2
海南			98.8	103.6	
重庆	99.3	104.5	99.2	101.1	101.3
四川	104.2	101.1	99.1	100.0	100.4
贵州		102.5	95.4	91.9	101.2
云南		104.4	107.1	102.0	101.7
西藏					
陕西		113.4	101.4	108.8	101.2
甘肃			103.3	109.7	
青海			101.7		
宁夏			85.5	101.3	
新疆			86.4	108.3	

8-6 续表 3

地　区	二、林业产品	三、饲养动物及其产品	生猪	活家禽	禽蛋	生奶
全国平均	**97.3**	**91.7**	**86.0**	**100.1**	**99.4**	**94.9**
北　京		94.6	92.2	89.9	96.0	98.3
天　津		90.8	83.2	102.2	99.9	97.3
河　北	99.6	92.6	84.4	100.8	98.1	96.4
山　西	100.5	95.6	85.2	108.0	101.0	92.2
内蒙古	111.2	93.7	87.3	91.5	103.5	94.4
辽　宁	86.1	98.0	98.9	100.0	99.3	100.4
吉　林	93.9	88.9	85.2	94.6	97.9	97.5
黑龙江	84.9	87.9	83.7	98.7	101.0	92.6
上　海	95.5	93.3	87.5	103.3	101.2	98.9
江　苏	100.5	92.7	82.6	100.6	101.3	93.2
浙　江	97.1	90.2	81.9	101.2	99.8	94.7
安　徽	98.8	90.6	84.4	101.5	99.2	
福　建	102.8	95.1	87.0	101.6	100.9	
江　西	86.7	89.1	84.8	98.9	100.5	
山　东	94.0	91.2	83.3	101.6	94.6	87.1
河　南	99.7	84.9	80.9	107.4	99.1	90.6
湖　北	102.5	87.1	83.5	96.1	97.6	103.0
湖　南	105.0	94.4	87.4	102.2	104.8	
广　东	98.7	93.6	86.4	103.0	98.7	
广　西	95.9	90.1	85.6	96.3	105.1	
海　南	90.9	89.0	77.7	104.1	101.5	
重　庆	99.1	92.5	87.6	100.0	102.2	
四　川	100.9	90.9	85.2	97.0	101.9	93.7
贵　州	101.0	92.1	91.6	97.0	93.3	
云　南	93.2	89.8	88.7	96.6	99.8	93.6
西　藏						
陕　西	104.2	89.5	85.3	95.5	95.5	91.2
甘　肃		97.3	95.9	98.0	100.4	98.6
青　海		93.8	95.1	91.3	97.3	100.5
宁　夏		89.5	85.4	96.5	97.4	84.8
新　疆	105.0	91.7	89.3	99.0	92.5	97.8

8-6 续表 4

地　　区	四、渔业产品	海水养殖产品	海水捕捞产品	淡水养殖产品
全国平均	**99.4**	**99.6**	**102.6**	**97.6**
北　　京	103.9			103.9
天　　津	93.3	82.8		96.9
河　　北	106.6			106.6
山　　西	100.3			100.3
内 蒙 古	100.7			102.8
辽　　宁	103.5	102.6		105.0
吉　　林	96.5			96.5
黑 龙 江	112.4			112.4
上　　海	110.8		125.8	98.4
江　　苏	99.3	105.5	98.0	99.4
浙　　江	107.0	108.0	110.0	98.7
安　　徽	99.8			99.8
福　　建	99.1	98.7	104.1	93.7
江　　西	96.1			96.1
山　　东	103.8	95.7	106.5	98.6
河　　南	90.1			90.1
湖　　北	97.6			97.6
湖　　南	95.9			95.9
广　　东	100.1	101.8	99.0	99.3
广　　西	96.8	95.3	98.2	97.0
海　　南	103.5	107.5	103.6	93.3
重　　庆	100.7			100.7
四　　川	99.0			99.0
贵　　州	99.2			99.2
云　　南	99.5			100.4
西　　藏				
陕　　西	95.4			95.4
甘　　肃				
青　　海				
宁　　夏	93.7			93.7
新　　疆	97.6			97.6

8-7 农产品集贸市场年度价格

单位：元/公斤

指　　标	2002年	2005年	2010年	2012年	2015年	2020年	2021年	2022年	2023年
籼　　稻	1.04	1.50	2.13	2.73	2.80	2.84	2.95	2.91	2.97
粳　　稻	1.15	1.78	2.57	3.07	3.21	3.17	3.23	3.20	3.30
小　　麦	1.06	1.51	2.07	2.34	2.52	2.66	2.83	3.19	3.19
玉　　米	1.03	1.30	2.05	2.39	2.39	2.24	2.79	2.86	2.88
大　　豆	2.38	3.59	5.19	5.85	6.19	6.57	7.28	7.80	7.81
籼　　米	1.62	2.51	3.48	4.58	4.88	5.10	5.21	5.25	5.32
粳　　米	1.92	2.94	4.24	5.07	5.39	5.60	5.71	5.76	5.83
棉　　花	3.35	5.10	7.66	7.96	6.78	6.87	7.40	8.20	7.67
花 生 仁	4.32	6.59	10.02	14.34	12.93	13.88	13.77	13.75	15.01
油 菜 籽	1.92	2.67	4.21	5.11	5.20	5.58	5.89	6.20	6.44
活　　猪	5.56	8.05	11.49	15.23	15.29	33.60	20.73	19.01	15.81
仔　　猪	7.38	12.35	15.43	27.54	26.10	82.95	53.59	37.95	34.53
猪　　肉	9.85	13.39	18.93	24.39	24.52	51.46	32.45	30.20	24.97
活　　牛					27.38	35.36	36.84	37.15	34.46
牛　　肉	13.67	17.35	33.17	45.60	61.88	82.90	85.14	85.80	82.55
活　　羊					28.00	37.43	39.34	38.12	36.16
羊　　肉	15.16	18.17	36.26	53.39	61.51	80.34	84.11	82.40	78.93
活　　鸡	8.39	10.46	13.80	16.71	18.72	20.89	20.95	21.82	22.08
鸡　　蛋	5.43	6.61	8.61	9.49	9.88	9.14	10.81	11.90	11.74
草　　鱼	7.10	9.43	12.96	15.26	15.37	16.27	20.60	19.22	18.55
鲤　　鱼	6.84	8.67	11.03	13.73	13.88	14.13	16.77	15.81	15.31
鲢　　鱼	5.71	7.36	9.23	10.79	10.83	12.14	14.19	14.26	13.97
带　　鱼	8.95	10.50	15.33	20.56	23.62	30.68	31.80	32.92	34.05
大 白 菜	0.75	1.19	2.16	2.19	2.60	3.28	3.26	3.39	2.88
黄　　瓜	1.81	2.31	3.73	4.66	5.13	6.34	6.64	7.21	6.85
西 红 柿	1.88	2.39	4.09	5.15	5.55	7.28	6.38	7.86	7.18
菜　　椒	2.21	2.88	4.51	6.12	6.37	7.91	8.25	9.10	8.20
四 季 豆	2.48	3.11	5.51	7.15	8.11	10.86	11.22	12.19	12.42
红富士苹果	2.93	3.49	6.72	8.44	10.39	10.04	9.53	10.66	11.80
香　　蕉	2.91	3.29	4.73	5.18	5.79	6.24	6.21	7.22	7.31
橙　　子	2.88	3.27	5.09	6.30	8.77	10.83	10.39	11.26	12.28

农产品进出口

9-1　海关出口主要农产品数量

单位：万头、万吨

年　份	活猪(种猪除外)	稻谷和大米	棉花	蔬菜及食用菌	干鲜瓜果及坚果	水产品
1980	316	109	1	34	24	11
1981	318	59		47	20	12
1982	324	47		51	21	10
1983	321	58	6	54	20	11
1984	308	116	19	52	17	12
1985	296	101	35	51	21	12
1986	310	95	56	64	22	17
1987	302	102	75	64	24	22
1988	303	70	47	77	30	29
1989	297	32	27	82	25	29
1990	300	33	17	98	23	36
1991	285	69	20	104	16	38
1992	290	95	14	138	15	44
1993	272	143	15	137	32	48
1994	270	152	11	154	39	57
1995	253	5	2	158	40	61
1996	240	26	0.4	167	56	64
1997	227	94	0.1	167	68	72
1998	219	375	5	201	66	79
1999	196	271	24	225	73	109
2000	203	295	29	245	82	120
2001	196	186	5	298	81	154
2002	188	199	15	360	113	163
2003	188	262	11	432	146	158
2004	197	91	0.9	470	175	177
2005	176	69	0.5	520	200	176
2006	172	124	1	568	198	194
2007	161	134	2	622	240	183
2008	164	97	2	624	285	175
2009	169	79	0.8	636	330	209
2010	172	62	0.6	655	300	243
2011	156	52	3	772	289	288
2012	164	28	2	741	304	368
2013	168	48	0.7	778	298	384
2014	173	42	1	803	272	403
2015	169	29	3	833	287	391
2016	155	40	0.8	827	347	409
2017	157	120	2	925	344	421
2018	158	209	5	948	341	425
2019	95	275	5	979	361	419
2020		230		1017	387	375
2021	88	242	0.9	899	361	375
2022	107	219	3	934	334	370
2023	112	160	0.7	1057	404	370

注：1. 按照海关统计标准，2021年“蔬菜”更名为“蔬菜及食用菌”，“鲜、干水果及坚果”更名为“干鲜瓜果及坚果”，“水海产品”更名为“水产品”。
2. 9-1至9-6数据来源于海关统计，表中空白指标海关数据暂未公布。

9-2 海关进口主要农产品数量

单位：万吨

年 份	小麦	玉米	大豆	棉花	食用植物油
1980	1057	164	57	89	9
1981	1300	68	57	80	4
1982	1380	157	36	47	6
1983	1111	211	…	23	4
1984	987	6	…	4	1
1985	541	9	0.1	…	4
1986	611	59	29	…	20
1987	1320	154	27	0.6	51
1988	1455	11	15	3	21
1989	1488	7	0.1	52	106
1990	1253	37	0.1	42	112
1991	1237	0.1	0.1	37	61
1992	1058	…	12	28	42
1993	642	…	10	1	24
1994	730	0.1	5	50	163
1995	1159	518	29	74	213
1996	825	44	111	65	263
1997	186	…	280	75	275
1998	149	25	320	20	206
1999	45	7	432	5	208
2000	88	…	1042	5	179
2001	69	…	1394	6	165
2002	63	1	1131	18	319
2003	45	…	2074	87	541
2004	726	…	2023	191	676
2005	354	…	2659	257	621
2006	61	7	2824	364	669
2007	10	4	3082	246	838
2008	4	5	3744	211	816
2009	90	8	4255	153	816
2010	123	157	5480	284	687
2011	126	175	5264	336	657
2012	370	521	5838	513	845
2013	554	327	6338	415	810
2014	300	260	7140	244	650
2015	301	473	8169	147	676
2016	341	317	8391	90	553
2017	442	283	9553	116	577
2018	310	352	8803	157	629
2019	349	479	8851	185	953
2020	838	1124	10031	216	983
2021	977	2835	9652	215	1039
2022	996	2062	8922	194	648
2023	1210	2712	9861	196	978

9-3 海关出口农副产品及加工品数量

指　　标	单位	1995年	2000年	2005年	2010年	2015年	2020年	2021年	2022年	2023年	2023年比2022年增长(%)
活猪(种猪除外)	万头	253	203	176	172	169		88	107	112	5.0
活家禽	万只	5263	4890	2502	696	433		376	282	305	8.3
牛肉	万吨	2	2	2	2	0.5		19	…	…	139.9
猪肉	万吨	15	5	25	11	7		2	3	3	-2.3
冻鸡	万吨	25	36	9	10	13		11	15	17	22.5
鲜蛋	百万个	358	757	921	1298	1207		1146	1787	2214	23.9
水产品	万吨	61	120	176	243	391	375	375	370	370	0.1
谷物及谷物粉	万吨	64	1378	1014	120	48	355	259	242	190	-21.6
其中：稻谷和大米	万吨	5	295	69	62	29	230	242	221	160	-26.9
玉米	万吨	11	1047	864	13	1		1	…	0.8	1730.4
棉花	万吨	2	29	0.5	0.6	3		0.9	3	0.7	-79.2
蔬菜及食用菌	万吨	158	245	520	655	833	1017	899	934	1057	13.2
干鲜瓜果及坚果	万吨	49	82				388	361	334	404	21.1
其中：橘、橙	万吨	13	19	43	81	75		77	69	98	40.3
苹果	万吨	11	30	82	112	83	106	108	82	80	-3.3
食糖	万吨	48	41	36	9	7		12	18	21	13.8
天然蜂蜜	万吨	9	10	9	10	14		15	16	15	-2.1
茶叶	万吨	17	23	29	30	32	35	37	38	37	-2.0
辣椒干	万吨	4	5	7	4	5		6	6	8	33.9
猪肉罐头	万吨	6	4	5	4	4		2	2	2	-6.7
蘑菇罐头	万吨	19	20	32	33	24		24	30	28	-3.4
烤烟	万吨	6	9	11	9	10	11	12	14	10	-28.2
生丝	万吨	1	1	1	0.9	0.7		0.2	0.5	0.4	-18.8
山羊绒	万吨	0.2	0.3	0.4	0.3	0.3		0.4	0.6	0.4	-27.1
肠衣	万吨	4	5	6	7	9		8	9	8	-6.3
填充用羽毛羽绒	万吨	2	4	4	3	4		5	5	3	-24.7
中药材	万吨	14	18	20	23	18	13	13	13	13	-2.1
食用油籽	万吨	121	76					65	72	68	-3.4
其中：大豆	万吨	38	21	40	16	13		7	12	7	-40.2
花生和花生仁	万吨	39	40	45	19	13		10	10	11	10.2
食用植物油(包括棕榈油)	万吨	51	11	23	9	14		11	17	20	16.2

注：按照海关统计标准，2021年指标名称“水海产品”更名为“水产品”，“蔬菜”更名为“蔬菜及食用菌”，“鲜、干水果及坚果”更名为“干鲜瓜果及坚果”。

9-4 海关出口农副产品及加工品金额

单位：万美元

指　　标	2022年	2023年
活猪(种猪除外)	45386	40924
活家禽	157	179
牛肉	49	83
猪肉	15272	11806
冻鸡	30364	32578
鲜蛋	19548	22510
水产品	2258413	1987152
谷物及谷物粉	110895	107844
其中：稻谷和大米	103399	88927
玉米	28	270
棉花	10526	1703
蔬菜及食用菌	1236222	1334384
干鲜瓜果及坚果	525455	571651
#橘、橙	85331	102385
苹果	104017	97039
食糖	11362	14308
天然蜂蜜	27746	25423
茶叶	208192	173920
辣椒干	16562	23412
猪肉罐头	9046	8114
烤烟	44737	38199
生丝	28080	23225
山羊绒	49348	36678
肠衣	95491	90262
填充用羽毛羽绒	81673	61136
中药材	98899	99814
食用油籽	112548	120066
其中：大豆	13903	8325
花生和花生仁	16373	18534
食用植物油(包括棕榈油)	31770	30536

9-5 海关进口农副产品及加工品数量

指 标	单位	1990年	1995年	2000年	2005年	2010年	2015年	2020年	2021年	2022年	2023年	2023年比2022年增长(%)
冻鱼	万吨			89				220	162	206	238	15.5
干鲜瓜果及坚果	万吨							652	731	753	774	2.8
其中：香蕉(包括芭蕉)	万吨			59					186	181	177	-2.3
谷物及谷物粉	万吨			315	627	571	3270		6536	5319	5908	11.1
其中：玉米	万吨							1130	2835	2062	2712	31.5
小麦	万吨	1253	1159	88	354	123	301	838	977	996	1210	21.5
#小麦粉	万吨								6	9	22	157.4
大麦	万吨	65	127	197				808	1248	996	1210	21.5
稻谷和大米	万吨			24	52	39	338	294	496	619	263	-57.5
大豆	万吨	…	29	1042	2659	5480	8169	10033	9652	9108	9861	10.5
食用植物油	万吨	112	213	179	621	687	677	983	1039	648	978	50.9
#豆油	万吨							96	112	34	37	7.5
棕榈油	万吨							466	465	341	433	27.2
菜子油和芥子油	万吨							193	215	106	236	122.3
食糖	万吨	113	295	64	139	177	485	527	567	527	397	-24.7
饲料用鱼粉	万吨								182	180	163	-9.8
豆饼、豆粕	吨								78276	50625	37968	-25.0
纸烟	百万只									8190	11540	40.9
天然橡胶(包括胶乳)	万吨				141	186	274		239	264	273	3.6
合成橡胶(包括胶乳)	万吨				109	157	198		438	472	522	10.5
原木	万立方米				2937	3435	4457	5975	6358	4360	3803	-12.8
锯材	万立方米				597	1476	2658	3399	2884	2647	2777	4.9
纸浆	万吨				759	1137	1984	3063	2969	2916	3666	25.7
羊毛及毛条	万吨	3	28	30	27	33	37	22	29	29	30	3.8
棉花	万吨	42	74	5	257	284	147	216	215	194	196	1.1
肥料	万吨	1626	1991	1189	1397	718	1116	1061	909	894	1309	46.5
矿物肥料及化肥	万吨								908	893	1308	46.5
尿素	万吨				7	1	1		5	0.5	0.4	-23.5
氮磷钾三元复合肥	万吨				229	108	146	140	121	70	121	73.6
磷酸氢二胺	万吨				175	42	8			…	…	54.4
氯化钾	万吨				883	524	942	874	757	793	1157	45.8
硫酸钾	万吨								5	4	4	-2.3
杀虫剂、除草剂及类似品	万吨								10	9	9	-1.5

注：按照海关统计标准，2021年指标名称“鲜、干水果及坚果”更名为“干鲜瓜果及坚果”。

9-6 海关进口农副产品及加工品金额

单位:万美元

指　　标	2022年	2023年
冻鱼	509991	479629
干鲜瓜果及坚果	1573092	1764947
其中:香蕉(包括芭蕉)	116247	108237
谷物及谷物粉	1964552	2078309
其中:玉米	710186	901213
小麦	383671	442041
#小麦粉	5698	11524
大麦	383671	442041
稻谷和大米	266287	144447
大豆	6004979	5920839
食用植物油	897599	1040442
#豆油	47859	41699
棕榈油	400373	396180
菜子油和芥子油	165410	267546
食糖	256376	230728
饲料用鱼粉	295973	287635
豆饼、豆粕	4030	3315
纸烟	23963	43104
天然橡胶(包括胶乳)	402857	357235
合成橡胶(包括胶乳)	892470	812368
原木	853276	638315
锯材	752850	684023
纸浆	2234905	2372972
羊毛及毛条	223462	203507
棉花	524590	417262
肥料	491414	555817
矿物肥料及化肥	490418	554778
尿素	343	279
氮磷钾三元复合肥	51698	74996
磷酸氢二胺	64	57
氯化钾	419900	463608
硫酸钾	2374	1544
杀虫剂、除草剂及类似品	95536	97407

农产品成本与收益

10-1 全国种植业产品成本与收益

指 标	单位	三种粮食平均		稻谷	
		2022年	2023年	2022年	2023年
每亩					
主产品产量	千克	500.5	500.1	474.8	487.8
产值合计	元	1442.0	1360.1	1339.2	1416.3
主产品产值	元	1416.7	1334.5	1323.7	1402.3
副产品产值	元	25.3	25.6	15.5	14.0
总成本	元	1252.7	1284.9	1361.9	1358.1
生产成本	元	972.6	982.8	1101.8	1091.0
物质与服务费用	元	560.5	574.5	644.7	636.8
人工成本	元	412.2	408.3	457.1	454.2
家庭用工折价	元	368.8	363.6	373.6	368.4
雇工费用	元	43.3	44.7	83.6	85.7
土地成本	元	280.1	302.2	260.1	267.1
流转地租金	元	59.5	66.0	73.3	77.4
自营地折租	元	220.6	236.2	186.8	189.7
净利润	元	189.3	75.1	-22.7	58.2
现金成本	元	663.3	685.2	801.6	800.0
现金收益	元	778.7	674.9	537.7	616.3
成本利润率	%	15.1	5.9	-1.7	4.3
每50公斤主产品					
平均出售价格	元	141.5	133.4	139.4	143.7
总成本	元	122.9	126.1	141.8	137.8
生产成本	元	95.5	96.4	114.7	110.7
净利润	元	18.6	7.4	-2.4	5.9
现金成本	元	65.1	67.2	83.4	81.2
现金收益	元	76.4	66.2	56.0	62.6
附:					
每亩用工数量	日	4.2	4.0	4.4	4.3
每亩主产品出售数量	千克	416.6	386.4	390.2	396.3
每亩主产品出售产值	元	1173.8	1027.9	1072.7	1124.2
商品率	%	94.1	94.4	88.0	88.3
每亩成本外支出	元	0.2	0.1	0.2	0.2

10-1 续表 1

指　　标	单位	小麦		玉米	
		2022年	2023年	2022年	2023年
每亩					
主产品产量	千克	511.0	460.2	515.7	552.3
产值合计	元	1566.7	1197.5	1420.1	1466.4
主产品产值	元	1536.6	1166.3	1389.9	1434.9
副产品产值	元	30.2	31.1	30.2	31.5
总成本	元	1140.8	1184.6	1256.8	1312.1
生产成本	元	899.4	926.2	918.0	931.0
物质与服务费用	元	559.8	587.5	476.9	499.2
人工成本	元	339.6	338.7	441.0	431.8
家庭用工折价	元	326.7	324.8	407.5	397.4
雇工费用	元	12.9	13.9	33.5	34.4
土地成本	元	241.4	258.3	338.9	381.1
流转地租金	元	45.2	50.6	59.9	70.1
自营地折租	元	196.2	207.7	279.0	311.0
净利润	元	425.9	12.9	163.2	154.4
现金成本	元	618.0	652.0	570.4	603.6
现金收益	元	948.8	545.4	849.7	862.8
成本利润率	%	37.3	1.1	13.0	11.8
每50公斤主产品					
平均出售价格	元	150.4	126.7	134.8	129.9
总成本	元	109.5	125.4	119.3	116.2
生产成本	元	86.3	98.0	87.1	82.5
净利润	元	40.9	1.4	15.5	13.7
现金成本	元	59.3	69.0	54.1	53.5
现金收益	元	91.1	57.7	80.6	76.4
附:					
每亩用工数量	日	3.5	3.5	4.5	4.4
每亩主产品出售数量	千克	460.7	383.8	398.7	379.2
每亩主产品出售产值	元	1380.5	976.8	1068.2	982.7
商品率	%	95.5	95.8	98.9	99.0
每亩成本外支出	元	0.2	0.2	…	…

10-1 续表 2

指 标	单位	大 豆		两种油料平均	
		2022年	2023年	2022年	2023年
每亩					
主产品产量	千克	145.0	147.2	199.6	194.3
产值合计	元	845.4	761.9	1498.8	1449.5
主产品产值	元	833.9	749.4	1484.7	1437.6
副产品产值	元	11.5	12.4	14.2	11.9
总成本	元	885.1	944.3	1244.0	1286.5
生产成本	元	469.8	475.6	1054.0	1089.9
物质与服务费用	元	246.3	249.3	442.3	460.6
人工成本	元	223.5	226.3	611.7	629.4
家庭用工折价	元	195.4	196.7	600.4	614.7
雇工费用	元	28.1	29.6	11.3	14.7
土地成本	元	415.3	468.7	190.0	196.6
流转地租金	元	130.0	142.4	23.9	25.2
自营地折租	元	285.3	326.3	166.1	171.4
净利润	元	-39.7	-182.4	254.8	163.0
现金成本	元	404.4	421.3	477.6	500.5
现金收益	元	441.0	340.6	1021.3	949.0
成本利润率	%	-4.5	-19.3	20.5	12.7
每50公斤主产品					
平均出售价格	元	287.5	254.6	372.0	369.9
总成本	元	301.0	315.5	308.8	328.3
生产成本	元	159.7	158.9	261.6	278.1
净利润	元	-13.5	-61.0	63.2	41.6
现金成本	元	137.5	140.8	118.5	127.7
现金收益	元	150.0	113.8	253.5	242.2
附:					
每亩用工数量	日	2.3	2.2	6.4	6.5
每亩主产品出售数量	千克	139.6	108.0	161.2	166.0
每亩主产品出售产值	元	801.5	561.1	1191.5	1211.8
商品率	%	99.6	99.6	92.0	91.2
每亩成本外支出	元	0.1	0.1	0.1	…

10-1 续表 3

指 标	单位	花 生		油菜籽	
		2022年	2023年	2022年	2023年
每亩					
主产品产量	千克	255.8	257.5	143.3	131.1
产值合计	元	2038.5	2018.5	959.1	880.5
主产品产值	元	2018.4	2002.0	950.9	873.2
副产品产值	元	20.1	16.5	8.2	7.3
总成本	元	1518.8	1592.3	968.9	980.7
生产成本	元	1263.7	1328.2	844.1	851.7
物质与服务费用	元	586.4	605.7	298.2	315.3
人工成本	元	677.3	722.5	545.9	536.4
家庭用工折价	元	671.0	711.6	529.6	517.9
雇工费用	元	6.3	10.9	16.3	18.5
土地成本	元	255.1	264.1	124.9	129.0
流转地租金	元	33.4	34.3	14.4	16.2
自营地折租	元	221.7	229.9	110.5	112.8
净利润	元	519.7	426.2	-9.8	-100.2
现金成本	元	626.1	650.8	328.9	350.0
现金收益	元	1412.4	1367.7	630.2	530.5
成本利润率	%	34.2	26.8	-1.0	-10.2
每50公斤主产品					
平均出售价格	元	394.5	388.7	331.8	332.9
总成本	元	293.9	306.6	335.2	370.8
生产成本	元	244.6	255.8	292.0	322.1
净利润	元	100.6	82.1	-3.4	-37.9
现金成本	元	121.2	125.3	113.8	132.3
现金收益	元	273.4	263.4	218.0	200.6
附:					
每亩用工数量	日	7.1	7.4	5.7	5.5
每亩主产品出售数量	千克	196.5	217.5	125.8	114.6
每亩主产品出售产值	元	1552.2	1664.3	830.8	759.2
商品率	%	92.4	92.1	91.6	90.3
每亩成本外支出	元			0.1	0.1

10-1 续表 4

指 标	单位	棉 花		烤 烟	
		2022年	2023年	2022年	2023年
每亩					
主产品产量	千克	135.0	133.2	137.3	142.2
产值合计	元	2274.2	2735.5	4497.8	4800.6
主产品产值	元	1728.2	2180.5	4493.7	4797.2
副产品产值	元	546.1	555.0	4.1	3.4
总成本	元	2509.9	2539.0	4152.1	4249.4
生产成本	元	1945.9	1918.5	3773.1	3861.1
物质与服务费用	元	1098.3	1117.0	1408.6	1429.8
人工成本	元	847.7	801.5	2364.5	2431.3
家庭用工折价	元	607.8	573.4	1693.8	1692.8
雇工费用	元	239.8	228.1	670.8	738.5
土地成本	元	564.0	620.5	379.0	388.4
流转地租金	元	146.0	196.2	66.3	70.0
自营地折租	元	418.0	424.3	312.8	318.4
净利润	元	-235.7	196.4	345.7	551.1
现金成本	元	1484.1	1541.3	2145.6	2238.3
现金收益	元	790.1	1194.1	2352.2	2562.3
成本利润率	%	-9.4	7.7	8.3	13.0
每50公斤主产品					
平均出售价格	元	640.3	818.3	1636.5	1686.4
总成本	元	706.6	759.5	1510.7	1492.8
生产成本	元	547.8	573.9	1372.8	1356.4
净利润	元	-66.4	58.8	125.8	193.6
现金成本	元	417.8	461.1	780.6	786.3
现金收益	元	222.4	357.2	855.8	900.1
附:					
每亩用工数量	日	8.2	7.5	23.8	23.8
每亩主产品出售数量	千克	133.9	132.9	137.2	142.0
每亩主产品出售产值	元	1713.0	2175.3	4491.1	4791.2
商品率	%	100.0	100.0	100.0	100.0
每亩成本外支出	元				

10-1 续表 5

指　　标	单位	甘　蔗		甜　菜	
		2022年	2023年	2022年	2023年
每亩					
主产品产量	千克	5189.6	5790.8	3610.4	4384.6
产值合计	元	2603.0	3047.0	2077.0	2648.6
主产品产值	元	2584.6	3028.0	2075.2	2648.0
副产品产值	元	18.5	19.0	1.8	0.6
总成本	元	2556.1	2610.0	1762.2	2075.0
生产成本	元	2216.7	2265.7	1351.7	1536.2
物质与服务费用	元	987.1	1016.8	1015.8	1104.5
人工成本	元	1229.6	1248.9	335.9	431.8
家庭用工折价	元	668.9	614.0	198.7	206.9
雇工费用	元	560.7	634.9	137.2	224.9
土地成本	元	339.4	344.3	410.5	538.7
流转地租金	元	45.7	46.7	81.9	149.8
自营地折租	元	293.8	297.6	328.6	389.0
净利润	元	46.9	437.0	314.8	573.6
现金成本	元	1593.5	1698.4	1234.9	1479.1
现金收益	元	1009.6	1348.6	842.1	1169.5
成本利润率	%	1.8	16.7	17.9	27.6
每50公斤主产品					
平均出售价格	元	24.9	26.1	28.7	30.2
总成本	元	24.5	22.4	24.4	23.7
生产成本	元	21.2	19.4	18.7	17.5
净利润	元	0.5	3.8	4.4	6.5
现金成本	元	15.2	14.6	17.1	16.9
现金收益	元	9.7	11.6	11.7	13.3
附:					
每亩用工数量	日	11.5	11.3	2.9	3.5
每亩主产品出售数量	千克	5180.5	5763.1	3609.7	4383.4
每亩主产品出售产值	元	2580.0	3012.3	2074.8	2647.2
商品率	%	100.0	100.0	100.0	100.0
每亩成本外支出	元	0.4	0.4		

10-1 续表 6

指　　标	单位	桑蚕茧		苹　果	
		2022年	2023年	2022年	2023年
每亩					
主产品产量	千克	91.7	97.0	1592.7	1728.0
产值合计	元	4340.0	5075.6	7858.2	8147.8
主产品产值	元	4273.4	4996.6	7853.8	8145.5
副产品产值	元	66.6	79.0	4.3	2.3
总成本	元	4565.9	4363.8	5380.4	5063.9
生产成本	元	4315.4	4105.4	5078.7	4777.8
物质与服务费用	元	817.6	977.3	1734.7	1545.2
人工成本	元	3497.8	3128.0	3344.0	3232.6
家庭用工折价	元	3125.8	2420.6	2348.7	2352.9
雇工费用	元	372.0	707.5	995.4	879.7
土地成本	元	250.5	258.5	301.7	286.1
流转地租金	元	57.5	42.3	82.4	39.7
自营地折租	元	193.0	216.1	219.2	246.4
净利润	元	-225.9	711.8	2477.8	3083.9
现金成本	元	1247.1	1727.1	2812.5	2464.6
现金收益	元	3092.9	3348.5	5045.7	5683.2
成本利润率	%	-5.0	16.3	46.1	60.9
每50公斤主产品					
平均出售价格	元	2330.6	2576.4	246.6	235.7
总成本	元	2451.9	2215.1	168.8	146.5
生产成本	元	2317.4	2083.9	159.4	138.2
净利润	元	-121.3	361.3	77.7	89.2
现金成本	元	669.7	876.7	88.2	71.3
现金收益	元	1660.9	1699.7	158.3	164.4
附:					
每亩用工数量	日	33.4	30.7	32.0	30.7
每亩主产品出售数量	千克	88.5	97.0	1349.5	1624.1
每亩主产品出售产值	元	4146.7	4996.0	6548.5	7541.7
商品率	%	100.0	100.0	99.5	99.6
每亩成本外支出	元	1.6	1.4		

10-2 全国饲养业产品成本与收益

项　　目	单位	生猪平均		规模养猪平均		农户散养生猪	
		2022年	2023年	2022年	2023年	2022年	2023年
每头（百只、亩）							
主产品产量	千克	129.6	131.3	131.2	132.9	127.9	129.7
产值合计	元	2462.4	2023.7	2453.2	2030.5	2471.6	2016.9
主产品产值	元	2449.3	2010.9	2442.0	2019.8	2456.7	2001.9
副产品产值	元	13.1	12.8	11.3	10.7	14.9	15.0
总成本	元	2240.9	2279.7	2138.4	2183.5	2342.8	2375.1
生产成本	元	2239.0	2277.6	2134.8	2179.4	2342.6	2375.0
物质与服务费用	元	1879.7	1903.2	1941.4	1992.1	1818.0	1814.3
人工成本	元	359.3	374.3	193.4	187.3	524.6	560.7
家庭用工折价	元	332.6	348.1	140.1	134.8	524.6	560.7
雇工费用	元	26.7	26.3	53.4	52.6		
土地成本	元	1.9	2.1	3.6	4.0	0.1	0.1
净利润	元	221.6	-256.0	314.8	-153.0	128.9	-358.2
成本利润率	%	9.9	-11.2	14.7	-7.0	5.5	-15.1
每50公斤主产品							
平均出售价格	元	945.1	765.9	930.5	760.0	960.2	771.9
总成本	元	860.1	862.8	811.1	817.3	910.1	908.9
生产成本	元	859.3	862.0	809.7	815.8	910.1	908.9
净利润	元	85.0	-96.9	119.4	-57.3	50.1	-137.1
附:							
每核算单位用工数量	日	3.7	3.8	1.9	1.8	5.5	5.8
平均饲养天数	日	164.4	165.9	160.4	162.1	168.4	169.7

10-2 续表 1

项　　目	单位	规模养殖蛋鸡平均		规模养殖肉鸡平均	
		2022年	2023年	2022年	2023年
每头(百只、亩)					
主产品产量	千克	1820.3	1818.5	249.8	253.0
产值合计	元	20549.8	20016.7	3708.8	3761.1
主产品产值	元	18249.6	17640.3	3685.1	3734.8
副产品产值	元	2300.2	2376.4	23.8	26.3
总成本	元	19764.7	19417.8	3455.6	3607.3
生产成本	元	19745.3	19396.2	3448.7	3600.6
物质与服务费用	元	18418.2	18081.5	3124.8	3254.1
人工成本	元	1327.1	1314.6	323.9	346.5
家庭用工折价	元	984.4	984.0	264.0	257.9
雇工费用	元	342.7	330.6	60.0	88.6
土地成本	元	19.3	21.6	6.9	6.7
净利润	元	785.1	598.9	253.2	153.8
成本利润率	%	4.0	3.1	7.3	4.3
每50公斤主产品					
平均出售价格	元	501.3	485.0	737.6	738.2
总成本	元	482.1	470.5	687.2	708.0
生产成本	元	481.6	470.0	685.9	706.7
净利润	元	19.2	14.5	50.4	30.2
附:					
每核算单位用工数量	日	12.9	12.6	3.2	3.3
平均饲养天数	日	364.3	365.5	75.1	75.3

10-2　续表 2

项　　目	单位	奶牛平均		规模奶牛平均		农户散养奶牛	
		2022年	2023年	2022年	2023年	2022年	2023年
每头(百只、亩)							
主产品产量	千克	6278.1	6250.8	7110.1	7152.5	5446.1	5349.0
产值合计	元	30365.3	29423.7	34920.9	33728.5	25809.6	25118.8
主产品产值	元	27149.6	26541.0	31354.5	30412.8	22944.6	22669.2
副产品产值	元	3215.7	2882.7	3566.4	3315.7	2865.0	2449.6
总成本	元	23373.5	23364.8	27944.8	28241.0	18802.7	18488.6
生产成本	元	23315.8	23305.5	27849.1	28143.1	18783.1	18467.9
物质与服务费用	元	19467.9	19429.9	24381.7	24696.4	14554.1	14163.4
人工成本	元	3847.9	3875.6	3467.5	3446.7	4229.0	4304.5
家庭用工折价	元	2686.5	2765.0	1196.0	1273.0	4177.7	4257.1
雇工费用	元	1161.4	1110.6	2271.4	2173.8	51.4	47.4
土地成本	元	57.6	59.3	95.7	97.9	19.5	20.7
净利润	元	6991.8	6058.8	6976.0	5487.5	7007.0	6630.3
成本利润率	%	29.9	25.9	25.0	19.4	37.3	35.9
每50公斤主产品							
平均出售价格	元	216.2	212.3	220.5	212.6	210.7	211.9
总成本	元	166.4	168.6	176.4	178.0	153.5	156.0
生产成本	元	166.0	168.2	175.8	177.4	153.3	155.8
净利润	元	49.8	43.7	44.0	34.6	57.2	55.9
附:							
每核算单位用工数量	日	36.0	35.6	27.9	27.0	44.2	44.2
平均饲养天数	日	365.0	365.0	365.0	365.0	365.0	365.0

11

收入与消费

11-1　农村居民人均可支配收入及构成

单位：元、%

指　　标	2013年	2015年	2020年	2021年	2022年	2023年
可支配收入	**9430**	**11422**	**17131**	**18931**	**20133**	**21691**
一、工资性收入	**3652**	**4600**	**6974**	**7958**	**8449**	**9163**
二、经营净收入	**3935**	**4504**	**6077**	**6566**	**6972**	**7431**
(一)第一产业经营净收入	2840	3154	3978	4292	4567	4631
1.农业	2160	2412	2888	3210	3443	3523
2.林业	162	171	186	231	213	217
3.牧业	460	489	754	683	728	674
4.渔业	58	82	151	168	183	217
(二)第二产业经营净收入	253	276	431	472	508	553
(三)第三产业经营净收入	843	1074	1669	1803	1896	2247
三、财产净收入	**195**	**252**	**419**	**469**	**509**	**540**
四、转移净收入	**1648**	**2066**	**3661**	**3937**	**4203**	**4557**
可支配收入构成	**100.0**	**100.0**	**100.0**	**100.0**	**100.0**	**100.0**
一、工资性收入	**38.7**	**40.3**	**40.7**	**42.0**	**42.0**	**42.2**
二、经营净收入	**41.7**	**39.4**	**35.5**	**34.7**	**34.6**	**34.3**
(一)第一产业经营净收入	30.1	27.6	23.2	22.7	22.7	21.3
1.农业	22.9	21.1	16.9	17.0	17.1	16.2
2.林业	1.7	1.5	1.1	1.2	1.1	1.0
3.牧业	4.9	4.3	4.4	3.6	3.6	3.1
4.渔业	0.6	0.7	0.9	0.9	0.9	1.0
(二)第二产业经营净收入	2.7	2.4	2.5	2.5	2.5	2.5
(三)第三产业经营净收入	8.9	9.4	9.7	9.5	9.4	10.4
三、财产净收入	**2.1**	**2.2**	**2.4**	**2.5**	**2.5**	**2.5**
四、转移净收入	**17.5**	**18.1**	**21.4**	**20.8**	**20.9**	**21.0**

11-2 农村居民人均消费支出及构成

单位：元、%

指　　标	2013年	2015年	2020年	2021年	2022年	2023年
消费支出	**7485**	**9223**	**13713**	**15916**	**16632**	**18175**
(一)食品烟酒	2554	3048	4479	5200	5485	5880
(二)衣着	454	550	713	859	864	921
(三)居住	1580	1926	2962	3315	3503	3694
(四)生活用品及服务	455	546	768	900	934	992
(五)交通通信	875	1163	1841	2132	2230	2480
(六)教育文化娱乐	755	969	1309	1645	1683	1951
(七)医疗保健	668	846	1418	1580	1632	1916
(八)其他用品及服务	144	174	224	284	300	341
消费支出构成	**100.0**	**100.0**	**100.0**	**100.0**	**100.0**	**100.0**
(一)食品烟酒	34.1	33.0	32.7	32.7	33.0	32.4
(二)衣着	6.1	6.0	5.2	5.4	5.2	5.1
(三)居住	21.1	20.9	21.6	20.8	21.1	20.3
(四)生活用品及服务	6.1	5.9	5.6	5.7	5.6	5.5
(五)交通通信	11.7	12.6	13.4	13.4	13.4	13.6
(六)教育文化娱乐	10.1	10.5	9.5	10.3	10.1	10.7
(七)医疗保健	8.9	9.2	10.3	9.9	9.8	10.5
(八)其他用品及服务	1.9	1.9	1.6	1.8	1.8	1.9

11-3 农村居民人均现金消费支出及构成

单位：元、%

指　　标	2013年	2015年	2020年	2021年	2022年	2023年
现金消费支出	**5979**	**7392**	**11097**	**12858**	**13581**	**15103**
(一)食品烟酒	2039	2540	3945	4594	4912	5324
(二)衣着	453	550	712	859	864	920
(三)居住	692	779	1195	1250	1400	1629
(四)生活用品及服务	451	538	753	887	924	986
(五)交通通信	875	1163	1839	2129	2229	2478
(六)教育文化娱乐	754	969	1308	1645	1683	1950
(七)医疗保健	573	681	1125	1224	1284	1481
(八)其他用品及服务	141	172	218	270	286	336
现金消费支出构成	**100.0**	**100.0**	**100.0**	**100.0**	**100.0**	**100.0**
(一)食品烟酒	34.1	34.4	35.6	35.7	36.2	35.3
(二)衣着	7.6	7.4	6.4	6.7	6.4	6.1
(三)居住	11.6	10.5	10.8	9.7	10.3	10.8
(四)生活用品及服务	7.5	7.3	6.8	6.9	6.8	6.5
(五)交通通信	14.6	15.7	16.6	16.6	16.4	16.4
(六)教育文化娱乐	12.6	13.1	11.8	12.8	12.4	12.9
(七)医疗保健	9.6	9.2	10.1	9.5	9.5	9.8
(八)其他用品及服务	2.4	2.3	2.0	2.1	2.1	2.2

11-4 农村居民人均主要食品消费量

单位：公斤

指　　标	2013年	2015年	2020年	2021年	2022年	2023年
一、粮食(原粮)	**178.5**	**159.5**	**168.4**	**170.8**	**164.6**	**159.8**
(一)谷物	169.8	150.2	155.0	156.9	150.8	145.2
(二)薯类	2.7	2.7	3.5	3.3	3.0	3.2
(三)豆类	6.0	6.6	9.9	10.6	10.8	11.5
二、食用油	**10.3**	**10.1**	**11.0**	**11.7**	**10.8**	**10.9**
#食用植物油	9.3	9.2	10.2	10.8	10.0	10.2
三、蔬菜及食用菌	**90.6**	**90.3**	**95.8**	**107.0**	**104.6**	**113.0**
#鲜菜	89.2	88.7	93.5	104.3	102.0	110.0
四、肉类	**22.4**	**23.1**	**21.4**	**30.9**	**33.7**	**40.1**
#猪肉	19.1	19.5	17.1	25.4	28.1	32.9
牛肉	0.8	0.8	1.3	1.5	1.6	2.2
羊肉	0.7	0.9	1.0	1.2	1.3	1.6
五、禽类	**6.2**	**7.1**	**12.4**	**12.4**	**11.4**	**12.0**
六、水产品	**6.6**	**7.2**	**10.3**	**10.9**	**10.7**	**12.2**
七、蛋类	**7.0**	**8.3**	**11.8**	**13.0**	**13.1**	**15.4**
八、奶类	**5.7**	**6.3**	**7.4**	**9.3**	**8.4**	**8.9**
九、鲜瓜果	**27.1**	**29.7**	**39.9**	**47.5**	**46.7**	**51.7**
十、食糖	**1.2**	**1.3**	**1.4**	**1.5**	**1.5**	**1.4**

注：根据2021年11月新修订的《住户收支与生活状况调查方案》，2022年起不再发布“干鲜瓜果类”指标数据，改为发布“居民家庭人均鲜瓜果消费量”。

11-5　农村居民平均每百户年末主要耐用消费品拥有量

指　　标	单　位	2013年	2015年	2020年	2021年	2022年	2023年
家用汽车	辆	9.9	13.3	26.4	30.2	32.4	40.0
摩托车	辆	61.1	67.5	53.6	49.9	49.0	41.4
电动助力车	辆	40.3	50.1	73.1	80.7	82.5	84.9
洗衣机	台	71.2	78.8	92.6	96.1	96.8	97.6
电冰箱(柜)	台	72.9	82.6	100.1	103.5	103.9	105.7
微波炉	台	14.1	15.0	19.7	22.2	22.8	23.5
彩色电视机	台	112.9	116.9	117.8	116.3	116.5	108.8
空调	台	29.8	38.8	73.8	89.0	92.2	105.7
热水器	台	43.6	52.5	76.2	77.9	78.1	78.1
排油烟机	台	12.4	15.3	30.9	36.6	38.5	44.3
移动电话	部	199.5	226.1	260.9	266.6	266.9	271.2
计算机	台	20.0	25.7	28.3	24.6	25.0	23.1
照相机	台	4.4	4.1	2.2	1.7	1.7	1.7

11-6 农村居民人均第一产业生产经营收支情况

单位：元

指　　标	2013年	2015年	2020年	2021年	2022年	2023年
一、生产经营收入	**5235**	**6077**	**7805**	**8726**	**8761**	**9226**
(一)农业	3526	4058	4918	5532	5807	5874
(二)林业	202	204	231	275	257	272
(三)牧业	1392	1628	2369	2536	2326	2611
(四)渔业	114	188	287	383	371	468
二、生产经营现金收入	**4188**	**4925**	**6837**	**7179**	**7534**	**7888**
(一)农业	2711	3137	4218	4329	4879	4835
(二)林业	127	140	178	169	183	219
(三)牧业	1239	1465	2160	2304	2109	2372
(四)渔业	111	184	281	378	364	462
三、生产经营费用支出	**2193**	**2717**	**3552**	**4129**	**3926**	**4119**
(一)农业	1229	1507	1868	2157	2215	2085
(二)林业	38	32	43	41	42	45
(三)牧业	873	1078	1513	1725	1487	1754
(四)渔业	53	100	127	206	182	236
四、生产经营现金费用支出	**2048**	**2548**	**3394**	**3915**	**3691**	**3806**
(一)农业	1197	1473	1847	2136	2197	2064
(二)林业	38	32	43	41	42	45
(三)牧业	761	943	1378	1534	1273	1463
(四)渔业	52	100	127	205	179	234

11-7 分地区农村居民人均可支配收入(2023年)

单位：元

地 区	可支配收入	一、工资性收入	二、经营净收入	三、财产净收入	四、转移净收入
全 国	**21691**	**9163**	**7431**	**540**	**4557**
北 京	37358	26819	2090	3682	4768
天 津	30851	16912	7356	1293	5290
河 北	20688	11015	6749	446	2479
山 西	17677	7875	4676	256	4869
内蒙古	21221	4086	11607	580	4948
辽 宁	21483	7952	9585	487	3459
吉 林	19472	4373	11595	535	2969
黑龙江	19756	3724	9877	1442	4713
上 海	42988	27019	2233	1345	12392
江 苏	30488	14733	7901	986	6869
浙 江	40311	23825	10307	1259	4920
安 徽	21144	7449	7962	456	5276
福 建	26722	12020	9857	570	4274
江 西	21358	9720	6549	415	4674
山 东	23776	11872	8110	532	3262
河 南	20053	7544	6385	279	5844
湖 北	21293	6923	8814	290	5267
湖 南	20921	8179	7470	299	4973
广 东	25142	14474	6101	952	3615
广 西	18656	6353	7333	431	4538
海 南	20708	8565	8176	395	3573
重 庆	20820	7421	6766	518	6115
四 川	19978	6220	7599	609	5548
贵 州	14817	5924	4636	122	4135
云 南	16361	5846	7161	251	3103
西 藏	19924	6910	8373	861	3779
陕 西	16992	7077	5013	283	4619
甘 肃	13131	3893	5642	180	3417
青 海	15614	5443	5530	452	4189
宁 夏	17772	6649	7345	204	3574
新 疆	17948	5989	7636	546	3777

11-8 分地区农村居民人均可支配收入构成(2023年)

单位：%

地　区	可支配收入	一、工资性收入	二、经营净收入	三、财产净收入	四、转移净收入
全　国	**100.0**	**42.2**	**34.3**	**2.5**	**21.0**
北　京	100.0	71.8	5.6	9.9	12.8
天　津	100.0	54.8	23.8	4.2	17.1
河　北	100.0	53.2	32.6	2.2	12.0
山　西	100.0	44.5	26.5	1.4	27.5
内蒙古	100.0	19.3	54.7	2.7	23.3
辽　宁	100.0	37.0	44.6	2.3	16.1
吉　林	100.0	22.5	59.5	2.7	15.2
黑龙江	100.0	18.9	50.0	7.3	23.9
上　海	100.0	62.9	5.2	3.1	28.8
江　苏	100.0	48.3	25.9	3.2	22.5
浙　江	100.0	59.1	25.6	3.1	12.2
安　徽	100.0	35.2	37.7	2.2	25.0
福　建	100.0	45.0	36.9	2.1	16.0
江　西	100.0	45.5	30.7	1.9	21.9
山　东	100.0	49.9	34.1	2.2	13.7
河　南	100.0	37.6	31.8	1.4	29.1
湖　北	100.0	32.5	41.4	1.4	24.7
湖　南	100.0	39.1	35.7	1.4	23.8
广　东	100.0	57.6	24.3	3.8	14.4
广　西	100.0	34.1	39.3	2.3	24.3
海　南	100.0	41.4	39.5	1.9	17.3
重　庆	100.0	35.6	32.5	2.5	29.4
四　川	100.0	31.1	38.0	3.1	27.8
贵　州	100.0	40.0	31.3	0.8	27.9
云　南	100.0	35.7	43.8	1.5	19.0
西　藏	100.0	34.7	42.0	4.3	19.0
陕　西	100.0	41.6	29.5	1.7	27.2
甘　肃	100.0	29.6	43.0	1.4	26.0
青　海	100.0	34.9	35.4	2.9	26.8
宁　夏	100.0	37.4	41.3	1.1	20.1
新　疆	100.0	33.4	42.5	3.0	21.0

11-9 分地区农村居民人均消费支出(2023年)

单位：元

地　区	消费支出	一、食品烟酒支出	二、衣着支出	三、居住支出
全　国	**18175**	**5880**	**921**	**3694**
北　京	26277	7301	1241	8411
天　津	21553	6967	1113	4576
河　北	17244	5582	1091	3081
山　西	13684	4038	884	3040
内蒙古	18650	5423	978	3157
辽　宁	16040	4874	887	2911
吉　林	14354	4383	715	2153
黑龙江	16453	5245	930	2462
上　海	30782	10025	1262	7517
江　苏	25029	8199	1294	5377
浙　江	30468	9331	1476	8158
安　徽	18905	6555	1125	3734
福　建	21746	7486	1021	5125
江　西	18421	6129	791	3973
山　东	16075	4743	858	2888
河　南	16638	5162	1195	3228
湖　北	20922	6410	1023	4436
湖　南	19210	5822	824	4100
广　东	22209	8342	639	5263
广　西	15435	4869	459	3227
海　南	16924	7389	478	3349
重　庆	17964	6278	946	3203
四　川	17901	6103	865	2961
贵　州	14260	4408	660	2847
云　南	15147	5202	623	2945
西　藏	12619	4984	873	2666
陕　西	15647	4589	825	3303
甘　肃	12575	3999	702	2482
青　海	14790	5122	1031	2124
宁　夏	14649	4345	835	2656
新　疆	13645	4336	1035	2561

11-9 续表

单位：元

地区	四、生活用品及服务支出	五、交通通信支出	六、教育文化娱乐支出	七、医疗保健支出	八、其他用品及服务支出
全国	**992**	**2480**	**1951**	**1916**	**341**
北京	1692	3487	1534	2132	479
天津	1289	3010	1498	2596	505
河北	1018	2489	1858	1760	364
山西	786	1711	1421	1509	295
内蒙古	897	3394	1672	2720	408
辽宁	720	2297	1726	2288	337
吉林	567	2096	1658	2467	316
黑龙江	614	2496	1774	2609	322
上海	1483	4231	1708	3904	652
江苏	1529	3501	2147	2348	634
浙江	1682	4223	2689	2289	620
安徽	1183	2111	2083	1777	336
福建	1160	2533	2077	1849	493
江西	864	1956	2411	2038	259
山东	984	2808	1774	1772	248
河南	972	2063	2008	1742	269
湖北	1285	2846	2205	2324	393
湖南	1050	2281	2659	2202	272
广东	922	2934	2141	1561	407
广西	722	2107	2158	1687	205
海南	644	1908	1737	1182	237
重庆	1144	2154	1872	2037	329
四川	1036	2505	1828	2190	412
贵州	814	2003	1869	1393	267
云南	731	2317	1672	1429	230
西藏	764	1900	631	557	246
陕西	883	2059	1580	2169	240
甘肃	635	1694	1376	1481	205
青海	792	2566	1045	1765	345
宁夏	922	2166	1585	1808	331
新疆	715	2028	1231	1404	333

11-10 分地区农村居民人均消费支出构成(2023年)

单位：%

地　区	消费支出	一、食品烟酒支出	二、衣着支出	三、居住支出
全　国	**100.0**	**32.4**	**5.1**	**20.3**
北　京	100.0	27.8	4.7	32.0
天　津	100.0	32.3	5.2	21.2
河　北	100.0	32.4	6.3	17.9
山　西	100.0	29.5	6.5	22.2
内蒙古	100.0	29.1	5.2	16.9
辽　宁	100.0	30.4	5.5	18.1
吉　林	100.0	30.5	5.0	15.0
黑龙江	100.0	31.9	5.7	15.0
上　海	100.0	32.6	4.1	24.4
江　苏	100.0	32.8	5.2	21.5
浙　江	100.0	30.6	4.8	26.8
安　徽	100.0	34.7	6.0	19.8
福　建	100.0	34.4	4.7	23.6
江　西	100.0	33.3	4.3	21.6
山　东	100.0	29.5	5.3	18.0
河　南	100.0	31.0	7.2	19.4
湖　北	100.0	30.6	4.9	21.2
湖　南	100.0	30.3	4.3	21.3
广　东	100.0	37.6	2.9	23.7
广　西	100.0	31.5	3.0	20.9
海　南	100.0	43.7	2.8	19.8
重　庆	100.0	34.9	5.3	17.8
四　川	100.0	34.1	4.8	16.5
贵　州	100.0	30.9	4.6	20.0
云　南	100.0	34.3	4.1	19.4
西　藏	100.0	39.5	6.9	21.1
陕　西	100.0	29.3	5.3	21.1
甘　肃	100.0	31.8	5.6	19.7
青　海	100.0	34.6	7.0	14.4
宁　夏	100.0	29.7	5.7	18.1
新　疆	100.0	31.8	7.6	18.8

11-10 续表

单位：%

地区	四、生活用品及服务支出	五、交通通信支出	六、教育文化娱乐支出	七、医疗保健支出	八、其他用品及服务支出
全国	**5.5**	**13.6**	**10.7**	**10.5**	**1.9**
北京	6.4	13.3	5.8	8.1	1.8
天津	6.0	14.0	7.0	12.0	2.3
河北	5.9	14.4	10.8	10.2	2.1
山西	5.7	12.5	10.4	11.0	2.2
内蒙古	4.8	18.2	9.0	14.6	2.2
辽宁	4.5	14.3	10.8	14.3	2.1
吉林	4.0	14.6	11.5	17.2	2.2
黑龙江	3.7	15.2	10.8	15.9	2.0
上海	4.8	13.7	5.5	12.7	2.1
江苏	6.1	14.0	8.6	9.4	2.5
浙江	5.5	13.9	8.8	7.5	2.0
安徽	6.3	11.2	11.0	9.4	1.8
福建	5.3	11.6	9.6	8.5	2.3
江西	4.7	10.6	13.1	11.1	1.4
山东	6.1	17.5	11.0	11.0	1.5
河南	5.8	12.4	12.1	10.5	1.6
湖北	6.1	13.6	10.5	11.1	1.9
湖南	5.5	11.9	13.8	11.5	1.4
广东	4.1	13.2	9.6	7.0	1.8
广西	4.7	13.6	14.0	10.9	1.3
海南	3.8	11.3	10.3	7.0	1.4
重庆	6.4	12.0	10.4	11.3	1.8
四川	5.8	14.0	10.2	12.2	2.3
贵州	5.7	14.0	13.1	9.8	1.9
云南	4.8	15.3	11.0	9.4	1.5
西藏	6.1	15.1	5.0	4.4	1.9
陕西	5.6	13.2	10.1	13.9	1.5
甘肃	5.1	13.5	10.9	11.8	1.6
青海	5.4	17.3	7.1	11.9	2.3
宁夏	6.3	14.8	10.8	12.3	2.3
新疆	5.2	14.9	9.0	10.3	2.4

11-11 分地区农村居民人均现金消费支出(2023年)

单位：元

地 区	现金消费支出	一、食品烟酒支出	二、衣着支出	三、居住支出
全 国	**15103**	**5324**	**920**	**1629**
北 京	20009	7250	1241	2944
天 津	18331	6647	1104	2480
河 北	15473	5436	1091	1710
山 西	11845	3882	883	1684
内 蒙 古	16389	4553	977	2077
辽 宁	14020	4535	885	1523
吉 林	12700	4009	715	1192
黑 龙 江	14701	4925	930	1429
上 海	24256	9389	1262	3562
江 苏	20797	7849	1293	2055
浙 江	24881	8922	1476	3474
安 徽	15924	6250	1125	1497
福 建	17999	6863	1021	2430
江 西	14934	5490	790	1634
山 东	13977	4575	857	1342
河 南	14281	5031	1195	1336
湖 北	17531	5693	1021	2366
湖 南	15588	4943	823	1870
广 东	17929	7798	639	1877
广 西	12071	4089	459	1273
海 南	13424	6721	477	970
重 庆	14708	5398	946	1367
四 川	14607	4962	864	1303
贵 州	11447	3542	660	1340
云 南	10998	3904	623	669
西 藏	7320	2023	872	421
陕 西	13105	4262	825	1536
甘 肃	10445	3413	702	1181
青 海	12131	4101	1031	1277
宁 夏	12712	3929	835	1506
新 疆	11101	3672	1035	1474

11-11 续表

单位：元

地 区	四、生活用品及服务支出	五、交通通信支出	六、教育文化娱乐支出	七、医疗保健支出	八、其他用品及服务支出
全 国	**986**	**2478**	**1950**	**1481**	**336**
北 京	1686	3487	1534	1393	474
天 津	1285	2989	1496	1834	495
河 北	1016	2488	1858	1510	363
山 西	785	1711	1421	1188	291
内 蒙 古	895	3393	1672	2414	407
辽 宁	718	2283	1724	2015	336
吉 林	563	2096	1658	2153	315
黑 龙 江	614	2495	1774	2212	322
上 海	1472	4230	1704	2006	633
江 苏	1518	3489	2146	1818	630
浙 江	1676	4220	2686	1813	614
安 徽	1181	2110	2083	1346	333
福 建	1158	2532	2077	1425	492
江 西	860	1955	2410	1537	257
山 东	967	2807	1774	1409	247
河 南	970	2063	2008	1411	267
湖 北	1283	2843	2200	1732	391
湖 南	1040	2277	2655	1727	253
广 东	914	2932	2141	1224	405
广 西	721	2106	2157	1064	202
海 南	641	1908	1737	736	234
重 庆	1141	2153	1872	1507	325
四 川	1031	2504	1826	1724	393
贵 州	809	2002	1868	963	265
云 南	729	2317	1672	857	228
西 藏	746	1900	630	488	240
陕 西	878	2059	1579	1730	237
甘 肃	635	1694	1373	1250	198
青 海	723	2565	1044	1082	306
宁 夏	896	2166	1585	1470	326
新 疆	686	2028	1231	652	323

11-12 分地区农村居民人均现金消费支出构成(2023年)

单位：%

地 区	现金消费支出	一、食品烟酒支出	二、衣着支出	三、居住支出
全 国	**100.0**	**35.3**	**6.1**	**10.8**
北 京	100.0	36.2	6.2	14.7
天 津	100.0	36.3	6.0	13.5
河 北	100.0	35.1	7.0	11.1
山 西	100.0	32.8	7.5	14.2
内蒙古	100.0	27.8	6.0	12.7
辽 宁	100.0	32.4	6.3	10.9
吉 林	100.0	31.6	5.6	9.4
黑龙江	100.0	33.5	6.3	9.7
上 海	100.0	38.7	5.2	14.7
江 苏	100.0	37.7	6.2	9.9
浙 江	100.0	35.9	5.9	14.0
安 徽	100.0	39.2	7.1	9.4
福 建	100.0	38.1	5.7	13.5
江 西	100.0	36.8	5.3	10.9
山 东	100.0	32.7	6.1	9.6
河 南	100.0	35.2	8.4	9.4
湖 北	100.0	32.5	5.8	13.5
湖 南	100.0	31.7	5.3	12.0
广 东	100.0	43.5	3.6	10.5
广 西	100.0	33.9	3.8	10.5
海 南	100.0	50.1	3.6	7.2
重 庆	100.0	36.7	6.4	9.3
四 川	100.0	34.0	5.9	8.9
贵 州	100.0	30.9	5.8	11.7
云 南	100.0	35.5	5.7	6.1
西 藏	100.0	27.6	11.9	5.7
陕 西	100.0	32.5	6.3	11.7
甘 肃	100.0	32.7	6.7	11.3
青 海	100.0	33.8	8.5	10.5
宁 夏	100.0	30.9	6.6	11.8
新 疆	100.0	33.1	9.3	13.3

11-12 续表

单位：%

地　区	四、生活用品及服务支出	五、交通通信支出	六、教育文化娱乐支出	七、医疗保健支出	八、其他用品及服务支出
全　国	**6.5**	**16.4**	**12.9**	**9.8**	**2.2**
北　京	8.4	17.4	7.7	7.0	2.4
天　津	7.0	16.3	8.2	10.0	2.7
河　北	6.6	16.1	12.0	9.8	2.3
山　西	6.6	14.4	12.0	10.0	2.5
内蒙古	5.5	20.7	10.2	14.7	2.5
辽　宁	5.1	16.3	12.3	14.4	2.4
吉　林	4.4	16.5	13.1	16.9	2.5
黑龙江	4.2	17.0	12.1	15.0	2.2
上　海	6.1	17.4	7.0	8.3	2.6
江　苏	7.3	16.8	10.3	8.7	3.0
浙　江	6.7	17.0	10.8	7.3	2.5
安　徽	7.4	13.3	13.1	8.5	2.1
福　建	6.4	14.1	11.5	7.9	2.7
江　西	5.8	13.1	16.1	10.3	1.7
山　东	6.9	20.1	12.7	10.1	1.8
河　南	6.8	14.4	14.1	9.9	1.9
湖　北	7.3	16.2	12.5	9.9	2.2
湖　南	6.7	14.6	17.0	11.1	1.6
广　东	5.1	16.4	11.9	6.8	2.3
广　西	6.0	17.4	17.9	8.8	1.7
海　南	4.8	14.2	12.9	5.5	1.7
重　庆	7.8	14.6	12.7	10.2	2.2
四　川	7.1	17.1	12.5	11.8	2.7
贵　州	7.1	17.5	16.3	8.4	2.3
云　南	6.6	21.1	15.2	7.8	2.1
西　藏	10.2	26.0	8.6	6.7	3.3
陕　西	6.7	15.7	12.0	13.2	1.8
甘　肃	6.1	16.2	13.1	12.0	1.9
青　海	6.0	21.1	8.6	8.9	2.5
宁　夏	7.0	17.0	12.5	11.6	2.6
新　疆	6.2	18.3	11.1	5.9	2.9

11-13 农村居民按收入五等份分组的人均可支配收入

单位：元

组 别	2013年	2014年	2015年	2016年	2017年	2018年	2019年	2020年	2021年	2022年	2023年
20%低收入组	2878	2768	3086	3006	3302	3666	4263	4681	4856	5025	5264
20%中间偏下收入组	5966	6604	7221	7828	8349	8508	9754	10392	11586	11965	12864
20%中间收入组	8438	9504	10311	11159	11978	12530	13984	14712	16546	17451	18479
20%中间偏上收入组	11816	13449	14537	15727	16944	18051	19732	20884	23167	24646	25981
20%高收入组	21324	23947	26014	28448	31299	34043	36049	38520	43082	46075	50136

11-14 农村居民按东、中、西部及东北地区分组的人均可支配收入

单位：元

组 别	2013年	2014年	2015年	2016年	2017年	2018年	2019年	2020年	2021年	2022年	2023年
东部地区	11857	13145	14297	15498	16822	18286	19989	21286	23556	25037	26907
中部地区	8983	10011	10919	11794	12806	13954	15290	16213	17858	19080	20518
西部地区	7437	8295	9093	9918	10829	11831	13035	14111	15608	16632	17911
东北地区	9761	10802	11490	12275	13116	14080	15357	16582	18280	18919	20300

11-15 脱贫县分省收支情况(2023年)

单位：元

地区	人均可支配收入			人均生活消费支出		
	2022年	2023年	比上年增长(%)	2022年	2023年	比上年增长(%)
全国	**15111**	**16396**	**8.5**	**12851**	**14203**	**10.5**
河北	15425	16700	8.3	13433	14386	7.1
山西	12724	13937	9.5	10391	11894	14.5
内蒙古	16223	17751	9.4	13988	16759	19.8
吉林	13667	14990	9.7	11477	12793	11.5
黑龙江	14393	15583	8.3	12441	13457	8.2
安徽	17781	19232	8.2	16082	17371	8.0
江西	15741	17210	9.3	14291	15944	11.6
河南	16880	18221	7.9	12550	13677	9.0
湖北	16188	17612	8.8	15736	17515	11.3
湖南	14714	16036	9.0	14295	15222	6.5
广西	15796	17066	8.0	11994	13665	13.9
海南	16935	18516	9.3	13897	15552	11.9
重庆	17875	19299	8.0	15295	16144	5.6
四川	15949	17196	7.8	14110	15438	9.4
贵州	13569	14688	8.2	12014	13055	8.7
云南	14027	15218	8.5	11741	13572	15.6
西藏	18209	19924	9.4	11139	12619	13.3
陕西	14838	16074	8.3	11905	13000	9.2
甘肃	11190	12107	8.2	10033	11201	11.6
青海	14456	15614	8.0	12516	14790	18.2
宁夏	14151	15339	8.4	11409	12674	11.1
新疆	15417	16881	9.5	10439	11595	11.1

注：1.原表为农村贫困状况，自2022年起替换为脱贫县居民收支情况。
2.如需查阅农村贫困状况相关数据，可查阅往年年鉴。

11-16 农村居民人均可支配收入增长情况

单位：元、%

年 份	人均可支配收入	比上年名义增长	比上年实际增长	指 数 (1978年=100)
1978	134	—	—	100.0
1979	160	19.9	19.2	119.2
1980	191	19.5	16.6	139.0
1981	223	16.8	15.4	160.4
1982	270	20.9	19.9	192.3
1983	310	14.7	14.2	219.6
1984	355	14.7	13.6	249.5
1985	398	11.9	7.8	268.9
1986	424	6.6	3.2	277.6
1987	463	9.2	5.2	292.0
1988	545	17.8	6.4	310.7
1989	602	10.4	-1.6	305.7
1990	686	14.1	1.8	311.2
1991	709	3.2	2.0	317.4
1992	784	10.6	5.9	336.2
1993	922	17.6	3.2	346.9
1994	1221	32.5	5.0	364.3
1995	1578	29.2	5.3	383.6
1996	1926	22.1	9.0	418.1
1997	2090	8.5	4.6	437.3
1998	2171	3.9	4.7	458.1
1999	2229	2.7	4.2	477.5
2000	2282	2.4	2.5	489.6
2001	2407	5.5	4.7	512.3
2002	2529	5.1	5.3	539.2
2003	2690	6.4	4.8	564.9
2004	3027	12.5	7.3	606.1
2005	3370	11.4	6.7	646.6
2006	3731	10.7	7.9	697.6
2007	4327	16.0	10.0	767.7
2008	4999	15.5	8.5	833.1
2009	5435	8.7	9.0	908.3
2010	6272	15.4	11.4	1012.1
2011	7394	17.9	11.4	1127.4
2012	8389	13.5	10.7	1248.1
2013	9430	12.4	9.3	1364.5
2014	10489	11.2	9.2	1490.5
2015	11422	8.9	7.5	1602.3
2016	12363	8.2	6.2	1702.1
2017	13432	8.6	7.3	1825.5
2018	14617	8.8	6.6	1945.3
2019	16021	9.6	6.2	2066.0
2020	17131	6.9	3.8	2144.2
2021	18931	10.5	9.7	2352.9
2022	20133	6.3	4.2	2452.1
2023	21691	7.7	7.6	2638.2

注：1.表中2013年及以后人均可支配收入来源于住户收支与生活状况调查，1978-2012年数据根据历史数据按照新口径推算获得。

2.可支配收入绝对数按当年价格计算，指数按可比价计算。

12

农村文化、教育、卫生及社会服务

12-1 乡村教育情况

指　标	单 位	1995年	2000年	2005年	2010年	2012年	2015年	2020年	2021年	2022年	2023年
一、普通高中											
学 校 数	所	3112	2629	2180	1428	718	668	777	803	848	881
班　　数	万个	2.3	2.9	4.0	2.9	1.6	1.5	1.9	2.1	2.3	2.5
毕业生数	万人	33.1	39.2	65.7	56.3	26.4	24.7	24.9	24.8	27.5	31.6
招 生 数	万人	44.7	64.4	88.0	56.7	29.2	27.0	34.6	37.5	41.1	43.4
在校生数	万人	113.2	157.8	233.7	162.9	83.4	77.0	90.5	98.9	109.3	119.5
专任教师	万人	9.4	10.4	12.4	10.5	5.6	5.5	7.0	7.6	8.2	9.1
二、初中阶段											
学 校 数	所	45626	39313	36405	28670	19408	16991	14241	13521	12845	12394
班　　数	万个	50.9	60.1	49.5	34.8	20.3	15.7	14.9	14.3	13.8	13.4
毕业生数	万人	684.6	903.8	975.1	617	364	235.3	208.9	207.4	198.9	189.3
招 生 数	万人	1017.3	1265.9	882.5	571.1	318.4	232.3	206.4	204.6	195.6	184.6
在校生数	万人	2659.8	3428.5	2784.7	1784.5	974.1	702.5	637.8	609.9	590.7	575.0
专任教师	万人	149.9	168.2	153.4	127.2	97.4	64.5	55.6	53.5	51.3	49.6
三、小学阶段											
学 校 数	万所	55.9	44.0	31.7	21.1	15.5	11.8	8.6	8.2	7.6	7.1
班　　数	万个	309.4	274.6	222.6	166.8	123.6	106.9	92.1	86.0	78.8	71.5
毕业生数	万人	1328.7	1567.6	1331.0	942.7	624.2	440.9	386.2	388.1	365.9	346.1
招 生 数	万人	1791.1	1253.7	1067.9	915.2	657.3	539.1	396.1	343.7	287.9	266.5
在校生数	万人	9306.2	8503.7	6947.8	5350.2	3652.5	2965.9	2450.5	2247.4	2029.7	1838.6
专任教师	万人	382.7	367.8	356.9	319.1	216.3	203.6	178.7	169.8	157.7	145.7

注：1.2011年，教育事业统计报表进行了全面改革，实施了国家统计局首次颁布的《统计用城乡划分代码》。新的城乡划分标准，将原来的城市、县镇、农村的三个分类调整为三大类七小类，即城区(含主城区、城乡结合部)、镇区(含镇中心区、镇乡结合区、特殊区域)、乡村(含乡中心区、村庄)。因城乡划分口径发生了变化，故城乡数据不与往年做比较。
2.完全中学的学校数计入高中阶段教育，九年一贯制学校的校数计入初中阶段教育，十二年一贯制学校的校数计入高中阶段教育。
3.完全中学、九年一贯制学校、十二年一贯制学校和附设教学班的专任教师数按教育层次分别计入对应教育阶段的专任教师数中。
4.本表数据来自教育部。

12-2 农村乡镇卫生院情况

指　标	单 位	1995年	2000年	2005年	2010年	2012年	2015年	2020年	2021年	2022年	2023年
乡镇卫生院	个	51797	49229	40907	37836	37097	36817	35762	34943	33917	33753
卫生人员	人	1051752	1169826	1012006	1151349	1204996	1277697	1481230	1492416	1530690	1605453
床　位	张	733064	734807	678240	994329	1099262	1196122	1390325	1417410	1455876	1504504

注：本表数据来自卫健委。

12-3 各地区农村乡镇卫生院、床位数和卫生人员数(2023年)

地　区	乡镇卫生院 (个)	卫生人员数 (人)	床　位 (张)
全国总计	**33753**	**1605453**	**1504504**
北　京			
天　津	126	5522	3263
河　北	1965	71160	89784
山　西	1285	27802	29753
内蒙古	1240	23891	21858
辽　宁	1001	22562	27837
吉　林	762	23150	14546
黑龙江	973	22770	24646
上　海			
江　苏	905	112223	81960
浙　江	1045	55553	19850
安　徽	1311	74903	79872
福　建	877	41825	35126
江　西	1603	62043	65617
山　东	1449	112193	105721
河　南	1987	128098	143059
湖　北	1107	83727	93683
湖　南	2071	101850	104966
广　东	1164	107514	67532
广　西	1266	92604	88208
海　南	303	15875	9110
重　庆	804	36616	45943
四　川	2762	115097	134522
贵　州	1313	60955	38688
云　南	1361	70376	63441
西　藏	674	6704	3902
陕　西	1509	47867	37579
甘　肃	1348	34227	32157
青　海	407	6960	5072
宁　夏	205	7078	3639
新　疆	930	34308	33170

注：本表数据来自卫健委。

12-4 各地区农村村卫生室和人员情况(2023年)

地 区	村卫生室 (个)	乡村医生 (人)	卫生员 (人)
全国总计	**581964**	**599885**	**14727**
北 京	2774	2134	100
天 津	2196	2537	103
河 北	59321	49644	382
山 西	22566	22913	1090
内 蒙 古	12812	11566	446
辽 宁	16401	14381	64
吉 林	8799	10053	165
黑 龙 江	10325	11704	146
上 海	1118	46	
江 苏	14671	17901	1529
浙 江	11581	5669	562
安 徽	15546	21594	953
福 建	16487	14614	106
江 西	27059	26822	518
山 东	51541	62419	1357
河 南	59447	59784	1884
湖 北	22459	26687	660
湖 南	36126	25746	645
广 东	25127	16803	936
广 西	18589	26275	264
海 南	2663	2288	97
重 庆	9496	12542	43
四 川	42301	39307	570
贵 州	19643	22718	545
云 南	13588	28494	193
西 藏	5236	9645	345
陕 西	21611	16872	
甘 肃	16272	15785	254
青 海	4469	5538	144
宁 夏	2142	2404	60
新 疆	9598	15000	566

注：本表数据来自卫健委。

12-5 各地区农村养老机构和文化机构情况(2023年)

地　区	特困人员救助供养机构数(个)	特困人员救助供养机构年末收养人数(人)	乡镇文化站(个)
全　国	**16187**	**740915**	**32243**
北　京			177
天　津			128
河　北	309	22970	1980
山　西	291	14431	1085
内蒙古	132	8021	869
辽　宁	289	14375	919
吉　林	322	10571	623
黑龙江	93	11093	901
上　海			106
江　苏	855	57458	827
浙　江	708	33782	922
安　徽	1552	77531	1272
福　建	490	10201	932
江　西	1196	44869	1555
山　东	826	57511	1192
河　南	1750	70332	1885
湖　北	1046	52798	1025
湖　南	1391	56913	1777
广　东	1048	20001	1154
广　西	136	1807	1125
海　南	38	1433	198
重　庆	351	14852	812
四　川	1421	72688	3539
贵　州	586	15908	1342
云　南	598	16432	1274
西　藏	70	6073	689
陕　西	317	32144	1132
甘　肃	154	6247	1229
青　海	27	1100	364
宁　夏	50	2976	201
新　疆	141	6398	1009

注：1.本表数据来自民政部、文化和旅游部。
2.因统计口径调整，2018年起农村养老机构统计范围指登记注册的特困人员救助供养机构。

12-6 各地区农村社会救济情况(2023年)

单位：亿元、万人

地 区	农村居民最低生活保障人数	农村最低生活保障支出	农村特困人员集中供养人数	农村特困人员分散供养人数
全 国	**3399.7**	**1483.9**	**61.4**	**374.0**
北 京	3.5	6.0	0.2	0.3
天 津	5.7	7.1	0.1	0.9
河 北	147.9	55.8	2.6	22.3
山 西	86.3	44.0	1.4	11.0
内蒙古	132.5	57.2	1.0	7.6
辽 宁	61.0	30.2	1.5	11.1
吉 林	51.7	19.8	1.0	6.6
黑龙江	87.3	34.7	1.1	8.1
上 海	3.0	3.7	0.1	0.1
江 苏	56.4	37.5	3.1	16.0
浙 江	50.0	56.2	1.3	1.8
安 徽	167.8	96.6	4.6	26.9
福 建	52.7	33.3	1.2	5.0
江 西	144.3	78.3	3.1	9.2
山 东	130.7	80.4	5.2	28.4
河 南	275.8	76.4	6.7	40.4
湖 北	125.1	56.9	4.0	19.7
湖 南	147.1	48.2	4.2	31.1
广 东	109.9	66.7	1.4	18.5
广 西	242.8	72.0	0.5	23.7
海 南	14.6	8.8	0.2	2.2
重 庆	56.7	34.7	1.0	9.0
四 川	358.2	110.9	6.4	33.7
贵 州	171.5	68.3	1.5	8.6
云 南	232.5	85.6	1.5	10.8
西 藏	14.2	4.1	0.6	0.6
陕 西	109.2	60.0	3.6	9.0
甘 肃	159.1	57.1	0.9	8.8
青 海	28.5	16.5	0.3	1.3
宁 夏	36.7	17.1	0.3	0.5
新 疆	137.0	59.9	1.0	0.6

注：本表数据来自民政部。

13

国有农场

13-1 农垦系统国有农场基本情况

指标	单位	2000年	2010年	2012年	2015年	2020年	2021年	2022年	2023年	2023年比2022年	
										增加	增长(%)
一、农 场 数	**个**	**2026**	**1807**	**1786**	**1785**	**1803**	**1799**	**1787**	**1776**	**-11**	**-0.6**
二、职工期末人数	**万人**	**391.9**	**330.8**	**317.5**	**287.6**	**247.1**	**232.3**	**228.5**	**221.4**	**-7.1**	**-3.1**
三、耕 地 面 积	**千公顷**	**4803.5**	**5989.3**	**6123.7**	**6325.4**	**6516.6**	**6606.0**	**7038.9**	**7207.5**	**168.6**	**2.4**
四、农业机械总动力	**亿瓦**	**115.9**	**212.7**	**245.7**	**283.8**	**320.9**	**330.8**	**343.0**	**348.1**	**5.1**	**1.5**
大中型农用拖拉机	万台	6.7	14.6	17.4	19.7	23.1	23.8	24.5	25.2	0.7	2.9
小型及手扶拖拉机	万台	21.4	33.0	32.8	30.9	28.2	28.1	26.9	25.6	-1.3	-4.8
农用排灌动力机械	万台	13.9	24.8	27.7	28.0	30.0	29.2	29.7	27.9	-1.8	-6.1
联合收获机	万台	1.5	3.9	4.6	5.7	6.8	7.1	7.5	7.5		
农用化肥施用量(折纯量)	万吨	131.7	227.8	248.3	269.9	242.8	238.0	242.0	236.7	-5.3	-2.2
农业生产用电量	亿千瓦小时	57.0	174.1	130.7	142.7	114.1	99.2	47.1	54.8	7.7	16.3
五、农业总产值											
按当年价格计算	亿元	644.0	2342.3	3100.4	3449.7	4230.3	4634.8	4804.5	5000.8	196.3	4.1
六、主要农产品产量											
粮食总产量	万吨	1465.2	2953.3	3371.4	3667.5	3562.7	3876.0	3848.6	3993.9	145.3	3.8
棉花总产量	万吨	83.2	143.9	172.3	175.0	261.8	263.3	270.7	244.3	-26.4	-9.8
油料总产量	万吨	71.3	80.3	78.3	80.8	73.5	68.7	75.3	78.7	3.4	4.5
肉类总产量	万吨	85.0	256.4	296.6	254.6	193.0	225.6	248.3	282.2	33.9	13.7

13-2 各地区农垦系统国有农场基本情况

地区	农场数(个)		职工期末人数(万人)		耕地面积(千公顷)	
	2022年	2023年	2022年	2023年	2022年	2023年
全国	**1787**	**1776**	**228.5**	**221.4**	**7038.9**	**7207.5**
北京	13	13	4.8	4.8	1.3	1.3
天津	8	8	1.0	1.0	2.3	2.3
河北	32	32	5.9	5.9	101.0	100.6
山西	22	21	0.3	0.3	6.3	6.1
内蒙古	102	102	10.7	10.1	756.7	764.0
辽宁	104	104	17.3	16.2	161.9	162.6
吉林	88	92	3.5	3.2	109.6	108.8
黑龙江	113	113	23.2	21.4	3121.3	3249.6
上海	21	21	6.4	6.0	29.5	30.0
江苏	19	19	3.8	3.6	64.0	63.9
浙江	80	79	0.2	0.2	3.5	3.6
安徽	20	20	1.4	1.3	32.9	32.8
福建	110	110	2.9	2.8	6.7	7.8
江西	156	156	22.2	21.0	83.9	83.0
山东	10	10	0.2	0.2	5.8	6.3
河南	90	90	2.5	2.3	21.8	21.0
湖北	65	65	37.2	37.1	144.1	144.1
湖南	59	59	10.3	10.6	79.1	79.5
广东	52	52	6.3	5.1	77.9	80.5
广西	47	47	2.3	2.1	35.6	35.3
海南	19	19	4.1	3.9	35.3	36.3
重庆	19	17	0.6	0.4	0.1	
四川	56	48	0.2	0.2	1.1	0.8
贵州	37	34	0.3	0.3	2.8	0.7
云南	43	43	11.1	10.7	13.4	14.1
西藏	4	4			0.8	0.8
陕西	12	12	0.4	0.3	11.2	11.2
甘肃	21	21	1.1	1.1	72.4	73.7
青海	19	19	0.6	0.6	29.2	29.3
宁夏	14	14	1.0	1.0	48.4	50.2
新疆	332	332	46.5	47.6	1978.9	2007.3

13-2 续表 1

地　区	农业机械总动力(万千瓦)		大中型拖拉机(台)	
	2022年	2023年	2022年	2023年
全　国	**3430.0**	**3481**	**245365**	**251504**
北　京	3.8	4.0	106	102
天　津	2.9	3.0	75	87
河　北	102.3	102.2	4239	4452
山　西	2.9	2.9	79	81
内蒙古	238.2	249.9	16170	18162
辽　宁	106.7	106.8	6135	6223
吉　林	62.7	62.6	5042	5051
黑龙江	1364.0	1404.9	97543	100262
上　海	30.8	29.5	1464	1431
江　苏	104.4	114.5	6974	7348
浙　江	1.1	1.1	29	29
安　徽	49.0	47.2	2670	2615
福　建	3.1	3.1	21	21
江　西	63.2	62.5	1894	1892
山　东	2.5	2.5	186	100
河　南	26.0	25.1	921	888
湖　北	173.4	173.8	8631	8649
湖　南	154.8	142.5	5350	5376
广　东	54.9	54.7	1039	1047
广　西	30.0	25.6	1422	1347
海　南	35.3	35.0	408	391
重　庆				
四　川	2.3	1.2	12	12
贵　州	0.2	0.3	5	5
云　南	28.0	27.9	521	522
西　藏	0.8	0.8		
陕　西	4.4	4.7	270	273
甘　肃	39.0	40.2	4424	4773
青　海	4.9	6.1	255	275
宁　夏	34.0	35.4	2639	2786
新　疆	704.1	711.0	76841	77304

13-2　续表 2

地　　区	化肥施用量(万吨)		现价农业总产值(亿元)	
	2022年	2023年	2022年	2023年
全　　国	**242.0**	**236.7**	**4804.5**	**5000.8**
北　　京	0.2	0.2	80.0	70.1
天　　津	0.1	0.1	21.7	26.0
河　　北	3.0	3.0	169.9	178.3
山　　西	0.4	0.4	2.9	2.8
内 蒙 古	15.0	14.4	163.4	174.4
辽　　宁	5.6	5.6	191.2	192.0
吉　　林	3.9	2.9	33.8	34.2
黑 龙 江	57.4	58.3	914.9	901.1
上　　海	1.3	1.3	83.6	95.4
江　　苏	7.0	7.0	69.8	74.3
浙　　江	0.3	0.3	4.9	4.7
安　　徽	2.5	2.7	27.3	30.5
福　　建	1.7	1.7	25.1	24.5
江　　西	2.9	2.8	71.7	73.3
山　　东	0.4	0.4	1.6	1.7
河　　南	1.7	1.6	14.1	13.2
湖　　北	10.1	10.0	282.1	299.2
湖　　南	4.8	4.8	180.5	180.0
广　　东	5.8	6.8	163.8	165.2
广　　西	4.7	4.6	112.0	123.6
海　　南	6.5	5.9	157.0	163.5
重　　庆			13.5	12.8
四　　川		0.0	1.9	2.0
贵　　州	0.1	0.1	12.5	13.3
云　　南	2.4	2.5	72.7	69.3
西　　藏	0.5		0.2	0.2
陕　　西	4.7	0.5	6.6	7.0
甘　　肃	0.8	3.1	49.9	50.3
青　　海	3.8	0.8	9.4	10.3
宁　　夏	73.2	4.1	49.4	53.4
新　　疆	21.1	90.9	1816.8	1954.2

13-3 农垦系统国有农场种植业生产情况

指　　标	单位	2000年	2005年	2010年	2015年	2020年	2021年	2022年	2023年	2023年比2022年	
										增加	增长(%)
农作物总播种面积	**千公顷**	**4755.8**	**5145.3**	**6310.4**	**6924.4**	**6850.8**	**6995.9**	**7161.4**	**7330.3**	**168.9**	**2.4**
一、粮食播种面积	**千公顷**	**3163.9**	**3375.8**	**4557.6**	**5038.0**	**4807.8**	**4990.4**	**5108.4**	**5309.1**	**200.8**	**3.9**
每公顷产量	千克	4631.0	5507.0	6480.0	7335.0	7410.0	7767.0	7534.0	7523.0	-11.0	-0.1
总 产 量	万吨	1465.2	1859.0	2953.3	3667.5	3562.7	3876.0	3848.6	3993.9	145.4	3.8
1.谷 物	万吨	1252.1	1614.1	2708.2	3464.5	3241.9	3585.8	3483.9	3652.5	168.6	4.8
其中：稻 谷	万吨	818.6	907.8	1514.1	1823.2	1857.3	1923.3	1873.7	1785.1	-88.6	-4.7
小 麦	万吨	255.0	256.5	335.9	327.9	250.5	284.3	306.2	340.5	34.2	11.2
玉 米	万吨	147.4	389.4	809.2	1280.8	1101.2	1335.3	1259.9	1478.8	218.8	17.4
2.豆 类	万吨	200.6	224.5	206.0	150.7	246.7	208.3	297.8	295.7	-2.1	-0.7
其中：大 豆	万吨	184.8	194.4	195.1	143.2	240.7	202.5	293.6	291.3	-2.3	-0.8
3.薯 类	万吨	12.6	20.4	39.1	50.4	74.2	81.9	66.9	45.7	-21.1	-31.6
二、棉花播种面积	**千公顷**	**527.3**	**649.4**	**665.4**	**763.0**	**1016.2**	**1014.8**	**1032.3**	**935.6**	**-96.7**	**-9.4**
每公顷产量	千克	1577	1920	2163	2098	2577	2595	2622	2611	-11.0	-0.4
总 产 量	万吨	83.2	124.7	143.9	175.0	261.8	263.3	270.7	244.3	-26.4	-9.7
三、油料播种面积	**千公顷**	**461.2**	**371.2**	**375.4**	**356.2**	**306.8**	**276.5**	**298.6**	**320.3**	**21.7**	**7.3**
每公顷产量	千克	1545	1803	2140	2294	2397	2484	2521	2457	-64.0	-2.5
总 产 量	万吨	71.2	66.9	80.3	80.8	73.5	68.7	75.3	78.7	3.4	4.5
四、糖料播种面积	**千公顷**	**103.6**	**100.5**	**103.9**	**81.4**	**95.0**	**81.7**	**81.5**	**78.9**	**-2.6**	**-3.2**
每公顷产量	千克	56927	66416	73815	85194	75005	75089	73463	75486	2023.0	2.8
总 产 量	万吨	589.5	667.5	766.9	718.3	712.5	613.2	598.5	595.5	-3.0	-0.5
五、麻类播种面积	**千公顷**	**9.4**	**5.4**	**3.5**	**3.2**	**7.9**	**6.0**	**5.7**	**4.8**	**-0.9**	**-16.4**
每公顷产量	千克	3175	4566	5425	4697	4038	3725	4362	3431	-931.2	-21.3
总 产 量	吨	29689	244871	18699	15198	31996	22427	24845	16355	-8490.2	-34.2

13-4 各地区农垦系统国有农场农作物主要产品产量(2023年)

地　区	粮食(万吨)	棉花(吨)	油料(吨)	糖料(吨)	麻类(吨)
全　国	**3993.9**	**2442977.6**	**786984.4**	**5954653.4**	**16354.9**
北　京	3.1		4.0		
天　津	1.8		467.2		
河　北	51.9	521.0	5072.2	22884.0	
山　西	3.7		85.0		
内蒙古	274.7		284139.1	450793.6	
辽　宁	141.7		12158.5	405.0	
吉　林	77.4		8158.4		
黑龙江	2279.5		2488.6	212.7	5047.7
上　海	30.2		6696.0		
江　苏	135.8		10473.2		
浙　江	1.0		136.1		
安　徽	35.4	75.5	2782.2		
福　建	3.7		2486.9	2148.6	
江　西	70.3	1891.4	33541.1	10358.3	
山　东	6.0	2.0	7.5		
河　南	27.6	80.5	13687.6		
湖　北	93.2	5250.2	105823.3	2978.5	22.4
湖　南	70.5	46048.2	52570.1	4255.8	169.0
广　东	8.2		4990.7	1734591.1	5353.6
广　西	1.3		1388.0	1837872.0	
海　南	8.3		3479.8	82120.7	
重　庆					
四　川	0.1		30.9		
贵　州	0.1				
云　南	7.6		83.0	239912.0	
西　藏	…		6.0		
陕　西	16.3		488.2		
甘　肃	27.8	9580.8	12559.5	116469.1	
青　海	3.7		13192.2		
宁　夏	34.0				
新　疆	985.1	2379528.0	209989.1	1449652.1	5762.3

13-5 农垦系统国有农场茶、桑、果、林业生产情况

指　　标	单位	2000年	2010年	2015年	2020年	2021年	2022年	2023年	2023年比2022年	
									增加	增长(%)
一、年末实有茶园面积	**千公顷**	**34.1**	**31.3**	**28.5**	**29.8**	**30.3**	**30.8**	**33.6**	**2.7**	**8.8**
茶叶总产量	万吨	3.9	4.6	5.2	4.3	4.4	4.5	5.5	1.0	21.6
二、年末实有桑园面积	**千公顷**	**3.9**	**1.5**	**1.0**	**0.8**	**1.6**	**1.5**	**1.4**	**-0.1**	**-3.9**
三、年末实有果园面积	**千公顷**	**193.6**	**371.9**	**418.0**	**403.3**	**394.5**	**388.7**	**385.5**	**-3.2**	**-0.8**
水果总产量	万吨	118.6	323.4	737.5	817.0	831.2	825.7	849.3	23.6	2.9
其中：苹 果	万吨	24.1	40.6	103.4	112.0	111.1	120.3	124.2	3.9	3.2
梨	万吨	27.1	53.6	84.4	86.2	101.0	90.6	95.3	4.7	5.2
柑 桔	万吨	11.8	22.8	37.2	50.4	45.7	43.9	58.6	14.8	33.7
四、年末实有橡胶园面积	**千公顷**	**382.3**	**469.4**	**453.6**	**407.3**	**401.4**	**397.9**	**394.5**	**-3.5**	**-0.9**
年内实际开割面积	千公顷				261.9	273.1	286.2	281.3	-4.9	-1.7
每公顷产干胶	千克	1172.0	1023.1	908.5	978.0	999.5	997.8	994.5	-3.3	-0.3
全年干胶总产量	万吨	34.7	32.8	27.0	25.6	27.3	28.6	28.0	-0.6	-2.1
五、当年造林面积	**千公顷**	**75.8**	**88.2**	**73.2**	**105.9**	**127.3**	**73.0**	**53.3**	**-19.7**	**-26.9**
用 材 林	千公顷	21.4	19.0	20.4	10.6	9.8	8.8	9.1	0.4	4.2
经 济 林	千公顷	6.1	11.6	29.8	24.0	12.8	13.9	12.9	-1.0	-7.4
防 护 林	千公顷	47.3	56.3	22.8	70.5	103.9	49.4	30.5	-18.9	-38.2
薪 炭 林	千公顷	0.3	0.3	0.1	0.2	0.2	0.2	0.2	0.0	13.0
特种用材林	千公顷	0.7	1.0	0.1	0.6	0.7	0.7	0.6	-0.1	-19.0

13-6 各地区农垦系统国有农场茶、果、干胶、林业生产情况(2023年)

地区	茶叶(吨)	水果(吨)	苹果(吨)	梨(吨)	干胶(吨)	造林面积(公顷)
全国	**54733.6**	**8493072.4**	**1242369.5**	**952663.8**	**279000.0**	**53337.6**
北京		554.5	474.8	27.9		
天津		292.8	95.2	149.3		
河北		43799.8	3605.3	11636.3		1296.3
山西		2443.8	194.0	262.0		283.0
内蒙古		9474.5	1744.4	1520.3		1307.2
辽宁		129979.2	84632.8	13410.3		2661.2
吉林		25011.0	1516.0	21661.0		91.8
黑龙江		13365.6	2698.2	1579.0		855.6
上海	4.0	427.2		18.0		8113.8
江苏	4.5	4794.0		2252.0		262.0
浙江	3159.9	5650.9		235.6		234.9
安徽	19426.7	43290.0		24424.7		284.0
福建	6462.8	139919.9		521.5		1398.3
江西	4404.1	93472.9		7394.1		5082.5
山东		3619.6	348.0	37.9		3.3
河南	0.6	26365.0	2724.8	11347.4		787.5
湖北	534.8	178259.4	151.0	17500.4		2466.6
湖南	5672.7	219892.4		1781.9		3903.2
广东	582.5	964013.6				687.1
广西	581.0	275357.0				304.4
海南	584.0	677546.2				20.7
重庆						
四川	229.8	4491.1	2.0	240.0	16000.0	2.0
贵州	2524.4	14031.2		185.0		472.8
云南	9423.0	268375.0	2270.0		153000.0	61.0
西藏	56.0	102.0	79.0			97.3
陕西		5647.9	5.0	180.0		406.0
甘肃		33356.5	5444.8	24232.3		594.1
青海		111.0				1577.0
宁夏		53835.0	10419.0	1989.0	110000.0	43.0
新疆	1083.0	5255593.6	1125965.3	810077.9		20041.4

13-7 农垦系统国有农场畜牧业、渔业生产情况

指 标	单位	2000年	2005年	2010年	2015年	2020年	2021年	2022年	2023年	2023年比2022年	
										增加	增长(%)
一、大牲畜年末头数	**万头**	**214.6**	**305.0**	**319.2**	**282.0**	**309.8**	**345.0**	**387.3**	**466.6**	**79.2**	**20.5**
牛	万头	173.1	270.7	292.0	249.8	262.9	279.6	318.5	353.7	35.2	11.0
#奶牛	万头	51.0	101.6	143.2	146.4	136.2	144.8	172.4	178.7	6.3	3.6
二、猪年末头数	**万头**	**478.1**	**722.8**	**1134.2**	**1227.3**	**881.7**	**995.9**	**1111.8**	**1282.3**	**170.5**	**15.3**
三、羊年末只数	**万只**	**1104.7**	**1591.6**	**1298.7**	**1492.2**	**1083.0**	**1084.7**	**1117.1**	**1112.7**	**-4.4**	**-0.4**
山 羊	万只	216.3	371.0	318.9	243.2	151.8	151.5	140.1	153.4	13.3	9.5
绵 羊	万只	888.4	1220.6	979.9	1249.0	931.1	933.2	976.9	959.3	-17.7	-1.8
四、家禽年末只数	**万只**	**4918.2**	**6360.1**	**11811.2**	**16667.6**	**9882.1**	**8995.2**	**8532.4**	**7882.0**	**-650.4**	**-7.6**
五、畜产品产量											
肉猪出栏头数	万头	643.5	1126.8	1943.8	1826.2	1141.7	1363.7	1620.8	1988.8	367.9	22.7
猪牛羊肉产量	万吨	68.3	121.3	190.4	184.2	129.0	159.6	183.4	221.0	37.5	20.5
其中：猪肉产量	万吨	51.1	88.2	148.9	146.4	92.5	119.6	142.2	177.2	35.1	24.7
牛奶产量	万吨	116.5	245.5	366.1	369.1	435.2	467.0	570.2	656.2	86.0	15.1
禽蛋产量	万吨	20.4	22.4	39.7	48.3	48.8	47.7	45.9	47.9	2.1	4.5
羊毛产量	万吨	2.1	2.9	2.7	3.3	3.1	3.1	2.2	2.2	0.0	-2.1
六、水产品产量	**万吨**	**49.1**	**79.5**	**115.2**	**152.5**	**176.7**	**177.1**	**180.0**	**182.0**	**1.9**	**1.1**

13-8 各地区农垦系统国有农场畜牧业、渔业生产情况(2023年)

地区	大牲畜年末存栏(万头)	牛年末存栏(万头)	#奶牛	猪年末存栏(万头)	羊年末存栏(万只)	家禽年末存栏(万只)
全国	**466.6**	**353.7**	**178.7**	**1282.3**	**1112.7**	**7882.0**
北京	11.3	11.3	10.4	34.8		102.0
天津	5.9	5.9	5.9	1.7	8.6	182.2
河北	27.9	21.2	17.0	40.6	8.7	256.7
山西	1.1	1.1	1.0	0.4	0.7	12.5
内蒙古	90.6	54.8	18.4	9.8	286.8	146.0
辽宁	6.1	6.0	0.6	41.6	16.5	677.6
吉林	5.3	4.9	0.5	4.0	19.4	36.5
黑龙江	23.2	22.4	10.4	61.7	24.7	718.3
上海	13.1	13.1	13.1	82.8		75.1
江苏	2.2	2.2	2.0	5.3	1.3	432.7
浙江				4.3	0.3	5.1
安徽	0.1	0.1		2.9	0.2	190.5
福建	0.4	0.4	0.2	10.1	1.1	56.1
江西	2.7	1.8	0.0	26.8	0.8	182.5
山东				0.1		
河南	0.6	0.6	0.5	2.6	2.0	8.8
湖北	4.6	4.3	0.6	64.3	5.0	414.2
湖南	4.4	4.4	0.1	60.3	2.6	154.9
广东	48.1	16.0	15.4	115.8	0.3	377.1
广西	1.3	1.3	0.3	181.8	0.1	69.8
海南	5.7	5.7		187.3	17.4	1621.0
重庆	4.7	4.7	4.7	10.8		
四川	4.3	3.8	0.1	0.4	1.4	0.2
贵州	2.0	2.0	1.9	1.8		258.0
云南	1.1	1.1		7.0	0.8	173.2
西藏	0.0	0.0	0.0			
陕西	0.7	0.7	0.6	0.3	2.1	2.7
甘肃	5.8	5.8	4.4	1.4	15.5	13.3
青海	4.8	2.2	0.0	0.4	24.1	
宁夏	18.6	18.6	16.1	2.3	14.7	49.2
新疆	170.1	137.4	54.6	318.9	657.8	1665.9

13-8 续表

地区	肉猪出栏头数(万头)	肉类总产量(万吨)	奶产量(万吨)	水产品产量(万吨)
全国	**1988.8**	**282.2**	**656.2**	**182.0**
北京	57.1	13.5	60.5	0.7
天津	2.3	0.6	28.6	0.5
河北	70.1	7.0	65.5	19.3
山西	1.2	0.2	3.0	0.0
内蒙古	13.7	9.9	60.1	0.3
辽宁	60.4	13.8	3.4	32.4
吉林	4.2	1.0	0.9	0.0
黑龙江	104.8	26.9	42.7	2.7
上海	86.0	7.9	66.0	18.9
江苏	10.5	6.3	8.5	6.5
浙江	10.9	0.9		0.3
安徽	2.7	0.9	0.0	1.4
福建	18.4	2.1	0.2	1.5
江西	54.3	6.3	0.2	7.7
山东	0.4	0.0		0.1
河南	6.7	0.5	1.3	0.3
湖北	101.2	11.9	3.8	53.9
湖南	82.4	12.4	0.7	14.7
广东	157.3	23.7	68.8	4.4
广西	409.0	37.2	1.0	0.9
海南	111.9	13.4		2.4
重庆	9.4	1.1	25.2	0.1
四川	0.7	0.2	0.3	0.1
贵州	8.6	1.1	10.2	0.3
云南	8.6	1.3		1.7
西藏	0.0	0.0	0.0	
陕西	1.9	0.3	3.0	
甘肃	1.7	1.0	22.3	0.0
青海	0.3	0.3	0.0	
宁夏	5.0	1.2	61.9	0.7
新疆	587.1	79.2	118.2	9.9

西部大开发 12 省（区、市）农村经济情况

14-1　西部大开发12省(区、市)农业机械拥有量

指　　标	单位	1990年	1995年	2000年	2005年	2010年	2015年	2020年	2021年	2022年	2023年
农用机械总动力合计	万千瓦	5906.2	7534.3	10706.6	14509.7	21318.5	28967.1	28898.3	29591.4	30486.7	31458.0
大中型拖拉机	万台	20.3	16.3	30.2	35.2	134.0	218.6	136.7	142.8	151.3	156.9
小型拖拉机	万台	152.3	192.8	234.5	271.5	296.5	312.5	385.9	372.4	363.9	351.6
大中型拖拉机配套农具	万部	20.0	22.6	30.2	46.8	181.0	291.4	96.3	101.0	107.1	109.6
农用水泵	万台	78.0	97.9	164.9	264.6	375.3	468.0	542.8	548.4	558.4	573.2
节水灌溉机械	万套	2.4	2.8	7.1	9.9	18.4	42.6	55.9	57.7	59.8	60.3
联合收割机	万台	0.8	1.2	2.5	4.0	9.3	18.3	22.7	23.6	18.9	19.1
机动脱粒机	万台	34.7	56.9	115.7	210.7	351.3	532.0	597.9	598.7	582.5	581.5

注：此表数据来自农业农村部。2018年，农业农村部根据工业和信息化部标准对拖拉机的分类重新定义，把大中型拖拉机和小型拖拉机的分类标准由发动机功率14.7千瓦改为22.1千瓦，同时大中型拖拉机配套农具统计口径改为统计“与58.8千瓦及以上拖拉机配套农具”。数据与往年不可比。

14-2　西部大开发12省(区、市)农村电力和农田水利建设情况

指　　标	单位	1990年	1995年	2000年	2005年	2010年	2015年	2020年	2021年	2022年	2023年
一、小水电站	**个**	**17623**	**15320**	**10381**	**6249**	**13137**	**14705**	**12997**		**11716**	**12048**
装机容量	万千瓦	138.4	161.7	179.4	238.0	2755.4	3984.6	4390.5		4343.1	4478.5
发电量	亿千瓦时		48.4	63.5	90.2	968.0	1333.5	1511.1	1391.6	1437.3	1374.1
二、农村用电量	**亿千瓦时**	**145.7**	**237.6**	**331.5**	**462.8**	**652.2**	**870.0**	**1500.3**	**1655.2**	**1859.3**	**1967.1**
三、农田水利建设情况											
耕地灌溉面积	千公顷	12685.9	13639.3	15174.6	15841.5	17747.3	19390.8	20387.6	22759.3	22927.7	23771.0

注：2020年起，农村用电量口径为“农林牧渔业用电量+乡村居民生活用电量”，数据来源于中国电力企业联合会。

14-3 西部大开发12省(区、市)农作物播种面积及构成

单位：千公顷

指 标	1990年	1995年	2000年	2005年	2010年	2015年	2020年	2021年	2022年	2023年
农作物总播种面积	**43507.7**	**45890.4**	**49345.9**	**49957.8**	**50850.3**	**54530.8**	**57068.0**	**57418.8**	**58038.8**	**58792.9**
一、粮食作物	**33668.4**	**33920.3**	**34528.8**	**32806.6**	**33500.1**	**34467.7**	**33897.5**	**34288.2**	**34630.5**	**35018.4**
1.谷物		26225.7	25756.1	23665.8	24829.3	26464.4	25193.9	25872.1	25838.7	26265.1
稻谷	7823.4	7467.2	7452.3	7345.0	6681.6	6367.2	6146.5	6049.9	5907.2	5792.1
小麦	9302.8	9019.6	7999.1	6320.7	5831.7	5153.6	4515.7	4473.9	4445.6	4478.1
玉米	6458.6	6678.5	7542.1	8231.3	10682.2	13288.7	12584.9	13281.9	13454.7	14009.2
谷子	603.5	400.1	320.8	223.4	282.5	311.1	358.4	399.7	363.5	336.2
高粱	318.1	292.6	257.3	185.8	244.6	209.2	342.7	391.2	369.4	379.6
2.豆类		3407.0	3617.6	3827.7	3389.5	2909.7	3581.6	3260.8	3743.3	3831.7
#大豆	1333.2	1593.2	1960.1	2093.7	2054.0	1928.8	2445.4	2119.3	2647.3	2775.1
杂豆		1813.8	1657.6	1734.0	1335.5	980.8	1136.3	1141.6	1096.0	1056.6
3.薯类	3743.8	4287.6	5155.0	5313.1	5281.3	5093.6	5122.0	5155.3	5048.5	4921.7
#马铃薯	1847.9	2181.3	2920.0	3471.8	3758.0	3761.3	3724.9	3701.5	3649.0	3575.7
二、油料作物	**3300.2**	**3687.7**	**4410.4**	**4212.0**	**4660.1**	**4974.0**	**4896.8**	**4710.5**	**4728.7**	**5048.4**
#花 生	415.0	496.3	652.0	691.6	629.4	659.6	754.3	779.7	753.6	787.7
油菜籽	1819.9	2132.2	2520.9	2576.5	2953.4	3117.3	3043.0	3092.4	3221.8	3415.3
芝 麻	39.8	38.6	61.7	41.6	21.0	36.7	17.9	16.9	16.5	17.0
胡麻籽	500.4	443.6	323.0	272.1	190.8	169.9	141.4	134.1	126.1	123.8
葵花籽	312.5	404.1	609.2	536.2	681.8	817.9	771.2	614.3	531.4	620.7
三、棉花	**682.8**	**981.1**	**1154.3**	**1328.0**	**1642.1**	**2197.3**	**2523.1**	**2526.2**	**2519.1**	**2391.1**
四、麻类	**102.2**	**85.0**	**55.2**	**131.1**	**42.7**	**29.6**	**34.4**	**29.0**	**29.9**	**29.4**
#黄红麻	56.9	34.4	12.7	7.3	4.0	2.2	2.5	2.3	2.3	2.1
五、糖料	**693.9**	**932.0**	**945.4**	**1164.6**	**1434.9**	**1301.8**	**1325.7**	**1232.8**	**1229.5**	**1198.3**
甘蔗	492.6	673.5	818.8	1051.6	1350.9	1222.4	1132.4	1106.3	1085.9	1068.1
甜菜	201.2	258.7	126.6	113.0	84.1	79.4	191.9	126.4	143.0	129.9
六、烟叶	**761.7**	**942.6**	**814.4**	**823.3**	**817.4**	**806.1**	**678.5**	**680.5**	**690.8**	**716.3**
#烤烟	631.2	856.6	719.6	755.8	763.6	766.0	647.2	650.8	663.7	690.4
七、药材	**59.4**	**119.2**	**256.2**	**528.3**	**678.2**	**1135.1**	**1585.3**	**1637.3**	**1661.6**	**1699.5**
八、蔬菜	**1635.9**	**2372.3**	**3610.1**	**4583.0**	**5281.4**	**6787.1**	**8136.7**	**8353.1**	**8516.4**	**8733.6**
九、瓜果类	**130.7**	**165.6**	**319.8**	**403.9**	**563.3**	**599.6**	**641.1**	**622.4**	**622.9**	**648.4**
十、其他农作物	**2472.5**	**2684.4**	**3252.5**	**3977.0**	**2230.2**	**2232.3**	**3348.9**	**3338.8**	**3409.5**	**3309.4**

14-3 续表 （以农作物总播种面积为100） 单位：%

指　标	1990年	1995年	2000年	2005年	2010年	2015年	2020年	2021年	2022年	2023年
农作物总播种面积	**100.0**	**100.0**	**100.0**	**100.0**	**100.0**	**100.0**	**100.0**	**100.0**	**100.0**	**100.0**
一、粮食作物	**77.4**	**73.9**	**70.0**	**65.7**	**65.9**	**63.2**	**59.4**	**59.7**	**59.7**	**59.6**
1.谷物		57.1	52.2	47.4	48.8	48.5	44.1	45.1	44.5	44.7
稻谷	18.0	16.3	15.1	14.7	13.1	11.7	10.8	10.5	10.2	9.9
小麦	21.4	19.7	16.2	12.7	11.5	9.5	7.9	7.8	7.7	7.6
玉米	14.8	14.6	15.3	16.5	21.0	24.4	22.1	23.1	23.2	23.8
谷子	1.4	0.9	0.7	0.4	0.6	0.6	0.6	0.7	0.6	0.6
高粱	0.7	0.6	0.5	0.4	0.5	0.4	0.6	0.7	0.6	0.6
2.豆类		7.4	7.3	7.7	6.7	5.3	6.3	5.7	6.4	6.5
#大豆	3.1	3.5	4.0	4.2	4.0	3.5	4.3	3.7	4.6	4.7
杂豆		4.0	3.4	3.5	2.6	1.8	2.0	2.0	1.9	1.8
3.薯类	8.6	9.3	10.4	10.6	10.4	9.3	9.0	9.0	8.7	8.4
#马铃薯	4.2	4.8	5.9	6.9	7.4	6.9	6.5	6.4	6.3	6.1
二、油料作物	**7.6**	**8.0**	**8.9**	**8.4**	**9.2**	**9.1**	**8.6**	**8.2**	**8.1**	**8.6**
#花　生	1.0	1.1	1.3	1.4	1.2	1.2	1.3	1.4	1.3	1.3
油菜籽	4.2	4.6	5.1	5.2	5.8	5.7	5.3	5.4	5.6	5.8
芝　麻	0.1	0.1	0.1	0.1	...	0.1	...	...	...	...
胡麻籽	1.2	1.0	0.7	0.5	0.4	0.3	0.2	0.2	0.2	0.2
葵花籽	0.7	0.9	1.2	1.1	1.3	1.5	1.4	1.1	0.9	1.1
三、棉花	**1.6**	**2.1**	**2.3**	**2.7**	**3.2**	**4.0**	**4.4**	**4.4**	**4.3**	**4.1**
四、麻类	**0.2**	**0.2**	**0.1**	**0.3**	**0.1**	**0.1**	**0.1**	**0.1**	**0.1**	**...**
#黄红麻	0.1	0.1	...	...	...	...	...	...	...	...
五、糖料	**1.6**	**2.0**	**1.9**	**2.3**	**2.8**	**2.4**	**2.3**	**2.1**	**2.1**	**2.0**
甘蔗	1.1	1.5	1.7	2.1	2.7	2.2	2.0	1.9	1.9	1.8
甜菜	0.5	0.6	0.3	0.2	0.2	0.1	0.3	0.2	0.2	0.2
六、烟叶	**1.8**	**2.1**	**1.7**	**1.6**	**1.6**	**1.5**	**1.2**	**1.2**	**1.2**	**1.2**
#烤烟	1.5	1.9	1.5	1.5	1.5	1.4	1.1	1.1	1.1	1.2
七、药材	**0.1**	**0.3**	**0.5**	**1.1**	**1.3**	**2.1**	**2.8**	**2.9**	**2.9**	**2.9**
八、蔬菜	**3.8**	**5.2**	**7.3**	**9.2**	**10.4**	**12.4**	**14.3**	**14.5**	**14.7**	**14.9**
九、瓜果类	**0.3**	**0.4**	**0.6**	**0.8**	**1.1**	**1.1**	**1.1**	**1.1**	**1.1**	**1.1**
十、其他农作物	**5.7**	**5.8**	**6.6**	**8.0**	**4.4**	**4.1**	**5.9**	**5.8**	**5.9**	**5.6**

14-4 西部大开发12省(区、市)农用化肥、农膜、柴油和农药使用量

指标	单位	1990年	1995年	2000年	2005年	2010年	2015年	2020年	2021年	2022年	2023年
一、化肥施用量											
（按折纯法计算）	**万吨**	**570.8**	**825.4**	**1008.6**	**1210.1**	**1526.4**	**1806.5**	**1610.0**	**1618.4**	**1587.9**	**1575.0**
氮肥	万吨	371.1	472.4	541.0	601.9	700.8	782.7	644.2	625.4	597.0	584.2
磷肥	万吨	105.5	161.2	182.6	206.4	247.4	298.0	253.7	252.8	222.0	211.1
钾肥	万吨	28.8	54.3	79.6	113.1	154.3	193.7	178.0	175.8	165.5	164.0
复合肥	万吨	65.4	137.8	205.4	288.3	407.0	532.1	534.1	564.4	603.4	615.7
二、农用塑料薄膜使用量	**万吨**		**21.9**	**39.6**	**50.5**	**71.8**	**100.2**	**95.4**	**96.9**	**100.3**	**106.4**
#地膜使用量	万吨		16.7	30.5	36.5	51.2	72.7	73.1	73.7	77.5	82.9
地膜覆盖面积	千公顷		2573.7	4983.7	5526.4	7341.4	9746.6	9977.0	10323.0	10707.3	11140.2
三、农用柴油使用量	**万吨**		**253.2**	**288.2**	**344.2**	**445.3**	**566.1**	**486.7**	**482.7**	**474.1**	**471.1**
四、农药使用量	**万吨**		**15.4**	**20.5**	**23.4**	**31.2**	**38.1**	**27.9**	**26.0**	**25.3**	**24.7**

14-5 西部大开发12省(区、市)自然灾害情况

指标	单位	1990年	1995年	2000年	2005年	2010年	2015年	2020年	2021年	2022年	2023年
一、受灾面积	**千公顷**	**11692.0**	**14531.0**	**15773.0**	**13279.1**	**15532.0**	**8299.3**	**6690.5**	**5065.4**	**5373.0**	**5202.3**
旱灾	千公顷	7209.3	8552.0	11225.0	8248.3	9084.8	4707.0	2919.5	2043.1	2463.1	2956.6
水灾	千公顷	2174.0	3182.0	2509.0	3119.9	3882.6	1401.0	1228.6	1355.4	1232.3	891.0
风雹灾	千公顷	1560.7	1487.0	1104.0	1119.0	1101.6	1535.7	1710.4	1420.1	1059.9	871.9
霜冻灾	千公顷	748.0	964.0	935.0	750.3	1375.5	493.7	527.0	208.1	579.3	353.5
二、成灾面积	**千公顷**	**5484.0**	**7680.0**	**9358.0**	**7211.2**	**8463.5**	**4962.4**	**2908.2**	**2195.2**	**2237.3**	**2180.7**
旱灾	千公顷	3350.7	4573.0	7032.0	4621.3	6269.9	2654.2	1293.7	918.6	1017.0	983.6
水灾	千公顷	1080.0	1793.0	1492.0	1728.8	1229.4	866.7	446.0	578.6	601.8	497.0
风雹灾	千公顷	652.0	755.0	536.0	601.7	413.2	1081.9	912.5	607.0	397.9	455.8
霜冻灾	千公顷	401.3	496.0	298.0	233.3	532.4	288.4	161.1	87.0	218.7	215.0
三、成灾面积占受灾											
面积的比重	%	46.9	52.9	59.3	54.3	54.5	59.8	43.5	43.3	41.6	41.9

14-6 西部大开发12省(区、市)主要农作物产量

单位：万吨

指 标	1990年	1995年	2000年	2005年	2010年	2015年	2020年	2021年	2022年	2023年
一、粮食作物	**11168.3**	**11729.9**	**12896.3**	**13438.7**	**14607.7**	**17005.1**	**17247.7**	**17748.3**	**17916.6**	**18456.2**
1.谷物		10135.2	10920.3	11131.7	12345.5	14718.5	14614.8	15157.1	15263.3	15763.1
稻谷	4506.9	4498.0	4735.7	4586.3	4246.5	4248.9	4216.3	4186.7	4059.0	4036.7
小麦	2512.2	2463.0	2307.1	2037.8	2030.2	2115.2	1874.5	1926.4	1934.7	1989.6
玉米	2372.9	2589.8	3351.1	4094.6	5644.8	7880.8	7922.5	8406.7	8663.1	9151.2
谷子	87.3	38.1	34.3	35.7	42.5	79.0	116.5	131.2	117.0	101.8
高粱	99.3	82.7	70.0	66.9	93.5	93.3	164.1	185.4	167.3	167.7
2.豆类		437.4	460.0	618.2	572.6	508.1	703.1	628.3	728.6	749.4
#大豆	166.6	187.2	250.4	330.7	380.1	326.2	477.8	402.9	505.8	538.2
杂豆		250.2	209.6	287.4	192.5	181.9	225.3	225.3	222.8	211.3
3.薯类	854.4	1157.3	1516.0	1688.9	1689.7	1778.4	1929.8	1962.9	1924.7	1943.6
#马铃薯	370.2	560.9	811.6	990.9	1132.6	1254.3	1381.1	1389.1	1402.6	1411.9
二、油料作物	**433.3**	**508.6**	**671.3**	**766.3**	**876.6**	**1076.7**	**1135.0**	**1126.6**	**1115.2**	**1191.1**
#花 生	64.1	84.8	134.6	149.8	142.7	165.8	205.8	220.1	215.0	230.9
油菜籽	239.6	296.4	366.5	444.6	504.7	624.8	646.5	679.8	714.8	739.0
芝 麻	2.1	2.4	5.5	4.3	2.1	5.3	3.1	3.1	2.9	3.0
胡麻籽	41.3	28.1	27.7	30.1	23.2	24.1	22.9	20.8	20.6	19.0
葵花籽	67.0	83.9	116.5	124.1	181.2	234.1	231.7	191.7	149.5	185.8
三、棉花	**67.1**	**117.1**	**160.5**	**209.1**	**291.0**	**427.0**	**519.5**	**516.3**	**543.6**	**515.6**
四、麻类	**17.0**	**12.9**	**10.5**	**44.9**	**8.4**	**5.5**	**8.9**	**6.6**	**7.3**	**6.8**
#黄红麻	10.9	5.7	2.3	1.5	0.9	0.5	0.8	0.7	0.7	0.7
五、糖料	**3013.1**	**4528.1**	**5047.5**	**7355.3**	**9170.7**	**9361.0**	**10223.4**	**9774.5**	**9560.8**	**9714.8**
甘蔗	2423.7	3818.4	4600.9	6782.5	8726.1	8931.7	9117.6	9049.8	8758.5	8892.6
甜菜	589.4	709.7	446.6	572.8	444.6	429.4	1105.2	724.6	800.2	821.6
六、烟叶	**117.6**	**143.3**	**142.8**	**158.0**	**177.6**	**165.1**	**136.5**	**137.4**	**138.9**	**145.5**
#烤烟	99.9	131.5	126.6	144.7	166.8	156.9	129.2	130.4	132.5	139.2
七、茶叶	**13.8**	**16.5**	**19.1**	**29.1**	**52.1**	**88.3**	**124.4**	**136.4**	**145.6**	**155.4**
八、水果				**3664.9**	**5736.7**	**7987.7**	**10989.7**	**11905.4**	**12696.2**	**13469.6**

14-7 西部大开发12省(区、市)主要农作物单位面积产量

单位：公斤/公顷

指　标	1990年	1995年	2000年	2005年	2010年	2015年	2020年	2021年	2022年	2023年
一、粮食作物	**3317.1**	**3458.1**	**3734.9**	**4096.3**	**4360.5**	**4933.6**	**5088.2**	**5176.2**	**5173.6**	**5270.4**
1.谷物		3864.6	4239.9	4703.7	4972.1	5561.6	5800.9	5858.5	5907.1	6001.5
稻谷	5760.8	6023.7	6354.7	6244.1	6355.5	6673.1	6859.7	6920.2	6871.4	6969.4
小麦	2700.5	2730.7	2884.2	3224.0	3481.3	4104.4	4151.1	4305.8	4352.0	4443.0
玉米	3674.0	3877.8	4443.2	4974.5	5284.3	5930.4	6295.3	6329.5	6438.8	6532.3
谷子	1446.6	952.3	1068.4	1596.6	1503.8	2538.2	3250.5	3283.0	3218.2	3029.3
高粱	3121.7	2826.4	2719.4	3600.6	3822.3	4462.0	4787.7	4738.6	4527.5	4417.0
2.豆类		1283.8	1271.7	1614.9	1689.2	1746.4	1963.1	1926.8	1946.3	1955.9
#大豆	1249.6	1175.0	1277.6	1579.5	1850.4	1691.4	1953.9	1901.4	1910.5	1939.3
杂豆		1379.4	1264.6	1657.7	1441.3	1854.5	1982.8	1973.9	2032.7	1999.7
3.薯类	2282.1	2699.2	2940.8	3178.7	3199.4	3491.5	3767.7	3807.6	3812.5	3949.1
#马铃薯	2003.4	2571.4	2779.4	2854.1	3013.8	3334.7	3707.6	3752.8	3843.7	3948.8
二、油料作物	**1313.0**	**1379.2**	**1522.0**	**1819.3**	**1881.2**	**2164.7**	**2317.8**	**2391.7**	**2358.4**	**2344.4**
#花　生	1543.3	1709.2	2063.7	2165.8	2267.1	2513.0	2728.6	2822.4	2853.1	2931.6
油菜籽	1316.4	1390.0	1454.0	1725.8	1708.9	2004.2	2124.7	2198.2	2218.7	2143.9
芝　麻	537.9	615.4	886.3	1045.1	1012.1	1437.0	1751.3	1852.3	1749.7	1740.4
胡麻籽	825.0	634.1	857.4	1106.7	1214.0	1418.5	1616.4	1553.5	1636.8	1531.1
葵花籽	2142.7	2076.9	1912.8	2314.5	2658.1	2862.3	3004.7	3120.1	2812.5	2993.9
三、棉花	**982.7**	**1193.5**	**1390.2**	**1574.3**	**1772.1**	**1943.1**	**2059.1**	**2043.8**	**2157.7**	**2156.5**
四、麻类	**1667.4**	**1521.2**	**1902.1**	**3422.3**	**1971.3**	**1859.1**	**2601.9**	**2284.4**	**2457.3**	**2328.4**
#黄红麻	1914.0	1654.3	1839.9	1982.6	2276.8	2496.6	3060.0	3074.1	2960.2	3167.5
五、糖料	**43425.7**	**48583.2**	**53392.3**	**63157.6**	**63910.3**	**71907.2**	**77114.7**	**79286.0**	**77759.9**	**81071.2**
甘蔗	49202.2	56695.1	56192.8	64494.7	64596.0	73067.4	80514.6	81803.8	80653.7	83254.7
甜菜	29292.6	27432.7	35276.0	50709.6	52891.9	54052.5	57598.6	57316.5	55971.7	63253.5
六、烟叶	**1544.6**	**1520.2**	**1753.4**	**1918.7**	**2172.5**	**2047.6**	**2011.5**	**2019.3**	**2010.2**	**2031.9**
#烤烟	1582.9	1535.1	1759.5	1914.3	2184.5	2048.7	1996.0	2003.7	1996.4	2016.0

14-8 西部大开发12省(区、市)林业生产情况

指　　标	单　位	2015年	2020年	2021年	2022年	2023年	2023年为2022年百分比(%)
一、营林情况							
1.人工造林面积	千公顷		1638	513	433	511	117.8
2.飞播造林面积	千公顷		83	126	121	37	30.8
3.当年新封山(沙)育林面积	千公顷		781	704	588	603	102.6
4.退化林修复面积	千公顷		782	507	850	922	108.4
5.人工更新面积	千公顷		187	115	143	337	236.0
6.森林抚育面积	千公顷		3817	2670	2552	2596	101.7
7.育苗面积	千公顷		315	285	252	216	85.8
二、主要林产品产量							
板　栗	吨						
竹　笋	吨		301843	303080	1139595	2261291	198.4
油茶籽	吨		453339	635262	540152	599795	111.0
核　桃	吨		3962531	4316803	4825911	4851154	100.5
紫胶(原胶)	吨		3006	4387	1940	1681	86.6
三、木竹采伐							
木材(商品材)	万立方米		5231	5802	6261	6479	103.5
竹　材	万根		108333	104151	104383	70650	67.7

注：1.2021年造林数据为任务数。
　　2.2022年起竹笋干产量指标调整为竹笋产量。

14-9 西部大开发12省(区、市)畜牧业生产情况

指　　标	单位	1999年	2000年	2005年	2010年	2015年	2020年	2021年	2022年	2023年
一、牲畜出栏量										
1.大牲畜出栏										
牛	万头	1071.1	1171.0	1728.8	1794.5	1999.0	2345.8	2428.7	2498.4	2640.4
马	万头	67.6	74.4	82.9	85.3	78.3	92.5	93.6	89.7	95.9
驴	万头	65.6	68.1	78.1	87.7	71.3	69.6	63.3	44.9	41.4
骡	万头	14.4	16.5	18.3	16.8	10.8	7.4	7.7	6.4	5.2
骆驼	万头	6.7	6.7	6.5	6.3	7.6	13.9	12.3	12.3	11.8
2.猪	万头	15371.9	16111.1	19393.4	20495.2	22001.3	17497.4	21031.7	22322.3	23013.6
3.羊	万只	7228.5	7890.7	13177.1	14564.7	16455.3	18195.5	18555.5	18603.1	19138.4
4.家禽	亿只	12.1	13.7	14.6	20.9	24.3	30.2	30.2	30.0	30.8
5.兔	万只	6845.0	8226.0	14935.4	20156.8	21508.1	23765.5	23496.1	22476.9	22412.1
二、肉类总产量	**万吨**	**1639.2**	**1737.5**	**2171.6**	**2393.8**	**2683.3**	**2522.7**	**2859.9**	**2978.4**	**3095.9**
#猪牛羊肉产量	万吨	1434.7	1504.0	1900.9	2002.9	2228.3	1972.5	2311.2	2433.5	2534.2
1.猪肉产量	万吨	1194.0	1239.4	1477.5	1532.7	1696.7	1353.9	1669.7	1779.9	1846.6
2.牛肉产量	万吨	123.0	135.7	203.3	228.9	262.9	317.7	330.9	341.0	365.7
3.羊肉产量	万吨	117.7	128.8	220.1	241.3	268.7	300.9	310.7	312.7	321.9
4.禽肉产量	万吨	183.3	207.0	222.3	337.6	394.8	484.6	484.4	482.7	497.5
5.兔肉产量	万吨	9.2	11.1	23.4	27.3	30.2	32.4	31.7	30.2	30.9
6.其他肉产量	万吨	12.0	15.5	7.6	8.4	13.5	13.0	12.4	13.5	14.3
三、其他畜产品产量										
奶类产量	万吨	320.1	356.7	1249.4	1405.1	1397.8	1506.9	1663.2	1832.1	2000.1
#牛奶产量	万吨	281.0	315.7	1197.7	1309.9	1317.6	1429.4	1578.5	1746.9	1925.1
山羊粗毛产量	万吨	1.2	1.3	1.8	2.1	2.1	1.4	1.4	1.6	1.4
绵羊毛产量	万吨	18.2	18.4	25.4	26.6	30.4	26.5	26.8	26.2	26.9
#细羊毛	万吨	7.4	7.4	8.7	9.4	10.5	9.2	7.6	5.1	6.1
半细羊毛	万吨	3.6	3.9	5.6	4.9	6.4	6.6	6.6	8.2	9.7
山羊绒产量	万吨	0.7	0.7	1.0	1.3	1.4	1.1	1.1	1.1	1.4
蜂蜜产量	万吨	5.0	5.1	7.2	9.5	12.6	16.1	16.5	17.0	17.7
禽蛋产量	万吨	244.4	264.9	388.2	383.7	446.4	508.8	516.8	534.0	564.5

14-10 西部大开发12省(区、市)牲畜年末存栏量

指　标	单位	1997年	2000年	2005年	2010年	2015年	2020年	2021年	2022年	2023年
一、大牲畜头数	**万头**	**6814.4**	**7070.6**	**7751.0**	**6445.0**	**6125.9**	**6579.7**	**6728.2**	**6996.4**	**7292.2**
牛	万头	5489.9	5770.4	6651.6	5571.2	5480.0	5997.2	6162.1	6447.2	6773.9
#肉牛	万头				3692.9	3842.4	4870.5	5041.4	5326.6	6070.4
奶牛	万头			647.9	599.9	548.2	527.1	571.5	622.1	703.4
马	万头	595.1	583.7	541.5	426.8	342.6	335.9	342.2	337.4	329.0
驴	万头	450.7	445.5	419.6	296.0	198.1	154.8	132.5	116.8	94.5
骡	万头	237.5	238.5	219.2	127.9	75.2	50.8	45.3	41.0	36.9
骆驼	万头	35.0	32.6	26.6	23.0	30.0	41.1	46.1	54.1	57.9
二、猪	**万头**	**14788.5**	**16322.7**	**17730.1**	**15906.2**	**15161.9**	**13865.0**	**15209.9**	**15295.1**	**14886.3**
三、羊	**万只**	**14797.0**	**15699.6**	**19778.1**	**18366.0**	**20329.2**	**20020.0**	**20883.0**	**21300.3**	**21163.4**
山羊	万只	5692.9	6081.2	7604.5	7082.1	7717.4	7157.1	7128.1	7045.1	6951.4
绵羊	万只	9104.1	9618.4	12173.7	11284.0	12611.9	12862.9	13754.9	14255.2	14212.0
四、家禽	**万只**	**50701.6**	**63932.1**	**99470.5**	**119528.1**	**137884.4**	**150366.6**	**153086.0**	**152115.2**	**149887.0**

注：2008年起，牛的品种数据改为发布肉牛、奶牛数据，不再发布黄牛、水牛数据。

14-11 西部大开发12省(区、市)渔业生产情况

指　标	单位	1990年	1995年	2000年	2005年	2010年	2015年	2020年	2021年	2022年	2023年
一、水产品总产量	**万吨**	**71.6**	**173.0**	**358.8**	**471.9**	**479.5**	**692.9**	**712.3**	**732.5**	**755.1**	**783.2**
1.按海水、淡水分											
海水产品产量	万吨	20.3	64.6	159.5	174.0	154.4	179.7	200.9	208.5	215.2	222.4
淡水产品产量	万吨	51.3	108.4	199.3	297.9	325.1	513.2	511.4	524.0	539.9	560.9
2.按生产性质分											
捕捞产量	万吨	28.4	63.2	110.1	113.0	93.4	99.3	67.6	65.0	64.4	63.8
养殖产量	万吨	43.2	109.8	248.7	358.9	386.1	593.6	644.7	667.5	690.7	719.4
3.按品种分											
鱼类	万吨	67.3	146.0	251.0	345.7	358.7	543.2	531.5	544.1	557.4	572.6
甲壳类	万吨	3.0	8.2	19.7	30.0	31.7	42.0	55.9	53.6	56.3	62.5
贝类	万吨	1.2	17.9	82.1	87.7	75.2	92.4	112.0	120.3	125.6	129.8
藻类	吨	7.0	110.0	15.0	173.0	1791.0	2412.0	3062.0	4305.0	5672.0	7484.0
其他类	万吨	0.1	1.0	5.9	8.4	13.4	15.1	12.5	14.1	15.2	17.6
二、水产养殖面积	**千公顷**	**602.2**	**723.9**	**823.3**	**966.6**	**931.6**	**1097.1**	**953.7**	**941.4**	**965.3**	**976.7**
1.海水养殖面积	千公顷	5.4	41.0	61.4	62.0	51.3	55.0	52.3	64.3	67.4	69.1
浅海养殖	千公顷		16.4	16.5	17.4		18.0	20.5	20.8	22.2	23.1
滩涂养殖	千公顷		20.6	41.5	31.5		19.6	14.9	19.4	21.1	21.8
其他养殖	千公顷		4.0	3.4	13.1		17.4	16.9	24.1	24.1	24.2
2.淡水养殖面积	千公顷	596.8	682.9	761.9	904.6	880.4	1042.1	901.5	877.2	897.9	907.6
池塘养殖	千公顷		226.2	262.2	278.7		349.8	321.6	314.1	313.9	314.2
湖泊养殖	千公顷		88.4	102.7	108.4		106.6	98.9	92.3	111.6	100.1
河沟养殖	千公顷		21.9	35.9	58.3		51.7	28.6	21.1	19.7	18.1
水库养殖	千公顷		340.2	354.1	444.9		518.6	439.7	427.6	430.4	452.6
其他养殖	千公顷		6.2	7.0	14.3		15.3	12.8	22.1	22.3	22.5
三、稻田养殖面积	**千公顷**		**561.7**	**577.8**	**699.4**		**666.5**	**672.9**	**659.6**	**717.7**	**753.8**

注：1. 因农业农村部部门报表制度修改，故水产养殖面积自2010年无法分出细项。
　　2. 2016年水产品数据根据第三次全国农业普查结果进行了修订。

14-12 西部大开发12省(区、市)人均主要农产品产量

单位：千克

指 标	1990年	1995年	2000年	2005年	2010年	2015年	2020年	2021年	2022年	2023年
一、粮食作物	**348.0**	**342.1**	**363.0**	**373.4**	**403.2**	**458.2**	**451.0**	**463.5**	**467.9**	**482.3**
(一)谷物		295.6	307.3	309.3	340.8	396.6	382.2	395.8	398.6	411.9
#稻谷	140.4	131.2	133.3	127.4	117.2	114.5	110.3	109.3	106.0	105.5
小麦	78.3	71.8	64.9	56.6	56.0	57.0	49.0	50.3	50.5	52.0
玉米	73.9	75.5	94.3	113.8	155.8	212.3	207.2	219.5	226.2	239.2
谷子	2.7	1.1	1.0	1.0	1.2	2.1	3.0	3.4	3.1	2.7
高粱	3.1	2.4	2.0	1.9	2.6	2.5	4.3	4.8	4.4	4.4
(二)豆类		12.8	12.9	17.2	15.8	13.7	18.4	16.4	19.0	19.6
#大豆	5.2	5.5	7.0	9.2	10.5	8.8	12.5	10.5	13.2	14.1
杂豆		7.3	5.9	8.0	5.3	4.9	5.9	5.9	5.8	5.5
(三)薯类	26.6	33.8	42.7	46.9	46.6	47.9	50.5	51.3	50.3	50.8
#马铃薯	11.5	16.4	22.8	27.5	31.3	33.8	36.1	36.3	36.6	36.9
二、油料作物	**13.5**	**14.8**	**18.9**	**21.3**	**24.2**	**29.0**	**29.7**	**29.4**	**29.1**	**31.1**
#花生	2.0	2.5	3.8	4.2	3.9	4.5	5.4	5.7	5.6	6.0
油菜籽	7.5	8.6	10.3	12.4	13.9	16.8	16.9	17.8	18.7	19.3
芝麻	0.1	0.1	0.2	0.1	0.1	0.1	0.1	0.1	0.1	0.1
胡麻籽	1.3	0.8	0.8	0.8	0.6	0.6	0.6	0.5	0.5	0.5
葵花籽	2.1	2.4	3.3	3.4	5.0	6.3	6.1	5.0	3.9	4.9
三、棉花	**2.1**	**3.4**	**4.5**	**5.8**	**8.0**	**11.5**	**13.6**	**13.5**	**14.2**	**13.5**
四、麻类	**0.5**	**0.4**	**0.3**	**1.2**	**0.2**	**0.1**	**0.2**	**0.2**	**0.2**	**0.2**
#黄红麻	0.3	0.2	0.1	…	…	…	…	…	…	...
五、糖料	**93.9**	**132.1**	**142.1**	**204.3**	**253.1**	**252.2**	**267.3**	**255.2**	**249.7**	**253.9**
(一)甘蔗	75.5	111.4	157.6	188.4	240.9	240.7	238.4	236.3	228.7	232.4
(二)甜菜	18.4	20.7	12.6	15.9	12.3	11.6	28.9	18.9	20.9	21.5
六、水果	**14.4**	**31.2**	**45.4**	**101.8**	**158.4**	**215.2**	**287.4**	**310.9**	**331.5**	**352.0**
七、烟叶	**3.7**	**4.2**	**4.0**	**4.4**	**4.9**	**4.4**	**3.6**	**3.6**	**3.6**	**3.8**
#烤烟	3.1	3.8	3.6	4.0	4.6	4.2	3.4	3.4	3.5	3.6

14-13 西部大开发12省(区、市)人均畜产品、水产品产量

单位：千克

指　　标	1990年	1995年	2000年	2005年	2010年	2015年	2020年	2021年	2022年	2023年
一、猪牛羊肉产量	**37.3**	**39.2**	**41.5**	**53.0**	**55.0**	**59.8**	**51.5**	**60.4**	**63.5**	**66.2**
猪肉	31.4	32.8	34.6	41.2	42.1	45.6	35.3	43.6	46.5	48.3
牛肉	3.1	3.3	3.6	5.7	6.3	7.1	8.3	8.6	8.9	9.6
羊肉	2.8	3.1	3.4	6.1	6.6	7.2	7.9	8.1	8.2	8.4
二、奶类产量	**7.5**	**8.5**	**9.3**	**34.8**	**38.6**	**37.5**	**39.3**	**43.4**	**47.8**	**52.3**
#牛奶产量	6.5	7.4	8.1	33.4	36.0	35.4	37.3	41.2	45.6	50.3
三、禽蛋产量	**6.3**	**6.4**	**7.1**	**10.8**	**10.5**	**12.0**	**13.3**	**13.5**	**13.9**	**14.8**
四、水产品产量	**8.0**	**9.0**	**10.4**	**13.2**	**13.2**	**18.9**	**18.6**	**19.1**	**19.7**	**20.5**
鱼类	5.7	6.3	7.3	9.6	9.9	14.8	13.9	14.2	14.6	15.0
虾蟹类	0.4	0.5	0.6	0.8	0.9	1.1	1.5	1.4	1.5	1.6

14-14 西部大开发12省(区、市)农林牧渔业总产值及构成

(按当年价格计算)　　单位：亿元、%

指　　标	1995年	2000年	2005年	2010年	2015年	2020年	2021年	2022年	2023年
一、绝对数									
农林牧渔业总产值	4690.6	5753.0	9571.8	17653.1	29478.2	43549.8	47142.0	50170.4	51679.1
#农业	2890.8	3478.8	5048.6	10020.6	17240.5	24807.6	27865.4	30226.0	32056.1
林业	177.4	242.8	394.4	722.5	1313.2	1997.2	2266.4	2310.4	2396.1
牧业	1516.5	1848.9	3609.1	5842.9	9006.8	13935.3	13886.4	14264.3	13677.5
渔业	105.9	182.5	300.5	512.5	949.9	1178.2	1335.4	1384.0	1423.1
农林牧渔专业及辅助性活动			219.1	554.7	967.8	1631.4	1788.5	1985.7	2126.4
二、构成									
(以农林牧渔业总产值为100)	100.0	100.0	100.0	100.0	100.0	100.0	100.0	100.0	100.0
#农业	61.6	60.5	52.7	56.8	58.5	57.0	59.1	60.2	62.0
林业	3.8	4.2	4.1	4.1	4.5	4.6	4.8	4.6	4.6
牧业	32.3	32.1	37.7	33.1	30.6	32.0	29.5	28.4	26.5
渔业	2.3	3.2	3.1	2.9	3.2	2.7	2.8	2.8	2.8
农林牧渔专业及辅助性活动			2.3	3.1	3.3	3.7	3.8	4.0	4.1

注：根据新国民经济行业分类标准，2003年起农林牧渔业总产值包括农林牧渔专业及辅助性活动产值(后同)。

各地区主要农村经济指标排序

15-1 粮食总产量与人均产量(2023年)

地区	粮食总产量(万吨)		人均产量(千克)	
	指标值	位次	指标值	位次
全国	**69541.0**		**493.0**	
北京	47.8	31	21.9	31
天津	255.7	26	187.6	25
河北	3809.9	7	514.4	10
山西	1478.1	16	425.5	17
内蒙古	3957.8	6	1650.1	3
辽宁	2563.4	12	611.9	7
吉林	4186.5	4	1786.4	2
黑龙江	7788.2	1	2528.2	1
上海	101.9	30	41.1	30
江苏	3797.7	8	445.7	15
浙江	638.8	23	96.8	29
安徽	4150.8	5	677.8	5
福建	511.0	24	122.1	27
江西	2198.3	13	486.2	12
山东	5655.3	3	557.6	8
河南	6624.3	2	673.0	6
湖北	2777.0	11	475.4	13
湖南	3068.0	10	465.8	14
广东	1285.2	19	101.3	28
广西	1395.4	17	277.0	23
海南	147.0	27	142.0	26
重庆	1095.9	22	342.3	19
四川	3593.8	9	429.3	16
贵州	1119.7	21	290.0	22
云南	1974.0	15	421.5	18
西藏	108.9	29	298.7	21
陕西	1323.7	18	334.8	20
甘肃	1272.9	20	513.6	11
青海	116.2	28	195.5	24
宁夏	378.8	25	520.0	9
新疆	2119.2	14	817.4	4

15-1 续表 1

地区	谷物总产量(万吨)		人均产量(千克)	
	指标值	位次	指标值	位次
全国	**64143.0**		**454.7**	
北京	45.6	31	20.9	31
天津	252.7	26	185.3	24
河北	3626.0	7	489.6	9
山西	1393.4	16	401.2	16
内蒙古	3572.0	8	1489.3	3
辽宁	2510.5	12	599.2	7
吉林	4087.0	4	1744.0	2
黑龙江	6837.1	1	2219.5	1
上海	101.7	29	41.0	30
江苏	3695.6	6	433.7	14
浙江	567.5	23	86.0	29
安徽	4026.7	5	657.5	5
福建	412.4	24	98.5	27
江西	2102.0	13	464.9	11
山东	5482.7	3	540.5	8
河南	6409.8	2	651.2	6
湖北	2618.6	11	448.3	12
湖南	2919.9	9	443.3	13
广东	1162.9	19	91.7	28
广西	1312.4	17	260.5	21
海南	128.1	27	123.8	26
重庆	765.8	22	239.2	22
四川	2904.2	10	346.9	18
贵州	791.3	21	205.0	23
云南	1628.6	15	347.8	17
西藏	107.4	28	294.6	20
陕西	1166.5	18	295.0	19
甘肃	1014.3	20	409.2	15
青海	82.7	30	139.2	25
宁夏	345.0	25	473.6	10
新疆	2072.9	14	799.6	4

15-1 续表 2

地区	稻谷总产量(万吨)		人均产量(千克)	
	指标值	位次	指标值	位次
全国	**20660.3**		**146.5**	
北京	0.2	30	0.1	30
天津	51.8	23	38.0	19
河北	48.9	24	6.6	26
山西	1.5	27	0.4	29
内蒙古	82.1	21	34.2	21
辽宁	412.9	15	98.6	12
吉林	682.1	10	291.0	5
黑龙江	2440.0	2	792.1	1
上海	86.5	19	34.9	20
江苏	2003.2	4	235.1	7
浙江	485.3	12	73.5	17
安徽	1609.8	6	262.9	6
福建	394.6	16	94.3	15
江西	2070.7	3	458.0	2
山东	86.1	20	8.5	25
河南	479.2	13	48.7	18
湖北	1880.4	5	321.9	4
湖南	2665.3	1	404.7	3
广东	1096.9	8	86.5	16
广西	1030.4	9	204.6	8
海南	128.1	18	123.8	11
重庆	492.0	11	153.7	10
四川	1480.8	7	176.9	9
贵州	366.1	17	94.8	14
云南	455.5	14	97.3	13
西藏	0.5	29	1.4	27
陕西	73.5	22	18.6	23
甘肃	1.4	28	0.6	28
青海				
宁夏	16.2	26	22.2	22
新疆	38.3	25	14.8	24

15-1 续表 3

地　区	小麦总产量(万吨)		人均产量(千克)	
	指标值	位　次	指标值	位　次
全　国	**13659.0**		**96.8**	
北　京	13.4	20	6.1	20
天　津	74.5	13	54.6	13
河　北	1485.6	4	200.6	5
山　西	247.1	11	71.1	9
内蒙古	132.5	12	55.2	12
辽　宁	0.8	28	0.2	28
吉　林	1.7	26	0.7	26
黑龙江	7.5	23	2.4	22
上　海	12.9	21	5.2	21
江　苏	1373.5	5	161.2	6
浙　江	66.4	14	10.1	18
安　徽	1740.7	3	284.2	2
福　建	...	30	...	30
江　西	3.5	25	0.8	25
山　东	2673.8	2	263.6	4
河　南	3549.7	1	360.6	1
湖　北	410.4	8	70.3	10
湖　南	7.7	22	1.2	24
广　东	0.2	29	...	29
广　西	1.0	27	0.2	27
海　南				
重　庆	6.2	24	2.0	23
四　川	265.9	10	31.8	16
贵　州	27.6	17	7.2	19
云　南	55.4	15	11.8	17
西　藏	19.2	19	52.6	14
陕　西	416.6	7	105.4	8
甘　肃	299.2	9	120.7	7
青　海	39.7	16	66.7	11
宁　夏	23.4	18	32.2	15
新　疆	702.8	6	271.1	3

15-1　续表 4

地　　区	玉米总产量(万吨)		人均产量(千克)	
	指标值	位　次	指标值	位　次
全　　国	**28884.2**		**204.7**	
北　　京	31.6	24	14.5	24
天　　津	120.7	22	88.5	17
河　　北	2014.3	7	272.0	8
山　　西	1035.1	11	298.0	7
内 蒙 古	3179.6	3	1325.6	3
辽　　宁	2057.4	6	491.1	5
吉　　林	3376.3	2	1440.7	1
黑 龙 江	4379.0	1	1421.5	2
上　　海	0.5	30	0.2	30
江　　苏	298.8	17	35.1	22
浙　　江	12.2	28	1.8	29
安　　徽	665.1	13	108.6	15
福　　建	16.3	26	3.9	28
江　　西	26.5	25	5.9	26
山　　东	2710.1	4	267.2	10
河　　南	2365.7	5	240.3	11
湖　　北	318.2	16	54.5	20
湖　　南	239.9	21	36.4	21
广　　东	65.5	23	5.2	27
广　　西	278.2	19	55.2	19
海　　南				
重　　庆	258.6	20	80.8	18
四　　川	1097.2	9	131.1	14
贵　　州	343.4	15	89.0	16
云　　南	1049.3	10	224.1	12
西　　藏	3.1	29	8.4	25
陕　　西	637.8	14	161.3	13
甘　　肃	672.6	12	271.4	9
青　　海	15.2	27	25.6	23
宁　　夏	294.9	18	404.8	6
新　　疆	1321.4	8	509.7	4

15-1 续表 5

地　区	大豆总产量(万吨)		人均产量(千克)	
	指标值	位 次	指标值	位 次
全　国	**2084.2**		**14.8**	
北　京	1.0	27	0.4	27
天　津	1.3	26	1.0	25
河　北	24.5	16	3.3	22
山　西	20.1	19	5.8	17
内蒙古	244.4	2	101.9	2
辽　宁	28.0	14	6.7	14
吉　林	74.4	6	31.8	3
黑龙江	927.8	1	301.2	1
上　海	0.1	29	0.1	29
江　苏	62.4	8	7.3	11
浙　江	21.6	18	3.3	23
安　徽	97.8	4	16.0	4
福　建	10.1	23	2.4	24
江　西	29.4	13	6.5	15
山　东	64.0	7	6.3	16
河　南	92.7	5	9.4	6
湖　北	42.8	9	7.3	10
湖　南	38.0	10	5.8	18
广　东	9.6	24	0.8	26
广　西	17.4	21	3.4	21
海　南	0.4	28	0.3	28
重　庆	24.4	17	7.6	8
四　川	124.7	3	14.9	5
贵　州	27.2	15	7.0	13
云　南	34.2	11	7.3	12
西　藏	…	30	…	30
陕　西	31.7	12	8.0	7
甘　肃	11.5	22	4.6	19
青　海				
宁　夏	3.4	25	4.6	20
新　疆	19.3	20	7.5	9

15-2　棉花总产量与人均产量(2023年)

地　区	棉花总产量(吨)		人均产量(千克)	
	指标值	位　次	指标值	位　次
全　国	**5617931**		**4.0**	
北　京	3	18	…	18
天　津	1474	12	0.1	9
河　北	103925	3	1.4	4
山　西	136	17	…	16
内蒙古				
辽　宁				
吉　林				
黑龙江				
上　海				
江　苏	5028	10	0.1	11
浙　江	3381	11	0.1	12
安　徽	20265	8	0.3	8
福　建				
江　西	21991	7	0.5	7
山　东	125790	2	1.2	5
河　南	7464	9	0.1	10
湖　北	96045	4	1.6	3
湖　南	76025	5	1.2	6
广　东				
广　西	857	13	…	13
海　南				
重　庆				
四　川	138	16	…	17
贵　州	324	14	…	14
云　南				
西　藏				
陕　西	160	15	…	15
甘　肃	42457	6	1.7	2
青　海				
宁　夏				
新　疆	5112467	1	197.2	1

15-3　油料总产量与人均产量(2023年)

地　区	油料总产量(吨)		人均产量(千克)	
	指标值	位　次	指标值	位　次
全　国	**38636589**		**27.4**	
北　京	10253	29	0.5	29
天　津	4190	31	0.3	30
河　北	1182751	11	16.0	17
山　西	179349	24	5.2	28
内蒙古	2061847	6	86.0	1
辽　宁	1281383	9	30.6	10
吉　林	883972	14	37.7	7
黑龙江	165150	25	5.4	27
上　海	6487	30	0.3	31
江　苏	1034241	13	12.1	21
浙　江	355702	21	5.4	26
安　徽	1889883	7	30.9	9
福　建	243790	23	5.8	25
江　西	1481335	8	32.8	8
山　东	2807457	5	27.7	12
河　南	7030449	1	71.4	2
湖　北	3948739	3	67.6	3
湖　南	2931455	4	44.5	6
广　东	1210130	10	9.5	22
广　西	807538	15	16.0	16
海　南	79327	26	7.7	23
重　庆	774617	16	24.2	14
四　川	4386411	2	52.4	5
贵　州	1109729	12	28.7	11
云　南	684527	17	14.6	19
西　藏	50114	27	13.7	20
陕　西	606281	19	15.3	18
甘　肃	630985	18	25.5	13
青　海	320535	22	53.9	4
宁　夏	46059	28	6.3	24
新　疆	431904	20	16.7	15

15-3 续表 1

地区	花生总产量(吨)		人均产量(千克)	
	指标值	位次	指标值	位次
全国	**19230709**		**13.6**	
北京	9003	25	0.4	25
天津	2077	26	0.2	26
河北	941799	5	12.7	8
山西	17242	24	0.5	24
内蒙古	187337	15	7.8	12
辽宁	1271973	3	30.4	3
吉林	863141	7	36.8	2
黑龙江	133941	17	4.3	18
上海	321	28	…	29
江苏	407088	12	4.8	16
浙江	50603	23	0.8	23
安徽	732663	10	12.0	9
福建	229893	14	5.5	14
江西	577851	11	12.8	7
山东	2768131	2	27.3	4
河南	6388611	1	64.9	1
湖北	930861	6	15.9	5
湖南	322213	13	4.9	15
广东	1195425	4	9.4	11
广西	754878	9	15.0	6
海南	78567	21	7.6	13
重庆	151099	16	4.7	17
四川	827142	8	9.9	10
贵州	103997	19	2.7	21
云南	92057	20	2.0	22
西藏	88	29	…	27
陕西	115380	18	2.9	20
甘肃	558	27	…	28
青海				
宁夏	12	30	…	30
新疆	76761	22	3.0	19

15-3 续表 2

地区	油菜籽总产量(吨)		人均产量(千克)	
	指标值	位次	指标值	位次
全国	**16317449**		**11.6**	
北京	264	28	…	27
天津	1332	26	0.1	25
河北	63289	17	0.9	19
山西	28987	20	0.8	20
内蒙古	377775	12	15.8	9
辽宁	343	27	…	28
吉林	8	30	…	30
黑龙江	156	29	…	29
上海	6144	25	0.2	23
江苏	612963	7	7.2	14
浙江	294266	15	4.5	16
安徽	1105887	4	18.1	8
福建	13167	22	0.3	22
江西	862945	6	19.1	6
山东	23325	21	0.2	24
河南	457762	10	4.7	15
湖北	2860942	2	49.0	2
湖南	2587578	3	39.3	4
广东	7673	24	0.1	26
广西	41239	19	0.8	21
海南				
重庆	606795	8	19.0	7
四川	3543902	1	42.3	3
贵州	994037	5	25.7	5
云南	577991	9	12.3	12
西藏	50026	18	13.7	11
陕西	400721	11	10.1	13
甘肃	376457	13	15.2	10
青海	319224	14	53.7	1
宁夏	10823	23	1.5	18
新疆	91430	16	3.5	17

15-3 续表 3

地区	葵花籽总产量(吨)		人均产量(千克)	
	指标值	位次	指标值	位次
全国	**2137620**		**1.5**	
北京	942	20	…	17
天津	507	22	…	18
河北	144190	3	1.9	5
山西	80604	5	2.3	4
内蒙古	1469313	1	61.3	1
辽宁	8558	11	0.2	10
吉林	9923	8	0.4	8
黑龙江	2099	18	0.1	15
上海				
江苏	439	24	…	25
浙江	401	25	…	24
安徽	1426	19	…	21
福建	112	26	…	26
江西	811	21	…	22
山东	5917	13	0.1	16
河南	15602	7	0.2	11
湖北	5649	14	0.1	14
湖南	2141	17	…	20
广东	49	27	…	27
广西	488	23	…	23
海南				
重庆	3671	15	0.1	13
四川	2861	16	…	19
贵州	8783	9	0.2	9
云南	6762	12	0.1	12
西藏				
陕西	44232	6	1.1	7
甘肃	97425	4	3.9	3
青海				
宁夏	8755	10	1.2	6
新疆	215960	2	8.3	2

15-4 糖料总产量与人均产量(2023年)

地　区	糖料总产量(吨)		人均产量(千克)	
	指标值	位　次	指标值	位　次
全　国	**113762971**		**80.6**	
北　京				
天　津	216	26	…	26
河　北	655382	7	8.8	9
山　西	1179	24	…	25
内蒙古	3053593	5	127.3	4
辽　宁	8952	22	0.2	22
吉　林	15930	21	0.7	20
黑龙江	245844	15	8.0	10
上　海	1055	25	…	24
江　苏	53071	20	0.6	21
浙　江	376616	10	5.7	13
安　徽	88031	17	1.4	18
福　建	284963	13	6.8	12
江　西	613773	8	13.6	7
山　东	165	27	…	28
河　南	79628	19	0.8	19
湖　北	264598	14	4.5	16
湖　南	349503	11	5.3	14
广　东	12710761	3	100.2	5
广　西	72232119	1	1434.0	1
海　南	865220	6	83.6	6
重　庆	83876	18	2.6	17
四　川	392723	9	4.7	15
贵　州	346555	12	9.0	8
云　南	15868934	2	338.9	2
西　藏	4	29	…	29
陕　西	2671	23	0.1	23
甘　肃	168791	16	6.8	11
青　海				
宁　夏	64	28	…	27
新　疆	4998753	4	192.8	3

15-4 续表 1

地 区	甘蔗总产量(吨)		人均产量(千克)	
	指标值	位 次	指标值	位 次
全 国	**104565519**		**74.1**	
北 京				
天 津	216	19	…	18
河 北	597	18	…	19
山 西				
内 蒙 古				
辽 宁				
吉 林				
黑 龙 江				
上 海	1055	17	…	17
江 苏	35452	15	0.4	15
浙 江	376616	7	5.7	8
安 徽	56903	14	0.9	13
福 建	284963	10	6.8	7
江 西	613773	5	13.6	5
山 东	165	20	…	20
河 南	79628	13	0.8	14
湖 北	264598	11	4.5	11
湖 南	349503	8	5.3	9
广 东	12710761	3	100.2	3
广 西	72232119	1	1434.0	1
海 南	865220	4	83.6	4
重 庆	83876	12	2.6	12
四 川	392307	6	4.7	10
贵 州	346555	9	9.0	6
云 南	15868934	2	338.9	2
西 藏	4	21	…	21
陕 西	2274	16	0.1	16
甘 肃				
青 海				
宁 夏				
新 疆				

15-4 续表 2

地　区	甜菜总产量(吨)		人均产量(千克)	
	指标值	位　次	指标值	位　次
全　国	**9160248**		**6.5**	
北　京				
天　津				
河　北	654785	3	8.8	3
山　西	1179	9	…	9
内蒙古	3047518	2	127.1	2
辽　宁	8952	8	0.2	7
吉　林	15930	7	0.7	6
黑龙江	245844	4	8.0	4
上　海				
江　苏	17619	6	0.2	8
浙　江				
安　徽				
福　建				
江　西				
山　东				
河　南				
湖　北				
湖　南				
广　东				
广　西				
海　南				
重　庆				
四　川	416	10	…	12
贵　州				
云　南				
西　藏				
陕　西	397	11	…	10
甘　肃	168791	5	6.8	5
青　海				
宁　夏	64	12	…	11
新　疆	4998753	1	192.8	1

15-5 肉类总产量与人均产量(2023年)

地 区	肉类总产量(万吨)		人均产量(千克)	
	指标值	位 次	指标值	位 次
全 国	**9748.2**		**69.1**	
北 京	4.2	31	1.9	31
天 津	31.5	28	23.1	28
河 北	495.0	8	66.8	20
山 西	155.0	22	44.6	24
内蒙古	291.2	17	121.4	2
辽 宁	473.7	10	113.1	4
吉 林	309.4	16	132.0	1
黑龙江	328.5	14	106.6	5
上 海	12.2	30	4.9	30
江 苏	331.7	13	38.9	26
浙 江	119.9	24	18.2	29
安 徽	497.1	7	81.2	13
福 建	311.4	15	74.4	15
江 西	369.1	12	81.6	12
山 东	910.1	1	89.7	7
河 南	679.1	3	69.0	18
湖 北	457.9	11	78.4	14
湖 南	582.6	4	88.5	8
广 东	507.5	6	40.0	25
广 西	478.9	9	95.1	6
海 南	76.4	25	73.8	16
重 庆	215.8	20	67.4	19
四 川	697.1	2	83.3	11
贵 州	246.9	18	64.0	21
云 南	536.1	5	114.5	3
西 藏	31.3	29	86.0	9
陕 西	135.7	23	34.3	27
甘 肃	157.4	21	63.5	22
青 海	41.4	27	69.6	17
宁 夏	41.4	26	56.8	23
新 疆	222.6	19	85.9	10

15-6 水产品总产量与人均产量(2023年)

地 区	水产品总产量(吨)		人均产量(千克)	
	指标值	位 次	指标值	位 次
全 国	**71162399**		**50.5**	
北 京	18554	29	0.8	29
天 津	291197	19	21.4	16
河 北	1147389	14	15.5	18
山 西	55455	27	1.6	28
内蒙古	112340	26	4.7	25
辽 宁	5081185	7	121.3	3
吉 林	255310	21	10.9	20
黑龙江	775427	16	25.2	13
上 海	227280	22	9.2	22
江 苏	5220526	6	61.3	10
浙 江	6479256	4	98.1	4
安 徽	2540415	11	41.5	12
福 建	8901956	3	212.7	1
江 西	2966762	9	65.6	9
山 东	9139462	2	90.1	5
河 南	979498	15	10.0	21
湖 北	5227890	5	89.5	6
湖 南	2858964	10	43.4	11
广 东	9240225	1	72.9	8
广 西	3785901	8	75.2	7
海 南	1751693	13	169.2	2
重 庆	588903	18	18.4	17
四 川	1788643	12	21.4	15
贵 州	281547	20	7.3	23
云 南	701723	17	15.0	19
西 藏	224	31	0.1	31
陕 西	180409	24	4.6	26
甘 肃	14883	30	0.6	30
青 海	18899	28	3.2	27
宁 夏	174974	25	24.0	14
新 疆	183999	23	7.1	24
中农发集团	171510			

15-7 蔬菜总产量与人均产量(2023年)

地 区	蔬菜总产量(万吨)		人均产量(千克)	
	指标值	位 次	指标值	位 次
全 国	**82868.1**		**587.4**	
北 京	207.5	29	95.0	31
天 津	253.7	28	186.1	29
河 北	5498.0	4	742.3	8
山 西	1065.9	22	306.9	23
内 蒙 古	1097.1	21	457.4	18
辽 宁	2139.7	15	510.7	17
吉 林	540.0	26	230.4	28
黑 龙 江	870.5	23	282.6	25
上 海	254.8	27	102.7	30
江 苏	6135.6	3	720.1	11
浙 江	1992.5	17	301.8	24
安 徽	2630.1	12	429.5	20
福 建	1804.8	20	431.2	19
江 西	1860.9	18	411.6	21
山 东	9272.4	1	914.2	1
河 南	8045.6	2	817.3	4
湖 北	4502.7	6	770.9	6
湖 南	4488.8	7	681.6	12
广 东	4099.3	9	323.3	22
广 西	4425.0	8	878.5	3
海 南	632.9	24	611.5	15
重 庆	2362.0	13	737.7	9
四 川	5417.9	5	647.2	13
贵 州	3470.0	10	898.8	2
云 南	2960.8	11	632.2	14
西 藏	88.4	31	242.5	27
陕 西	2151.2	14	544.1	16
甘 肃	1822.6	19	735.4	10
青 海	158.5	30	266.6	26
宁 夏	544.5	25	747.5	7
新 疆	2074.2	16	800.1	5

15-8 水果总产量与人均产量(2023年)

地区	水果总产量(万吨)		人均产量(千克)	
	指标值	位次	指标值	位次
全国	**32744.3**		**232.1**	
北京	41.8	28	19.1	28
天津	42.3	27	31.1	27
河北	1563.2	7	211.1	13
山西	1082.8	12	311.7	8
内蒙古	213.3	24	88.9	24
辽宁	928.2	15	221.6	11
吉林	157.2	26	67.1	25
黑龙江	188.9	25	61.3	26
上海	31.7	29	12.8	29
江苏	1015.2	14	119.1	22
浙江	733.4	20	111.1	23
安徽	828.8	17	135.3	21
福建	914.3	16	218.5	12
江西	799.0	18	176.7	19
山东	3208.2	2	316.3	7
河南	2561.6	3	260.2	10
湖北	1191.5	11	204.0	14
湖南	1266.1	10	192.2	17
广东	2127.8	5	167.8	20
广西	3553.2	1	705.4	1
海南	592.6	22	572.6	4
重庆	645.9	21	201.7	15
四川	1490.4	8	178.0	18
贵州	756.7	19	196.0	16
云南	1380.9	9	294.9	9
西藏	3.1	30	8.6	30
陕西	2335.5	4	590.7	3
甘肃	1044.0	13	421.2	6
青海	2.5	31	4.1	31
宁夏	310.5	23	426.3	5
新疆	1733.8	6	668.8	2

注：水果包括种植业的瓜果类。

15-8 续表 1

地 区	园林水果总产量(万吨)		人均产量(千克)	
	指标值	位 次	指标值	位 次
全 国	**23988.3**		**170.0**	
北 京	28.9	27	13.2	28
天 津	22.0	28	16.1	26
河 北	1166.6	8	157.5	14
山 西	986.3	10	284.0	5
内蒙古	60.8	23	25.4	24
辽 宁	681.6	15	162.7	12
吉 林	31.6	26	13.5	27
黑龙江	49.8	25	16.2	25
上 海	17.3	29	7.0	29
江 苏	343.6	22	40.3	23
浙 江	486.0	19	73.6	21
安 徽	411.7	21	67.2	22
福 建	866.5	11	207.0	8
江 西	583.9	17	129.1	17
山 东	2042.1	3	201.3	9
河 南	1058.9	9	107.6	19
湖 北	820.7	12	140.5	16
湖 南	813.3	13	123.5	18
广 东	1991.9	4	157.1	15
广 西	3232.6	1	641.8	1
海 南	412.3	20	398.3	4
重 庆	580.0	18	181.1	10
四 川	1341.8	5	160.3	13
贵 州	688.6	14	178.4	11
云 南	1247.5	7	266.4	6
西 藏	2.3	30	6.4	30
陕 西	2092.5	2	529.2	2
甘 肃	616.4	16	248.7	7
青 海	1.5	31	2.5	31
宁 夏	60.3	24	82.7	20
新 疆	1249.0	6	481.8	3

15-8 续表 2

地 区	苹果总产量(万吨)		人均产量(千克)	
	指标值	位 次	指标值	位 次
全 国	**4960.2**		**35.2**	
北 京	3.0	18	1.4	20
天 津	2.0	19	1.4	19
河 北	269.6	7	36.4	8
山 西	441.5	4	127.1	3
内蒙古	35.7	13	14.9	11
辽 宁	288.9	6	69.0	6
吉 林	8.6	17	3.7	17
黑龙江	14.1	16	4.6	16
上 海				
江 苏	57.3	11	6.7	14
浙 江	...	24	...	24
安 徽	36.8	12	6.0	15
福 建				
江 西				
山 东	1039.8	2	102.5	4
河 南	422.4	5	42.9	7
湖 北	0.2	23	...	23
湖 南	...	25	...	25
广 东				
广 西				
海 南				
重 庆	0.6	21	0.2	22
四 川	102.1	9	12.2	12
贵 州	34.0	14	8.8	13
云 南	74.8	10	16.0	10
西 藏	0.9	20	2.6	18
陕 西	1375.1	1	347.8	1
甘 肃	511.9	3	206.5	2
青 海	0.5	22	0.8	21
宁 夏	24.5	15	33.6	9
新 疆	216.0	8	83.3	5

15-8 续表 3

地区	梨总产量(万吨)		人均产量(千克)	
	指标值	位次	指标值	位次
全国	**1985.3**		**14.1**	
北京	3.5	26	1.6	26
天津	3.5	25	2.6	23
河北	395.7	1	53.4	2
山西	152.6	3	43.9	3
内蒙古	8.0	22	3.3	20
辽宁	126.4	7	30.2	4
吉林	7.1	23	3.0	22
黑龙江	5.0	24	1.6	25
上海	3.1	27	1.3	27
江苏	78.6	11	9.2	15
浙江	33.6	16	5.1	17
安徽	141.7	5	23.1	6
福建	21.3	19	5.1	18
江西	16.4	20	3.6	19
山东	136.6	6	13.5	10
河南	150.3	4	15.3	8
湖北	44.7	14	7.7	16
湖南	21.4	18	3.3	21
广东	14.0	21	1.1	28
广西	53.4	13	10.6	13
海南				
重庆	36.0	15	11.2	11
四川	93.3	9	11.1	12
贵州	54.3	12	14.1	9
云南	83.5	10	17.8	7
西藏	0.2	30	0.5	30
陕西	112.3	8	28.4	5
甘肃	25.5	17	10.3	14
青海	0.5	29	0.8	29
宁夏	1.9	28	2.6	24
新疆	160.9	2	62.1	1

15-8 续表 4

地 区	瓜果类总产量(万吨)		人均产量(千克)	
	指标值	位 次	指标值	位 次
全 国	**8756.0**		**62.1**	
北 京	12.9	29	5.9	28
天 津	20.4	27	14.9	25
河 北	396.7	8	53.6	16
山 西	96.5	23	27.8	21
内 蒙 古	152.4	17	63.6	11
辽 宁	246.6	13	58.9	14
吉 林	125.6	22	53.6	15
黑 龙 江	139.1	19	45.2	18
上 海	14.3	28	5.8	29
江 苏	671.6	3	78.8	7
浙 江	247.4	12	37.5	19
安 徽	417.1	7	68.1	9
福 建	47.8	26	11.4	26
江 西	215.1	15	47.6	17
山 东	1166.0	2	115.0	6
河 南	1502.7	1	152.7	5
湖 北	370.8	9	63.5	12
湖 南	452.7	5	68.7	8
广 东	135.9	20	10.7	27
广 西	320.6	10	63.7	10
海 南	180.3	16	174.2	3
重 庆	65.9	25	20.6	22
四 川	148.6	18	17.8	23
贵 州	68.0	24	17.6	24
云 南	133.4	21	28.5	20
西 藏	0.8	31	2.1	30
陕 西	243.0	14	61.5	13
甘 肃	427.6	6	172.5	4
青 海	1.0	30	1.6	31
宁 夏	250.3	11	343.5	1
新 疆	484.8	4	187.0	2

15-8 续表 5

地 区	西瓜总产量(万吨)		人均产量(千克)	
	指标值	位 次	指标值	位 次
全 国	**6513.5**		**46.2**	
北 京	10.5	28	4.8	28
天 津	18.4	27	13.5	24
河 北	245.1	10	33.1	17
山 西	84.6	20	24.4	19
内蒙古	108.7	17	45.3	12
辽 宁	157.2	15	37.5	16
吉 林	93.9	19	40.1	15
黑龙江	71.3	22	23.1	20
上 海	9.6	29	3.9	29
江 苏	501.8	3	58.9	7
浙 江	176.9	13	26.8	18
安 徽	326.7	5	53.3	10
福 建	40.0	26	9.5	26
江 西	191.1	12	42.3	13
山 东	766.8	2	75.6	5
河 南	1301.7	1	132.2	2
湖 北	303.6	6	52.0	11
湖 南	389.6	4	59.2	6
广 东	97.8	18	7.7	27
广 西	279.0	8	55.4	8
海 南	55.7	24	53.9	9
重 庆	61.1	23	19.1	21
四 川	122.9	16	14.7	23
贵 州	45.0	25	11.7	25
云 南	78.4	21	16.7	22
西 藏	0.4	30	1.2	30
陕 西	166.9	14	42.2	14
甘 肃	302.2	7	121.9	3
青 海	0.3	31	0.6	31
宁 夏	243.8	11	334.6	1
新 疆	262.3	9	101.2	4

15-9 奶类总产量与人均产量(2023年)

地　区	奶类总产量(万吨)		人均产量(千克)	
	指标值	位　次	指标值	位　次
全　国	**4281.3**		**30.3**	
北　京	26.5	21	12.1	18
天　津	54.1	16	39.7	11
河　北	574.3	2	77.5	6
山　西	147.5	9	42.5	8
内蒙古	794.9	1	331.4	2
辽　宁	136.0	10	32.5	12
吉　林	30.9	19	13.2	16
黑龙江	504.3	3	163.7	4
上　海	30.7	20	12.4	17
江　苏	72.9	13	8.6	21
浙　江	20.9	23	3.2	23
安　徽	53.6	17	8.8	19
福　建	25.4	22	6.1	22
江　西	6.3	28	1.4	27
山　东	318.3	5	31.4	13
河　南	241.8	7	24.6	14
湖　北	9.0	26	1.5	26
湖　南	8.0	27	1.2	28
广　东	20.3	24	1.6	25
广　西	13.8	25	2.7	24
海　南	0.3	31	0.3	31
重　庆	3.1	30	1.0	30
四　川	72.1	14	8.6	20
贵　州	3.7	29	1.0	29
云　南	73.9	12	15.8	15
西　藏	64.3	15	176.4	3
陕　西	163.9	8	41.5	10
甘　肃	102.8	11	41.5	9
青　海	33.9	18	57.1	7
宁　夏	430.6	4	591.1	1
新　疆	243.2	6	93.8	5

15-10 各地区农村居民人均可支配收入位次

地区	2022年		2023年	
	实际数(元)	位次	实际数(元)	位次
全国	**20133**		**21691**	
北京	34754	3	37358	3
天津	29018	4	30851	4
河北	19364	15	20688	17
山西	16323	26	17677	26
内蒙古	19641	12	21221	12
辽宁	19908	10	21483	9
吉林	18134	22	19472	22
黑龙江	18577	20	19756	21
上海	39729	1	42988	1
江苏	28486	5	30488	5
浙江	37565	2	40311	2
安徽	19575	13	21144	13
福建	24987	6	26722	6
江西	19936	9	21358	10
山东	22110	8	23776	8
河南	18697	18	20053	18
湖北	19709	11	21293	11
湖南	19546	14	20921	14
广东	23598	7	25142	7
广西	17433	23	18656	23
海南	19117	17	20708	16
重庆	19313	16	20820	15
四川	18672	19	19978	19
贵州	13707	30	14817	30
云南	15147	28	16361	28
西藏	18209	21	19924	20
陕西	15704	27	16992	27
甘肃	12165	31	13131	31
青海	14456	29	15614	29
宁夏	16430	25	17772	25
新疆	16550	24	17948	24

注：本表数据来源于国家统计局开展的全国住户收支与生活状况调查。

16

国外主要农业指标

16-1 总人口与农村人口

国家或地区	总人口(万人)			农村人口(万人)			农村人口占总人口的比重(%)		
	2015年	2020年	2023年	2015年	2020年	2023年	2015年	2020年	2023年
世　界	**737980**	**779480**	**804531**	**340151**	**341649**	**341572**	**46.1**	**43.8**	**42.5**
印　度	131015	138000	142863	87998	90010	90692	67.2	65.2	63.5
美　国	32088	33100	34000	5864	5746	5654	18.3	17.4	16.6
印度尼西亚	25838	27352	27753	12053	11803	11597	46.6	43.2	41.8
巴　西	20447	21256	21642	2931	2765	2661	14.3	13.0	12.3
巴基斯坦	19943	22089	24049	12115	13092	13601	60.8	59.3	56.6
尼日利亚	18114	20614	22380	9451	9904	10165	52.2	48.0	45.4
孟加拉国	15626	16469	17295	10590	10496	10414	67.8	63.7	60.2
俄罗斯	14499	14593	14444	3734	3630	3533	25.8	24.9	24.5
墨西哥	12186	12893	12846	2608	2580	2548	21.4	20.0	19.8
日　本	12799	12648	12329	1103	1040	997	8.6	8.2	8.1
埃塞俄比亚	10084	11496	12653	8047	8830	9278	79.8	76.8	73.3
菲律宾	10211	10958	11734	5464	5769	5921	53.5	52.7	50.5
埃　及	9244	10233	11272	5365	5890	6152	58.0	57.6	54.6
越　南	9268	9734	9886	6194	6163	6118	66.8	63.3	61.9
德　国	8179	8378	8329	1863	1861	1836	22.8	22.2	22.0
刚果(金)	7624	8956	10226	4363	4866	5159	57.2	54.3	50.4
伊　朗	7849	8399	8917	2114	2017	1947	26.9	24.0	21.8
土耳其	7853	8434	8582	2065	2003	1925	26.3	23.8	22.4
泰　国	6871	6980	7180	3591	3371	3230	52.3	48.3	45.0
英　国	6586	6789	6774	1136	1084	1051	17.3	16.0	15.5
法　国	6445	6527	6476	1311	1250	1210	20.3	19.2	18.7
意大利	6058	6046	5887	1811	1713	1649	29.9	28.3	28.0
坦桑尼亚	5148	5973	6744	3684	4066	4293	71.6	68.1	63.7
南　非	5539	5931	6041	1945	1917	1890	35.1	32.3	31.3
缅　甸	5268	5441	5458	3676	3774	3812	69.8	69.4	69.9
韩　国	5082	5127	5178	929	957	964	18.3	18.7	18.6
肯尼亚	4788	5377	5510	3512	3852	4045	73.3	71.6	73.4
哥伦比亚	4752	5088	5209	976	933	904	20.5	18.3	17.4
西班牙	4667	4675	4752	946	892	856	20.3	19.1	18.0
阿根廷	4308	4520	4577	369	359	352	8.6	7.9	7.7
乌克兰	4492	4373	3674	1382	1324	1283	30.8	30.3	34.9
乌干达	3823	4574	4858	3129	3541	3795	81.9	77.4	78.1
阿尔及利亚	3973	4385	4561	1162	1138	1117	29.3	26.0	24.5
苏　丹	3890	4385	4811	2555	2819	2977	65.7	64.3	61.9
伊拉克	3557	4022	4550	1086	1208	1275	30.5	30.0	28.0
波　兰	3803	3785	4103	1520	1516	1497	40.0	40.1	36.5
加拿大	3603	3774	3878	674	693	699	18.7	18.4	18.0
摩洛哥	3466	3691	3784	1364	1352	1337	39.3	36.6	35.3
阿富汗	3441	3893	4224	2537	2815	2970	73.7	72.3	70.3
沙特阿拉伯	3172	3481	3695	531	545	546	16.7	15.7	14.8

资料来源：联合国FAO数据库。

16-2　农业生产指数

(2014年－2016年=100)

国家或地区	2010年	2018年	2019年	2020年	2021年	2022年
世　界	**89**	**105**	**107**	**108**	**111**	**111**
孟加拉国	85	111	112	116	121	125
印　度	85	113	116	119	125	126
印度尼西亚	91	119	115	115	116	121
伊　朗	90	87	92	87	90	84
以色列	91	99	100	102	101	106
日　本	96	100	100	100	100	100
哈萨克斯坦	77	115	112	118	115	127
朝　鲜	99	93	102	95	94	93
韩　国	94	100	101	99	102	101
马来西亚	88	102	102	102	98	98
蒙　古	63	125	130	167	126	156
缅　甸	98	80	79	79	81	77
巴基斯坦	86	105	107	112	118	116
菲律宾	92	102	101	101	100	101
斯里兰卡	96	97	98	109	118	99
泰　国	90	105	102	99	102	106
越　南	83	106	106	108	113	114
埃　及	91	97	101	104	109	109
尼日利亚	86	114	110	113	118	120
南　非	90	105	105	111	114	113
加拿大	86	109	110	113	96	112
墨西哥	89	111	112	113	114	117
美　国	92	103	100	103	105	101
阿根廷	88	97	112	109	108	110
巴　西	89	108	110	113	113	114
委内瑞拉	107	85	85	90	89	90
白俄罗斯	99	98	100	105	102	103
捷　克	89	93	93	97	97	98
法　国	99	97	98	94	97	94
德　国	95	92	94	95	94	93
意大利	109	99	98	100	99	97
荷　兰	90	96	101	102	104	101
波　兰	91	103	101	112	111	112
罗马尼亚	93	118	112	87	106	85
俄罗斯	74	105	110	112	112	126
西班牙	95	117	106	117	117	98
土耳其	87	110	114	119	120	129
乌克兰	78	107	109	99	114	88
英　国	94	100	104	98	101	101
澳大利亚	86	100	92	84	106	114
新西兰	87	102	102	103	103	100

资料来源：联合国FAO数据库。

16-3 谷物总产量、收获面积与单产

国家或地区	总产量(万吨)			收获面积(千公顷)			单产(千克/公顷)		
	2010年	2021年	2022年	2010年	2021年	2022年	2010年	2021年	2022年
世 界	**246345**	**307126**	**305964**	**694536**	**739666**	**731554**	**3547**	**4152**	**4182**
孟加拉国	5186	6160	6255	12094	12521	12497	4288	4920	5005
印 度	26784	35511	35509	100076	101522	99559	2676	3498	3567
印度尼西亚	7761	7143	7831	15929	13400	14520	4872	5331	5394
伊 朗	1960	1484	1481	9016	9073	8108	2174	1635	1827
以色列	24	27	20	79	80	63	3038	3353	3201
日 本	1145	1190	1163	1957	1753	1854	5854	6787	6273
哈萨克斯坦	1212	1656	2204	15068	15786	16004	804	1049	1377
朝 鲜	451	473	466	1319	1366	1326	3424	3461	3517
韩 国	602	544	521	971	797	788	6202	6826	6603
马来西亚	251	252	243	686	658	647	3660	3824	3750
蒙 古	36	61	43	259	433	385	1370	1420	1113
缅 甸	3456	3015	2721	8964	8054	7872	3855	3744	3457
巴基斯坦	3481	5130	4772	13332	14703	14011	2611	3489	3406
菲律宾	2215	2826	2801	6853	7370	7330	3232	3835	3822
斯里兰卡	447	562	365	1125	1234	1199	3974	4557	3047
泰 国	4093	3834	3973	13328	12520	12847	3071	3062	3093
越 南	4461	4830	4710	8617	8122	7975	5178	5947	5905
埃 及	1946	2309	2394	2993	3147	3227	6504	7339	7419
尼日利亚	2465	2991	3039	16132	18474	18351	1528	1619	1656
南 非	1470	1987	1869	3542	3856	3764	4150	5151	4964
加拿大	4612	4755	6504	13174	15239	15946	3501	3120	4079
墨西哥	3493	3658	3632	9975	9431	9122	3501	3879	3981
美 国	40113	45164	41094	57484	54729	50912	6978	8252	8072
阿根廷	3977	8769	9158	8156	16887	18064	4876	5193	5070
巴 西	7516	11204	13549	18601	25023	27644	4041	4477	4901
委内瑞拉	366	231	187	1025	659	552	3576	3505	3384
白俄罗斯	674	691	680	2401	2291	2289	2808	3019	2971
捷 克	688	823	822	1466	1346	1386	4696	6113	5930
法 国	6584	6688	5993	9314	9326	9005	7069	7171	6655
德 国	4404	4236	4348	6587	6053	6101	6685	6998	7126
意大利	1850	1657	1430	3476	2978	3011	5323	5563	4750
荷 兰	180	134	164	210	170	183	8569	7872	8943
波 兰	2723	3400	3499	7597	7451	7197	3584	4563	4862
罗马尼亚	1671	2779	1886	5019	5357	5190	3330	5188	3634
俄罗斯	5962	11758	15310	32354	43460	44651	1843	2705	3429
西班牙	1988	2551	1929	6040	6035	5833	3292	4227	3307
土耳其	3276	3186	3867	12015	10918	11160	2727	2919	3465
乌克兰	3869	8537	5354	14188	15651	11603	2727	5455	4614
英 国	2095	2237	2436	3013	3211	3156	6953	6967	7720
澳大利亚	3346	5108	5631	20141	20048	19548	1662	2548	2880
新西兰	100	100	97	136	113	114	7387	8812	8522

资料来源：联合国FAO数据库。

16-4 小麦总产量、收获面积与单产

国家或地区	总产量(万吨)			收获面积(千公顷)			单产(千克/公顷)		
	2010年	2021年	2022年	2010年	2021年	2022年	2010年	2021年	2022年
世　界	**64080**	**77278**	**80844**	**215605**	**220425**	**219154**	**2972**	**3506**	**3689**
孟加拉国	90	109	109	376	329	315	2396	3300	3450
印　度	8080	10959	10774	28457	31125	30459	2840	3521	3537
伊　朗	1214	1009	1000	6622	6474	6000	1834	1559	1667
以色列	11	15	10	64	68	50	1751	2209	2090
日　本	57	110	99	207	220	227	2761	4986	4371
哈萨克斯坦	964	1181	1640	13138	12719	12890	734	929	1273
朝　鲜	16	9	7	73	69	56	2192	1246	1246
韩　国	4	3	3	13	6	8	3117	4229	3794
蒙　古	35	57	40	250	393	358	1381	1443	1123
缅　甸	18	10	10	102	54	70	1782	1862	1429
巴基斯坦	2331	2746	2621	9132	9168	8977	2553	2996	2920
埃　及	718	984	970	1288	1437	1430	5574	6851	6782
尼日利亚	11	9	11	74	80	100	1484	1125	1100
南　非	143	229	209	558	524	567	2562	4365	3685
加拿大	2330	2242	3433	8296	9199	10082	2809	2438	3406
墨西哥	368	328	358	679	548	587	5419	5994	6093
美　国	6006	4480	4490	19271	15032	14358	3117	2981	3127
阿根廷	902	1764	2215	3325	6394	6548	2711	2760	3383
巴　西	617	788	1034	2182	2753	3167	2829	2862	3266
白俄罗斯	174	244	235	603	726	795	2885	3361	2956
捷　克	416	496	519	834	785	854	4992	6321	6073
法　国	3821	3656	3463	5427	5277	4950	7041	6928	6997
德　国	2378	2146	2259	3298	2939	2981	7212	7302	7577
意大利	685	729	661	1830	1727	1777	3742	4225	3720
荷　兰	137	95	116	154	118	124	8909	8018	9393
波　兰	941	1189	1320	2124	2391	2518	4429	4975	5239
罗马尼亚	581	1043	868	2153	2175	2169	2700	4797	4004
俄罗斯	4151	7606	10423	21640	27918	29355	1918	2724	3551
西班牙	594	856	651	1948	2128	2173	3050	4024	2996
土耳其	1967	1765	1975	8063	6623	6602	2440	2665	2992
乌克兰	1685	3218	2073	6284	7099	5282	2682	4533	3925
英　国	1488	1399	1554	1939	1790	1809	7675	7815	8590
澳大利亚	2183	3192	3624	13881	12643	12728	1573	2525	2847
新西兰	44	42	40	55	44	43	8124	9712	9390

资料来源：联合国FAO数据库。

16-5 稻谷总产量、收获面积与单产

国家或地区	总产量(万吨)			收获面积(千公顷)			单产(千克/公顷)		
	2010年	2021年	2022年	2010年	2021年	2022年	2010年	2021年	2022年
世　界	**69650**	**78905**	**77646**	**161047**	**166311**	**165039**	**4325**	**4744**	**4705**
孟加拉国	5006	5638	5719	11529	11701	11692	4342	4819	4891
印　度	14396	19420	19625	42862	46279	46400	3359	4196	4229
印度尼西亚	5928	5442	5475	11797	10412	10453	5025	5226	5238
伊　朗	249	160	150	564	433	400	4419	3682	3750
日　本	1069	1053	1036	1643	1404	1498	6508	7497	6921
哈萨克斯坦	37	50	43	94	97	88	3970	5213	4906
朝　鲜	243	210	206	570	507	491	4256	4138	4202
韩　国	581	521	500	892	732	727	6514	7114	6875
马来西亚	246	244	236	678	648	638	3636	3768	3704
缅　甸	3258	2744	2468	8012	7043	6899	4066	3896	3577
巴基斯坦	723	1398	1098	2365	3537	2976	3059	3953	3690
菲律宾	1577	1996	1976	4354	4805	4804	3622	4154	4112
斯里兰卡	430	515	339	1060	1127	1114	4056	4571	3045
泰　国	3570	3298	3432	11932	11165	11484	2992	2954	2988
越　南	4001	4385	4267	7489	7220	7089	5342	6074	6020
埃　及	433	424	580	460	464	646	9422	9138	8974
尼日利亚	447	834	850	2433	4320	4580	1839	1931	1856
南　非	0	0	0	1	1	1	2588	2863	2888
墨西哥	22	26	25	42	40	38	5190	6381	6552
美　国	1103	869	727	1463	1006	879	7538	8641	8276
阿根廷	124	145	122	216	200	186	5765	7266	6570
巴　西	1124	1166	1078	2722	1689	1623	4127	6903	6638
委内瑞拉	90	74	48	180	183	159	4985	4073	3001
法　国	12	6	6	24	12	12	5043	5182	5483
意大利	152	146	124	248	227	218	6122	6428	5663
罗马尼亚	6	1	2	12	5	3	4966	2754	5152
俄罗斯	106	108	92	201	186	170	5280	5777	5423
西班牙	93	62	35	122	85	56	7594	7288	6253
土耳其	86	100	95	99	129	121	8690	7724	7883
乌克兰	15	5	0	29	10	1	5051	4899	4414
澳大利亚	20	42	69	19	45	63	10390	9382	11055

资料来源：联合国FAO数据库。

16-6　玉米总产量、收获面积与单产

国家或地区	总产量(万吨)			收获面积(千公顷)			单产(千克/公顷)		
	2010年	2021年	2022年	2010年	2021年	2022年	2010年	2021年	2022年
世　界	**85269**	**120800**	**116350**	**165340**	**205694**	**203470**	**5157**	**5873**	**5718**
孟加拉国	89	412	426	152	480	478	5838	8579	8912
印　度	2173	3165	3373	8553	9892	9958	2540	3199	3387
印度尼西亚	1833	1702	2356	4132	2988	4067	4436	5696	5794
伊　朗	166	32	30	240	50	50	6898	6376	6000
以色列	9	7	5	3	3	2	29236	21321	22591
日　本	0	0	0	0	0	0	2566	2608	2588
哈萨克斯坦	46	113	110	96	189	189	4833	5986	5801
朝　鲜	168	230	230	503	585	585	3346	3932	3932
韩　国	7	10	9	16	16	15	4787	5893	5641
马来西亚	5	7	6	9	10	9	5535	7435	7013
缅　甸	135	227	210	389	606	560	3483	3753	3749
巴基斯坦	371	952	1018	974	1653	1720	3805	5764	5922
菲律宾	638	830	826	2499	2564	2525	2552	3237	3269
斯里兰卡	16	47	26	58	107	84	2806	4425	3078
泰　国	486	485	490	1163	1066	1071	4180	4549	4570
越　南	461	445	442	1126	901	885	4090	4937	4995
埃　及	704	804	750	969	1027	930	7270	7828	8065
尼日利亚	768	1274	1295	4149	6205	5800	1850	2054	2233
南　非	1282	1695	1614	2742	3118	3002	4674	5436	5376
加拿大	1204	1461	1454	1235	1462	1444	9751	9996	10069
墨西哥	2330	2750	2663	7148	7140	6778	3260	3852	3928
美　国	31562	38289	34875	32960	34527	32054	9576	11090	10880
阿根廷	2266	6053	5904	2904	8147	8768	7804	7430	6733
巴　西	5536	8827	10942	12679	18984	21038	4367	4650	5201
委内瑞拉	237	151	135	633	452	376	3746	3347	3595
白俄罗斯	55	115	98	112	222	232	4931	5171	4203
捷　克	69	99	64	103	102	80	6706	9645	7949
法　国	1398	1536	1088	1583	1549	1456	8830	9912	7470
德　国	421	446	384	467	431	457	9026	10361	8403
意大利	850	608	470	927	589	564	9167	10330	8333
荷　兰	20	17	18	17	17	20	11767	9966	8801
波　兰	199	732	834	333	998	1196	5982	7333	6977
罗马尼亚	904	1482	804	2094	2555	2437	4318	5801	3298
俄罗斯	308	1524	1586	1025	2901	2644	3009	5252	5999
西班牙	332	460	359	315	358	314	10555	12833	11423
土耳其	431	675	850	594	758	911	7261	8905	9325
乌克兰	1195	4211	2619	2648	5482	4125	4515	7682	6349
澳大利亚	33	31	43	59	46	53	5559	6682	8175
新西兰	19	21	19	18	18	16	10760	11400	11531

资料来源：联合国FAO数据库。

16-7 大豆总产量、收获面积与单产

国家或地区	总产量(万吨)			收获面积(千公顷)			单产(千克/公顷)		
	2010年	2021年	2022年	2010年	2021年	2022年	2010年	2021年	2022年
世　界	**26509**	**37169**	**34886**	**102768**	**129524**	**133792**	**2579**	**2870**	**2608**
孟加拉国	7	9	10	41	58	59	1709	1582	1684
印　度	1274	1261	1299	9554	12100	12147	1333	1042	1069
印度尼西亚	91	35	30	661	235	202	1373	1479	1489
伊　朗	16	20	21	70	82	86	2239	2439	2442
日　本	22	25	24	138	146	152	1616	1686	1602
哈萨克斯坦	11	24	25	62	113	128	1849	2105	1956
朝　鲜	35	24	18	300	165	156	1167	1442	1154
韩　国	11	11	13	71	54	64	1475	2035	2032
缅　甸	25	13	13	169	126	127	1505	1034	1035
斯里兰卡	1	…	…	5	2	2	1671	1981	1990
泰　国	16	4	2	90	26	12	1770	1692	1669
越　南	30	6	5	198	37	32	1510	1606	1609
埃　及	4	4	4	15	14	13	2845	3000	2923
尼日利亚	37	98	106	282	1058	1100	1295	926	964
南　非	57	190	115	311	827	925	1817	2294	1241
加拿大	444	627	654	1506	2134	2118	2951	2940	3089
墨西哥	17	29	24	153	185	113	1092	1560	2130
美　国	9066	12071	11638	31003	34938	34939	2924	3455	3331
阿根廷	5268	4622	4386	18131	16467	15874	2905	2807	2763
巴　西	6876	13493	12070	23327	39168	40895	2947	3445	2952
委内瑞拉	5	1	1	41	6	5	1259	1327	1333
捷　克	2	5	7	9	20	29	1703	2615	2296
法　国	14	44	38	51	154	184	2750	2846	2044
德　国	0	11	12	1	34	52	2000	3117	2340
意大利	55	92	94	160	285	343	3464	3235	2754
罗马尼亚	15	37	26	63	140	136	2364	2634	1903
俄罗斯	122	476	600	1036	2991	3356	1180	1592	1789
西班牙	…	…	…	1	2	1	2366	3038	2850
土耳其	9	18	16	23	44	38	3687	4147	4078
乌克兰	168	349	344	1037	1323	1527	1621	2641	2255
澳大利亚	6	4	6	31	23	26	1904	1718	2243

资料来源：联合国FAO数据库。

16-8 薯类作物总产量、收获面积与单产

国家或地区	总产量(万吨)			收获面积(千公顷)			单产(千克/公顷)		
	2010年	2021年	2022年	2010年	2021年	2022年	2010年	2021年	2022年
世　界	**74679**	**89992**	**90685**	**54605**	**70205**	**70697**	**13676**	**12819**	**12827**
孟加拉国	824	1017	1045	466	495	493	17673	20531	21196
印　度	4573	6229	6357	2186	2537	2505	20919	24553	25378
印度尼西亚	2739	1890	1633	1492	791	686	18356	23893	23809
伊　朗	428	260	260	146	88	88	29220	29491	29546
以色列	57	56	52	18	17	16	31052	32237	32442
日　本	356	322	319	148	124	123	24077	25918	25999
哈萨克斯坦	255	403	408	178	194	199	14319	20739	20457
朝　鲜	214	121	110	164	192	206	13018	6280	5359
韩　国	92	90	92	44	45	46	20757	20093	20021
马来西亚	6	13	13	5	7	7	11954	19661	19106
蒙　古	17	18	21	14	21	21	12158	8528	10184
缅　甸	123	83	76	91	64	58	13516	13029	13135
巴基斯坦	333	633	848	150	248	327	22166	25564	25903
菲律宾	292	334	336	364	329	329	8005	10151	10216
斯里兰卡	38	43	40	33	30	29	11494	14636	13982
泰　国	2246	3559	3456	1218	1698	1620	18438	20957	21326
越　南	1027	1212	1194	678	642	635	15133	18870	18808
埃　及	414	693	683	158	231	234	26243	30011	29196
尼日利亚	8731	13156	13543	8435	20649	20803	10351	6372	6510
南　非	216	268	262	82	99	100	26161	26906	26191
加拿大	544	637	625	139	154	149	39081	41333	41924
墨西哥	180	234	226	66	76	75	27187	30574	30104
美　国	1943	1991	1897	456	436	416	42637	45679	45594
阿根廷	240	327	254	101	113	92	23891	28832	27626
巴　西	2926	2317	2264	1995	1416	1383	14668	16369	16366
委内瑞拉	111	110	107	87	76	73	12701	14523	14671
白俄罗斯	783	341	386	367	175	173	21352	19502	22245
捷　克	67	67	66	27	23	22	24564	29442	30224
法　国	666	899	807	164	212	212	40654	42475	38113
德　国	1014	1131	1068	254	258	266	39876	43794	40103
意大利	157	136	133	63	47	47	24925	29168	28343
荷　兰	684	668	692	157	159	162	43598	41974	42612
波　兰	845	708	603	401	236	196	21084	30028	30753
罗马尼亚	328	140	135	247	85	81	13296	16537	16662
俄罗斯	2114	1830	1889	2109	1142	1086	10023	16019	17384
西班牙	236	208	188	81	63	60	29190	32887	31334
土耳其	455	510	520	141	139	139	32323	36820	37391
乌克兰	1871	2136	2090	1412	1283	1204	13248	16643	17354
英　国	606	513	480	138	137	127	43884	37440	37898
澳大利亚	133	134	119	38	33	28	34898	40311	41873
新西兰	54	56	44	12	12	10	45657	46551	45657

资料来源：联合国FAO数据库。

16-9　油菜籽总产量、收获面积与单产

国家或地区	总产量(万吨)			收获面积(千公顷)			单产(千克/公顷)		
	2010年	2021年	2022年	2010年	2021年	2022年	2010年	2021年	2022年
世　界	**5986**	**7196**	**8722**	**32104**	**36256**	**39965**	**1865**	**1985**	**2182**
加拿大	1279	1425	1869	6858	8946	8596	1865	1593	2175
印　度	661	1021	1196	5580	6700	7991	1184	1524	1497
法　国	482	331	452	1465	980	1230	3286	3374	3672
德　国	570	350	429	1461	1001	1088	3899	3501	3947
澳大利亚	191	476	682	1695	2614	3250	1125	1820	2098
波　兰	223	305	349	945	993	1078	2357	3071	3235
英　国	223	98	136	642	307	364	3476	3195	3739
美　国	111	124	174	580	850	882	1918	1463	1976
罗马尼亚	94	138	123	527	446	469	1789	3084	2622
乌克兰	147	294	332	863	1005	1156	1704	2926	2870
俄罗斯	67	279	451	607	1636	2284	1103	1707	1977
匈牙利	53	73	51	259	258	205	2046	2850	2469
保加利亚	54	38	30	212	131	129	2571	2873	2315
丹　麦	58	65	89	167	162	198	3482	4008	4493
斯洛伐克	32	42	45	164	136	141	1966	3123	3158
立陶宛	42	91	90	252	310	348	1654	2929	2586
孟加拉国	22	40	41	242	330	331	917	1204	1239
拉托维亚	23	43	36	106	147	162	2133	2903	2213
瑞　典	28	34	43	108	106	127	2569	3242	3356
白俄罗斯	37	72	81	307	390	383	1220	1835	2103
智　利	4	14	13	11	37	35	4000	3829	3891
巴基斯坦	16	34	48	190	255	325	852	1345	1484
非　洲	9	24	27	67	128	159	1285	1891	1693
哈萨克斯坦	11	15	19	305	118	133	358	1234	1415
西班牙	4	24	25	20	92	130	1811	2587	1957
奥地利	17	9	9	54	28	28	3171	3073	3243
伊　朗	15	22	30	77	113	160	1891	1910	1875

资料来源：联合国FAO数据库。

16-10 花生总产量、收获面积与单产

国家或地区	总产量(万吨)			收获面积(千公顷)			单产(千克/公顷)		
	2010年	2021年	2022年	2010年	2021年	2022年	2010年	2021年	2022年
世　界	**4378**	**5449**	**5424**	**26156**	**32652**	**30536**	**1674**	**1669**	**1776**
印　度	827	1024	1013	5860	6015	5705	1410	1703	1777
尼日利亚	380	423	428	2789	3702	3400	1362	1142	1260
美　国	189	289	253	508	623	561	3712	4630	4505
苏　丹		236	250		3936	3000		598	833
缅　甸	137	171	174	877	1186	1194	1562	1443	1458
乍　得	110	80	83	1040	754	763	1061	1058	1088
阿根廷	61	127	135	219	402	406	2792	3154	3312
喀麦隆	54	50	50	377	450	450	1420	1111	1111
塞内加尔	129	168	150	1196	1214	1225	1076	1382	1226
巴　西	26	79	85	94	204	220	2772	3896	3849
坦桑尼亚	47	71	71	482	1020	1020	965	696	696
印度尼西亚	137	70	38	621	360	188	2203	1939	2012
尼日尔	41	52	67	796	1020	1004	511	509	668
越　南	49	43	41	231	165	158	2105	2605	2583
刚果(金)	39	48	49	477	515	510	813	924	954
加　纳	53	50	61	353	273	370	1502	1839	1651
几内亚	33	91	103	227	789	854	1460	1150	1200
马　里	31	35	44	337	443	479	933	779	924
布基纳法索	34	48	56	410	646	624	830	738	896
马拉维	30	35	35	295	400	400	1008	875	875
安哥拉	12	22	23	285	351	351	404	634	644
乌干达	28	25	12	394	330	330	700	763	364
埃　及	20	25	21	67	70	64	3039	3611	3203
尼加拉瓜	18	20	22	33	45	49	5536	4508	4508
南苏丹		19	19		266	276		715	689
土耳其	10	23	19	27	58	46	3546	4043	4077
赞比亚	16	18	19	255	260	253	643	675	752
贝　宁	15	18	16	175	169	159	880	1050	1033
中　非	38	56	57	124	234	193	3095	2381	2976
埃塞俄比亚	7	14	15	50	77	115	1444	1802	1261
莫桑比克	16	11	11	366	355	228	431	315	500
科特迪瓦	9	23	24	78	165	165	1160	1418	1473
冈比亚	14	4	6	136	71	71	1016	575	784
墨西哥	8	10	11	53	60	61	1550	1701	1817
巴基斯坦	7	14	11	83	154	129	818	943	885
塞拉利昂	8	12	11	110	71	81	740	1702	1339
老　挝	5	4	4	24	17	17	2161	2595	2446
孟加拉国	5	7	7	34	35	40	1592	1910	1856
中国台湾	7	5	5	21	18	19	3109	2750	2684
马达加斯加	3	6	6	52	79	81	577	773	778
津巴布韦	14	9	8	320	179	193	428	488	422
几内亚比绍	4	12	13	35	102	108	1033	1189	1188
多　哥	5	4	5	70	59	60	668	756	757
海　地	3	1	1	32	54	41	868	241	217
摩洛哥	5	4	3	23	13	10	2164	2738	2656
肯尼亚	1	1	1	19	14	10	565	904	1123
泰　国	5	3	3	31	11	12	1584	2253	2267
柬埔寨	2	2	2	20	18	18	1096	1111	1111
斯里兰卡	1	4	3	9	19	17	1514	1993	1632
菲律宾	3	3	3	27	24	24	1092	1285	1331

资料来源：联合国FAO数据库。2021年后数据为去壳花生的数据。

16-11 籽棉总产量、收获面积与单产

国家或地区	总产量(万吨)			收获面积(千公顷)			单产(千克/公顷)		
	2010年	2021年	2022年	2010年	2021年	2022年	2010年	2021年	2022年
世　界	**6919**	**7430**	**6967**	**31675**	**32643**	**31427**	**2185**	**2276**	**2217**
印　度	1776	1720	1499	11142	13286	12372	1594	1295	1212
美　国	947	1156	847	4330	4157	3011	2188	2781	2812
巴基斯坦	561	410	241	2689	1937	2144	2088	2115	1124
巴　西	295	571	642	830	1369	1649	3554	4171	3895
乌兹别克斯坦	344	337	350	1343	1022	1027	2565	3299	3409
土耳其	215	225	275	480	432	573	4475	5205	4797
澳大利亚	94	145	280	208	275	549	4508	5270	5103
希　腊	71			250			2842		
布基纳法索	53	68	67	463	611	692	1144	1114	966
阿根廷	75	104	112	441	406	480	1709	2560	2324
马　里	24	73	53	250	720	596	973	1015	882
墨西哥	44	81	87	113	159	199	3900	5122	4375
叙利亚	47	7	12	172	29	29	2740	2269	4193
缅　甸	50	28	29	267	159	162	1889	1733	1789
土库曼斯坦	129	128	120	550	620	580	2338	2065	2071
科特迪瓦	17	56	45	187	470	420	934	1190	1068
贝　宁	14	77	59	137	640	580	999	1197	1014
尼日利亚	60	24	22	399	511	455	1512	475	491
哈萨克斯坦	24	29	36	134	110	126	1790	2641	2866
塔吉克斯坦	31	53	51	162	177	200	1912	2999	2560
喀麦隆	20	50	40	145	230	235	1379	2174	1723
坦桑尼亚	27	12	37	421	183	550	634	670	678
西班牙	12	17	12	63	58	52	1821	3020	2227
埃　及	38	19	19	155	100	87	2435	1902	2195
伊　朗	17	12	13	91	47	50	1840	2528	2565
乍　得	6	16	14	150	295	260	424	550	526
玻利维亚	0	0	1	1	2	4	1400	1492	1484
赞比亚	11	3	2	85	40	25	1258	791	910
津巴布韦	21	19	16	199	101	110	1077	1885	1454
苏　丹		25	26		181	171		1385	1508
阿塞拜疆	4	29	32	30	101	104	1267	2854	3094
哥伦比亚	9	3	3	45	11	14	2011	2487	2478
乌干达	8	14	14	80	99	99	1044	1364	1364
多　哥	4	5	5	60	69	78	713	735	670
孟加拉国	4	7	7	14	16	16	3097	4419	4191
阿富汗	3	8	7	33	57	55	1000	1366	1337
吉尔吉斯斯坦	7	7	8	26	19	22	2795	3480	3539
埃塞俄比亚	6	17	17	75	83	84	773	2048	2048
秘　鲁	6	2	4	28	5	12	2280	2933	3249
几内亚	4	4	4	38	46	46	974	956	965
莫桑比克	6	8	8	130	130	134	477	598	609
朝　鲜	4	4	4	19	18	18	1851	1965	1969
以色列	2	1	4	4	3	14	4646	4899	3239
马拉维	3	3	3	47	45	46	618	642	631
伊拉克	5	0	0	21	0	0	2201	1720	1727
刚果(金)	3	3	3	62	74	73	411	418	426
南　非	2	4	4	5	16	18	4069	2519	2300
中　非	1	2	2	20	54	55	535	443	435
塞内加尔	3	2	3	28	19	22	944	1188	1204

资料来源：联合国FAO数据库。

16-12 甜菜总产量、收获面积与单产

国家或地区	总产量(万吨)			收获面积(千公顷)			单产(千克/公顷)		
	2010年	2021年	2022年	2010年	2021年	2022年	2010年	2021年	2022年
世　界	**22837**	**26919**	**26100**	**4694**	**4501**	**4295**	**48655**	**59804**	**60766**
俄罗斯	2226	4120	4891	924	994	1004	24093	41458	48711
法　国	3187	3437	3150	384	408	402	83059	84252	78426
美　国	2906	3336	2955	468	449	460	62114	74361	64217
德　国	2343	3195	2820	364	391	396	64352	81765	71162
土耳其	1794	1825	1900	329	289	275	54593	63162	69211
乌克兰	1375	1085	994	492	227	184	27945	47899	54089
波　兰	997	1527	1415	206	251	222	48358	60956	63823
埃　及	784	1420	1356	135	287	254	58276	49483	53411
英　国	653	736	602	118	95	91	55088	77313	65936
伊　朗	387	515	500	100	92	90	38818	56065	55556
荷　兰	528	656	726	71	81	82	74836	81249	88712
白俄罗斯	377	387	423	96	87	94	39500	44423	44969
摩洛哥	244	257	190	43	45	39	56387	56995	48926
捷　克	306	415	406	56	61	58	54355	67697	69634
比利时	446	455	474	59	55	53	75288	82442	89067
奥地利	313	302	271	45	38	34	69839	79721	79716
西班牙	353	251	200	43	30	25	81474	84959	80752
日　本	309	406	355	63	58	55	49361	70381	63989
塞尔维亚	332	205	167	66	39	35	50038	51970	48005
意大利	355	151	111	63	28	26	56620	54128	43051
瑞　典	197	205	189	38	29	29	52077	71559	64723
丹　麦	241	257	229	39	33	32	61454	77503	72297
智　利	142	75	68	16	7	6	87326	103692	106222
斯洛伐克	98	136	110	18	22	19	54522	62586	56301
瑞　士	130	110	135	18	16	16	72977	68091	86493
克罗地亚	125	71	57	24	10	9	52415	70209	64363
罗马尼亚	84	78	28	22	20	9	38743	39895	31646
立陶宛	71	86	73	15	15	12	46190	58343	62494
叙利亚	149		6	28		2	54292		32315
吉尔吉斯斯坦	14	37	47	8	10	9	16574	35828	51809
匈牙利	82	68	47	14	12	10	59091	56407	48426
摩尔多瓦	84	76	48	26	16	12	31957	47660	40872
加拿大	51	121	128	11	15	17	44956	78656	74338
芬　兰	54	40	38	15	11	9	37130	35566	43205
希　腊	89	3	0	16	0	0	56998	55938	55000
哈萨克斯坦	15	33	31	9	12	10	17269	27548	30099
阿塞拜疆	25	18	21	8	5	5	29774	36180	44160
土库曼斯坦	18	8	14	15	18	18	12000	4690	7999
巴基斯坦		2	3		1	1		39201	39502
亚美尼亚	3	6	6	2	4	4	15294	15115	15085
伊拉克	2	3	3	2	6	6	9567	5785	5777
阿尔巴尼亚	4	2	2	2	1	1	20000	32283	32250
哥伦比亚	2	3	3	1	1	1	19579	25321	25339
委内瑞拉	2	2	3	1	1	1	18789	20621	20763

资料来源：联合国FAO数据库。

16-13 甘蔗总产量、收获面积与单产

国家或地区	总产量(万吨)			收获面积(千公顷)			单产(千克/公顷)		
	2010年	2021年	2022年	2010年	2021年	2022年	2010年	2021年	2022年
世　界	**167588**	**167588**	**167588**	**23543**	**23543**	**23543**	**71185**	**72239**	**73670**
巴　西	71746	71746	71746	9077	9077	9077	79045	71773	73393
印　度	29230	29230	29230	4175	4175	4175	70019	83566	84906
泰　国	6881	6881	6881	1010	1010	1010	68155	44923	60388
巴基斯坦	4937	4937	4937	943	943	943	52368	70341	66711
墨西哥	5042	5042	5042	704	704	704	71627	68264	68348
哥伦比亚	3254	3254	3254	349	349	349	93360	98291	95005
澳大利亚	3123	3123	3123	389	389	389	80198	85928	85325
危地马拉	2231	2231	2231	235	235	235	95107	114674	115850
美　国	2482	2482	2482	355	355	355	69895	78712	83706
印度尼西亚	2660	2660	2660	437	437	437	60925	71714	65557
菲律宾	1793	1793	1793	355	355	355	50522	62531	58435
阿根廷	1889	1889	1889	275	275	275	68612	33636	47972
古　巴	1160	1160	1160	431	431	431	26889	29398	37010
越　南	1616	1616	1616	269	269	269	60058	64736	65445
埃　及	1571	1571	1571	135	135	135	116762	110939	105510
南　非	1602	1602	1602	271	271	271	59081	71917	69624
缅　甸	925	925	925	150	150	150	61606	65511	65639
秘　鲁	985	985	985	77	77	77	128015	115813	120744
厄瓜多尔	835	835	835	107	107	107	78064	87214	68411
伊　朗	565	565	565	66	66	66	85651	100096	97561
萨尔瓦多	513	513	513	63	63	63	81336	98023	95845
肯尼亚	571	571	571	69	69	69	83063	84202	74745
玻利维亚	640	640	640	136	136	136	46943	54755	53424
尼加拉瓜	489	489	489	54	54	54	89916	94939	99862
巴拉圭	513	513	513	100	100	100	51309	68772	61917
斯威士兰	511	511	511	53	53	53	96528	96941	96917
洪都拉斯	444	444	444	76	76	76	58515	79293	79418
多米尼加	458	458	458	80	80	80	57491	43098	41100
尼泊尔	259	259	259	61	61	61	42500	49475	50500
赞比亚	370	370	370	35	35	35	105714	103732	103698
孟加拉国	449	449	449	118	118	118	38220	42820	42725
哥斯达黎加	373	373	373	56	56	56	67015	69585	71067
毛里求斯	437	437	437	59	59	59	74364	63720	57573
乌干达	332	332	332	48	48	48	69764	55729	70086
津巴布韦	269	269	269	41	41	41	66203	73404	80258
委内瑞拉	684	684	684	106	106	106	64375	53975	50773
马达加斯加	291	291	291	91	91	91	31922	31632	31594
坦桑尼亚	280	280	280	49	49	49	57634	72359	74554
马拉维	270	270	270	25	25	25	108000	107997	107522
莫桑比克	272	272	272	38	38	38	70695	68000	72001
巴拿马	191	191	191	32	32	32	59135	60646	63869
圭亚那	276	276	276	42	42	42	66324	60423	58708
刚果(金)	208	208	208	45	45	45	46195	44476	44376
老　挝	82	82	82	15	15	15	53317	49589	49358
科特迪瓦	180	180	180	25	25	25	72094	82072	80477
日　本	147	147	147	23	23	23	63319	58326	56747
斐　济	175	175	175	45	45	45	38911	41677	41000

资料来源：联合国FAO数据库。

16-14 烟叶总产量、收获面积与单产

国家或地区	总产量(吨)			收获面积(公顷)			单产(千克/公顷)		
	2010年	2021年	2022年	2010年	2021年	2022年	2010年	2021年	2022年
世　界	**6913141**	**5882621**	**5780940**	**3949255**	**3172240**	**3136777**	**1751**	**1854**	**1843**
印　度	690000	764999	772152	444280	425141	425296	1553	1799	1816
巴　西	787817	744173	667293	449629	349389	325163	1752	2130	2052
美　国	325766	207800	202920	136582	86550	81650	2385	2401	2485
印度尼西亚	135700	245338	225579	216300	219082	204933	627	1120	1101
津巴布韦	109737	162370	166919	94175	99029	105227	1165	1640	1586
赞比亚	31880	46814	38738	59988	26720	21491	531	1752	1803
巴基斯坦	119323	168165	133562	55800	54860	62374	2138	3065	2141
坦桑尼亚	60900	58508	61636	78930	97914	107142	772	598	575
阿根廷	132870	97707	95639	67674	48597	47308	1963	2011	2022
莫桑比克	66983	82515	95517	60553	69415	80041	1106	1189	1193
孟加拉国	55288	89002	92326	38270	40307	40600	1445	2208	2274
马拉维	172922	98692	103806	165577	77785	81256	1044	1269	1278
朝　鲜	72000	86619	86871	50000	58714	59027	1440	1475	1472
土耳其	53018	73000	82250	81334	68661	75051	652	1063	1096
老　挝	83795	26238	23840	8355	3925	3780	10029	6685	6307
泰　国	59540	66626	66468	31198	20009	19911	1909	3330	3338
菲律宾	40530	50931	47730	29706	28624	29062	1364	1779	1642
意大利	89112	41010	30850	27829	12860	10970	3202	3189	2812
乌干达	27138	32677	32965	20359	22354	22468	1333	1462	1467
波　兰	34782	20750	16610	15721	9570	7990	2213	2168	2079
危地马拉	26907	30058	30191	12790	14288	14359	2104	2104	2103
西班牙	33410	26020	19940	10527	7890	6020	3174	3298	3312
希　腊	22000	19370	13910	16040	10760	8070	1372	1800	1724
越　南	56530	30826	34872	31484	12869	13753	1796	2395	2536
韩　国	33910	28603	28649	13714	11871	11884	2473	2410	2411
缅　甸	59600	29556	26971	16997	14900	13526	3507	1984	1994
北马其顿	30280	24329	25978	20300	15457	15044	1492	1574	1727
也　门	23178	39650	41709	10341	9765	10433	2241	4060	3998
哥伦比亚	10760	4017	4238	10209	2140	2312	1054	1877	1833
伊　朗	14145	21606	21497	9586	10571	10598	1476	2044	2028
加拿大	34904	27776	27787	12723	9791	9801	2743	2837	2835
古　巴	20500	21927	19040	20256	13811	12115	1012	1588	1572
日　本	29300	14237	8782	15000	5661	3602	1953	2515	2438
墨西哥	6983	17824	16511	4004	7195	6636	1744	2477	2488
保加利亚	41056	6050	3820	24518	3780	2420	1675	1601	1579
南　非	12300	11500	10000	3950	4700	4300	3114	2447	2326
柬埔寨	14625	7100	7100	10062	5328	5448	1454	1333	1303
多米尼加	8066	9836	10116	12579	7045	7405	641	1396	1366
叙利亚	20150	14187	9808	12958	7978	6335	1555	1778	1548
阿尔及利亚	7604	9427	10256	4219	4415	4412	1802	2135	2325
肯尼亚	14156	10684	10663	18780	15199	15202	754	703	701
厄瓜多尔	7911	10883	10232	4461	9085	7466	1773	1198	1370
克罗地亚	8491	7380	6300	4119	3490	3040	2061	2115	2072
法　国	18428	3320	3170	7081	1310	1170	2603	2534	2709
黎巴嫩	9800	8849	9905	8344	7448	8146	1175	1188	1216
科特迪瓦	9527	8010	7915	18487	15653	15483	515	512	511
匈牙利	8972	5640	3680	6178	3070	2830	1452	1837	1300
塞尔维亚	10440	10097	6601	5828	5803	5145	1791	1740	1283
智　利	7950	3925	2584	2509	1414	919	3168	2776	2812
喀麦隆	5516	6416	6385	3796	4230	4256	1453	1517	1500

资料来源：联合国FAO数据库。

16-15 茶叶总产量、收获面积与单产

国家或地区	总产量(吨)			收获面积(公顷)			单产(千克/公顷)		
	2010年	2021年	2022年	2010年	2021年	2022年	2010年	2021年	2022年
世　界	**19497885**	**30265018**	**29760668**	**3153931**	**5184984**	**5268337**	**6182**	**5837**	**5649**
印　度	4309000	5864000	5969000	579000	585885	587219	7442	10009	10165
肯尼亚	1735000	3050000	2326000	171916	249760	250800	10092	12212	9274
斯里兰卡	1760000	1800000	1400000	221969	266509	267187	7929	6754	5240
土耳其	1305566	1450000	1300000	75864	82247	83200	17209	17630	15625
越　南	834600	1091073	1116746	113200	111196	112204	7373	9812	9953
印度尼西亚	654000	599000	595000	124573	102078	100517	5250	5868	5919
缅　甸	94500	99199	98766	79318	91100	92166	1191	1089	1072
阿根廷	402000	336130	355144	37221	33336	34861	10800	10083	10187
日　本	370000	340000	304000	46800	38000	36900	7906	8947	8239
伊　朗	121041	113899	93479	29464	16512	16512	4108	6898	5661
孟加拉国	261000	410000	440000	52236	54936	56646	4997	7463	7768
乌干达	214000	400000	326000	25000	43369	35191	8560	9223	9264
布隆迪	37875	50400	50400	8213	8436	8203	4612	5975	6144
泰　国	67241	106457	109194	19459	20554	21123	3456	5179	5169
马拉维	224000	242500	207600	20829	20029	16989	10754	12108	12220
坦桑尼亚	144000	140000	110000	11410	20753	16647	12621	6746	6608
莫桑比克	28995	4850	5119	17958	4042	4048	1615	1200	1265
卢旺达	97000	149627	160420	13549	26309	32800	7159	5687	4891
津巴布韦	61000	74000	63000	4397	5129	4352	13872	14429	14477
尼泊尔	72000	118300	107400	17127	16017	18700	4204	7386	5743
中国台湾	17467	11883	11800	14530	11890	10664	1202	999	1107
马来西亚	19738	7078	15883	2459	1970	3452	8027	3593	4602
埃塞俄比亚	7567	10381	10406	7465	10166	10259	1014	1021	1014
老　挝	2600	967	16800	2415	462	7640	1077	2093	2199
巴布亚新几内亚	6217	5555	5522	4173	3803	3786	1490	1461	1459
喀麦隆	5533	5522	5506	2118	2080	2074	2612	2655	2655
秘　鲁	3214	1781	1799	2216	2029	2035	1450	878	884
刚果(金)	2479	4080	2981	7549	36201	26449	328	113	113
格鲁吉亚	3500	2900	2500	3247	2679	2317	1078	1083	1079
韩　国	2312	2388	2376	2172	2184	2184	1065	1094	1088
南　非	1647	1807	1806	777	877	843	2118	2062	2143
毛里求斯	7720	5034	6351	698	669	659	11060	7525	9637
厄瓜多尔	1608	1570	1568	846	840	837	1901	1870	1873
玻利维亚	1339	1209	1199	262	279	276	5112	4330	4348
阿塞拜疆	545	1178	1001	579	696	823	941	1691	1216
赞比亚	842	952	948	598	683	687	1407	1394	1381
萨尔瓦多	450	682	684	225	342	342	2000	1994	2002
危地马拉	628	552	551	1244	1168	1167	505	472	473
俄罗斯	370	229	81	1400	360	274	264	637	297
巴　西	18400	2019	2013	2399	207	207	7670	9754	9725
马达加斯加	381	395	397	592	1052	1052	643	376	377
哥伦比亚	134	223	226	55	89	90	2436	2500	2500
黑　山	100	100	100	125	124	124	800	805	806

资料来源：联合国FAO数据库。

16-16 牲畜存栏数(2022年)

单位：万头、万只

国家或地区	牛	马	山羊	绵羊	猪
世　界	**175666**	**6058**	**114539**	**132154**	**97897**
孟加拉国	2621		6000	210	
印　度	30546	27	14999	7535	853
印度尼西亚	1978	39	1940	1562	728
伊　朗	576	13	1831	5558	
以 色 列	58	0	14	55	14
日　本	399	1	2	2	895
哈萨克斯坦	855	386	230	1948	71
朝　鲜	57	5	394	17	241
韩　国	412	3	26	0	1111
马来西亚	79	0	33	14	167
蒙　古	551	482	2757	3275	3
缅　甸	1250	11	220	45	700
巴基斯坦	9711	38	8250	3197	
菲 律 宾	535	25	391	3	943
斯里兰卡	145	0	37	1	10
泰　国	536	1	47	4	773
越　南	857	5	285		2468
埃　及	447	9	101	208	2
尼日利亚	2091	10	8804	5028	951
南　非	1220	33	514	2143	132
加 拿 大	1152	40	3	82	1417
墨 西 哥	3634	641	882	881	1922
美　国	9208	1031	255	507	7440
阿 根 廷	5424	246	413	1246	557
巴　西	23595	583	1237	2151	4439
委内瑞拉	1664	53	139	63	319
白俄罗斯	421	2	5	8	251
捷　克	139	4	2	17	133
法　国	1699	29	131	660	1218
德　国	1101		16	152	2137
意 大 利	647		101	657	874
荷　兰	375		57	72	1071
波　兰	645	16	6	27	962
罗马尼亚	185		148	1025	333
俄 罗 斯	1766	130	181	1915	2619
西 班 牙	646		246	1445	3407
土 耳 其	1702	7	1158	4469	0
乌 克 兰	264	18	49	61	561
英　国	963	43	11	3307	519
澳大利亚	2440	25	401	7023	260
新 西 兰	1003	3	9	2533	28

资料来源：联合国FAO数据库。

16-17 肉类产量(2022年)

单位：万吨

国家或地区	肉类总产量	#猪肉	#牛肉	#羊肉	#禽肉
世 界	**36061.8**	**12258.5**	**7625.0**	**1664.0**	**13921.9**
美 国	4753.1	1225.2	1289.0	7.1	2203.0
巴 西	3039.8	518.6	1035.0	14.7	1469.1
俄罗斯	1224.5	453.2	162.1	21.0	530.8
德 国	702.7	449.2	99.5	3.2	150.7
印 度	1064.4	31.8	435.0	83.1	495.1
墨西哥	789.1	173.0	217.6	10.8	380.0
西班牙	756.2	506.6	73.2	13.0	158.5
法 国	510.6	215.2	136.1	8.5	147.8
阿根廷	634.0	72.3	313.3	4.7	236.1
越 南	473.0	310.2	33.1	2.2	124.9
波 兰	509.1	180.5	54.1	0.1	273.4
澳大利亚	447.1	43.6	187.8	73.5	139.7
加拿大	521.4	226.3	137.9	1.7	153.1
日 本	416.3	129.3	49.1	0.0	237.2
英 国	422.1	104.3	92.5	29.1	195.2
意大利		125.5		3.2	120.7
巴基斯坦	524.9		245.4	78.2	198.2
南 非	353.4	35.2	100.8	16.1	195.8
菲律宾	290.8	121.6	18.3	3.1	145.9
土耳其	467.0		158.6	60.5	247.6
印度尼西亚	498.6	26.3	52.0	11.8	408.3
伊 朗	270.3		30.0	29.4	210.1
缅 甸	111.7	28.5	13.7	1.2	68.3
荷 兰	300.0	168.4	42.2	1.9	
泰 国	296.1	89.1	15.6	0.2	191.3
哥伦比亚	306.5	51.7	71.8	0.1	182.0
韩 国	272.7	141.9	33.0	0.1	97.2
乌克兰	220.6	65.9	26.9	1.1	125.3
埃 及	340.7	0.1	61.1	6.3	263.8
马来西亚	191.3	19.6	3.4	0.4	167.8
秘 鲁	225.6	18.1	19.3	3.8	180.2
丹 麦	188.3	160.9	12.0	0.1	15.2
比利时	172.4	103.2	23.8	0.3	
智 利	156.0	57.6	19.1	1.4	76.9
新西兰	145.6	4.5	72.8	43.9	22.1
尼日利亚	165.2	36.3	32.9	42.5	35.5
中国台湾	158.6	80.5	0.8	0.1	77.0
摩洛哥	117.4	0.1	25.7	19.4	64.5
委内瑞拉	96.8	11.4	42.0	1.0	42.4

资料来源：联合国FAO数据库。

16-18 鸡蛋产量

单位：万吨

国家或地区	2000年	2005年	2010年	2015年	2020年	2021年	2022年
世　界	**5113.3**	**5667.9**	**6422.1**	**7212.9**	**8667.0**	**8638.8**	
美　国	501.7	535.0	543.7	575.7	660.8	664.4	
印　度	203.5	256.8	337.8	431.7	629.2	671.0	
墨西哥	178.8	202.5	238.1	265.3	301.6	304.7	
日　本	253.5	248.1	251.5	252.1	263.3	257.4	
俄罗斯	189.5	205.0	226.1	235.7	249.2	249.6	
巴　西	150.9	167.5	194.8	226.1	326.1	331.7	
印度尼西亚	64.2	85.7	112.1	137.3	504.4	515.6	
伊　朗	58.0	75.9	76.7	77.7	75.6	78.3	
土耳其	84.4	75.3	74.0	104.5	123.7	120.6	
法　国	98.8	93.0	94.7	97.0	98.5		
乌克兰	49.7	74.8	97.4	96.0	92.4	80.4	
马来西亚	39.1	44.2	58.7	77.9	80.7	81.3	
德　国	90.1	79.5	66.2	80.1	84.0	97.7	
西班牙	65.8	70.8	81.2	80.5	91.3		
哥伦比亚	38.6	49.2	58.5	72.9	98.3	102.2	
巴基斯坦	34.4	40.1	55.6	72.1	94.6	100.0	
意大利	68.6	72.2	73.7	70.7	69.3		
英　国	56.9	60.9	65.8	69.9	77.4	80.6	
荷　兰	66.8	60.7	67.0	66.1			
韩　国	47.9	51.5	59.0	72.4	73.5	73.6	
阿根廷	32.7	38.9	55.4	76.5	87.3	88.5	
泰　国	51.5	46.9	61.3	69.0	71.3	72.2	
波　兰	42.4	53.6	61.8	58.2	64.2		
缅　甸	11.2	18.7	34.2	51.0	57.0	11.1	
埃　及	17.7	23.5	29.1	35.6	45.0	41.3	
尼日利亚	40.0	50.0	60.9	66.0	64.7	57.7	
南　非	32.9	37.5	41.3	52.3	59.4	54.9	
越　南	18.5	19.7	32.1	44.4	47.4	41.1	
菲律宾	24.3	32.0	38.7	44.5	60.6	66.1	
加拿大	37.2	39.9	45.2	49.7	60.4	61.1	
秘　鲁	16.2	18.2	28.5	38.6	49.8	50.4	
孟加拉国	12.5	18.5	18.8	35.4	55.9	55.9	
阿尔及利亚	10.1	17.5	26.0	38.5	30.8	30.5	
中国台湾	36.4	31.6	33.6	38.1	42.3	43.1	
罗马尼亚	26.3	35.5	29.8	31.9	26.1		
沙特阿拉伯	12.8	17.0	21.9	27.5	35.1	34.8	
危地马拉	8.1	19.2	22.0	26.0	27.4	26.8	
摩洛哥	23.5	23.2	24.4	32.5	41.5	41.5	
乌兹别克斯坦	6.8	10.9	17.0	30.9	43.4	43.4	
澳大利亚	14.3	13.9	17.4	22.9	24.1	26.9	
智　利	11.0	12.6	19.1	22.6	22.8	22.9	
哈萨克斯坦	9.4	13.9	20.7	26.4	25.2	24.1	
白俄罗斯	18.2	17.2	19.6	21.1	20.0	19.8	
比利时	19.4	18.0	16.9	14.8	11.5		
委内瑞拉	17.5	17.4	24.2	20.0	16.5	16.4	
以色列	8.8	9.2	10.2	12.2	14.9	16.6	
瑞　典	10.2	10.2	11.1	12.7	14.9	12.8	
匈牙利	17.6	16.5	15.2	14.2	14.0	13.9	

资料来源：联合国FAO数据库，2022年鸡蛋产量数据未发布。

16-19 禽蛋产量

单位：万吨

国家或地区	2000年	2005年	2010年	2015年	2020年	2021年	2022年
世　界	**5518.9**	**6124.7**	**6949.8**	**7813.6**	**9340.8**	**9329.7**	**9317.1**
美　国	501.7	535.0	543.7	575.7	665.9	663.9	652.8
印　度	203.5	256.8	337.8	431.7	671.3	671.0	657.1
墨西哥	178.8	202.5	238.1	265.3	301.6	304.7	310.2
日　本	253.5	248.1	251.5	252.1	263.3	257.4	259.7
巴　西	156.9	174.6	208.7	249.1	343.8	346.2	348.0
俄罗斯	190.3	206.5	227.4	238.8	251.9	251.7	258.6
印度尼西亚	78.3	105.2	136.7	170.5	549.1	589.3	632.3
伊　朗	58.0	75.9	76.7	77.7	75.6	78.3	80.3
土耳其	84.4	75.3	74.0	104.5	123.7	120.6	123.8
法　国	98.8	93.0	94.7	97.0			
泰　国	80.7	77.9	100.8	110.0	110.5	111.4	112.6
乌克兰	50.5	75.6	101.8	97.5	93.9	81.7	69.2
马来西亚	40.1	45.3	60.1	79.5	79.0	83.3	73.6
德　国	90.1	79.5	66.2	80.1	96.7	98.1	98.6
西班牙	66.1	71.0	81.4	80.6			
巴基斯坦	35.1	40.8	56.4	73.6	96.8	102.2	108.0
哥伦比亚	38.6	49.2	58.5	72.9	98.3	102.2	81.3
韩　国	50.0	54.3	62.0	75.7	76.7	76.8	78.5
意大利	68.6	72.2	71.7	70.7			
英　国	58.4	62.5	67.1	71.3	78.5	81.7	64.2
荷　兰	66.8	60.7	67.0	66.1			
阿根廷	32.7	38.9	55.4	76.5	87.3	88.5	84.1
缅　甸	12.2	20.7	38.1	56.2	13.2	13.2	13.2
波　兰	42.4	53.6	61.8	58.2			
孟加拉国	17.8	26.4	26.8	50.2	79.9	79.9	73.9
埃　及	17.7	23.5	29.1	35.6	60.2	65.4	61.4
尼日利亚	40.0	50.0	60.9	66.0	71.1	64.0	66.4
菲律宾	29.7	37.4	42.4	48.7	65.6	71.2	76.4
南　非	32.9	37.5	41.3	52.3	59.4	54.9	56.2
越　南	18.5	19.7	32.1	44.4	47.4	41.1	43.6
加拿大	37.2	39.9	45.2	49.7	60.4	61.1	62.4
秘　鲁	16.2	18.2	28.5	38.6	49.8	50.4	51.1
阿尔及利亚	10.1	17.5	26.0	38.5	30.8	30.5	31.2
中国台湾	39.1	34.4	36.4	40.6	45.0	45.7	45.3
罗马尼亚	28.6	36.6	31.0	32.8			
沙特阿拉伯	12.8	17.0	21.9	27.5	35.0	35.9	37.5
危地马拉	8.1	19.2	22.0	26.0	26.8	26.8	24.9
摩洛哥	23.5	23.2	24.4	32.5	41.5	41.5	39.0
乌兹别克斯坦	6.9	11.0	17.2	31.0	43.6	43.6	45.6
澳大利亚	14.3	13.9	17.4	22.9	24.1	26.9	22.6
智　利	11.0	12.6	19.1	22.6	22.8	22.9	22.0
哈萨克斯坦	9.5	14.1	20.9	26.5	25.4	24.2	25.3
白俄罗斯	18.4	17.4	19.8	21.4	19.8	20.0	19.6
比利时	19.4	18.0	16.9	14.8			
委内瑞拉	17.5	17.4	24.2	20.0	17.1	16.4	17.8
匈牙利	18.0	16.9	15.6	14.6			
以色列	8.8	9.2	10.2	12.2	14.9	16.6	17.1
瑞　典	10.2	10.2	11.1	13.0	14.9	12.8	
葡萄牙	11.8	11.9	13.2	14.5	14.6	14.2	15.0

资料来源：联合国FAO数据库。

16-20 奶类产量

单位：万吨

国家或地区	2000年	2005年	2010年	2015年	2020年	2021年	2022年
世　界	**57915.9**	**64952.3**	**72533.9**	**81766.9**	**92128.9**	**94061.0**	**93029.5**
印　度	7967.5	9563.1	12185.7	15549.1	20996.8	22110.0	21377.9
美　国	7595.3	8028.3	8752.1	9464.5	10131.8	10267.1	10274.7
巴基斯坦	2622.4	3019.5	4358.4	5195.2	5870.2	6059.8	6255.8
巴　西	2064.5	2564.8	3188.4	3590.1	3666.8	3652.7	3594.4
德　国	2835.3	2848.1	2964.6	3270.8	3318.9		
俄罗斯	3227.6	3114.7	3184.1	3079.1	3221.9	3233.3	3297.8
法　国	2388.5	2393.8	2420.6	2593.5	2628.9	2582.9	2502.9
新西兰	1223.5	1463.8	1701.0	2193.9	2187.1	2188.6	2105.1
土耳其	979.4	1110.8	1354.4	1865.5	2350.4	2320.0	2156.3
英　国	1448.8	1447.3	1407.1	1532.4	1568.6	1567.0	1554.1
荷　兰	1115.5	1084.7	1180.5	1355.1	1493.2	1460.8	1497.9
波　兰	1189.0	1194.6	1229.8	1325.3	1483.1	1489.0	1521.8
墨西哥	948.7	1008.2	1121.7	1195.6	1316.5	1346.5	1372.8
意大利	1329.9	1186.3	1113.5	1178.5	1351.0	1399.8	1397.2
乌克兰	1265.8	1371.4	1124.9	1061.5	926.4	871.4	776.8
阿根廷	1012.1	990.9	1061.7	1242.3	1144.7	1190.0	1190.4
乌兹别克斯坦	353.7	455.5	617.3	902.7	1093.0	1124.3	1159.9
澳大利亚	1084.7	1012.7	902.3	948.9	909.9	906.7	845.0
加拿大	816.1	780.6	791.1	843.0	964.1	980.7	974.3
日　本	849.7	828.5	772.0	737.9	743.8	759.2	761.7
白俄罗斯	449.0	567.6	662.5	704.7	776.5	782.6	788.8
爱尔兰	516.0	506.1	532.7	658.5	856.1	904.0	910.8
伊　朗	588.9	717.9	743.8	641.3	836.4	879.4	834.3
西班牙	693.7	725.0	746.5	786.5	868.6	870.3	848.3
哥伦比亚	614.8	632.0	628.5	677.4	707.1	699.3	742.1
丹　麦	472.0	458.4	490.9	535.6	566.6	564.4	566.4
哈萨克斯坦	373.7	477.1	538.1	518.2	605.1	624.7	636.7
肯尼亚	273.7	423.0	485.0	455.6	552.5	605.3	567.6
埃　及	378.3	521.0	577.5	524.5	564.3	623.1	572.4
罗马尼亚	462.2	555.2	461.6	467.7	436.3	430.0	426.2
苏　丹				445.2	465.5	463.4	466.5
阿尔及利亚	197.4	255.4	325.7	351.1	335.5	326.4	332.1
瑞　士	384.6	389.4	410.6	407.0	381.0	384.0	374.0
比利时	369.1	303.0	307.5	400.7	450.2	448.1	461.8
奥地利	325.7	313.6	328.6	356.9	385.2	386.7	398.0
南　非	230.6	304.4	312.3	353.8	385.3	382.5	377.1
埃塞俄比亚	102.6	232.1	440.6	354.7	505.7	420.0	448.4
南苏丹				322.5	313.3	366.0	344.9
捷　克	278.1	281.3	268.3	302.6	326.8	331.0	334.0
瑞　典	334.8	320.8	290.2	293.3	277.3	278.2	276.5
沙特阿拉伯	95.3	129.6	182.7	237.6	290.6	291.8	285.0
摩洛哥	125.9	148.0	204.8	261.2	271.8	266.8	215.2
缅　甸	73.7	97.8	159.3	236.0	91.2	91.2	91.2
芬　兰	245.0	243.3	233.6	243.6	240.7	231.5	225.9
叙利亚	167.3	235.8	224.2	214.4	215.4	205.1	203.0
索玛利亚	210.5	228.6	244.5	219.5	219.3	217.4	215.7
葡萄牙	220.3	219.5	202.8	215.0	209.9	210.0	203.1
乌拉圭	142.2	166.8	182.1	224.7	227.1	234.2	228.7
阿塞拜疆	103.1	125.2	153.6	192.5	219.2	222.3	226.5
厄瓜多尔	181.5	172.9	215.5	185.6	179.3	187.2	187.2
智　利	200.0	231.0	254.0	209.7	235.1	234.5	229.3

注：资料来源：联合国FAO数据库。

16-21 鱼类产量

单位：吨

国家或地区	鱼类总计		海域		内陆水域	
	2020年	2021年	2020年	2021年	2020年	2021年
印　度	14164000		4804248		9359752	
秘　鲁	5819039		5741744		77295	
印度尼西亚	21834396		17948471		3885925	
智　利	3688254		3686326		1928	
俄罗斯	5372211		4903393		468818	
越　南	8036572		4953934		3082638	
美　国	4701771		4446372		255399	
缅　甸	2998582		1074480		1924102	
挪　威	4093986		4093500		486	
日　本	4211428		4160287		51140	
菲律宾	4237686		3805173		432512	
孟加拉国	4503371		902684		3600687	
泰　国	2617847		2080391		537456	
韩　国	3703318		3677811		25507	
墨西哥	1790586		1566996		223590	
马来西亚	1793021		1690186		102835	
冰　岛	1075309		1074819		490	
巴　西	1339591		562752		776839	
摩洛哥	1399151		1382846		16305	
埃　及	2010579		453359		1557220	
西班牙	1080966		1055701		25266	
丹　麦	775519		739278		36240	
尼日利亚	1044812		428813		615999	
阿根廷	839674		818166		21508	
巴基斯坦	655245		344685		310560	
加拿大	910687		877882		32805	
英　国	847043		836121		10922	
土耳其	785822		624467		161355	
厄瓜多尔	1409760		1396039		13721	
南　非	612456		610096		2361	
柬埔寨	933260		143320		789940	
乌干达	690158				690158	
塞内加尔	452848		421757		31091	
新西兰	483089		481023		2066	
法　国	657222		615025		42197	
法罗群岛	735345		735345			
纳米比亚	329936		327098		2837	
荷　兰	345027		338852		6175	
斯里兰卡	429162		335624		93538	
加　纳	420371		275448		144923	
安哥拉	379407		367567		11840	
德　国	244353		208689		35664	
爱尔兰	246253		245564		689	
波　兰	254090		188001		66089	
乌克兰	87213		41934		45278	
巴布亚新几内亚	223899		208599		15300	
意大利	264550		224231		40318	
巴拿马	191584		190670		914	
瑞　典	191733		174623		17110	

资料来源：联合国FAO数据库，2021年鱼类数据未发布。

16-22 每公顷耕地化肥施用量(2022年)

单位：千克

国家或地区	化肥施用总量	氮肥	磷肥	钾肥
世　界	**113.1**	**65.4**	**26.0**	**21.7**
孟加拉国	349.2	171.2	120.6	57.5
印　度	177.6	120.2	47.1	10.2
印度尼西亚	121.9	65.8	12.8	43.3
伊　朗	61.0	51.4	6.3	3.4
以色列	151.2	62.5	12.3	76.5
日　本	183.7	65.7	74.5	43.6
哈萨克斯坦	3.9	2.4	1.3	0.1
韩　国	281.1	158.6	56.1	66.5
马来西亚	160.6	42.9	19.1	98.7
缅　甸	21.1	7.8	7.0	6.3
巴基斯坦	143.5	118.5	24.0	1.0
菲律宾	142.7	71.5	35.9	35.3
斯里兰卡	89.1	50.3	5.8	33.0
泰　国	82.0	50.8	8.9	22.3
越　南	242.1	151.2	55.3	35.6
埃　及	411.4	328.2	63.8	19.4
尼日利亚	6.0	2.7	1.8	1.5
南　非	79.6	39.3	23.3	17.0
加拿大	108.9	64.3	26.7	17.9
墨西哥	72.1	45.4	17.0	9.7
美　国	107.6	59.1	23.7	24.8
阿根廷	61.8	40.0	19.9	1.8
巴　西	301.8	96.2	90.5	115.2
委内瑞拉	40.1	34.9	2.6	2.6
白俄罗斯	192.3	81.2	17.3	93.8
捷　克	152.1	128.5	14.8	8.7
法　国	101.5	79.3	11.0	11.2
德　国	93.9	68.0	8.8	17.1
意大利	85.2	60.2	10.3	14.7
荷　兰	132.0	91.1	9.3	31.5
波　兰	124.7	63.2	25.1	36.4
罗马尼亚	86.1	53.3	23.1	9.7
俄罗斯	27.8	17.6	5.9	4.3
西班牙	77.1	44.4	14.4	18.3
土耳其	97.0	66.2	25.3	5.5
乌克兰	54.2	36.0	9.6	8.7
英　国	151.4	114.2	12.8	24.5
澳大利亚	86.6	54.7	25.9	6.1

资料来源：联合国FAO数据库。

16-23 土地利用情况(2022年)

单位：千公顷

国家或地区	国土面积	陆地面积	农业用地	耕地与多年生作物			永久性草场
					耕地面积	多年生作物	
世　界	**14085413.6**	**13015161.8**	**4781220.8**	**1573345.1**	**1383835.5**	**189390.4**	**3207689.8**
孟加拉国	14757.0	13017.0	9418.0	8818.0	7878.0	940.0	600.0
印　度	328726.0	297319.0	178527.9	168047.9	154447.9	13600.0	10480.0
印度尼西亚	191690.7	189255.5	56388.7	45388.7	17941.0	27447.7	11000.0
伊　朗①	174515.0	162250.0	47067.0	17590.0	15699.0	1891.0	29477.0
以色列②	2207.0	2164.0	638.6	474.6	372.5	102.1	164.0
日　本③	37796.9	36450.0	4635.0	4325.0	4066.0	259.0	310.0
哈萨克斯坦	272490.2	269970.0	214265.7	29801.7	29669.7	132.0	184464.0
朝　鲜	12054.0	12041.0	2594.3	2544.3	2295.0	249.3	50.0
韩　国	10044.0	9760.0	1584.0	1528.0	1320.0	208.0	56.0
马来西亚	33041.1	32855.0	8571.0	8285.3	825.3	7460.0	285.0
蒙　古	156411.6	155750.7	112000.3	1139.9	1134.6	5.3	110860.4
缅　甸	67659.0	65267.0	12980.0	12500.0	10990.0	1510.0	480.0
巴基斯坦	79610.0	77088.0	35947.0	30947.0	30230.0	717.0	5000.0
菲律宾	30000.0	29817.0	12683.0	11183.0	5590.0	5593.0	1500.0
斯里兰卡	6561.0	6186.0	2812.0	2372.0	1372.0	1000.0	440.0
泰　国	51312.0	51089.0	23500.0	22700.0	17150.0	5550.0	800.0
越　南	33134.0	31342.9	12315.0	11673.0	6754.0	4920.0	642.0
埃　及	100145.0	99545.0	4058.0	4058.0	3103.0	955.0	
尼日利亚	92377.0	91077.0	69808.2	44636.2	36872.0	7764.2	25172.0
南　非	121909.0	121309.0	96341.0	12413.0	12000.0	413.0	83928.0
加拿大	1563441.0	878870.0	57077.0	38517.0	38346.0	172.0	18560.0
墨西哥	196437.5	194395.0	96023.0	21911.0	18987.0	2924.0	74112.0
美　国	983151.0	914742.0	412412.8	154739.6	151591.9	3147.7	257673.2
阿根廷	278040.0	273669.0	118848.4	44167.4	43099.4	1068.0	74681.0
巴　西	851041.8	835814.0	222895.4	63397.9	55642.1	7755.8	159497.5
委内瑞拉	91205.0	88205.0	21500.0	3300.0	2600.0	700.0	18200.0
白俄罗斯	20763.0	20299.0	8094.0	5696.0	5606.0	90.0	2398.0
捷　克	7887.1	7717.2	3530.4	2527.7	2479.3	48.4	1002.7
法　国	54908.7	54755.7	28304.5	19683.9	18653.1	1030.8	8620.6
德　国	35760.0	34936.0	16595.0	11860.0	11657.0	203.0	4733.0
意大利	30207.0	29572.0	13000.8	9471.1	7084.5	2386.6	3529.7
荷　兰	4154.0	3367.0	1804.0	1042.0	1004.0	38.0	763.0
波　兰④	31272.0	30609.0	14176.0	11545.0	11165.0	380.0	2631.0
罗马尼亚	23840.0	23008.0	12678.0	8605.0	8211.0	394.0	4073.0
俄罗斯⑤	1709825.0	1637687.0	215494.0	123442.0	121649.0	1793.0	92052.0
西班牙	50597.8	49971.4	26663.4	16777.5	11690.6	5087.0	9885.8
土耳其	78535.0	76963.0	38482.0	23864.0	20194.0	3671.0	14617.0
乌克兰⑥	60355.0	57940.0	41311.0	33777.0	32924.0	853.0	7534.0
英　国	24361.0	24193.0	16831.7	6039.9	5997.4	42.5	10791.8
澳大利亚	774122.0	769202.0	363519.0	31650.0	31265.0	385.0	331869.0
新西兰	26771.0	26331.0	9747.0	605.0	533.0	72.0	9142.0

资料来源：联合国FAO数据库。

注:①永久性草场是指条件好及条件一般的牧场，不包括条件差的牧场。②国土面积和陆地面积均包括戈兰高地。③永久性草场包括在耕地中。④农业用地仅包括被农业相关物品占用土地。⑤国土面积不包括白海和亚速海面下土地。⑥国土面积不包括亚速海面下土地。

16-24　中国农业主要指标居世界的位次

指　　标	1978年	1980年	1990年	2000年	2005年	2010年	2020年	2021年	2022年
农村人口			1	1	1	1	2	2	2
耕地面积	4	4	4	3	3	3	4	4	4
谷物产量	2	1	1	1	1	1	1	1	1
小麦产量	2	3	2	1	1	1	1	1	1
稻谷产量	1	1	1	1	1	1	1	1	1
玉米产量	2	2	2	2	2	2	2	2	2
大豆产量	3	3	3	4	4	4	4	4	4
油菜籽产量	2	2	1	1	1	1	2	1	2
花生产量	2	2	2	1	1	1	1	1	1
籽棉产量	2	2	1	1	1	1	1	1	1
甘蔗产量	7	5	4	3	3	3	3	3	3
茶叶产量	2	2	2	2	1	1	1	1	1
肉类产量①	3	3	1	1	1	1	1	1	1
牛奶产量	34	35	20	17	5	3	5	3	4
羊毛产量	5	4	4	2	2	1	1	1	1

注：①1990年以前为猪、牛、羊肉产量的比重。
资料来源：联合国FAO数据库。

16-25　中国农业主要指标占世界的比重

单位：%

指　　标	1978年	1980年	1990年	2000年	2005年	2010年	2020年	2021年	2022年
农村人口	30.1	29.7	28.5	25.3	23.0	20.8	14.9	14.6	14.9
耕地面积	7.2	7.2	8.8	8.8	8.5	8.0	7.9	7.8	7.8
谷物产量	17.3	18.1	20.7	19.8	18.9	20.5	20.6	20.6	20.7
小麦产量	12.1	12.5	16.6	17.0	15.6	17.7	17.6	17.8	17.0
稻谷产量	36.4	36.0	37.0	31.7	28.7	29.4	28.0	27.0	26.9
玉米产量	14.2	15.8	20.1	17.9	19.6	21.0	22.4	22.5	23.8
大豆产量	10.1	9.8	10.2	9.6	7.6	6.6	5.5	4.4	5.8
油菜籽产量	17.7	22.2	28.5	28.8	26.1	22.2	19.4	20.6	17.8
花生产量	13.4	21.8	27.9	41.8	37.4	41.7	33.5	33.9	33.8
籽棉产量	16.8	19.7	25.0	25.0	24.6	26.2	25.9	23.4	26.0
甘蔗产量	3.8	4.4	6.0	5.5	6.7	6.6	5.8	5.7	5.4
茶叶产量	16.3	17.3	22.3	23.8	26.3	32.5	41.7	45.5	48.8
肉类产量①	8.7	10.8	16.9	26.6	27.4	27.6	23.0	25.2	25.8
牛奶产量	0.3	0.3	0.9	1.8	5.1	5.7	4.0	4.2	4.3

注：①1990年以前为猪、牛、羊肉产量的比重。
资料来源：联合国FAO数据库。

如何使用《中国农村统计年鉴》

如何使用《中国农村统计年鉴》

为了使广大读者更好地使用《中国农村统计年鉴》，我们编写了《如何使用农村统计年鉴》一章，主要对农村统计制度方法进行了概述，对各章资料的来源进行说明，对主要统计指标的统计含义和口径作了诠注。

一、农村统计制度方法概述

改革开放以来，为适应农村社会经济发展变化的要求，国家统计局不断推进农村统计调查方法制度改革创新，大力推动现代信息技术的业务化应用，已初步建立起“天空地”立体化的农作物对地抽样调查体系，构建了规范的畜牧业统计调查网络，全部现行业务已实现全国一体的联网直报和数据处理。建立了面向农业农村社会经济发展，瞄准国际先进水平，以普查为基础，以抽样调查为主体，辅之以全面统计、部门统计、重点调查、统计核算等多种方法综合运用的不断完善的方法制度体系。当前主要统计调查项目包括全国农业普查、主要农产品产量调查、农产品价格调查、主要农产品中间消耗调查、农业核算、县域社会经济基本情况统计等部分，并建立了农情观察员联系制度作为常规统计调查的补充。

（一）农业普查

农业普查是农村统计调查的基础，更是利国利民的大事。通过普查，查清我国农业、农村、农民基本情况，反映农村发展新面貌和农民生活新变化，为科学制定“三农”政策、保障国家粮食安全、促进我国实现农业农村现代化、新型城镇化、乡村振兴、全面建成小康社会提供准确的统计信息支持。通过普查，建立完备的普查对象信息库，为常规统计调查提供基础，确保农村统计调查持续提供全面、及时、准确的统计数据服务。

我国在 1996 年开展了第一次全国农业普查，随后按照国家《农业普查条例》的规定，每 10 年为一轮，在逢 6 的年份，分别于 2006 年、2016 年实施了第二次、第三次全国农业普查。第三次全国农业普查组织动员了普查员、普查指导员和各级普查机构的工作人员近 400 万人，共调查了 4 万个乡级行政单位，60 万个村级单位，2.3 亿农户，组织 5 万多名工作人员对粮食、棉花等大宗农作物播种面积进行卫星遥感测量，完成了 10 多万景卫星遥感数据处理，实地调查了 11 万个样方和 2 万多个抽中普查区，实施了 2700 多架次整村无人机飞行测量，掌握了全国主要农作物种植空间分布，取得了全国各省（区、市）及种植大县主要农作物种植面积数据。第三次全国农业普查的成功，标志着我国农村统计事业进入了新的发展阶段。

（二）抽样调查

抽样调查是常规农村统计调查的主要方法，在农业生产经营方面，包括主要农作物调查、主要畜禽监测调查、农产品生产者价格调查；在农村住户方面，包括住户收支与生活状况调查。

1. 主要农作物调查。包括稻谷、小麦、玉米等主要粮食作物，以及棉花等主要经济作物。1962 年经国务院批准，国家统计局成立了农产量调查队，借鉴印度抽样调查经验，开展了粮食作物单位面积产量抽样调查。即对经过省、县、乡（公社）、村（生产队）多阶段抽样得到的地块样本上的实测作物进行收割、脱粒、晾晒、测量等流程获取调查数据，推算总体的实测作物的单位面积产量。这种抽样调查方法称为“实割实测”，也是现行调查制度在实测作物单位面积产量调查中沿用的方法。从 1983 年国家恢复农产量抽样调查至今，随着农业普查的开展，国际先进经验的借鉴，以及抽样技术、计算机网络技术、空间信息技术的应用，主要农作物调查在抽样设计、调查对象、调查手段等方面取得了显著发展和完善。目前，实测作物的面积抽样调查与推算已经基本完成了遥感等空间信息技术的引入，实现了抽样调查的技术升级。正在积极探索空间信息技术在长势监测和实测产量中的应用，力争实现新的技术突破。主要农作物抽样调查的推算结果包括全国及各省（自治区、直辖市）的实测作物面积和产量，以及粮食大县的粮食作物面积和产量。

2．主要畜禽监测调查。包括猪、牛、羊、禽的存栏、出栏、肉产量、出售价格及期内增减情况。另外，猪牛羊存栏中包含了母畜的存栏情况；生猪存栏中包含了分月龄的仔猪情况。国家统计局从2008年起开展主要畜禽监测调查。调查方法是以省为总体的抽样调查，其中对规模以上养殖场（户）实行全数调查，对规模以下养殖场（户）（含普通养殖户，下同）实行抽样调查，按季上报。调查内容是猪、牛、羊、禽的存栏、出栏、产品产量及出售价格等情况。调查对象是全国 31 个省（区、市）范围内的畜禽养殖场（户）。

生猪调出大县监测调查是国家统计局从 2019 年起开展的以县为总体的抽样调查，其中对规模以上养殖场（户）实行全数调查，对规模以下养殖场（户）实行抽样调查，按月上报。调查内容是猪的存栏、出栏、产品产量及出售价格等情况。调查对象是全国 500 多个生猪调出大县的生猪养殖场（户）。上述两项调查的调查对象约 70 万个。

3．农产品生产者价格调查。农产品生产者价格是指农产品生产者第一手（直接）出售其产品时实际获得的单位产品价格，调查的推算结果是全国及各省（区、市）主要农产品生产者平均价格、全国农产品生产者价格综合指数及农、林、牧、渔业分类指数。采取抽样调查和重点调查相结合的方法，由选中的农业生产单位或农户记录台账，通过联网直报平台按季上报。调查内容包括农产品生产者在报告期出售的农产品名称、产品代码、计量单位、出售数量、金额、单价及相应的基期价格。调查农产品包括农、林、牧、渔业 4 大类，40 个类别，180 多种代表品。调查对象是由国家和各省确定的省级农产品类别或代表品的生产者，包括 2 万多个农业生产经营单位和农户。

4．住户收支与生活状况调查。2012 年之前，该调查是在我国的城镇和农村分别组织实施，城镇统计居民可支配收入，农村统计农民纯收入。从 2012 年四季度起，国家统计局实施了城乡住户调查一体化改革，统一了城乡居民收入指标名称、分类和统计标准，建立了城乡统一的全国住户收支与生活状况调查。调查对象是我国境内的住户，既包括以家庭形式居住的住户，也包括以集体形式居住的住户。无论户口性质和户口登记地，所有居民均以户为单位，在常住地参加调查。

住户调查的内容包括城乡居民的收入和消费情况，同时反映居民就业、社会保障参与、住房状况、家庭经营和生产投资以及收入分配情况等。样本抽选方法是以省为总体，采用分层、多阶段、与人口规模大小成比例的概率抽样方法，随机抽选调查住宅，确定调查户样本。全国共抽选出 1800 个县(市、区)的 1.6 万个调查小区，对抽中小区中的 160 多万户进行全面摸底调查，在此基础上随机等距抽选出约 16 万住户参加记账调查。调查的主要推算结果是住户人均可支配收入。

在使用住户调查资料时,需注意数据的变化情况。2013 年及以后新口径的城镇和农村居民人均可支配收入等数据的覆盖人群主要变化：一是计算城镇居民人均可支配收入时分母包括了在城镇地区常住的农民工，计算农村居民人均可支配收入时分母不包括在城镇地区常住的农民工；二是由本户供养的在外大学生视为常住人口。新口径的城镇居民和农村居民人均可支配收入及消费等的指标口径变化主要是：计算城镇居民和农村居民人均可支配收入和消费支出时，包括了自有住房折算租金。

（三）其他常规统计调查方法

1．全面统计。全面统计的源头数据按照村、乡（镇）、县（市）、省（区、市）、国家的顺序层层汇总并逐级上报，它的基础是乡镇统计网络。一是县域社会经济基本情况统计包含县（市）、乡（镇）、村三级社会经济基本情况统计，采用全面统计方式，通过联网直报平台每年上报数据。统计内容涵盖基本情况、人口就业、财政、综合经济、农业、工业、交通通讯、贸易外经、固定资产投资、科教文卫、居民生活、社会保障、农田水利、集体经济、村组建设等方面。统计范围为全国 31 个省（区、市），其中县（市）年报调查对象是全国所有的县、县级市、旗和辖区范围内有一个及以上乡（镇）的区，约 2700 个；乡（镇）年报的调查对象是全国所有的乡、镇和涉农街道办事处，约 3.5 万个；村年报的调查对象是全国所有的村和有农业经营活动的居委会，约 53 万个。各级统计局负责县域社会经济基本情况统计工作。二是对于不具备实施抽样调查条件的非主要农作物，如谷子、高粱等其他粮食作物，油料、糖料、蔬菜、水果等经济作物由各省（区、市）统计局通过全面统计获取播种面积和单产数据；非主要畜禽产品，如马、驴、骡、骆驼、兔等家畜及饲养动物等，2020年以前由各省（区、市）统计局负责，2020年以后由国家统计局各调查总队负责，调查方法可采用全面统计或重点调查等。

2．部门统计。对于国家统计局未承担直接统计调查任务，属于国家主管部门管理范围的统计项目，由部门负责统计调查。如林业、渔业、农业自然资源、农业机械、农田水利建设、农业灾害情况统计等。部门在实施这些统计项目时，大部分是采用与部门内部管理层级一致的全面统计的方法，也有采用普查、抽样调查的方法。

3．重点调查。对于需要及时反映总体特征，但全面实施抽样调查成本较高的统计项目，则在已有抽样网点的基础上，抽出部分样本进行重点调查。如一是主要农产品中间消耗调查是调查粮食、冬油菜籽、棉花、猪、牛、羊、禽等主要农产品在农业生产过程中所消耗的货物和服务的价值，用以反映农产品的生产成本与效益，包括物质投入和生产服务支出两部分。采用抽样调查、典型调查和重点调查相结合的方法，调查周期原则上与产量调查周期同步进行，由选中的农业生产单位或农户记录台账，通过联网直报平台按生产季节上报。调查对象为全国 31 个省（区、市）的农业生产经营单位和农户，目前全国抽中的调查对象约 1.5 万个。该项调查工作由国家统计局各级调查队负责组织实施。二是主要农产品集贸市场价格在全国农产品主产县的集贸市场开展调查，定期采集市场主要农产品的成交价格，调查的推算结果是全国主要农产品31个代表规格品的集贸市场平均价格。由采价员通过手持智能移动终端，按月现场采价实时上报。调查内容包括代表规格品的单价。调查品种包括粮食、经济作物、畜禽产品、水产品、蔬菜和水果等31种规定规格的主要农产品。调查对象是全国31个省（区、市）中选中的200个农产品主产县的270多个农产品集贸市场。三是农情观察员联系制度。2015年，国家统计局建立了农村社会经济调查观察员联系制度，为及时准确掌握农业、农村新情况、新变化发挥了重要作用。随着移动互联网即时通讯软件应用的快速普及，为做好新形势下农情观察工作，国家统计局在2020年完善建立农村社会经济信息观察员（以下简称农情观察员）联系制度。目前全国有5000多个农情观察员，农情观察员按照国家统计局的统一安排，重点接受国家统计局委托的农业生产经营过程中关键农情信息和农业生产形势的在线咨询，包括农业受灾情况、动物疫病、苗情信息、突发事件影响、农产品价格、市场销售、农村情况等。该项工作主要由国家统计局各级调查队负责组织实施。

4．统计核算。对于综合性的统计项目，农林牧渔业总产值、农林牧渔业增加值等，由县以上综合统计部门根据相关基础资料，按照全国统一方案进行统计核算。农业核算包括农林牧渔业总产值核算和农林牧渔业增加值核算，分别由国家统计局农村司和核算司负责。各级统计局负责本行政区域的农业核算工作。

农林牧渔业总产值核算采用“产品法”进行计算，报告期为年报和季报，内容为辖区内在一定时期内生产的农业、林业、牧业、渔业产品的价值量和对农林牧渔业生产活动进行的各种支持性服务活动的价值的总和。统计范围是全国31个省（区、市）各种经济组织类型、各个系统的全部农林牧渔业生产单位和非农行业单位附属的农林牧渔业生产活动单位。不包括农业科学试验机构进行的农业生产。

二、资料来源

《中国农村统计年鉴》绝大部分资料是由国家统计局农村司根据《农林牧渔业统计报表制度》《农业产值和价格综合统计报表制度》《住户收支与生活状况调查方案》的有关资料整理提供。

部分章节资料，如农业生产条件、农业生态与环境、农产品成本与收益、农产品进出口等，来自部门统计报表制度。

国外农业统计资料是国家统计局农村司根据联合国粮农组织公开资料加工整理而成。

三、主要统计指标解释

国内生产总值(GDP)：指一个国家（或地区）所有常住单位在一定时期内生产活动的最终成果。国内生产总值有三种表现形态，即价值形态、收入形态和产品形态。从价值形态看，它是所有常住单位在一定时期内生产的全部货物和服务价值超过同期中间投入的全部非固定资产货物和服务价值的差额，即所有常住单位的增加值之和；从收入形态看，它是所有常住单位在一定时期内创造并分配给常住单位和非常住单位的初次收入分配之和；从产品形态看，它是所有常住单位在一定时期内最终使用的货物和服务价值与货物和服务净出口价值之和。在实际核算中，国内生产总值有三种计算方法，即生产法（总产出减中间投入）、收入法（由劳动者报酬、生产税净额、固定资产折旧、营业盈余组成）和支出法（由最终消费、资本形成总额、货物和服务净出口组成）。三种方法分别从不同的方面反映国内生产总值及其构成。

货物和服务净出口：指货物和服务出口减货物和服务进口的差额。出口包括常住单位向非常住单位出售或无偿转让的各种货物和服务的价值；进口包括常住单位从非常住单位购买或无偿得到的各种货物和服务的价值。由于服务活动的提供与使用同时发生，因此服务的进出口业务并不发生出入境现象，一般把常住单位从国外得到的服务作为进口，非常住单位从本国得到的服务作为出口。货物的出口和进口都按离岸价格计算。

固定资产投资额：指以货币表现的建造和购置固定资产活动的工作量，分为基本建设投资、更新改造投资、房地产开发投资和其他固定资产投资四个部分。

财政收入：指国家财政参与社会产品分配所取得的收入，是实现国家职能的财力保证。财政收入所包括的内容几经变化，目前主要包括各项税收、专项收入、其他收入（如基本建设贷款归还收入、基本建设收入、捐赠收入等）和国有企业计划亏损补贴。

财政收入按财政体制划分为中央本级收入和地方本级收入。1994 年分税制财政体制以后，属于中央财政的收入包括关税、海关代征消费税和增值税，消费税，中央企业所得税，地方银行和外资银行及非银行金融企业所得税，铁道、银行总行、保险总公司等集中缴纳的营业税、所得税、利润和城市维护建设税，增值税的 75%部分，证券交易税(印花税)50%部分和海洋石油资源税。属于地方财政的收入包括营业税，地方企业所得税，个人所得税，城镇土地使用税，固定资产投资方向调节税，城镇维护建设税，房产税，车船使用税，印花税，耕地占用税，契税，增值税 25%部分，证券交易税(印花税)50%部分和除海洋石油资源税以外的其他资源税。

财政支出：国家财政将筹集起来的资金进行分配使用，以满足经济建设和各项事业的需要，主要包括基本建设支出、企业挖潜改造资金、地质勘探费用、科技三项费用、支援农村生产支出、农林水利气象等部门的事业费用、工业交通商业等部门的事业费、文教科学卫生事业费、抚恤和社会福利救济费、国防支出、行政管理费和价格补贴支出。

财政支出按照政府在经济和社会活动中的不同职权，划分为中央财政支出和地方财政支出。中央财政支出包括国防支出，武装警察部队支出，中央级行政管理费和各项事业费，重点建设支出以及中央政府调整国民经济结构、协调地区发展、实施宏观调控的支出。地方财政支出主要包括地方行政管理和各项事业费，地方统筹的基本建设、技术改造支出，支援农村生产支出，城市维护和建设经费，价格补贴支出等。

社会消费品零售总额：指国民经济各行业直接售给城乡居民和社会集团的消费品总额。社会消费品零售总额包括售给城乡居民作为生活用的商品和修建房屋用的建筑材料；售给社会集团的各种办公用品和公用消费品；售给机关、团体、学校、部队、企业、事业单位的职工食堂和旅店(招待所)附设专门供本店旅客食用，不对外营业的食堂的各种食品、燃料；企业、单位和国营农场直接售给本单位职工和职工食堂的自己生产的产品；售给部队干部、战士生活用的粮食、副食品、衣着品、日用品、燃料；售给来华的外国人、华侨、港澳台同胞的消费品；居民自费购买的中、西药品，中药材及医疗用品；报社、出版社直接售给居民和社会集团的报纸、图书、杂志，集邮公司出售的新、旧纪念邮票、特种邮票、首日封、集邮册、集邮工具等；旧货寄售商店自购、自销部分的商品；煤气公司、液化石油气站售给居民和社会集团的煤气灶具和罐装液化石油气；农民售给非农业居民和社会集团的商品。

海关进出口总额：指实际进出我国国境的货物总金额。包括对外贸易实际进出口货物，来料加工装配进出口货物，国家间、联合国及国际组织无偿援助物资和赠送品，华侨、港澳台同胞和外籍华人捐赠品，租赁期满归承租人所有的租赁货物，进料加工进出口货物，边境地方贸易及边境地区小额贸易进出口货物(边民互市贸易除外)，中外合资、中外合作、外商独资经营企业进出口货物和公用物品，到、离岸价格在规定限额以上的进出口货样和广告品(无商业价值、无使用价值和免费提供出口的除外)，从保税仓库提取在中国境内销售的进口货物，以及其他进出口货物。我国规定出口货物按离岸价格统计，进口货物按到岸价格统计。

三次产业：指根据社会生产活动历史发展的顺序对产业结构的划分，产品直接取自自然界的部门称为第一产业，对初级产品进行再加工的部门称为第二产业，为生产和消费提供各种服务的部门称为第三产业。我国的三次产业划分是：第一产业为农业（包括种植业、林业、牧业和渔业），第二产业为工业（包括采掘业，制造业，电力、煤气及水的生产和供应业）和建筑业，第三产业为除第一、第二产业以外的其他各业。

当年价格：也称现行价格，指报告期内的实际市场价格。按现行价格计算的各种综合指标可以反映当年国民经济发展水平及比例关系，但因其变化受实物数量增减和价格升降因素的影响，在不同时期之间缺乏可比性。

可比价格：指计算各种总量指标所采用的扣除了价格变动因素的价格，可进行不同时期总量指标的对比。按可比价格计算总量指标有两种方法：一种是直接用产品产量乘某一年的不变价格计算；另一种是用价格指数进行缩减。

不变价格：指以同类产品某年的平均价格作为固定价格，用于计算各年的产品价值。按不变价格计算的产品价值消除了价格变动因素，不同时期对比可以反映生产的发展速度。新中国成立后，随着工农业产品价格水平的变化，国家统计局先后五次制定了全国统一的工业产品不变价格和农业产品不变价格。从1952年到1957年使用1952年工（农）业产品不变价格，从1957年到1970年使用1957年不变价格，从1971年到1980年使用1970年不变价格，从1981年到1990年使用1980年不变价格，从1991年开始使用1990年不变价格。从2003年起使用可比价计算产值，取消不变价产值。

农林牧渔业总产值：指以货币表现的农、林、牧、渔业全部产品和对农林牧渔业生产活动进行的各种支持性服务活动的价值总量，它反映一定时期内农业生产总规模和总成果。1957年以前的农业总产值中包括了厩肥和农民自给性手工业（如农民自制衣服、鞋、袜，自己从事粮食初步加工等）。1958年及以后的农业总产值，林业中增加了村及村以下竹木采伐产值；牧业中取消了厩肥产值；副业中取消了农民自给性手工业产值，增加了村及村以下办的工业产值；渔业中增加了海洋捕捞水产品产值。1980年及以后，在副业中增加了农民家庭兼营工业商品部分产值。从1984年起村及村以下工业产值划归工业。从1993年起取消副业，将野生动物的捕猎划入牧业、野生植物采集和农民家庭兼营商品性工业划归农业。从2003年起，执行新的国民经济行业分类标准，农林牧渔业总产值中包括了农林牧渔服务业产值。

农林牧渔业增加值：用生产法计算的一定时期内农业生产活动的最终成果。其计算方法是用现价计算的农林牧渔业产值扣除各项中间消耗。

人口数：指一定时点、一定地区范围内有生命的个人总和。年度统计的年末人口数指每年12月31日24时的人口数。年度统计的全国人口总数内未包括台湾省和港澳同胞以及海外华侨人数。

从业人员：指从事一定社会劳动并取得劳动报酬或经营收入的人员，包括全部职工、再就业的离退休人员、私营业主、个体户主、私营和个体从业人员、乡镇企业从业人员、农村从业人员和其他从业人员(包括民办教师、宗教职业者、现役军人等)。

农业机械总动力：指全部农业机械动力的额定功率之和。农业机械是指用于农业生产及其产品初加工等相关农事活动的机械、设备。农业机械总动力按使用能源不同分为柴油发动机动力、汽油发动机动力、电动机动力、其他机械动力等四部分。

拖拉机：用于牵引、推动、携带或驱动配套机具进行作业的自走式动力机械。其中发动机额定功率不大于22.1kW的拖拉机为小型拖拉机；功率22.1kW～73.5kW的拖拉机为中型拖拉机；功率不小于73.5kW的拖拉机为大型（及以上）拖拉机。

耕地灌溉面积：灌溉工程或设备已基本配套，有一定水源，土地比较平整，在一般年景可以进行正常灌溉的农田或耕地灌溉面积。

农用化肥施用量（折纯）：指把氮肥、磷肥、钾肥分别按含氮、含五氧化二磷、含氧化钾的百分比进行折算后的数量。复合肥按其所含主要成分折算。计算公式为：某种化肥折纯量=该种化肥实际施用量×折纯率（某种化肥有效成份含量的百分比）。

除涝面积：通过水利工程如围埝、抽水等对易涝面积进行治理，使易涝耕地免除淹涝称除涝面积。按除涝的标准分为3-5年、5-10年和10年以上。易涝面积虽经过治理，但标准尚未达到3年一遇标准的，不作为除涝面积统计。

水土流失治理面积（水土保持面积）：指在山丘地区水土流失面积上，按照综合治理的原则，采取各种治理措施，如水平梯土（田）、淤地坝、谷坊、造林种草、封山育林育草等治理的水土流失面积总和。

已建成水库座数：在江河上筑坝（闸）所形成的能拦蓄水量、调节径流的蓄水区的数量。

水库总库容：即校核水位以下的库容。包括死库容、兴利库容、防洪库容（减掉和兴利库容重复部分）之总和，称总库容。

大、中、小型水库的划分标准

大型水库：总库容在一亿立方米及以上；

中型水库：总库容在一千（含一千）万立方米至一亿立方米；

小型水库：库容在十万立方米至一千万立方米。

堤防长度：建成或基本建成的在江、河、湖、海岸边用于防洪、防潮的工程长度之总和，包括新中国成立前建成以及需要加固加高培厚的老堤防，但不包括单纯除涝河道的堤防和弃土形成的堤防，也不包括子埝和生产堤。所谓基本建成，是指按设计标准已经完成并能发挥设计效益，但还留有少量尾工的工程。

农作物播种面积：指本年度内收获的农作物在全部土地（耕地或非耕地）上的播种或移植面积。凡是本年内收获的农作物，无论是本年还是上年播种，都算为本年播种面积，但不包括本年播种、下年收获的作物面积。

因灾害等原因，应该收获却未能收获，也要按原播种面积计算，新补或改种，并在本年收获的，要按复种作物计算面积。

移植的作物面积，如稻谷、甘薯、烟叶等，按移植后的面积计算，不计算移植前在育苗田、棚等的秧苗面积。

多年生作物，即播种后可连续生长多年的宿根性草本植物，如有些麻类、中药等作物的播种面积，按本年新增面积加往年的连续累计面积计算。

间种、混种的作物面积按比例折算各个作物的面积，如果完全混合、同步生长、收获的作物，按混合面积平均分配。复种、套种的作物，按次数计算面积，每种一次计算一次。

再生稻、再生高粱、再生烟等，因其没有经过播种或移植，不计入播种面积。

莲藕等水生蔬菜类生长在湖泊、水塘等水域的面积占比重较大，不仅难以统计，而且因非耕地面积过大对统计口径产生影响，因此在湖泊、水塘等水域的莲藕等水生蔬菜无论是野生还是人工种植均不计算面积，只计算其在耕地上种植的面积。

进行播种面积统计调查的农作物包括以下类别：

（1）谷物。指禾本科和蓼科作物，具体包括稻谷、小麦、玉米、谷子、高粱和其他谷物；其他谷物包括大麦、燕麦、荞麦等，其中西藏、青海、甘肃等地种植的青稞是大麦中的裸麦，按大麦统计。谷类作物产量一律按脱粒后的原粮计算。

（2）豆类作物。是以食用种籽及其制成品为主的一类豆科植物，包括大豆、绿豆、红小豆、杂豆等。产量按去荚后的干豆计算。

（3）薯类作物。包括甘薯和马铃薯。不包括芋头、木薯等。芋头一般应作为“蔬菜”计算，木薯作为其他作物计算。

（4）油料作物。指以榨取油脂为主要用途的一类作物，包括花生、油菜籽、芝麻、胡麻籽、葵花籽和其他油料，如棉籽、苏子等。不包括大豆，也不包括木本油料和野生油料。花生以带壳干花生计算。

（5）棉花。不包括木棉，按去籽后的皮棉计算。

（6）糖料。包括甘蔗和甜菜。甘蔗以蔗茎计算，甜菜以块根计算。

（7）中草药材。 指人工种植的、以获取药材原料为目的、主要用于中药配伍以及中成药加工的药材作物面积。包括人参、甘草、枸杞等，药用真菌的面积也计入中草药材面积。

（8）蔬菜及食用菌。蔬菜包括叶菜类、白菜类、甘蓝类、根茎类、瓜菜类、菜用豆类、茄果类、葱蒜类、水生菜类和其他蔬菜；食用菌包括香菇、黑木耳和蘑菇等，不包括野生菌类。

（9）瓜果类。指农业生产经营者本年度内通过种植或移植而收获的非园林水果，包括西瓜、香瓜

（甜瓜）、草莓和其他瓜果，如白兰瓜、哈密瓜等。无论其种植在露地还是温室、大棚等农业设施中，按实收的鲜果计算产量。

（10）其他作物。包括饲料作物、苇子、莲子、席草等。其中，饲料作物是指主要用于畜禽饲养的作物，如苜蓿、青饲料等。

粮食总产量：指本年度内生产的全部粮食作物数量。其中，谷物产量按脱粒后的原粮计算，豆类按去豆荚后的干豆计算，薯类按鲜薯重量统计上报，统一按5∶1折算粮食产量。

茶叶产量：指本年度内生产的全部茶叶产量。包括从成片茶园和零星种植的茶树以及荒芜未垦复的茶树上所采摘的全部产量。不论自食的或出售的，都应统计在内。茶叶的产量按经过初步加工的干毛茶的重量计算。根据制造方法的不同和品质上的差异，将茶叶分为绿茶、青茶、红茶、黑茶、黄茶、白茶、其他茶等。

水果产量：包括园林水果和非园林水果（瓜果类），不包括采集的野生水果。按鲜果产量计算。经脱水、晾干等处理的干果，如干枣、葡萄干、柿饼、桔饼等一律折合成鲜果计算。

林产品产量：指从人工栽培的竹木上，不经砍伐竹木的根而取得的各种林产品数量。包括竹笋干、油茶籽、核桃等各种林木果实以及修剪竹木所获得的枝叶（如荆条、柳条、蒲葵叶）等。不包括桑叶、茶叶、水果，也不包括野生的林产品。如果某些林产品人工栽培和野生的混在一起，不易划分，则应根据它的主要来源决定其应计入林产品产量统计中还是其他农业内采集野生植物果实产量统计中，但不要两方面都算，以免重复。

林产品产量的计算方法为：

（1）油茶籽、核桃。按去掉果皮、外壳的干籽计算产量。

（2）竹笋干。按干片和笋干计算产量。

（3）紫胶（虫胶）。按原胶计算产量。

当年出栏的畜禽数：指当年（报告期内）农业生产经营者，包括农户、各种合作经济组织、国有农场、机关、团体、学校、工矿企业、部队等单位及城镇居民饲养的，已屠宰或出售上市的全部畜禽数，包括交售给国家、集市上出售和农民自食的部分。不包括仔猪、牛犊、羊羔、禽苗出售后进行二次育肥的数量。

期初（末）畜禽存栏头（只数）：指本期（报告期）期初（末），农村与城市的全部畜禽存栏头（只）数。除科学研究单位专门用于试验研究的牲畜和军马以外，农业生产经营者，包括农户、各种合作经济组织、国营农场、机关、团体、学校、工矿企业、部队等单位以及城镇居民饲养的各种畜禽，不分大小、公母、品种、用途一律包括在内。专业运输组织的运输用牲畜也应包括在内。但商业部门库存的和运输途中的活牲畜不进行统计。

肉类总产量：指调查期内各种牲畜及家禽、兔等动物肉产量总计。猪、牛、羊、马、驴、骡、骆驼肉产量按去掉头蹄下水后带骨肉的胴体重量计算，兔禽肉产量按屠宰后去皮毛和内脏后的重量计算。

牛奶产量：指本调查期内奶牛所生产的牛奶总产量，包括出售给国家、农贸市场交易和农牧民自食部分，不包括牛犊直接吮食部分。

细羊毛：指细毛及其改良羊所产的羊毛量。

半细羊毛：指半细毛羊及其改良羊所产的羊毛产量。

禽蛋产量：指本调查期内饲养的蛋用家禽生产的禽蛋总重量。包括出售的和农民自产自用的部分。品种主要为鸡鸭鹅。

蚕茧产量：指本年度内生产的全部蚕茧产量，无论自用的或出售的，都应计算在内。在计算产量时，要把土茧、改良茧和种茧包括在内，桑蚕茧、柞蚕茧均按鲜茧计算，木薯蚕茧和蓖麻蚕茧等的产量均按茧壳的重量计算。

水产品产量：指当年捕捞的水产品（包括人工养殖并捕捞的水产品和捕捞天然生长的水产品）产量。

海水产品产量：指从海洋和海水养殖水域中捕捞的海水产品产量。包括海水中的鱼类、虾蟹类、贝类、藻类。

淡水产品产量： 指淡（咸）水湖泊、水库、河沟和池塘以及其他内陆水域内捕捞的水产品产量。包括鱼类、虾蟹类、贝类，不包括淡水水生植物。

养殖产量：指从海水养殖面积和内陆水域养殖面积中捕捞的产量。

捕捞产量：指捕捞天然生长的水产品产量。

可支配收入：指居民可用于最终消费支出和储蓄的总和，即居民可用于自由支配的收入。既包括现金收入，也包括实物收入。按照收入的来源，可支配收入包含四项，分别为：工资性收入、经营净收入、转移净收入和财产净收入。

工资性收入：指就业人员通过各种途径得到的全部劳动报酬和各种福利，包括受雇于单位或个人、从事各种自由职业、兼职和零星劳动得到的全部劳动报酬和福利。

经营净收入：指住户或住户成员从事生产经营活动所获得的净收入，是全部经营收入中扣除经营费用、生产性固定资产折旧和生产税之后得到的净收入。计算公式具体为：

经营净收入=经营收入－经营费用－生产性固定资产折旧－生产税

财产净收入：指住户或住户成员将其所拥有的金融资产、住房等非金融资产和自然资源交由其他机构单位、住户或个人支配而获得的回报并扣除相关的费用之后得到的净收入。财产净收入包括利息净收入、红利收入、储蓄性保险净收益、转让承包土地经营权租金净收入、出租房屋净收入、出租其他资产净收入和自有住房折算净租金等。财产净收入不包括转让资产所有权的溢价所得。

转移净收入：计算公式为：

转移净收入=转移性收入－转移性支出

转移性收入：指国家、单位、社会团体对住户的各种经常性转移支付和住户之间的经常性收入转移。包括养老金或退休金、社会救济和补助、政策性生产补贴、政策性生活补贴、经常性捐赠和赔偿、报销医疗费、住户之间的赡养收入，本住户非常住成员寄回带回的收入等。转移性收入不包括住户之间的实物馈赠。

转移性支出：指居民家庭对国家、单位、住户或个人的经常性或义务性转移支付。包括缴纳的税款、各项社会保障支出、赡养支出、经常性捐赠和赔偿支出以及其他经常转移支出等。

农户固定资产：指农户在家庭或个人从事的生产经营活动中，所拥有的使用期限在两年以上，单位价值在1000元以上的房屋建筑物、机器设备、器具工具、役畜、产品畜等资产。

固定资产投资完成额：指以货币形式表现的在一定时期内建造和购置固定资产的工作量以及与此有关的费用的总称。实际完成投资额根据建筑安装工程的实际完成工作量，实际已开始安装的设备、工具、器具的购置费，以及其他费用的实际发生额计算，包括消耗的建筑材料，购置设备、工具器具、大牲畜的费用，以及建造和购置固定资产所发生的人工费和其他有关的费用。

消费支出：是指居民用于满足家庭日常生活消费需要的全部支出，既包括现金消费支出，也包括实物消费支出。消费支出可划分为食品烟酒、衣着、居住、生活用品及服务、交通通信、教育文化娱乐、医疗保健以及其他用品及服务八大类。

食品烟酒：指用于各种食品和烟草、酒类的支出。

衣着：指与居民穿着有关的支出，包括服装、服装材料、鞋类、其他衣类及配件、衣着相关加工服务的支出。

居住：指与居住有关的支出，包括房租、水、电、燃料、物业管理等方面的支出，也包括自有住房折算租金。

生活用品及服务：指家庭及个人的各类生活品及家庭服务。包括家具及室内装饰品、家用器具、家用纺织品、家庭日用杂品、个人用品和家庭服务。

交通通信：指用于交通和通信工具及相关的各种服务费、维修费和车辆保险等支出。

教育文化娱乐：指用于教育、文化和娱乐方面的支出。

医疗保健：指用于医疗和保健的药品、用品和服务的总费用。包括医疗器具及药品，以及医疗服务。

其他用品及服务：指无法直接归入上述各类支出的其他用品与服务支出。

收入五等份分组：是将所有调查户按人均可支配收入水平由低到高排队，按20%、20%、20%、20%、20%的比例依次分成为：低收入组、中等偏下收入组、中等收入组、中等偏上收入组、高收入组五组。

四大经济区域分组：东部地区：包括北京、天津、河北、上海、江苏、浙江、福建、山东、广东、海南10个省（市）。中部地区：包括山西、安徽、江西、河南、湖北、湖南6个省。西部地区：包括内蒙古、广西、重庆、四川、贵州、云南、西藏、陕西、甘肃、青海、宁夏、新疆12个省（区、市）。东北地区：包括辽宁、吉林、黑龙江3个省。